高等院校“十四五”系列教材

新编应用文写作教程

（第三版）

主　编　钟翠红　王　翚
副主编　李建华　季小乔　於　鲸
　　　　林　宁　千仲明

扫码加入学习圈
轻松解决重难点

南京大学出版社

图书在版编目(CIP)数据

新编应用文写作教程 / 钟翠红，王翚主编. — 3 版 .— 南京 ：南京大学出版社，2023.9(2024.7 重印)
ISBN 978 - 7 - 305 - 26014 - 8

Ⅰ. ①新… Ⅱ. ①钟… ②王… Ⅲ. ①汉语—应用文—写作—教材 Ⅳ. ①H152.3

中国版本图书馆 CIP 数据核字(2022)第 135819 号

出版发行 南京大学出版社
社　　址 南京市汉口路 22 号　　　邮　　编 210093

书　　名 **新编应用文写作教程**
XINBIAN YINGYONGWEN XIEZUO JIAOCHENG
主　　编 钟翠红　王　翚
责任编辑 高　军　　　编辑热线 025 - 83596997

照　　排 南京开卷文化传媒有限公司
印　　刷 常州市武进第三印刷有限公司
开　　本 787 mm×1092 mm 1/16 印张 19 字数 470 千
版　　次 2023 年 9 月第 3 版 2024 年 7 月第 2 次印刷
ISBN 978 - 7 - 305 - 26014 - 8

定　　价 49.80 元
网　　址:http://www.njupco.com
官方微博:http://weibo.com/njupco
微信服务号:njupress
销售咨询热线:(025)83594756

扫码教师可免费申请教学资源

前　言

随着职场竞争压力的增大，大学生在校期间的学习诉求已不仅仅满足于获取书本知识，同时希望增加相关职场知识和能力训练。原有应用文写作教材（2017 年 8 月版）主要考虑教学内容和相关规范性训练必须有助于文科学生的后续学习，但针对教学与专业岗位技能的实际需求对接相对缺乏，与真实职场需求有一定脱节。为弥补这一缺憾，进一步增强应用文写作教学与职场实际需求的关联程度，我们对 2017 年 8 月版教材进行了重新修订。

习近平总书记在中国共产党第二十次全国代表大会上指出，实践没有止境，理论创新也没有止境。要继续推进实践基础上的理论创新。必须坚持守正创新。紧跟时代步伐，顺应实践发展，以满腔热忱对待一切新生事物，以新的理论指导新的实践。而应用文写作作为一门理论与实践紧密结合的课程，我们始终坚持贯彻这一精神。因此，修订后的新教材具有如下特点：

一、内容新颖。新教材选用例文新颖，权威规范，便于学习临摹。为适应时代需求和相关新规定要求，新教材大部分例文时间更新为近五年，从而增强了时代感，提高了时效性，更好地体现了学科的最新发展和时代特色。

二、实用性强。新教材删除了公文部分不常用的文种和专业性文书部分的经济文书等文种，增加了日常使用较多的宣传稿、邀请函等文书。另外，为满足职场与公务员考核的需求，新教材的申论部分单列为一章，从而增强了实用性。

三、训练适当。根据多年的教学实践，新教材修改了部分训练内容：删除原教材（2017 年 8 月版）填空、部分改错等题型；增加了选择题题量；增加了申论写作等练习。通过必要的写作训练，方便读者迅速掌握文体特点，使其写作能力得以迅速提升。

本教材编写分工如下：主编钟翠红、王犁；副主编李建华、季小乔、於鲸、林宁、千仲明（排名按章节先后）。第一章应用文概述，钟翠红；第二章公务文书写作，钟翠红、李建华；第三章申论写作，王犁；第四章事务文书写作，季小乔、於鲸；第五章社交文书写作，林宁、千仲明。全书由钟翠红、王犁统稿。

本教材在编写过程中，参考并借鉴了近年来应用写作学科的最新成果及网络相关资料，选用了一些典型例文，限于篇幅，对例文来源未能一一罗列，谨在此一并表示诚挚的谢意。另外，本书的编写得到了南京大学出版社的大力支持，也在此谨致谢忱。

由于编者水平与能力有限，难免会有一些错漏与不足，恳请专家与读者批评指正，以期及时修正，不断完善。

编　者

2023 年仲夏于南京

目　录

第一章　应用文概述

第一节　应用文的性质和特点

一、应用文的概念和作用

（一）应用文的概念

应用文是人类在长期的社会实践活动中形成的一种实用文体，也是人们传递信息、处理事务、交流情感的工具。可以说，自有文字开始，就有了应用文。

应用文与人们日常生活的联系十分密切。我国奴隶社会的殷商时期，人们把占卜吉凶的结果、祭祀祖先的活动等用符号刻记在龟甲、兽骨上，这种甲骨卜辞就是最早的应用文。在封建社会，随着国家统治机器的强化，社会生产力的发展，应用文种类也越来越多，相应对应用文的使用格式也有了较为严格的限定。今天，由于社会的不断进步和科学文化的迅速发展，应用文的使用范围越来越广泛。无论党政机关、企事业单位或是个人，在传递信息、交流思想、介绍经验、联系工作以及进行各种社会活动时都离不开应用文。

"应用文"一词最早可以追溯到清代刘熙载的《艺概·文概》，文中写道："辞命体，推之即可为一切应用之文。应用文有上行，有平行，有下行，重其辞乃所以重其实也。"很显然，这里的"应用文"就是指公务类文书。民国学者徐望之在其所著的《公牍通论》中写道："用于周应人事者，若书札、公牍、杂记、序跋、箴铭、颂赞、哀祭等类，我名之曰'应用之文'。"此处所言"应用之文"主要是指私人事务文书。

香港陈耀南教授在《应用文概说》一书中说："应用文，就是'应'付生活、'用'于实务的'文'章。凡个人、团体、机关相互之间，公私往来，用约定俗成的体裁和术语写作，以资交际和信守的文字，都叫应用文。"

台湾张仁青教授在《应用文》一书中说："凡个人与个人之间，或机关团体与机关团体之间，或个人与机关团体之间，互相往来所使用之特定形式之文字，而为社会大众所遵循、共同使用者，谓之应用文。"

"应用文"的概念虽被广泛接受并普遍使用，但其定义却是五花八门，并无统一而严格的说法。一般认为，应用文是指党政机关、社会团体、企事业单位及人民群众在日常生活、学习、工作中，处理公私事务时所使用的具有某种惯用格式和实用价值的文章的统称。

（二）应用文的作用

应用文是一种工具，它在不同的历史时期，有着不同的作用。如果考察我国的历史，不难看出，历代应用文对当时整个国家的政治、经济、文化、军事、外交等方面所起的重要作用。任何一个国家、政党、部门或组织，其行政、组织机构的正常运作、发展壮大，都离不开应用文。应用文最基本的作用，主要有以下几点：

1. 宣传和教育的作用

党和政府为了使各项方针政策得到更好的贯彻执行，经常通过应用文对有关单位和人民群众进行宣传和教育，以提高他们的思想认识，推动各项工作的开展。如机关公文，大都具有宣传教育的功能，特别是"决议""决定""意见"等高级领导机关的文件，其内容一般都包含指导思想、理论和实践的依据、方针政策以及实施方案等，向下传达贯彻这些文件就是为了统一思想，提高认识，推动工作。有些可公开发表或改头换面作为新闻报道的文件，宣传教育的范围就更广，影响就更大。即使下级向上级报送的简报、报告等，实质上也有向上级机关和领导同志作解释、说明的宣传作用。

2. 交流和传递信息的作用

古今中外大量的事实证明，应用文有着重要的交流信息的作用。在国家政府与国家政府之间，党派与党派之间，国家与国际组织之间，都可以通过应用文进行交流、沟通，达到互相了解、理解、信任，最终相互合作、共同发展的目的。在经济全球化、信息网络化的今天，应用文的作用就更大，应用文中的每一个文种，只要一经成文发布，就是一种信息。如能及时捕捉、利用这些信息，在激烈的竞争中就有主动权，就能创造和把握更好的机遇发展自己，壮大自己。下级机关的希望要求、工作情况以及所属部门、单位的各种动态，特别是新情况、新问题、新经验，需要及时向上级机关反映；上级机关制定的方针、政策和指示、意见等，也需尽快向下级传达；同级或不同部门相互之间商洽工作，交流情况，协作共事，也需要一定的书面材料，这一切多是由应用文承担。总之，应用文作为一种为社会普遍使用的交际工具，是沟通上下的渠道，联系左右的桥梁，它把上下左右联系在一起，使之形成一个凝聚合力的统一整体，从而推动各项工作有序、顺利地进行。

3. 依据和凭证的作用

"口说无凭，有书为证。"应用文起源和服务于实际生活，所以刘半农在《应用文之教授》一文中把它和文学文作了一个生动而深刻的对比，他说："应用文是青菜黄米的家常便饭，文学文却是个肥鱼大肉；应用文是'无事三十里'的随便走路，文学文乃是运动场上大出风头的一英里赛跑。"应用文虽然平凡，却是生活中不可缺少的管理工具，如介绍信、证明信、聘书、公证书等是证明使用人身份和经历的一种凭证，合同、协议书是确定、变更或终止签约双方相互间权利和义务的一种凭证。在工作中更是如此。上级机关在制定方针政策或指导工作时，除了亲自深入实际工作中调查研究外，一个重要方法是根据下级上报的简报、报告、计划、总结和秘书部门撰写的调查报告等应用文来进行决策。而下级机关开展工作、处理问题时，上级机关发布的有关"决定""决议""条例""办法"等应用文，不仅成了他们办事的重要依据，而且成为他们解决矛盾、判断是非的凭证。单位之间的横向联系，也常以某一份文件作为纽带和凭证。

4. 管理和指导工作的作用

应用文中的下行文，大都具有行政领导和行政管理的作用。因为应用文不仅是国家政府或执政党实施领导、管理、指导、指挥各部门的有力工具,而且是国家或执政党方针、政策具体化的书面形式。为了更好地开展工作,各级党政领导机关常常通过通知、批复、通报、总结、计划、简报、意见等形式,对下级提出要求,部署任务,传达情况,使人们在工作中责任明确,有章可循,知道下一步该做什么,怎么做。下级则常常通过请示、报告、简报等形式向上级反映情况,请求指示和指导,以便步调一致,协作行动,共同完成上级交给的任务。经济活动中的协议、合同等,既是为了规范签约各方之间的行为,也是为了指导有关各方的实际活动。

二、应用文的特点

(一) 实用性

应用文是根据人们的实际需要而发展起来的文章门类,它和其他文体之间最大的差别,就在于"应用"二字。应用文写作不是为了审美,而是为了应用,每一个文种,每一篇文章,都具有很明确的实用性,都有特定的缘由和需要解决的实际问题,目的明确,针对性强,与实际生活、工作密切相关。它具有实事求是地反映客观事物、解决实际问题的实用价值。

(二) 规范性

规范性是实用性在形式上的体现。在应用文写作中,有些文体的模式是在漫长的历史发展过程中约定俗成的,有一定的历史继承性,如书信、条据、日记等,如不按相对稳定的模式写作,则会贻笑大方;有的则是由权力机关以法规的形式加以认定而形成的,如行政公文、司法文书,如不按规定格式写作,则会影响文件的传递和办理,影响工作效率。我们必须了解这些规范和程式,共同遵守,不能随意更改和杜撰。

(三) 真实性

应用文所涉及的人与事必须绝对真实,包括事件、情节、数字、细节等,绝不允许有半点虚构和夸张。否则,不但不能达到解决现实生活中实际问题的目的,还会给工作造成很大损失。如公务文书中的发布法规、传达指示、作出决定,它体现的是国家政权的权威性和法规政策的严肃性,绝不能有任何不真实之处。经济文书中的商品介绍、贸易商洽,也都要实事求是,杜绝"想当然",以虚假的情况骗取对方一时的信任,最终会带来不良后果。

(四) 时效性

应用文写作必须讲究时间和效益。随着生活节奏的加快,机关、企事业单位的工作效率也必然加快,而为之服务的应用文必然要求更加迅捷、高效。

时效性的要求包括两方面。首先,文章撰写时要讲究时效,要及时捕捉、反馈各种意见,迅速领会有关方针政策的精神及领导意图,甚至在某些问题刚出现蛛丝马迹时就需做出预测,迅速拟稿,给有关部门及领导提供有益的借鉴参考,以便顺利开展工作。如果是急件,还要加班赶写,保证不误时机。如会议通知,就一定要在开会前发出,若会议开过后再写通知,就会失去其效用。其次，应用文的处理也要讲究时效，传递、阅读以及办理的整个过程都要迅疾。

（五）简约性

应用文一般篇幅短小，要求用最精练的文字准确地说明缘由，解说事理，陈述办法，从而达到解决问题的目的。在表达方式上，应用文写作多用说明、叙述、议论。但叙述多用概述，不用详述，议论不旁征博引，只就事论理。在语言运用上，应用文写作贵在精要，要根据处理事务和文种的要求，用精练的语言平实明快地表达，有什么说什么，有多少说多少，去掉空话和废话。

三、应用文的分类

应用文在人类社会中产生，并随着社会的发展而不断发展变化。社会越进步，分工越复杂，应用文使用就越广泛，形式就越多样，种类越繁多。从不同的角度出发，按不同的标准，应用文可以划分成不同的类别：

（一）根据作者和使用目的的不同

应用文可分为公务文书和私务文书两大类。

公务文书是指党政机关、企事业单位和人民团体在处理公务活动中形成和使用的内容完备、体式规范的各种书面文书，如公告、报告、请示、函等。

私务文书是指处理个人事务，表达个人意愿，为实现个人某种目的而书写的应用性文章，如遗嘱、书信、日记等。

（二）根据使用范围和文体特征的不同

应用文可分为通用公文、事务文书、专业文书三大类。

通用公文指国家党政机关、企事业单位和群众团体在公务活动中按国家政府发布的公文处理条例有关规定共同遵守、共同使用的应用文章，如决定、决议、通知、通报、请示等。这类公文主要用来传达和贯彻党和国家的政策法令，指导工作，通报情况，交流经验，传递信息。其制作和使用较为严格，具有一定的法律效力。

事务文书是指机关、企事业单位和群众团体处理单位日常事务时所使用的除国家法定公文之外的其他通用应用文书，如总结、计划、调查报告、简报、条例、办法等。它们的行文格式不像法定公文那样严格，制作相对自由，不具有公文的权威性。

专业文书是指在一定的专业领域内，因特定需要而专门形成和使用的应用文。由于分工不同，社会各行业经营的事务有很大的差异，在长期的工作实践中逐渐形成了一些与其专业相适应的应用文。这些专业文书除了遵守应用文的一般规则外，还有很强的专业特点，需要相应的专业知识才能完成写作。如司法部门常用的起诉书、判决书、立案报告、辩护词等，财经部门常用的审计报告、市场预测报告、项目可行性研究报告、经济合同、预决算报告等，外事工作常用的照会、声明、国书、备忘录、国际公约、联合公报等，医务部门常用的处方、病历、护理日志、诊断说明书、死亡报告等，它们都有各自应用的特殊性和明显的专业特点。

第二节 应用文的主旨与材料

一、应用文的主旨

主旨是一篇文章的灵魂和统帅,它是作者对所要处理的事务、所要解决的问题的基本看法和主张。无论是基础写作、文学创作还是应用文写作,确立文章主旨都是一件非常重要的、第一步的工作。章学诚在《文史通义》中指出:"立言之士,以意为宗。"主旨反映了一篇文章的写作目的和基本精神。

(一) 影响应用文主旨确立的因素

与基础写作、文学创作相比,应用文主旨的确立有其自身的特点:

1. 受制于规律和政策法规

应用文的写作与其他实践活动一样,受制于客观规律,是对客观规律的反映。如果主旨违反客观规律,行文就无法正确地解决具体问题,指导实际工作。例如一份市场调研报告,如果完全与市场规律相违背,这个报告实际上就是无效的,甚至对工作产生负面影响。

应用文主旨的确立,同时还受制于国家的政策法规等。作者必须在政策法规允许的范围内,按照某个单位的集体意见或领导意图去写作文章,因此,应用文常常是"主旨先行""意在笔先"。这一点和基础写作、文学创作的区别是明显的。作家虽然也要在国家政策法规的框架内写作,但作家可发挥更多的自由和主观能动性,可叙事,可抒情,可表达自己的某种观点而不受任何人的制约。其作品的主旨可事先确定,也可以边写边确定,这是作家个人的事。

2. 受命于集体和领导

应用文主旨的提炼、确立和深化不完全取决于作者个人。大多数情况下,作者是奉命而作,受制于集体和领导的意图,所写文章要符合他们的要求。因此,文章初稿形成以后,往往要经过自上而下或自下而上数个环节的斟酌、检验,有些内容重要或者涉及面较广的文章,还要事先发提纲、草稿或讨论稿,听取多方面的意见,经过各方反复讨论和修改,最后才正式定稿。应用文的主旨是集体智慧的结晶,是群体创作的成果,较少甚至根本没有作者个人的主观感情色彩。

3. 来源于实际需要

应用文以实用为目的,是为处理实际事务服务的。无论是人们在社会实践中遇到的具体事情和问题,还是人类社会在特定时期、环境和关系中的特定问题,都需要运用应用文进行沟通、指导、处理或解决。每一篇具体的应用文都是根据人们的实际需要产生的,其主旨也是根据实际需要确定的。所以,应用文的主旨,其实就是办事的主旨,就是拟办事情的中心意图。

4. 产生于调查研究

在领会了集体和领导的意图，确定写作目的之后，应用文的写作者就要着手搜集材料，开展调查研究，并在此过程中全面充分地占有材料，反复深入地分析研究材料，从中找出意图、需要与材料之间的内在关系，深刻、完整地得出既符合领导意图又符合实际工作需要的认识结果，逐步形成文章的主旨。

(二) 应用文主旨的要求

应用文主旨的形成具有以上特点，它对主旨的要求自然和基础写作、文学创作有所不同。而其最大的不同是，应用文的主旨必须做到正确、鲜明、集中。

1. 正确

主旨正确，是指应用文的主要思想和观点必须符合客观规律，必须符合国家有关的方针、政策和法律、法规，能对实际工作有指导作用，解决具体问题经得起实践的检验。

应用文主旨的正确和基础写作、文学写作的主旨正确不完全一致。基础写作、文学作品只要真实地反映出特定时代的特点和本质，就会得到历史的肯定与人们的喜爱，但应用文必须有正确的主旨，才会具有社会意义，才能在实际工作中发挥作用。例如，按照国家相关规定，政府部门的领导人要经过人民代表大会或人大常委会批准认命，倘若某单位只以党委或行政领导的名义发出任命通知，就会违反选举法，是错误的，文件无效。在承包山林的合同上列入“不准外人进山，否则电枪打人概不负责”的条款，在工厂大门的通告上要求“出厂时应该接受开包检查，搜身检查”等等，都是违法行为，主旨都不正确。

2. 鲜明

主旨的鲜明，就是指作者以鲜明的立场和观点评判客观现实中相应事实的是与非、好与坏、真理与谬误。汉代王充在《论衡》中说道：“口则务在明言，笔则务在露文。”所谓“明言”“露文”，就是主旨的表达必须明确，它要求作者旗帜鲜明地说出自己的观点，表明自己的态度。肯定什么，否定什么；提倡什么，反对什么；赞扬什么，批评什么，必须明白显露地在文中表达出来，毫不含糊。要用“直笔”，不要用“曲笔”，绝不可模棱两可，似是而非。

应用文要求主旨鲜明，是由其目的、内容和传播方式决定的。不少应用文是行政机关制发的，往往具有行政效应或法律效力，因此主旨鲜明就显得尤为重要了。一些以处理具体事务和行业工作为内容的文书，其目的就是办实事，做好具体工作，所以哪些事情该办，哪些事情不该办，哪些事情该这样办，哪些事情该那样办，都必须明确无误地表达出来，否则后果会很严重。

3. 集中

主旨集中，是指一篇应用文只能表达一个主要意图、基本观点。应用文一般都是“一文一事”，主旨集中，不要有“副产品”或“搭车的”。倘若一篇应用文头绪纷繁，主旨分散，就会使人难以把握，不明其意。

要使主旨集中，可从两方面入手：第一，要主旨单一，就题论事，不宜贪多而湮没主旨。除了综合性的大型报告外，一般要一文一事，一题一议，一个主要意图、基本观点贯穿全篇。

第二，动笔之前要明确目的。明确为什么要写这篇公文，重点要解决什么问题，如果这些都已明确，那么，与这篇公文的主要意图关系不大的其他问题，自然就被淘汰掉了。删除与主旨表达无关的材料，剩下来的就是表达主旨所必需的东西了。

二、应用文的材料

假如说主旨是文章的灵魂，那么材料便似文章的血肉。在确立了文章主旨之后，自然就要考虑用什么来表现主旨了，这就是材料的作用。所谓材料，指的是构成一篇文章的事实、论据、道理。它包括经过作者选择提炼后写进具体文章中的材料，以及作者在写作之前搜集积累的原始材料。在应用文写作中，材料的选取工作包括搜集、鉴别、选择和使用四个环节。

(一) 搜集材料的方法

为了阐述特定的主旨，应用文的材料搜集工作要做到全面、典型，尽可能地占有所有材料，揭示客观事物的特征与本质。

搜集材料主要依靠直接获取第一手材料和间接获取第二手材料两种途径。直接材料是通过作者的观察、体验、感受直接得到的材料，可以运用一定的调查方法，如普查法、抽样调查、问卷调查、访问调查、观察法、实验法、态度测量表法等搜集原始材料。这种材料较真实可靠，但要得到这些材料，必须深入实际，参加社会实践，花费一定的人力、物力和财力。间接材料是通过不同的途径所获得的各种现成材料，如简报、报告、文献资料、书籍、报刊、部门或单位的档案等。这些材料的获取快捷、方便、省时、省力，但材料覆盖的范围常常有一定的局限性，有些组织的内部材料涉及组织机密，会给撰写者搜集材料带来一定的困难。

(二) 材料的鉴别

无论哪种类型的材料，并不是都对写作有用，因此要进行鉴别和选择。鉴别相当于企业经营管理中对成品的检测和检验。从应用文材料处理与分析的要求看，鉴别的内容应包括：真实性鉴别，即检验信息材料的真伪；准确性鉴别，即判断信息材料的精确程度；系统性鉴别，即确定信息材料的完整程度；适用性鉴别，即检测信息材料的适用程度和价值大小。

(三) 选材的原则

1. 紧扣主旨

选材要少而精，要为主旨服务。与主旨有关，且能说明主旨的材料就取，与主旨无关或者与主旨相游离、相背离的材料则舍。材料的取舍与文种的关系很大，如报告、请示、调查报告、情况通报等选用的材料就要详尽些，通知、通告选用的材料就要简略些。

2. 准确典型

准确，即材料要确凿无误，持之有据。记人，要实有其人，姓氏籍贯、面目特点、语言动作，要表述准确；叙事，要确有其事；引文，要完整无错，作者、篇名、书名、出处，包括出版社、版次、页码等，都要摘引准确；运用数据、统计数字，更要精确无误。

典型，指材料所具有的代表性和普遍意义，能起到以少胜多，以一当十的作用。选材贵在精，精就精在“典型”上。社会生活是复杂的，事物的表现形式多种多样，材料也是丰富多彩的，如不加选择，随便用几个事例来说明某个问题或某种观点，不仅无助于应用文主旨的表述，而且会影响应用文的作用与权威。

3. 新颖

新颖的材料是指新产生、新发展，别人尚未使用过的材料。一是新近产生的别人未曾使用过的、鲜为人知的材料，如新人、新事、新方针政策、新的统计数字、新成果、新产生的问题等；二是虽为人知却因变换角度而具有新意的材料。材料新颖，能给人以清新感，有了新颖的材料，文章才能写出新意，才能吸引人、感动人，给人以新的知识、新的启迪。

（四）材料的使用

选好材料之后，要正确使用，应注意：

1. 取舍得当，量体裁衣

取舍针对的是一些法规性、指令性文书，多数材料只是作为写作的依据，不进入正文。或虽然通过了挑选，但实际写作过程中还是要舍的。“量体裁衣”，是根据文章体裁的不同，对选定的材料进行不同的剪裁加工。

2. 详略得当，主次分明

使用材料时，能直接说明和表现主题的材料，应有意识地置于主要核心地位；配合或间接说明、表现主题的材料，可置于次要地位。两者是“红花”与“绿叶”的关系。骨干核心材料，要注意详尽；过渡性材料、交代性材料，要相应简略；读者感到生疏或难以把握的材料应详尽，读者已了解或容易接受的材料可从略。

3. 顺序得当，条理清晰

对已选定的材料，应根据事物发展的过程、人们的认识规律或材料之间的逻辑关系排好顺序，将各种不同类型的材料合理搭配，有条不紊地写出来。大多数应用文，会选择若干材料，从不同角度、不同层次来阐明主题。写作过程中将同类型的材料结合起来使用，可以优势互补，提高整体表达效果。常用的结合方式有：理论材料与事实材料结合、具体材料与概括材料结合、文字材料与数字材料结合等。

练习

一、名词解释

1. 应用文

2. 主旨

二、简答题

1. 应用文的作用是什么？

2. 应用文选材的原则主要有哪些？

三、改正病句

1. ××煤矿全体同志要从这次塌方事故中吸取教训，今后要坚决杜绝这类事故不再发生。

2. 全乡没有一个人不认为，今天生活这样好不是改革开放的结果。

3. 通过这次会计培训班的学习，使我的业务能力得到提高。

4. 纳税情况比较复杂的大中型企业，安排专人进行征税管理工作。

5. 经过整顿，企业的余利既体现了鼓励先进，又符合奖优罚劣的原则。

6. 请同志们出差本着勤俭节约的精神，尽量减少开支避免不必要的浪费。

7. 通知要求各单位派2人参加会议。

8. 由于狠抓质量管理，某厂产品合格率从40%提高了65%。

9. 他们违反财经纪律，滥用基建资金购买高档生活用品。

10. 七届五次全国人大作出了对于兴建长江三峡工程的决定。

11. 从大量的报道材料中，反映出我国经济建设战线的大好形势。

12. 财会人员办事时应十分仔细认真，尽量防止不出现差错。

第二章　公务文书写作

第一节　公文的性质

一、党政公文的定义

公务文书，即党政机关公文。

2012年4月16日，中共中央办公厅、国务院办公厅联合印发了《党政机关公文处理工作条例》(以下简称《条例》)，并规定从2012年7月1日起正式实施。《条例》指出，党政机关公文是党政机关实施领导、履行职能、处理公务的具有特定效力和规范体式的文书，是传达贯彻党和国家方针政策，公布法规和规章，指导、布置和商洽工作，请示和答复问题，报告、通报和交流情况等的重要工具。

这个定义包括四个要点：公务文书使用主体是国家党政机关及其他社会组织；特点是具有法定效力和规范体式；性质作用是实施领导、履行职能、处理公务的工具；主要内容是传达贯彻党和国家方针政策，公布法规和规章，指导、布置和商洽工作，请示和答复问题，报告、通报和交流情况。明白与掌握这四个要点，有利于全面正确认识公文，学习公文写作。

二、党政公文的特点

党政公文具有以下几方面的特点：

(一) 法定的权威性

公文的作者一般是具有制发公文权力的机关、部门或法定组织。即使以领导者个人名义发文，也是代表一级机关、组织，而不是个人行为。由于领导机关具有在职权范围内制发公文的权力，其制发的公文内容与党和国家的方针、政策、法律、法规密切相关，直接反映了国家领导机关的指挥意志、政策意向、行动要求和人民群众的根本利益，是实施行政管理的重要工具。因此具有法定的权威性，下属机关必须遵照执行，不得违抗。

(二) 鲜明的政治性

公文政策性强、政治观点鲜明，体现领导机关政治意图、全局利益。下行文用于贯彻党和国家的方针政策、法律法规，具有鲜明的政治倾向；上行文也以党和国家的政策、法规为依据，具有鲜明的政治色彩；即使是平行文，也具有政治性。

（三）体式的规范性

公文具有明确的、严格的规范体式。通常由版头、主体、版记三部分组成，标题、正文、发文机关等基本要素构成都有一定的要求，每个文种也有各自的适用范围、性质和写作规范。在撰写和处理时都必须严格遵守，不能擅自改变。

（四）制发的程序性

《条例》规定了公文制发和办理的程序。如公文拟制包括公文的起草、审核、签发等程序，公文发文要经过复核、登记、印制等程序。这些程序必须按序进行，不能改变、缺少。

三、党政公文的作用

（一）指导作用

党政领导机关通过公文传达国家的方针政策，作出工作部署和提出工作意见，对下级机关起指导作用。

（二）沟通作用

公文在上级机关、下级机关、平级机关以及不相隶属机关之间起到桥梁沟通作用，使彼此了解情况，交流信息，相互协调。

（三）宣传教育作用

公文是宣传党和国家的方针政策以及法规的主要渠道。公文可以让广大群众进一步了解党和国家的政策意图，统一思想认识，促进工作开展。

（四）凭证备查作用

各类公文，都是一定历史时期内的政治、经济、文化等方面活动的真实记录。在归档后，对今后的工作具有查考、凭证作用，或成为研究历史的第一手资料，具有重要的史料价值。

四、党政公文的类型

公文按照不同标准，可以有许多分类法。

（一）按适用范围分类

《条例》从适用范围角度，将党政机关公文划分为 15 种，即决议、决定、命令（令）、公报、公告、通告、通知、通报、议案、报告、请示、批复、意见、函、纪要。

（二）按行文方向分类

1. 上行文

具有直接隶属关系的下级机关向上级机关呈送的公文，如报告、请示及呈转性意见等。

2. 下行文

具有直接隶属关系的上级机关向下属机关发送的公文，如命令（令）、批复、决定及规定性通知、通报、部署性意见等。

3. 平行文

平级机关或者不相隶属机关之间，由于工作需要相互往来的公文，如函、交流性的纪要、平级的议案等。另外，平级政府机关向立法机构请求审议的公文，也属于平行文。

（三）按性质作用分类

1. 指挥性公文

上级机关对下级机关的具有指挥、管理性的公文，如命令（令）、决定、批复、通知等。

2. 报请性公文

向上级机关汇报工作、反映情况、提出建议或请求指示、批准的公文，如报告、请示等。

3. 知照性公文

向有关组织或公众告知有关事项和要求的公文，如公报、公告、通告、通报、函等。

4. 会议性公文

用来记载会议内容、传达会议精神和议定事项，请求会议审议的公文，如决议、纪要、议案等。

（四）按紧急程度分类

按紧急程度，公文可分为紧急公文和普通公文。紧急公文通常还分“特急”和“加急”两类。电报应当分别标注“特提”“特急”“加急”“平急”。

（五）按秘密等级分类

按秘密等级，公文可分为无保密要求的普通文件和有保密要求的保密文件两类。按照秘密等级的不同，还可分为绝密、机密、秘密文件。

第二节　公文的格式

《条例》第三章“公文格式”对公文格式的各要素作了严格的规定。同时，国家质量监督检验检疫总局于 2012 年 6 月 29 日发布了《党政机关公文格式》新标准（简称《新标准》GB/T 9704—2012），规定了公文中各组成部分的标识规则。公文格式各要素分为版头、主体、版记三部分。公文首页红色分隔线以上的部分称为版头；公文首页红色分隔线（不含）以下、公文末页首条分隔线（不含）以上的部分称为主体；公文末页首条分隔线以下、末条分隔线以上的部分称为版记。页码位于版心外。

一、公文格式构成

(一) 公文版头

公文版头,俗称文头、红头。由发文机关标志、公文份数序号、秘密等级和保密期限、紧急程度、发文字号、签发人、红色分隔线等要素组成。

1. 发文机关标志标识规则

发文机关标志,由发文机关全称或者规范化简称加“文件”二字组成,也可以使用发文机关全称或者规范化简称。联合行文时,发文机关标志可以并用联合发文机关名称,也可以单独用主办机关名称。联合行文时,如需同时标注联署发文机关名称,一般应当将主办机关名称排列在前;如有“文件”二字,应当置于发文机关名称右侧,以联署发文机关名称为准,上下居中排布。发文机关标志居中排布,上边缘至版心上边缘为 35 mm,推荐使用小标宋体字,颜色为红色,以醒目、美观、庄重为原则。

2. 公文份数序号标识规则

公文印制份数的顺序号。涉密公文应当标注份号。如需标注份号,一般用 6 位 3 号阿拉伯数字,顶格编排在版心左上角第一行,顶格书写,也就是天头边缘,距公文上页边 37 mm 处下面第 1 行。

3. 发文字号标识规则

发文字号,简称文号。包括机关代字、年份、序号。联合行文,一般只标明主办机关发文字号。发文字号位于发文机关标识下空 2 行,用 3 号仿宋体字,居中排布。年份、序号用阿拉伯数码标识。年份应标全称,用六角括号“〔 〕”括入,序号不编虚位(即 1 不编 001),不加“第”字。如《国务院关于授予巴金“人民作家”荣誉称号的决定》一文,发文字号是“国发〔2003〕27 号”。“国”是国务院的代字,〔2003〕是发文年份,27 号是国务院 2003 年发文顺序号,即表明这一文件是该年度国务院发出的第 27 号文件。上行文的发文字号居左空一字编排,与最后一个签发人姓名处在同一行。

4. 签发人标识规则

上行文应当注明签发人。由“签发人”三字加全角冒号和签发人姓名组成,居右空一字,编排在发文机关标志下空二行位置。“签发人”三字用 3 号仿宋体字,签发人姓名用 3 号楷体字。如有多个签发人,签发人姓名按照发文机关的排列顺序从左到右、自上而下依次均匀编排,一般每行排两个姓名,回行时与上一行第一个签发人姓名对齐。

5. 秘密等级和保密期限标识规则

涉密公文应当根据涉密程度分别标注“绝密”“机密”“秘密”和保密期限。如需标注密级和保密期限,一般用 3 号黑体字,顶格编排在版心左上角第二行;保密期限中的数字用阿拉伯数字标注。如需同时标识秘密等级和保密期限,秘密等级和保密期限之间用“★”隔开。

6. 紧急程度标识规则

紧急程度指公文送达和办理的时限要求。根据紧急程度,紧急公文应当分别标注“特急”“加急”。电报应当分别标注“特提”“特急”“加急”“平急”。如需标注紧急程度，一般用3号黑体字，顶格编排在版心左上角；如需同时标注份号、密级和保密期限、紧急程度，按照份号、密级和保密期限、紧急程度的顺序自上而下分行排列。有的紧急公文不仅标明紧急程度，还可在标题的文种前加以限定，如《××局关于××的紧急通知》等。

7. 红色分隔横线标识规则

发文字号之下4 mm处居中印一条与版心等宽的红色分隔线。红色分隔横线的作用在于把版头部分和主体部分隔开。一般放在发文机关标志或发文字号之下。

(二) 公文主体格式构成

公文主体格式包括标题、主送机关、正文、附件说明、发文机关署名、成文日期、印章、附注、附件等要素。

1. 公文标题标识规则

公文标题应当准确简要地概括公文的主要内容并标明公文种类。公文标题由发文机关名称、事由和文种组成。公文标题位于红色分隔线下空2行，用2号小标宋体字，可分一行或多行居中排布；回行时，要做到词意完整，排列对称，长短适宜，间距恰当。标题排列应当使用梯形或菱形。

公文的标题有三项式、两项式两种。

三项式公文标题。由发文机关、事由和文种名称三项内容构成。发文机关用机关全称或规范化的简称。事由指公文中所反映的主要事项，一般用“关于”引出。文种的名称放在最后。如《国务院关于做好免除城市义务教育阶段学生学杂费工作的通知》。其中“国务院”是发文机关，“关于做好免除城市义务教育阶段学生学杂费工作”是事由，“通知”是文种。

两项式公文标题。由发文机关和文种名称构成，如《中华人民共和国全国人民代表大会公告》；或者由事由和文种名称构成，如《关于计划外增加出口涤棉布的复函》。

2. 主送机关标识规则

公文主送机关是指要求对公文予以办理或答复的主要受理机关。主送机关应当使用全称或者规范化的简称。上行文一般只写一个主送机关，下行文可标一个或多个主送机关。公开发布或公布的周知性公文，可不标主送机关。

主送机关应在标题下空一行位置，居左顶格，回行时仍顶格，最后一个机关名称后标全角冒号。用3号仿宋体字标识。

3. 正文结构标识规则

正文是公文的主体部分。正文内容除简短公文外，一般由开头(引言)、主体、结语三部分构成。写好正文是公文写作最基本最主要的任务，但如何写好正文，应根据每份公文的实际情况和惯用体式来确定，没有适合一切公文的统一模式。各种公文的基本写法，在各文种中将分别予以介绍。

公文首页必须显示正文。一般用3号仿宋体字，编排于主送机关名称下一行，每个自然段左起空两字，回行顶格。文中结构层次序数依次可以用“一、”“(一)”“1.”“(1)”标注；一般第一层用黑体字，第二层用楷体字，第三层和第四层用仿宋体字标注。

4. 附件说明标识规则

附件是公文正文的说明、补充或者参考资料。如有附件，在正文下空一行左起空两字编排“附件”二字，后标全角冒号和附件名称。如有多个附件，使用阿拉伯数字标注附件顺序号(如“附件：1. ××××”)；附件名称后不加标点符号。附件名称较长需回行时，应当与上一行附件名称的首字对齐。

附件应当另面编排，并在版记之前，与公文正文一起装订。“附件”二字及附件顺序号用3号黑体字顶格编排在版心左上角第一行。附件标题居中编排在版心第三行。附件顺序号和附件标题应当与附件说明的表述一致。附件格式要求同正文。如附件与正文不能一起装订，应当在附件左上角第一行顶格编排公文的发文字号并在其后标注“附件”二字及附件顺序号。

5. 发文机关签署标识规则

发文机关签署也称发文机关落款，位于正文之下偏右位置。签发机关落款要写与印章相符的机关全称或规范化简称。几个机关联合行文的，主办机关落款在先。如果标题上已有发文机关名称，落款可以不写签发机关名称，直接写签发日期，盖章即可。

6. 印章标识规则

公文中有发文机关署名的，应当加盖发文机关印章，并与署名机关相符。联合上报的公文，由主办机关加盖印章；联合下发的公文，发文机关都应加盖印章。

单一机关行文时，一般在成文日期之上，以成文日期为准居中编排发文机关署名，印章端正、居中下压发文机关署名和成文日期，使发文机关署名和成文日期居印章中心偏下位置，印章顶端应当上距正文(或附件说明)一行之内。

联合行文时，一般将各发文机关署名按照发文机关顺序整齐排列在相应位置，并将印章一一对应、端正、居中下压发文机关署名。当联合行文需加盖两个印章时，应将成文时间拉开，左右各空7字；主办机关印章在前；两个印章均压成文时间，印章用红色。两印章间互不相交或相切，相距不超过3 mm。当联合行文需加盖3个以上(含3个)印章时，为防止出现空白印章，应将各发文机关名称(可用简称)排在发文时间和正文之间。主办机关印章在前，每排最多排3个印章，两端不得超出版心；最后一排如余一个或两个印章，均居中排布；印章之间互不相交或相切；在最后一排印章之下右空二字标识成文时间。最后一个印章端正、居中下压发文机关署名和成文日期。首排印章顶端应当上距正文(或附件说明)一行之内。

当公文排版后所剩空白处不能容下印章位置时，应采取调整行距、字距的措施加以解决，务使印章与正文同处一面，不得采取标识“此页无正文”的方法解决。

有特定发文机关标识的普发性公文和电报可以不加盖印章。单一机关行文时，在正文(或附件说明)下空一行右空二字编排发文机关署名，在发文机关署名下一行编排成文日期，首字比发文机关署名首字右移二字，如成文日期长于发文机关署名，应当使成文日期右空二字编排，并相应增加发文机关署名右空字数。联合行文时，应当先编排主办机关署名，其余发文机关署名依次向下编排。

单一机关制发的公文加盖签发人签名章时，在正文(或附件说明)下空二行右空四字加盖签发人签名章，签名章左空二字标注签发人职务，以签名章为准上下居中排布。在签发人签名章下空一行右空四字编排成文日期。联合行文时，应当先编排主办机关签发人职务、签名章，其余机关签发人职务、签名章依次向下编排，与主办机关签发人职务、签名章上下对齐；每行只编排一个机关的签发人职务、签名章；签发人职务应当标注全称。签名章一般用红色。

7. 成文日期标识规则

位于签发机关或领导人签署之下，署会议通过或者发文机关负责人签发的日期。联合行文时，署最后签发机关负责人签发的日期。成文日期必须标识年、月、日。《新标准》规定用阿拉伯数字将年、月、日标全，年份应标全称，月、日不编虚位(即 1 不编为 01)。

8. 附注标识规则

公文印发传达范围等需要说明的事项即为附注。附注一般居左空二字加圆括号编排在成文日期下一行。

(三) 公文版记构成

版记部分，又称文尾部分，通常由抄送机关名称、印发机关名称和印发时间等项目构成。

1. 抄送机关标识规则

抄送机关是指主送机关外，需要执行或者知晓公文内容的其他机关。使用机关全称、规范化简称或者同类型机关统称。如果需要抄送的机关有上级或平级、不相隶属机关等，在安排顺序上应上级机关在前，不相隶属机关在后。向下级机关的重要行文应同时抄送直接上级机关。向上级请示、报告时，不得同时抄送下级机关。受双重领导的机关，在向一个机关主送时，应同时向另一个机关抄送。抄送机关应该是确实需要知晓公文内容的机关，防止滥抄滥送。同时，也要防止漏抄漏送。

如有抄送机关，一般用 4 号仿宋体字，在印发机关和印发日期之上一行、左右各空一字编排。“抄送”二字后加全角冒号和抄送机关名称，回行时与冒号后的首字对齐，最后一个抄送机关名称后标句号。如需把主送机关移至版记，除将“抄送”二字改为“主送”外，编排方法同抄送机关。既有主送机关又有抄送机关时，应当将主送机关置于抄送机关之上一行，之间不加分隔线。

2. 印发机关和日期标识规则

公文的印制工作一般由发文机关的办公厅(室)承担，此为送印机关。印发时间，指公文开印的具体时间，不同于发文时间。

印发机关和印发日期一般用 4 号仿宋体字，编排在末条分隔线之上，印发机关左空一字，印发日期右空一字，用阿拉伯数字将年、月、日标全，年份应标全称，月、日不编虚位(即 1 不编为 01)，后加“印发”二字。版记中如有其他要素，应当将其与印发机关和印发日期用一条细分隔线隔开。

3. 印发份数

在印发机关和日期之下行末，用阿拉伯数字标明“共印××份”。

4. 页码

一般用 4 号半角宋体阿拉伯数字，编排在公文版心下边缘之下，数字左右各放一条一字线；一字线上距版心下边缘 7 mm。单页码居右空一字，双页码居左空一字。公文的版记页前有空白页的，空白页和版记页均不编排页码。公文的附件与正文一起装订时，页码应当连续编排。首页不显示页码。

二、公文的印装规格

为了公文处理和管理现代化，公文用纸和排版格式应根据《党政机关公文处理条例》（以下简称《条例》）和《党政机关公文格式》的规定实行。

（一）公文用纸

公文用纸采用 GB/T 148 中规定的 A4 型纸，其成品幅面尺寸为：210 mm×297 mm。

公文页边与版心尺寸为：公文用纸天头 37 mm，公文用纸订口 28 mm，版心尺寸 156 mm×225 mm（不含页码）。

发文机关标识边缘至版心上边缘为 25 mm。

（二）文字排列

文字从左到右横写、横排。在民族自治区域，如同时使用汉字和少数民族文字，少数民族文字按其习惯书写、排版。

（三）字号的选用

发文机关标志推荐使用小标宋体字，红色标识；秘密等级、保密期限、紧急程度用 3 号黑体字；发文字号、签发人、主送机关、附注用 3 号仿宋体字；抄送机关、印发机关、印发时间用 4 号仿宋体字；签发人姓名用 3 号楷体字；正文用 3 号仿宋体字。特定情况可以适当调整。

（四）行数和字数

一般每面排 22 行，每行排 28 个字，并撑满版心。特定情况可以适当调整。

第三节　公文的行文规则

一、公文行文规则概述

学习和把握行文规则，必须首先了解行文关系、行文方向和行文方式。

（一）行文关系

行文关系根据隶属关系和职权确定。

1. 上下级关系

上下级关系即领导和被领导关系。这是直接隶属的关系，如国务院和省政府，省政府和厅、局之间的关系。

2. 平级关系

平级关系是指在一个系列中的同等级别的机关或者部门、单位之间的关系。

3. 非隶属关系

非隶属关系指不是同一垂直系列，不发生直接职能往来的机关及其部门、单位之间的关系。

(二) 行文方向

行文方向是以发文机关为立足点向不同机关运行的公文去向。

1. 上行

指公文向上级机关运行。党政公文的上行文有报告和请示等。

2. 下行

指公文向下级机关运行。下行的党政公文较多，如命令(令)、决定、通报等。

3. 平行

指公文向同级或不相隶属的机关单位运行。主要是函。

4. 普行

指向社会公布的公文。主要是公告和通告等。

(三) 行文方式

行文方式，指行文的形式和方法。

1. 按行文对象分

逐级行文，即向直接上级或者直接下级行文。

越级行文，即越过自己的直接上级或下级行文。

多级行文，即向直接上级并呈非直接上级或者向直接下级并转非直接下级的一次性行文。

通行行文，即向隶属机关和非隶属机关以及社会群体一次性普向行文。

2. 按发文机关分

可分为单独行文、联合行文。

3. 按对象主次分

可分为主送、抄送。

二、公文的行文规则

《条例》第十三条指出："行文应当确有必要，讲求实效，注重针对性和可操作性。"第十四条指出:“行文关系根据隶属关系和职权范围确定。”具体的行文规则包括下行文规则、上行文规则、联合行文规则等。

(一) 上行文规则

原则上主送一个上级机关,根据需要同时抄送相关上级机关和同级机关,不抄送下级机关。

党委、政府的部门向上级主管部门请示、报告重大事项,应当经本级党委、政府同意或者授权;属于部门职权范围内的事项应当直接报送上级主管部门。

下级机关的请示事项,如需以本机关名义向上级机关请示,应当提出倾向性意见后上报,不得原文转报上级机关。

请示应当一文一事,不得在报告等非请示性公文中夹带请示事项。

除上级机关负责人直接交办事项外,不得以本机关名义向上级机关负责人报送公文,不得以本机关负责人名义向上级机关报送公文。

受双重领导的机关向一个上级机关行文,必要时抄送另一个上级机关。

(二) 下行文规则

主送受理机关,根据需要抄送相关机关,重要行文应当同时抄送发文机关的直接上级机关。

党委、政府的办公厅(室)根据本级党委、政府授权,可以向下级党委、政府行文,其他部门和单位不得向下级党委、政府发布指令性公文或者在公文中向下级党委、政府提出指令性要求。需经政府审批的具体事项,经政府同意后可以由政府职能部门行文,文中须注明已经政府同意。

党委、政府的部门在各自职权范围内可以向下级党委、政府的相关部门行文。

涉及多个部门职权范围的事务,部门之间未协商一致的,不得向下行文;擅自行文的,上级机关应当责令其纠正或者撤销。

上级机关向受双重领导的下级机关行文,必要时抄送该下级机关的另一个上级机关。

(三) 其他行文规则

1. 同级原则

《条例》第十七条规定:“同级党政机关、党政机关与其他同级机关必要时可以联合行文。”

2. 党政分开行文原则

《条例》第十七条规定:“属于党委、政府各自职权范围内的工作,不得联合行文。”

第四节 公文的语言

公文写作在语言及其表达方式上有其特殊要求,独特的语言风格称公文语体,用词准确贴切、句式简练严谨、保留固定的惯用语。公文的表达方式以客观直陈式说明为主，包括概括性叙述、断定性议论等。

一、用词准确贴切

这是对公文语言最基本的要求。公文使用规范的书面语言，不用口语、方言、俗语俚词。概念清晰、词义准确、概括性强、简洁明确，“一字入公文，九牛拔不出”。一般不用描述性、比喻性词语。

二、句式简练严谨

简练是指用简洁的语言把意思表达明白；严谨是指语句紧凑，表达严密。多一字则冗，少一字不明。多用短语、短句、操作性强的直陈句、省主语的动宾式结构，少用长句、复句。避免重复啰唆，句子冗长。

三、固定的惯用语

适当运用惯用语，可以使公文显得简洁明了、严谨平实、言简意赅，突出庄重性。常见惯用语有：

1. 开头用语

用于说明发文缘由、意义、根据或介绍背景材料及情况。表示依据，如“根据”“依据”“依照”“按照”“遵照”；表示目的，如“为”“为了”；表示原因，如“由于”“因”“因为”；表示伴随情况，如“目前”“当前”“兹”“查”“奉”等。

2. 承启用语

用于承接上文、引起下文。如“特作如下通知（决定、规定）”“通告（通知）如下”“现将有关事项通告（通知）如下”“提出以下意见”“拟采取以下措施”或“综上所述”等。

3. 结尾用语

用于结尾，表示收束。不同的文种，有不同的结尾用语，如函用“特此函告”“敬请函复”“特此函复”等；通知（通告）用“特此通知（通告）”等；报告用“特此报告”“专此报告”等；请示用“当否，请批复”“可否，请批复”等；批复用“此复”“特此批复”等。

4. 称谓用语

对各机关称谓的简称，如“我（局、公司）”“本（局、公司）”“你（局、公司）”“贵（局、公司）”“该（局、公司）”等。

5. 经办用语

用于说明公务处理情况或要求，如“经”“业经”“现将”“已经”“兹经”“责成”“执行”“试行”“贯彻执行”“研究执行”“参照执行”“遵照执行”等。

6. 引叙用语

即引叙来件的用语，如“悉”“收悉”“欣悉”“惊悉”“接”“前接”“近接”“现接”等。

7. 表态用语

用于表明公文办理机关对公务事项的态度，如“同意”“不同意”“照办”“可办”“不可”“应”“应该”“批准执行”“请遵照执行”“原则同意”“原则批准”等。

8. 期请用语

表示发文者的期望、要求，如“请”“希”“望”“盼”“拟请”“恳请”“即请”“报请”等。

9. 批转用语

表示批转、转发、印发的用语，如“印发”“批转”“转发”等。

10. 征询用语

表示征求、询问对有关事项的意见和态度，如“当否”“妥否”“可否”“是否妥当”“是否同意”“如无不当(妥)”“如果可行”等。

练习

一、修改公文标题

1. ××局关于更新××医院锅炉设备的请示报告

2. ××市工业公司关于拟在2016年下半年建立中心化验室，需要增添部分仪器设备，请批准在××费中开支的请示

3. 省××厅严格控制会议费规定的通知

4. ××局关于张明同志任职批复的通知

5. ××市交通管理局公告

6. 关于请求追认××同志为革命烈士的报告

7. 财政部复中国黄金总公司关于对年产万两以上黄金矿可酌情减征耕地占用税问题

8. ××大学关于呈报试行教学津贴情况的报告

9. 在职称评审工作中几个具体政策问题的请示报告

10. ××省人民政府批转《国务院关于进一步加强药品管理的紧急通知》的通知

二、判断说明题

1. 公文的标题必须三要素俱全。（　　）

2. 几个单位联合发文，只标明主办单位的发文字号即可。（　　）

3. 几个单位联合发文，只加盖主办单位的印章即可。（　　）

4. 无论是普发性公文，还是特指性公文，都可以有两个或两个以上的主送机关。（　　）

5. 公文的紧急程度可分为特急、急件、平件。（　　）

6. 落款的发文机关可以使用全称或简称。（　　）

7. 上下行文中都要标识签发人。（　　）

8. 公文作者指单位第一负责人。（　　）

9. 收到请示可以根据事情的大小或必要性决定是否行文。（　　）

10. 发文机关标志必须包括“文件”两字。（　　）

三、单项选择题

1. 下列发文字号写作正确的是(　　)

A. 国发〔2021〕30号　　B. 苏府(2021年)128号

C. 国办函[2021]78号　　D. 粤科院〔2021〕078号

2. 公文的主送机关是指(　　)

A. 担负领导责任的上级机关　　B. 对公文有办理和答复责任的机关

C. 对公文有主要监督责任的机关　　D. 与公文涉及内容有关的上下级机关

3. 公文标题中不可以省略的要素是(　　)

A. 发文机关　　B. 发文事由　　C. 文种　　D. 发文对象

4. 需要注明签发人姓名的是(　　)

A. 上行文　　B. 下行文　　C. 平行文　　D. 所有行文

5. 下列公文格式的表述中错误的一项是(　　)

A. 主送机关即受文机关

B. 公文印发工作由发文机关的办公部门承担

C. 发文字号由发文机关代字、发文年度、发文序号组成

D. 附件是附在正文之后的文件、材料

6. 下列公文中属于知照类公文的是(　　)

A. 议案　　B. 请示　　C. 通告　　D. 决定

7. 公文的作者必须是(　　)

A. 单位的领导　　B. 法定的机关、组织及其负责人

C. 办公室秘书　　D. 制发文件的机关

8. 不属于发文字号的内容(　　)

A. 机关代字　　B. 文件名称　　C. 年份　　D. 顺序号

9. 行政机关公文秘密等级和保密程度应标注于(　　)

A. 首页版心左上角　　B. 首页版心右上角

C. 公文标题左上角　　D. 公文标题右上角

10. 下面哪种情况可以联合行文(　　)

A. 同级政府之间　　B. 政府及其部门与同级党委之间

C. 上级政府与下一级政府之间　　D. 政府部门与人民团体之间

11. 下列有关公文格式的表述正确的是(　　)

A. 发文机关标识由发文机关全称或规范化简称后面加“文件”组成,也可以使用发文机关全称或者规范化简称

B. 下行文应当标注签发人

C. 公文标题可以省略文种名称

D. 发文字号是指公文印制份数的顺序号,即将同一文稿印刷若干份时每份公文的顺序编号

12. 下列哪个发文字号正确(　　)

A. 皖政字(2021)第5号　　B. 沪府发〔2021〕20号

C. 国发(2021)12号　　D. 苏政发〔21〕第20号

13. 公文中一般不采用的表达方式是(　　)

A. 议论　　B. 说明　　C. 叙述　　D. 描写

14. 下列说法不正确的是(　　)

A. 公文标题中一律不得使用标点符号

B. 同级政府可以联合行文

C. 公文标题中文种不能省略

D. 公文语言一般不用描述性、比喻性词语

15. 下面不属于公文版头的要素是(　　)

A. 发文字号　　B. 签发人　　C. 红色分割线　　D. 标题

四、双项选择题

1. 下列发文字号正确的是(　　　)

A. 南财教〔2021〕11 号　　B. 苏政发(2021 年)3 号

C. 国函[2021]8 号　　D. 粤府发〔2021〕7 号

2.《××市文化广电和旅游局向××市自然资源局申请划拨建设电视转播台用地的请示报告》,该标题的主要错误是(　　　)

A. 错误使用文种,本文是一个请示　　B. 错误使用文种,本文是一个报告

C. 错误使用文种,应使用函　　D. 错误使用文种,本文是请示性函

3. 下列公文标题中正确的是(　　　)

A. 国务院关于中国人民抗日战争暨世界反法西斯战争胜利 70 周年纪念日调休放假的通知

B. 国务院关于印发《"十三五"促进就业规划》的通知

C. 国务院办公厅关于印发乡村教师支持计划(2016—2021 年)的通知

D. 教育部追授孟瑞鹏同学"全国优秀大学生"荣誉称号的决定

4. 下列表述不当的是(　　　)

A. 下行文也需要标识签发人

B. 发文字号由发文机关代称、发文年份以及本年度发文序号组成

C. 按照秘密等级的不同,公文可分为绝密、机密、秘密文件

D. 平行文即指平级机关之间的公文

5. 根据《党政机关公文处理工作条例》的规定,使用"通知"的是(　　　)

A. 南京邮电大学任命学校中层干部

B. 国务院办公厅要求贯彻落实国务院常务会议精神有关事项

C. 教育部同意建立福州理工学院

D. 国务院对全国政府网站抽查情况进行通报

6. 下列公文标题中错误的是(　　　)

A. 教育部关于印发《学校体育运动风险防控暂行办法》的通知

B. 教育部转发《国务院关于进一步加强新时期爱国卫生工作的意见》的通知

C. 国家民委办公厅关于国家民委官方微信建设有关事项的通知

D. 国务院办公厅关于印发《乡村教师支持计划(2016—2021 年)》的通知

7. 下列事项采用请示行文的是(　　)

A. 福建省人民政府向教育部申请建立福州理工学院

B. 南京市江宁区税务局代企业向南京市税务局申请减免税款

C. 江苏省政府驻北京办事处向北京市规划和自然资源委员会行文,请求批准建造临时建筑物

D. 江苏省文化和旅游厅报文化和旅游部邀请台湾歌手周杰伦到南京市演出

8. 公文使用的正确表述是(　　)

A. 公文的标题不可以省略文种

B. 受双重领导的下级机关向上行文,应当给两个领导机关主送公文

C. 向一切有审批权的机关请求批准时应写请示

D. 请示在行文时无须抄送下级机关

9. 以下不可以联合行文的是(　　)

A. 江西省民政厅、江苏省人社厅、山东省教育厅

B. 江苏省教育厅、南京市卫健委、鼓楼区市场监督管理局

C. 国务院、团中央、全国妇联

D. 南京市民政局、南京市税务局、南京市教育局

10. 下列文种既可用作上行文又可用作下行文的是(　　)

A. 通知　　B. 意见　　C. 函　　D. 报告

11. 下列发文字号正确的是(　　)

A. 南财教〔2021〕11号　　B. 沪府发〔2021〕13号

C. 国函[2021]第8号　　D. 粤府发〔2021〕01号

12. 越级行文的条件是(　　)

A. 工作中出现问题无法解决

B. 经多次请示直接上级机关而问题长期未予解决

C. 请示解决人、财、地问题

D. 检举直接上级机关

13. 下列表述不当的是(　　)

A. 下行文也需要标识签发人

B. 发文字号由发文机关代称、发文年份以及本年度发文序号组成

C. 联合行文使用主办机关的发文字号

D. 平行文即指平级机关之间的公文

14. 下列公文结构要素中并非所有公文都必须具备的是(　　)

A. 发文字号　　B. 抄送单位　　C. 签发人　　D. 发文机关

15. 下列表述不当的是(　　)

A. 上行文需要标识签发人

B. 平行文即指平级机关之间的公文

C. 向一切有审批权的机关请求批准时应写请示

D. 发文字号由发文机关代称、发文年份以及本年度发文序号组成

第五节　决定的写作

一、决定的适用范围

《条例》指出，决定“适用于对重要事项作出决策和部署、奖惩有关单位及人员、变更或者撤销下级机关不适当的决定事项”。用决定来作出安排的，必须是“重大行动”和“重要事项”。布置日常工作和处理一般事项可以用其他文种，如“通知”等。

二、决定的特点

（一）制约性

决定是下行文，要求下级机关贯彻执行。决定的制约性虽没有命令那么强硬，但比其他公文要强。

（二）稳定性

决定的内容具有一定的稳定性。主要事项或重大行动作出决定后，相当长时期内必须贯彻执行。如《中共中央关于全面深化改革若干重大问题的决定》是今后较长一段时期内的工作重心，必须贯彻执行。

三、决定的类型

按内容分，主要有部署性决定、表彰性决定、惩戒性决定。

（一）部署性决定

又叫指挥性决定，这是党和国家行政机关为部署全局工作，或采取重大举措而使用的一种指挥性公文。如《国务院关于成立国务院西部地区开发领导小组的决定》。

（二）表彰性决定

对有重大贡献的单位、人员作出嘉奖表彰。如《中共中央 国务院关于表彰全国脱贫攻坚先进个人和先进集体的决定》。

（三）惩戒性决定

对造成重大事故或犯有严重错误的单位、人员作出处分的一种决定。如《国务院关于处理“渤海二号”事故的决定》。

四、决定的结构

决定的结构一般包括标题、主送机关、正文、日期等部分。

(一) 标题

决定的标题一般由三项式构成，即发文机关、事由和文种三个要素构成。如《国务院关于修改和废止部分行政法规的决定》《国务院关于取消和调整一批罚款事项的决定》。决定标题也可以省略其中的一项，即由发文机关加文种或发文事由和文种组成。如《关于加快发展中西部地区乡镇企业的决定》《全国人民代表大会常务委员会决定》等。

(二) 主送机关

有特定下发单位的决定，要写上主送机关的名称；普发性的决定，则不写主送机关。标题已有发文机关名称，结尾可不用签署发文机关。

(三) 正文

不同的决定类型，其正文结构各有不同，见下文。

(四) 日期

决定的日期有两种写法：一种是标注在正文的右下方，用于机关作出的决定；另一种是标注在标题正下方的括号内，用于会议作出的决定。

五、决定的正文写作

(一) 部署性决定的写作

正文一般由前言、决定事项、决定要求三部分组成。

1. 前言

写清决定的依据、原因、目的、意义等，即根据什么、为什么要发布决定。决定依据要高度概括，简洁明了；依据文件或有关精神等，可直接引用相应名称。并用“现决定如下”引出下文。

2. 决定事项

决定事项是决定的主体部分，主要包括指导思想、方针、原则，应完成的任务、措施、要求等。内容较多的用条列式。条列式按先虚后实安排顺序，即先原则后具体。

3. 决定要求

如正文是条列式，最后一条为要求。一般情况下单列一段写要求或号召。

【例文】

关于撤销“中国萨满文化传承基地”的决定

吉林省民间文艺家协会并吉林省萨蔓旅游开发有限公司：

我会〔2005〕第34号文件，曾命名吉林长春萨满欢乐园为“中国萨满文化传承基地”，申报主体为吉林省萨蔓旅游开发有限公司。经核实，长春萨满欢乐园已经停止营业，不再具备传承保护萨满文化的现实条件和实践基础。我会研究决定，该基地即日起予以撤销。

中国民间文艺家协会
2021年6月30日

（二）表彰性决定的写作

表彰性决定的正文分为被表彰对象的先进事迹、表彰决定、号召或希望。

1. 先进事迹

这是表彰的依据或缘由。概述表彰对象的先进事迹和事迹意义。如概述被表彰者的身份、事迹或事实的时间、地点、当事人、经过等。事迹应具有可信度和说服力。

2. 表彰决定

按事实、程序（如“经研究”）、依据作出授予荣誉称号或记功、受勋、晋级等的表彰决定。

3. 号召或希望

号召学习被表彰对象的精神或思想、品德，结合当前工作，提出希望或发展方向。

【例文1】

浙江省人民政府
关于授予姚玉峰等15人浙江省杰出教师荣誉称号的决定

浙政发〔2019〕20号

各市、县（市、区）人民政府，省政府直属各单位：

近年来，全省教育系统坚持以习近平新时代中国特色社会主义思想铸魂育人，深入贯彻党的教育方针，落实立德树人根本任务，涌现出一大批乐于奉献、严谨笃学、成绩卓著的优秀教师。为大力弘扬尊师重教的社会风尚，激励广大教师献身教育事业，决定授予姚玉峰等15人浙江省杰出教师荣誉称号，享受省部级劳动模范和先进工作者待遇。

希望受表彰的教师再接再厉、开拓创新、不断进取。全省广大教师和教育工作者要以先进为榜样，不忘育人初心，牢记使命担当，为培养德智体美劳全面发展的社会主义建设者和接班人，加快推进我省教育现代化作出更大贡献。

附件：2019 年浙江省杰出教师名单

浙江省人民政府
2019 年 8 月 27 日

【例文 2】

共青团中央 全国青联
关于授予我国奥运健儿中国青年五四奖章的决定

在刚刚落幕的第 32 届奥林匹克运动会上，中国体育健儿牢记党和人民嘱托，敢于挑战、勇于争先，作风顽强、技艺精湛，斗志昂扬、品德高尚，勇夺 38 枚金牌、32 枚银牌、18 枚铜牌，取得竞赛成绩和比赛道德双丰收，极大激发了全体中华儿女的爱国热情，为全党全国各族人民在全面建设社会主义现代化国家新征程上团结奋斗注入强劲动力。尤其是我国青少年运动员自信自强、包容达观，敢于胜利、战绩骄人，向全世界展现了新时代中国青少年的良好形象和勃勃生机。

为表彰我国青少年运动员的突出贡献，共青团中央、全国青联决定，授予中国女子乒乓球队、中国男子乒乓球队 2 个青年集体“中国青年五四奖章集体”，授予杨倩、侯志慧、孙一文、王涵、李发彬、谌利军、姜冉馨、陈芋汐、张家齐、杨皓然、陈云霞、张灵、吕扬、崔晓桐、王宗源、谢思埸、张雨霏、杨浚瑄、汤慕涵、李冰洁、陈梦、汪顺、朱雪莹、王懿律、黄东萍、卢云秀、巩立姣、陈雨菲、汪周雨、刘洋、张常鸿、鲍珊菊、李雯雯、邹敬园、管晨辰、全红婵、刘诗颖、徐诗晓、孙梦雅等 39 名青年运动员“中国青年五四奖章”。庞伟、施廷懋、石志勇、马龙、吕小军、钟天使、曹缘等 7 名冠军运动员此前已获此奖章，不再重复授予。

共青团中央、全国青联号召全国广大青少年向中国体育健儿学习！学习他们勇担使命、团结奋斗的精神，恪守初心、坚毅笃行，厚植爱国主义情怀；学习他们敢于争先、敢于争冠的精神，勇立潮头、不断突破，砥砺永久奋斗品格；学习他们不畏艰难、苦练本领的精神，埋头钻研、扎实工作，创造青春无悔业绩。

全国广大青少年要紧跟以习近平同志为核心的党中央，以实现中华民族伟大复兴为己任，增强做中国人的志气、骨气、底气，不负时代，不负韶华，努力为祖国和人民争取更大光荣！

共青团中央
全国青联
2021 年 8 月 9 日

【例文3】

省教育厅 共青团江苏省委
关于表彰2021年度江苏省普通高校省级优秀毕业生的决定

苏教学〔2021〕3号

各普通高校：

根据省教育厅、共青团江苏省委《关于评选2021年度江苏省普通高校省级三好学生、优秀学生干部、优秀毕业生和先进班集体的通知》（苏教学函〔2021〕5号）要求，各高校本着公开、公平、公正的原则，认真开展评选推荐工作，经省教育厅、团省委审核、公示，决定对李云轩等926名省级优秀毕业生予以表彰。

希望受表彰的优秀毕业生走上工作岗位后，继续努力，再接再厉，弘扬爱国奋斗精神，建功立业新时代。希望全省高校大学生向受表彰的优秀毕业生学习，肩负历史使命，坚定前进信心，立大志、明大德、成大才、担大任，努力成为堪当民族复兴重任的时代新人。各高校要采取多种形式广泛宣传受表彰的省级优秀毕业生的先进事迹，激励广大高校学生为实现中华民族伟大复兴的中国梦贡献青春力量。

附件：2021年度江苏省普通高校省级优秀毕业生名单

省教育厅

共青团江苏省委

2021年6月10日

（三）惩戒性决定的写作

包括错误的事实与性质、导致错误的原因、产生的危害及其影响；处分依据、处分决定；希望或要求。

1. 错误的事实和性质

错误发生的时间、地点、事情过程、后果等；错误的性质，造成的危害和影响；错误的原因。事实应高度概括，原因须简明、深刻。

2. 处分依据

被处分单位或人员对错误性质、危害的态度和认识程度，应承担的责任，处分的法规、纪律或规定的文件依据。

3. 处分决定

按依据、程序（如“经研究”）作出相应的行政处分，如警告、记过、撤销职务、开除公职，以及罚款等行政处罚。

4. 希望或要求

指出应吸取教训，做好今后工作。必要时应重申和强调有关法律、法规或有关规定，要准确深刻、严肃有力，起警诫作用。

【例文 1】

关于给予×××同学警告处分的决定

×××，学号：××××××××，系广州××学院文学院 19 本汉教 2 班学生。该生于 2022 年×月××日至今，违规借用 E 家账号给他人，造成不良后果，该生行为已形成违纪事实。

为严肃校纪校规，教育其本人和其他学生，根据广州××学院《学生手册》第二章第十五条第(七)项规定：转借学生证、图书借阅证等有效证件造成不良后果者，视情节轻重，给予警告及以上处分。经研究决定，给予×××同学警告处分，处分期为 2022 年×月××日至 2023 年×月××日，同时取消处分期内评优评先，出席党、团、学代会以及担任学生干部资格。

该生如对处分决定有异议，可在接到学院处分决定之日起 10 日内，向文学院学工办提出书面申请，在申请期内未提出申诉的，学院不再受理其提出的申诉。

望广大学生引以为戒，汲取教训，切实遵守学校的各项规章制度，共同营造学院良好的学习氛围。

文学院学生工作办公室

2022 年 6 月 13 日

【例文 2】

关于李××等同学违纪的处分决定

李××，男，专升本×××22 班学生。

秦××，男，专升本×××22 班学生。

武××，男，专升本×××22 班学生。

党××，男，专升本×××22 班学生。

2022 年 9 月 10 日 21 时，李××、秦××、武××、党××等四位同学在四号公寓内聚众喝酒。为严肃校纪，教育本人，依据《兰州××学院学生处分管理规定》第六条第三款的规定，经二〇二二年九月十二日土木工程学院学生工作领导小组会议研究决定，给予以上四位学生警告处分。

土木工程学院

2022 年 9 月 12 日

第六节　批复的写作

一、批复的适用范围

《条例》指出，批复“适用于答复下级机关请示事项”。批复是直接上级机关针对下级机关或部门、单位的请示作出指示、批准的下行文，没有直接上下级关系或直接隶属关系的不能用批复。

二、批复的特点

(一) 针对性

批复和请示是相互对应的一组公文。批复专门针对请示行文，有请必批，与请示事项无关的内容则不必涉及。

(二) 权威性

上级机关对请示作出的批复具有一定的权威性，代表组织与全局的意志。下级机关必须以上级的批复精神指导、规范自己的工作或实践。

(三) 政策性

批复有很强的政策性。写作批复必须有政策依据，批复内容必须体现政策，或重申政策，或发布新政策、新规定。下级机关必须执行政策，照章办事，不能自行其是或阳奉阴违。

三、批复的类型

批复按性质和内容，可分为批准性批复和指示性批复。

(一) 批准性批复

批准性批复是针对下级机关请求批准的请示而作的答复，即针对有关人、财、物的请示而作的批复。

(二) 指示性批复

指示性批复是针对下级机关请求指示的请示而作的答复，即针对有关政策、方案、规划等的请示而作的批复。

四、批复的结构

批复由标题、发文字号、正文和落款组成。

(一) 标题

1. 完全式

批复的标题一般由机关名称、事由、文种三部分组成。如《上海市人民政府关于黄浦江大桥问题的批复》《国家税务总局关于个人通过网络买卖虚拟货币取得收入征收个人所得税问题的批复》等。

2. 省略式

省略式标题省略发文机关，一般由事由、文种构成。如《关于清除街道违章建筑的批复》。

3. 表态式

事由的写法除用“关于”加批复的事项外，还可在“关于”和事项之间插入“同意”二字，明确表态。如《国务院关于同意在海南暂时调整实施有关行政法规规定的批复》等。

(二) 批复的发文字号

批复的发文字号由发文机关代字、年份、序号三部分组成。由于批复常以函的形式发布，故机关代字后可加“函”字。如“国函〔2021〕12 号”“国土资函〔2021〕741 号”。

(三) 正文

批复正文一般包括引述来文(即请示)、批复事项、结语三个部分。

1. 引述来文

批复开头应当先引请示标题，后引发文字号。如“《徐州市大龙湖旅游度假区关于申报省级旅游度假区的请示》(徐政发〔2016〕45 号)收悉”“你局《关于×××的请示》(××〔2016〕×号)收悉”。批复是被动行文，开头必须交代针对哪个请示作的答复。

2. 批复事项

上级机关针对请示事项应给予具体、明确的答复。答复一般有三种情况：同意、原则同意、不同意。“原则同意”，应写明同意的部分、变动的部分与变动的理由；“不同意”，应写明不同意的理由，指出解决的方向、途径、办法。

3. 批复结语

常用“特此批复”“此复”等专门用语。

(四) 落款

如在批复的标题中已包含发文机关，落款可不署发文机关，但必须署日期。标题中没有发文机关的，应署发文机关和日期。落款处均需加盖印章。

五、批复的正文写作

（一）批准性批复的写作

先引述来文，表明态度，再按批复内容和结束语的顺序写作。如内容较多，应该分条陈述。若不同意，应说明不同意的理由，并作出应该如何处理的指示，使下级机关明白原因，并有所遵循。如所请示的事项有的可行，有的不可行，有的需要做改动，则需逐项明确表态，分别说明。结束时用“此复”“特此批复”等习惯用语。批准性批复应该态度明确、措辞准确、语气肯定、文字简洁，有切实的针对性。

【例文1】

国务院关于同意鄂尔多斯市建设国家可持续发展议程创新示范区的批复

国函〔2022〕68号

内蒙古自治区人民政府、科技部：

你们《关于鄂尔多斯市创建国家可持续发展议程创新示范区的请示》（内政报〔2022〕45号）收悉。现批复如下：

一、同意鄂尔多斯市以荒漠化防治与绿色发展为主题，建设国家可持续发展议程创新示范区。

二、鄂尔多斯市建设国家可持续发展议程创新示范区，要以习近平新时代中国特色社会主义思想为指导，全面贯彻党的十九大和十九届历次全会精神，按照党中央、国务院决策部署，坚持稳中求进工作总基调，完整、准确、全面贯彻新发展理念，加快构建新发展格局，深入实施创新驱动发展战略和可持续发展战略，统筹发展和安全，紧紧围绕联合国2030年可持续发展议程和《中国落实2030年可持续发展议程国别方案》，按照《中国落实2030年可持续发展议程创新示范区建设方案》要求，重点针对生态建设产业化程度低、资源型产业链条短等问题，集成应用荒漠化综合治理、水资源集约节约利用、煤炭清洁高效利用、零碳能源、碳捕集利用与封存等技术，实施荒漠化防治提质增效、水资源高效利用创新、现代能源经济高质量发展提速、农牧业和乡村旅游发展提升、创新驱动发展能力建设促进等行动，统筹各类创新资源，深化体制机制改革，加快实现高水平科技自立自强，探索适用技术路线和系统解决方案，形成可操作、可复制、可推广的有效模式，对推动荒漠化地区生态优先、绿色低碳发展形成示范效应，为落实2030年可持续发展议程提供实践经验。

三、内蒙古自治区人民政府要建立健全相关工作协调机制，根据实际情况研究制定专门的支持政策，形成推进合力，支持鄂尔多斯市全面落实和实施好各项行动和工程，实现国家可持续发展议程创新示范区建设的目标。

四、科技部要会同国家可持续发展实验区部际联席会议各成员单位，结合各自职责，在重大项目安排、政策先行先试、体制机制创新等方面支持鄂尔多斯市建设国家可持续发展议程创新示范区，及时研究解决建设中的重大问题。

五、示范区发展规划、建设方案等事宜，请内蒙古自治区人民政府、科技部会同相关方面按照有关规定另行办理。

国务院
2022 年 7 月 10 日

【例文 2】

省政府关于南京市苏州市全面深化服务贸易创新发展试点实施方案的批复

苏政复〔2020〕114 号

南京、苏州市人民政府：

《南京市人民政府关于全面深化服务贸易创新发展试点实施方案的请示》（宁政发〔2020〕118 号）、《苏州市人民政府关于批准全面深化服务贸易创新发展试点实施方案的请示》（苏府呈〔2020〕89 号）收悉，现批复如下：

一、原则同意《南京市全面深化服务贸易创新发展试点实施方案》《苏州市全面深化服务贸易创新发展试点实施方案》（以下简称《方案》），请认真组织实施。

二、要坚持以习近平新时代中国特色社会主义思想为指导，全面贯彻党的十九大和十九届二中、三中、四中、五中全会精神，坚持以新发展理念引领高质量发展，突出改革先行、开放先行、创新先行和高质量发展，深入探索适应服务贸易创新发展的体制机制，打造服务贸易发展新高地，为构建“双循环”新发展格局提供重要支撑。

三、南京市、苏州市人民政府要加强组织领导，切实履行好试点工作的实施推动、综合协调、政策支持及组织保障等责任，重点在改革管理体制、扩大对外开放、完善政策体系、健全促进机制、创新发展模式、优化监管制度等方面先行先试，形成可复制可推广的经验，为全省及全国服务贸易创新发展探索路径。

四、省有关部门要按照职能分工，加强对试点工作的协调、指导和支持，认真落实国务院及国家有关部委制定的政策措施，结合江苏实际加强探索创新，形成促进服务贸易创新发展的合力。省商务厅要加强统筹协调，及时跟踪评估《方案》实施情况，督促试点地区扎实推进试点任务，帮助解决困难和问题，认真做好试点经验的总结、评估和推广工作。

江苏省人民政府
2020 年 11 月 23 日

【例文 3】

省政府关于同意江阴兴澄储运有限公司万吨级码头 2 号泊位等 5 个泊位对外开放的批复

苏政复〔2021〕54 号

无锡、苏州、连云港市人民政府：

你们关于有关泊位对外开放的请示收悉。现批复如下：

一、同意江阴兴澄储运有限公司万吨级码头 2 号泊位、张家港沙洲电力有限公司码头 2 号泊位和连云港港徐圩港区 143、144、145 号泊位对外开放。

二、上述码头（泊位）所在设区市要督促码头管理部门和经营单位认真落实口岸查验机构提出的改进码头监管设施和条件的意见，加强涉外纪律教育、安全生产监管和业务培训，落实新冠肺炎疫情防控责任，确保码头安全绿色高效运行。

江苏省人民政府

2021 年 10 月 23 日

（二）指示性批复的写作

指示性批复也是由引述来文、批复内容、结语组成。批复内容是针对请示的问题提出原则性指示，一般先指明来文所述问题，然后强调其中需要特别注意的问题并提出意见。如请示中有与下级机关的不同看法或几个方案，需明确表态同意一种看法或一个方案，或综合提出意见，或另提出意见，必须写明本机关的充分依据、理由，使下级机关理解、信服。最后用“特此批复”或“此复”作结语。指示性批复兼有发布指令的职能，语气要表现出严肃性和权威性，不能含糊、疲软。

批复内容若涉及其他部门，应先协商，取得一致后方可行文。

【例文】

关于狼巷迷谷景区游览观光车试行票价的批复

滁发改收费〔2018〕457 号

凤阳县发展和改革委员会：

你委《关于核定狼巷迷谷景区旅游观光车收费标准的请示》（凤发改字〔2020〕213 号）收悉。根据《安徽省定价目录》和《安徽省旅游景区门票及相关服务价格管理办法》规定，经研究，现将狼巷迷谷景区游览观光车票价批复如下：

一、狼巷迷谷景区游览观光车试行票价为每人次 10 元（从禅窟洞景点出口至迷谷景点入口，单程），由游客自愿选择乘坐，游览观光车票不得与景区门票捆绑销售。

二、请你委督促景区规范财务管理，健全会计核算资料，并严格执行明码标价规定，在收费场所的醒目位置公示票价、服务内容以及12358价格投诉举报电话等，主动接受社会监督。

三、本批复自2018年12月10日起执行，试行期一年。试行期满，重新报批核定正式票价。

滁州市发展和改革委员会

2018年2月28日

练 习

一、标题改错

1. ××省交通运输厅关于国家安全部、交通运输部两部贯彻国家安全法有关规定文件中有关问题的请示

2. ××厂关于组装车间三组工人偷盗电器器材的处理决定

3. ××大学关于年终清查财产情况的报告

4. 关于命名省级文明单位的申请

5. 中国社会科学院关于给××活动经费的批文

6. 关于切实做好春耕生产各项准备工作问题的通知

7. 关于转发《××省财政厅转发"财政部关于修改国家工作人员出差补助标准暂行规定的通知"的通知》的通知

8. ××市教育局2016年高考情况的汇报

9. ××大学关于自学考试报名的公告

10. ××学院关于××厂废气污染校园的请示报告

二、单项选择题

1. 一般不得同时抄送下级机关的公文文种是（　　）

A. 通知　　B. 请示　　C. 通告　　D. 通报

2. 南京邮电大学拟制作一份加强学生宿舍管理的公文，应选择（　　）

A. 公告　　B. 通告　　C. 通报　　D. 决定

3. 下列公文中属于平行文的有（　　）

A. 请示　　B. 函　　C. 批复　　D. 报告

4. 下列文件用于向社会公众发布的是（　　）

A. 通知　　B. 批复　　C. 通报　　D. 通告

5. 下列有关公文格式的正确表述是（　　）

A. 发文机关标志可由发文机关全称或规范化简称后面加"文件"组成。

B. 函能起"请示"的作用，该用请示行文的时候可用函代替它。

C. 公告、通告内容相近，形式相同，可以交换使用。

D. 公文都可以有两个或两个以上的主送机关。

6. 某路段因为施工需要机动车辆绕道而行，交通运输局为此制发了一份公文，该公文

的文种应选用(　　)

A. 通告　　B. 公告　　C. 通知　　D. 命令

7. 报告不适用于(　　)

A. 汇报工作　　B. 反映情况　　C. 提出建议　　D. 报送文件

8. 浙江省教育厅拟将教育部某通知发给省内各高校,省教育厅应用(　　)类通知

A. 批转　　B. 转发　　C. 印发　　D. 颁发

9. 公文行文规则是(　　)

A. 越级行文　　B. 多级行文　　C. 逐级行文　　D. 直接行文

10. 下列不能用于奖惩人员的文种是(　　)

A. 命令　　B. 决定　　C. 通报　　D. 批复

11. 下列公文标题错误的是(　　)

A. ××医院关于更新锅炉设备的请示

B. ××市公安局交通管理局通告

C. ××省××厅关于严格控制会议费用规定的通告

D. ××局关于张伟同志任职的通知

12. 江苏省教育厅将要举办大型人才交流会,需要与省人社厅协调,正确的公文是(　　)

A. 函　　B. 请示　　C. 通知　　D. 通告

13. 下列公文中属于下行文的是(　　)

A. 请示　　B. 函　　C. 报告　　D. 决定

14. 下列说法正确的是(　　)

A. 公告和通告都可以告知事项,可以互换使用

B. 通知可以用于表彰嘉奖有关人员

C. 决定和通报都可以用于奖惩有关人员

D. 通报可以用于批转或转发有关文件

15. 广西壮族自治区自然资源厅办公室为了进一步做好矿业权抵押公开的有关工作,发文用(　　)

A. 公告　　B. 通告　　C. 通知　　D. 决定

三、双项选择题

1. 下列有关说法,能用来说明批复有明确针对性的是(　　　)

A. 批复只印发给申报请示的单位

B. 批复的内容只答复请示的具体事项

C. 批复的内容应予认真遵守与执行

D. 批复的开头和结尾要与请示的标题与发文字号相互照应

2. 下面说法错误的有(　　　)

A. 盖印应端正、清晰,做到上压正文,下压成文日期

B. 联合行文使用主办机关的发文字号

C. 联合行文的成文日期以主办机关的签发日期为准

D. 公文附件是公文正文内容的组成部分，其作用在于补充和完善公文正文的内容，与正文具有同等效力

3. 下列文种哪个能用于惩奖人员(　　)

A. 通知　　B. 决定　　C. 批复　　D. 通报

4. 下列公文规定表述正确的有(　　)

A. 公文如有附件，应当标明附件顺序和名称

B. 公文标题中除法规、规章名称加书名号外，一般不用标点符号

C. 公文可以不用加盖印章

D. 向下级机关或本系统的重要行文，应当同时抄送下级机关

5. 在下列四组机关部门中，可以联合行文的是(　　)

A. 省人民政府、省民政厅、省公安厅

B. 市人大、市民政局、市公安局

C. 市公安局、市民政局、市卫健委

D. 江西省民政厅、江苏省公安厅、山东省教育厅

6. 下列四个标题，错误的是(　　)

A. 国务院办公厅转发文化和旅游部关于进一步清理整顿旅行社的意见的通知

B. 财政部 商务部 工业和信息化部关于加大家电下乡政策实施力度的通知

C. 国务院做好免除城市义务教育阶段学生学杂费工作的通知

D. 泗阳县人民政府关于调整县政府领导班子成员分工的公告

7. 根据《党政机关公文处理工作条例》的规定，可以使用"决定"的事由是(　　)

A. 严惩严重破坏社会治安的犯罪分子的工作安排

B. 在太平洋某地区实验运载火箭，使过往船只注意

C. 某自来水公司因检修管道决定停水一天

D. 授予××全国劳动模范称号的表彰

8. 下列写作完全正确的公文标题有(　　)

A. 中共中央关于全面深化改革若干重大问题的决定

B. 文化和旅游部关于同意邀请台湾歌手林志炫到南京演出的批复

C. ××市人民政府关于几起特大交通事故的通知

D. 国务院办公厅加强农产品质量安全监管工作的通知

9. 下列公文中属于上行文的是(　　)

A. 命令　　B. 批复　　C. 报告　　D. 请示

10. 下列发文字号正确的是(　　)

A. 苏政发〔2021〕第 23 号　　B. 国函〔2021〕8 号

C. 宁府发〔2021〕3 号　　D. 沪府发(2021)8 号

11. 根据《党政机关公文处理工作条例》的规定，可以使用"决定"的是(　　)

A. 南京市人民政府给南京市杂技团记集体二等功

B. 教育部同意设立陕西科技大学阿尔斯特学院

C. 国务院对 2019 年度国家科学技术进行奖励

D. 南京市人民政府关于市长副市长工作分工

12. 以下可以联合行文的是(　　)

A. 上海市教委、江苏省人社厅、山东省教育厅

B. 江苏省教育厅、南京市卫健委、鼓楼区市场监管局

C. 国务院、团中央、全国妇联

D. 杭州市民政局、南京市税务局、太原市教育局

13. 根据《党政机关公文处理工作条例》的规定,使用"通知"的是(　　)

A. 南京邮电大学任命学校中层干部

B. 国务院办公厅要求贯彻落实国务院常务会议精神有关事项

C. 教育部同意两所大学合并

D. 国务院对全国政府网站抽查情况进行通报

14. 在函正文的结尾处,下列哪些用语可以使用(　　)

A. 请函复　　B. 请批转

C. 妥否,请批复　　D. 特此函商

四、修改病文

关于要求拨给抢修校舍专款请示的批复

××教〔2021〕082 号

××区教育局:

你们的请示收悉。这次强台风的破坏,使你区校舍损失惨重,造成许多班级无教室上课。经研究,可考虑拨专款 25 万元以内给你区抢修教室,不足部分请自筹解决。此外,同意你们提出的关于开展向××学习的活动,希望你们安排好。

××市教育局

2021.6.20

××省人民政府教育厅关于××大学开设新闻专业的批复

(2021)×教字第 51 号

××大学李校长:

你们的申请报告收悉。关于你校计划从 2021 年暑假起增设新闻专业的问题,我们已研究讨论。限于校舍和经费开支有一定困难,可暂缓进行,以后再行研究决定。

××省人民政府教育厅

二〇二一年一月二十日

五、写作题

(一) 阅读下面材料,拟发决定

2009 年的最后一晚,原本是要召开各班班长会议,但浙江工业大学化学与材料工程学院 2007 级学生杨济源没去,他叫上了几名同学外出。另一个班的班长吕同学说:"他们班最近有好几个同学的手机都丢失了,他和同班的同学去抓小偷了,没想到就真的遇见了,他是个很为班级同学着想的人,没想到……"说着,吕同学掩盖不住内心的悲哀哭起来。

原来这天晚上 10 点多,杨济源和其他两名同学一起出了学校北门,途经德胜路小吃店

门口时遭遇小偷，杨济源与同学一起将正在行窃的小偷扭获。

但在与歹徒搏斗的过程中，杨济源被其中一名歹徒用随身携带的刀子捅伤，当即倒地。晚上 11 点多，杨济源被送往浙江省人民医院，伤势严重，生命垂危，最终于 2010 年 1 月 1 日，抢救无效，不幸牺牲，年仅 22 岁。

杨济源同学勇斗歹徒的先进事迹，在高校和社会各界引起了强烈反响。为表彰他的先进事迹，2010 年 2 月 21 日，教育部追授杨济源同学“全国见义勇为优秀大学生”荣誉称号。

请以教育部的名义发一个决定。

（二）拟写处分决定

在 2019—2020 学年第二学期期末考试中，××学院××系学生李佳无视学校规定，违反考试纪律，在高等数学考试中作弊，影响极坏。根据《××学院学生学籍管理条例》第××条、《××学院学生考试作弊处理条例》第××条，给予李佳严重警告处分。请拟一份处分决定。

（三）撰写请示

南京××大学计算机实验中心需添置 1 000 台计算机，需经费 200 万元人民币，拟向省教育厅请求拨款。请代该大学写一份请示，再代省教育厅拟写一份同意拨款 150 万元人民币的批复。添置设备的理由可自行补充，要求按正规公文的格式写作（含版头、主体、版记）。

（四）根据要求，完成任务

××市职业技术学院近年由于扩招，住宿生急剧增加，已有的学生宿舍已无法容纳，请上级拨给学院建造学生宿舍楼经费 500 万元。

1. 请代学院写一份请示。

2. 再拟写一份同意拨款 300 万元人民币的批复。（请示理由可自行补充）

第七节　报告的写作

一、报告的适用范围

《条例》指出，报告“适用于向上级机关汇报工作、反映情况，回复上级机关的询问”。报告是下级机关或单位按报告制度或要求向上级机关提供决策参考的信息，以便上级机关及时了解工作动态，作出工作指导的一种陈述性公文。

二、报告的特点

（一）表达的直陈性

报告以高度概括的事实和精确数据为主要内容，重在写实，但实中有理。表达方式主要是直陈其事，简明扼要。

(二) 选材的灵活性

报告选材的自由度较大，根据目的、作用选择最有特色、最有价值、最有新意的材料，加以提炼组合。

(三) 行文的单向性

报告是向直接上级机关的行文，主要目的是为上级机关实施宏观指导提供依据，上级机关一般不需要回复，属于单向行文。

三、报告的类型

报告根据其功用的不同可以分为工作报告、情况报告、答复报告、报送报告。

(一) 工作报告

将本单位的日常情况或工作进程向上级机关作出报告。内容包括一定时期内的工作情况或目前工作的进展情况，取得的成绩和存在的问题以及今后的打算等。

(二) 情况报告

向上级机关反映工作中遇到的新情况或重大事件。包括问题报告、事故报告、检查报告等。

(三) 答复报告

这是针对上级机关的询问回复有关情况的报告，是一种被动行文。

(四) 报送报告

这是向上级机关报送文件或材料、表格的报告，如报送计划、方案、总结、调查报告、财务报表等。

四、报告的结构

包括标题、主送机关、正文、落款、附件等基本要素。

(一) 标题

报告的标题主要有两种写法：

1. 三要素式

完整地写出发文机关、事由和文种，如《国务院关于2015年中央决算的报告》《国务院关于水污染防治工作进展情况的报告》等。

2. 省略式

省略发文机关名称，只有发文事由和文种两个部分构成。如《关于我市连续发生交通安全事故的情况报告》《关于我市农村电商发展的情况报告》等。

（二）主送机关

报告是上行文，必须有主送机关。主送机关是直接上级领导机关。报告的主送机关只能是一个，且不能送给领导者个人。

（三）正文

报告的正文大多分为缘由、事项和结束语三个部分。

报告缘由需写明报告的原因，主要是直陈其事，把情况的前因后果写清楚。报告事项主要写工作步骤、措施和效果，也可以写工作的意见、建议或应该注意的问题。在叙述事实情况时要做到重点突出、中心明确。正文的最后单独成段，可写“特此报告”“专此报告”等结束语，但不用“请求批复”作结语。

（四）落款

标题中出现发文机关名称的，在落款处可以不署名，只署成文日期。

（五）附件

报告如有附件，可在正文左下方注明；报送报告必有附件。

五、报告的正文写作

（一）工作报告的写作

1. 前言

简要说明工作的时间、依据、内容、成绩等，起开宗明义的作用，然后用“现将有关工作情况报告如下”引起下文。

2. 工作情况和成绩

逐一汇报工作的基本情况（做了哪些、怎样做的）和主要成绩或者事情发生的过程、结果、影响。内容较多的，可用条列式。

3. 主要经验和教训

这是工作报告的重点，把工作中行之有效的做法、措施加以归纳，总结出带有规律性的经验。也可用条列式，分别写出几条经验。

4. 今后工作的意见或打算

针对存在的问题和不足提出今后工作的意见或打算。提纲式地写出几条，可标序号，不必展开详述。

【例文】

国务院关于城镇化建设工作情况的报告

——2013年6月26日在第十二届全国人民代表大会常务委员会第三次会议上

国家发展和改革委员会主任　徐绍史

全国人民代表大会常务委员会：

我受国务院委托，向全国人大常委会报告城镇化工作情况，请审议。

一、近年来围绕城镇化开展的主要工作

城镇化是现代化的必由之路，是转变发展方式、调整经济结构、扩大国内需求的战略重点，是解决农业农村农民问题、促进城乡区域协调发展、提高人民生活水平的重要途径。党中央、国务院高度重视城镇化工作，"十二五"规划纲要对积极稳妥推进城镇化进行了部署，党的十八大报告提出了城镇化质量明显提高的战略目标，明确了促进工业化、信息化、城镇化、农业现代化同步发展的总体要求，对科学规划城市群规模和布局、增强中小城市和小城镇功能、有序推进农业转移人口市民化等进行了重点部署。围绕推进城镇化发展、提高城镇化质量，国务院有关部门和地方积极探索，做了大量工作。

一是积极稳妥推进户籍制度改革。2011年，《国务院办公厅关于积极稳妥推进户籍管理制度改革的通知》（国办发〔2011〕9号）印发实施，发展改革委、人力资源社会保障部等相关部门出台了配套政策，18个省（区、市）出台了具体实施意见，14个省（区、市）探索建立了城乡统一的户口登记制度，初步为农业人口落户城镇开辟了通道。据公安部统计，2010—2012年，全国农业人口落户城镇的数量为2 505万人，平均每年达835万人。

二是努力提升基本公共服务水平。国务院印发实施《国家基本公共服务"十二五"规划》，明确了提升基本公共服务水平的具体任务。2011年—2012年，全国开工建设城镇保障性安居工程住房1 824万套，比"十一五"期间开工总量还高12%左右；基本建成1 033万套，相当于"十一五"期间建成总量。2012年，城镇基本养老保险、基本医疗保险常住人口覆盖率分别达到63.9%和75.5%。努力解决农民工最关心的随迁子女教育问题，确定了以流入地为主、以公办学校为主的"两为主"原则，2012年农民工随迁子女进入公办学校就读的比例达到80.2%。

三是切实加强土地利用管控和综合整治。为确保耕地保有量18.18亿亩不减少，完善了以规划计划管理、基本农田保护、耕地占补平衡等为手段的土地利用管控体系。围绕建设高标准农田开展农村土地整治，通过城市低效用地再开发、工矿废弃地复垦等模式开展建设用地整治。大力推进农村集体土地确权登记，截至2012年10月底，全国农村集体土地所有权确权登记颁证率达到86%。

四是加快推进城市市政设施建设。有关部门和地方不断加大市政设施建设，市政设施供给能力和服务水平明显提高。2011年，城市人均道路面积达到13.8平方米，人均公园绿地面积达到11.8平方米，分别是2000年的2.3倍和3.2倍；城市用水普及率、污水处理率分别达到97%、83.6%，比2000年提高33.1个和49.3个百分点。为加强市政建设的资金保障，中央财政在安排转移支付时将外来人口作为考虑因素，连续几年代地方政府发行债券，并强化对资源枯竭型城市的财政支持等。与此同时，采取有效措施，防范地方政府债务风险失控。

五是不断强化城镇化领域国际合作。2012 年 5 月，时任国务院副总理李克强与欧盟主席巴罗佐在欧盟总部签署了《中欧城镇化伙伴关系共同宣言》。目前，发展改革委与欧盟能源总司正在积极落实共同宣言，筹备开展中欧城镇化伙伴关系论坛、中欧城市博览会等，着力推进中欧城市间、企业间务实合作。国务院有关部门还积极推进与联合国人居署、世界银行、亚洲开发银行、经济合作与发展组织等机构的合作交流，筹备与金砖国家开展城镇化领域合作。

六是组织编制国家城镇化规划。2010 年底，发展改革委即会同财政部、国土资源部、住房城乡建设部等 14 个部门启动城镇化规划编制工作。在大量前期研究、实地调研和专题研讨基础上，起草形成了规划文稿。目前正在广泛征求意见并抓紧修改完善中。

二、我国城镇化现状及趋势

改革开放以来，我国城镇化率年均提高 1.02 个百分点；2000 年以来，城镇化率年均提高 1.36 个百分点，2012 年城镇化率达到 52.57%，与世界平均水平大体相当。城镇数量和规模不断扩大，城市群形态更加明显，京津冀、长江三角洲、珠江三角洲三大城市群以 2.8%的国土面积集聚了 18%的人口，创造了 36%的国内生产总值，成为拉动我国经济快速增长和参与国际经济合作与竞争的主要平台。城市综合服务能力明显提升，人居环境逐步改善。但也必须看到，我国城镇化质量不高的问题也越来越突出，主要表现为五个方面：

一是大量农业转移人口难以融入城市社会，市民化进程滞后。被纳入城镇人口统计的2亿多农民工及其随迁家属，未能在教育、就业、医疗、养老、保障性住房等方面平等享受城镇居民的基本公共服务，城镇内部出现新的二元结构矛盾，制约了城镇化对扩大内需和结构升级的推动作用，也存在着社会风险隐患。

二是土地城镇化快于人口城镇化，城镇用地粗放低效。一些城市“摊大饼”式扩张，脱离实际建设宽马路、大广场，新城新区、开发区和工业园区占地过多，建成区人口密度偏低，耕地减少过多过快。这不仅浪费了大量土地资源，也威胁到国家粮食安全。

三是城镇空间分布与资源环境承载能力不匹配，城镇规模结构不合理。东部一些城镇密集地区资源环境约束加剧，中西部资源环境承载能力较强地区的城镇化潜力有待挖掘。城市群布局不尽合理，城市群内部分工协作不够、集群效率不高；部分特大城市主城区人口压力偏大，与综合承载能力之间的矛盾加剧；中小城市集聚产业和人口功能不足，潜力没有得到充分发挥；小城镇数量多、规模小、服务功能弱。城镇空间分布和规模结构不合理，增加了经济社会和生态环境成本。

四是“城市病”问题日益突出，城市服务管理水平不高。一些城市空间无序开发、人口过度集聚，重经济发展、轻环境保护，重城市建设、轻管理服务，交通拥堵问题严重，食品药品等公共安全事件频发，大气、水、土壤等环境污染加剧，城市管理运行效率不高，公共服务供给能力不足，城中村和城乡接合部等外来人口聚集区人居环境较差。

五是体制机制不健全，阻碍了城镇化健康发展。现行户籍管理、土地管理、社会保障、财税金融、行政管理等制度，在一定程度上固化了已经形成的城乡利益失衡格局，制约了农业转移人口市民化和城乡发展一体化。

根据世界城市化的一般规律，我国仍处在城镇化率30%—70%的快速发展期，但我国城镇化的外部条件和内在动力也在发生深刻变化。随着全球经济再平衡和产业格局再调整，以及越来越多的发展中国家进入工业化城镇化快速发展阶段，全球市场争夺、资源供求矛盾和减排压力加剧；随着国内农业富余劳动力减少和人口老龄化程度提高、资源环境瓶颈制约日益加剧、户籍人口与外来人口公共服务差距造成的城市内部二元结构矛盾日益凸显，过去主要靠高投入、高消耗、高排放的工业化、城镇化发展模式难以为继，必须走以提升质量为主的转型发展之路。

三、促进城镇化健康发展的基本思路

我国城镇化是在人口多、资源相对短缺、生态环境比较脆弱、城乡发展不平衡的背景下推进的，这决定了必须从基本国情出发，遵循城镇化发展规律，积极稳妥推进城镇化健康发展。要紧紧围绕推动城镇化转型发展，以人口城镇化为核心，以城市群为主体形态，以综合承载能力为支撑，以体制机制创新为保障，促进产业发展、就业转移和人口集聚相统一，走以人为本、集约高效、绿色智能、四化同步的中国特色新型城镇化道路，全面提高城镇化质量。

以人口城镇化为核心，就是要有序推进农业转移人口市民化，不断提升城镇居民生活品质。以城市群为主体形态，就是要以大城市为依托、以中小城市为重点，逐步形成辐射作用大的城市群，促进大中小城市和小城镇协调发展。以综合承载能力为支撑，就是要增强城市经济、基础设施、公共服务、资源环境对人口集聚的支撑作用，提升城市可持续发展能力。以体制机制创新为保障，就是要营造有利于城镇化健康发展的制度环境，以改革的红利释放发展的潜力。

促进城镇化健康发展，必须坚持公平共享，有序推进农业转移人口市民化，推动城镇基本公共服务常住人口全覆盖，使全体居民共享城镇化发展成果；坚持合理布局，根据资源环境承载能力、发展基础和潜力，科学规划城市群规模和布局，促进大中小城市和小城镇协调发展；坚持产城融合，繁荣城镇经济，加快产业转型升级和服务业发展壮大，统筹产业功能和居住功能，促进城镇化与工业化、信息化良性互动；坚持集约低碳，合理控制城市开发边界，提高现有空间利用效率，推进绿色循环低碳发展；坚持统筹城乡，加快城乡发展一体化，促进生产要素在城乡间自由流动和平等交换、公共资源在城乡间均衡配置；坚持制度创新，深化重点领域和关键环节改革，更好地发挥市场主导和政府引导作用，为城镇化健康发展奠定制度基础。

促进城镇化健康发展的四大战略重点是：

第一，有序推进农业转移人口市民化。按照因地制宜、分步推进，存量优先、带动增量的原则，以农业转移人口为重点，兼顾异地就业城镇人口，统筹推进户籍制度改革和基本公共服务均等化。全面放开小城镇和小城市落户限制，有序放开中等城市落户限制，逐步放宽大城市落户条件，合理设定特大城市落户条件，逐步把符合条件的农业转移人口转为城镇居民。加快推进基本公共服务均等化，努力实现义务教育、就业服务、社会保障、基本医疗、保障性住房等覆盖城镇常住人口。

第二，优化城市化布局和形态。优化提升东部地区城市群，培育发展中西部地区城市群，用综合交通网络和信息化网络把大中小城市和小城镇连接起来，促进各类城市功能互补、协调发展。在发挥中心城市辐射带动作用基础上，强化中小城市和小城镇的产业功能、服务功能和居住功能，把有条件的东部地区中心镇、中西部地区县城和重要边境口岸逐步发展成为中小城市。

第三，提高城市可持续发展能力。加快转变城市发展方式，优化城市空间结构，统筹中心城区改造和新城新区建设，有效预防和治理“城市病”。加快产业转型升级，强化城市产业支撑，营造良好创业、创新环境，增强城市经济活力和竞争力。完善城镇基础设施和公共服务设施，提升社会服务和居住服务水平，增强城市承载能力。推进创新城市、绿色城市、智慧城市和人文城市建设，全面提升城市内在品质。完善城市治理结构，创新城市管理方式，提升城市社会管理水平。

第四，推动城乡发展一体化。坚持工业反哺农业、城市支持农村和多予少取放活方针，着力在城乡规划、基础设施、公共服务等方面推进一体化。完善城乡发展一体化体制机制，促进城乡要素自由流动、平等交换和公共资源均衡配置。牢牢守住18亿亩耕地红线，确保国家粮食安全。加快推进农业现代化，建设农民幸福生活的美好家园。

促进城镇化健康发展，需要着力加强制度顶层设计，统筹推进人口管理、土地管理、财税金融、城镇住房、行政管理、生态环境等重要领域的体制机制改革。创新和完善人口服务和管理制度，逐步消除城乡区域间户籍壁垒，促进人口有序流动、合理分布和社会融合。实施最严格的耕地保护制度和节约用地制度，按照管住总量、严控增量、盘活存量的原则，创新土地管理制度，优化土地利用结构，提高土地利用效率，合理满足城镇化用地需求。建立可持续的城市公共财政体系和投融资机制，为实现城镇基本公共服务常住人口全覆盖和城镇基础设施建设提供资金保障。建立市场配置和政府保障相结合的住房制度，推动形成总量基本平衡、结构基本合理、房价与消费能力基本适应的住房供需格局，有效保障城镇常住人口的合理住房需求。优化行政层级和行政区划设置，合理增设城市建制，形成设置科学、布局合理、服务高效的行政区划和管理体制。加强生态文明制度建设，形成节约资源和保护环境的空间格局、产业结构、生产方式和生活方式。

以上报告，请审议。

2013年6月26日

（二）情况报告的写作

除前言概述总的情况外，主体部分，一般分为三个层次。

1. 汇报情况

客观扼要地写清楚情况发生的时间、地点、情节、当事人等。情节，必须是关键的，反映性质、特点的事项，仍应概述，不必细致描述。

2. 分析情况

分析情况发生的原因、性质，事故报告还可分清责任和造成的影响等。

3. 处理意见或下一步安排

如果是事故报告，事故已经作了处理的，应该报告处理结果；未作处理的，应报告处理打算。其他情况报告，不必写处理意见，可写打算、设想。

【例文】

铁道部关于193次旅客快车发生重大颠覆事故的报告

国务院：

5月28日16时05分，由济南开往佳木斯的193次旅客快车，行驶至沈山线锦州铁路局管内的兴隆车站（距沈阳43公里）时，发生重大颠覆事故，造成3名旅客死亡，143名旅客和4名列车乘务人员受伤，报废机车1台、客车4台、货车1辆，损坏机车1台、客车5辆、货车1辆和部分线路、道岔等设备，沈山下行正线中断运输近20小时，直接经济损失达170余万元。

事故发生后，东北铁路办事处和锦州、沈阳铁路局负责同志立即随救援列车赶赴事故现场，组织抢救、抢修工作。当地驻军、地方党政领导同志和部分社员、学生也投入抢救工作。辽宁、沈阳市领导同志及沈阳军区、辽宁省军区有关负责同志先后赶到现场，组织抢救伤员，疏运旅客。我部李克非副部长率安监室和运输、机务、车辆、工务、电务、公安各局负责同志也于当日连夜赶赴现场，指挥抢修工作，调查分析事故原因，慰问伤员，并对省市党政领导和部队表示感谢。在省市领导和驻军的大力支持下，伤员的抢救和治疗工作安排得比较周密，受伤的旅客和列车乘务人员，除少数送入就近的新民县医院抢救外，其余的均由沈阳市和军队、铁路医疗部门派车接到沈阳，得到了及时抢救和治疗。

经调查分析，造成这次事故的直接原因，是锦州铁路局大虎山工务段兴隆店养路工区工人在该处做无缝线路补修作业时，违反劳动规律和操作规程，将起道机立放在钢轨内侧，擅离岗位，到附近的道口看守房去吃冰棍，第193次快车通过时，撞上起道机，引起列车脱轨颠覆事故。

这次事故是发生在旅客列车上的一次严重事故，又恰是发生在全国开展的"安全月"活动中，使国家和人民生命财产蒙受了巨大的损失，在政治上造成了极坏的影响，性质是非常严重的，我们心情十分沉痛。这次事故的发生和最近一个时期安全不稳定的状况，从根本原因上看，是我们铁路基础工作薄弱，管理不善，思想政治工作不落实，反映了我们作风不扎实，对安全工作抓得不力，在安全生产中管理不严，职工纪律松懈的问题长期没有得到解决。

为了使全路职工从这起严重事故中吸取教训，我们于5月31日召开了各铁路局、铁路分局、铁路各工务段负责同志参加的紧急电话会议，通报了这次事故，提出了搞好安全生产的紧急措施。要求铁路各部门、各单位必须把安全工作放在第一位，各级领导干部要树立安全第一的思想，并向全体职工进行安全教育，使每个职工都牢固地树立起对国家、对人民极端负责的观念，认真落实岗位责任制，严格遵守劳动纪律，一丝不苟地执行规章制度和操作规程。要求各单位要针对近年来新工人比例不断增加的情况，加强对新工人的教育和考核工作，各行车和涉及安全生产的主要工种不经考试合格不得单独作业，对各种行车设备要进行一次认真检查，发现问题立即解决；同时，各单位要切实解决职工生活中应该而且可以解决的具体问题，解除职工的"后顾之忧"；动员广大职工干部迅速行动起来，以这次事故为教训，采取措施，堵塞漏洞，保证行车安全。

我们在6月份开展的"人民铁路为人民"活动中，要求把搞好安全生产作为重点，并在今后当作长期的根本任务来抓。要求党、政、工、团各部门要从不同角度抓好安全工作，迅速改变目前安全生产不好的被动局面。

锦州铁路局对这次事故的主要责任者，已按照法律程序提出起诉，追究刑事责任；对与事故有关的分局、工务段领导也作了严肃的、正确的处理。铁道部决定对锦州铁路局局长董庭恒同志和党委书记李克基同志给予行政记过处分。这次事故虽然发生在下边，但我们负有重要的领导责任，为接受教训，教育全铁路职工，恳请国务院给我们以处分。

1982年6月10日

（三）答复报告的写作

答复报告的正文，先引述上级机关来文时间、标题、文号，或来电询问的时间、问题、要求，然后用“现答复如下”引出下文。答复部分应有针对性，问什么答什么，表述要准确清楚，有条理，可靠可信。

答复报告也可用条列式一一陈述。必要时，可附附件作为佐证。若是有关投诉或举报的答复报告，则应先作调查研究，查阅相关资料或文件，有根有据、如实写出真实情况，并分析原因，提出解决方案，不得掩盖、粉饰，不得弄虚作假。

【例文1】

关于网民留言督办通知的答复报告

兰城投督〔2013〕274号

市委督查室：

贵办转来省委网督字〔2013〕39号《网民留言督办通知》已收悉，我公司十分重视，现将具体情况汇报如下：

雁滩606号路南起603号路，北至607－1号路，道路全长1 577.86米，路幅宽度96米（含50米绿化带），设计车速50千米/小时，I级城市主干道，路面结构采用沥青混凝土路面。工程内容包括道路、雨水、污水、照明、绿化、交通设施等。该工程于2006年批准立项，初设批复概算总投资11 190.62万元。项目于2007年开工建设，已完成500米道路沥青路面铺设，剩余1 000多米路段受建设资金及征地拆迁影响，暂无法实施。

一、存在问题

1. 经测算，要完成剩余征地拆迁及工程建设还需资金约5亿元，目前资金尚未落实。

2. 城关区检察院代征代拆的冷藏厂问题：经与检察院协调，检察院对代征代拆问题认可，但检察院提出资金紧张，无钱完成道路范围内代征代拆任务。城关区政府就此事也召开协调会，至今无结果。

3. 城关区政府家属院代征代拆的一户至今仍未拆除。

二、建议

由于国家宏观调控政策的限制和影响，自2009年以来，地方政府融资平台面临的融资环境极不宽松，特别是2012年末，随着国家《关于加强土地储备与融资管理的通知》（国土资发〔2012〕162号）和《关于制止地方政府违法违规融资行为的通知》（财预〔2012〕463号）相继出台，国家对城投公司传统融资手段和模式做出了更加明确和严格的限制，自身没有收益的公益性项目更加难以融资，我公司面临的“融资难、难融资”情况十分突出。

市委、市政府针对雁滩道路建设也召开了专题会，根据中共兰州市委专题办公会议纪要第2期信访接待（2013）1号文件议定事项和中共兰州市委办公厅厅督发〔2013〕12号、中共兰州市委办公厅厅督发〔2013〕36号等文件精神，由市规划局抽人成立专门的小组，对雁滩地区已建设、正在建设和尚未开发建设的项目、土地、道路情况进行调查摸底，列出清单，并抓紧研究提出雁滩地区道路路网建设意见，对正在和尚未开发建设的小区和项目要全部叫停，将道路建设纳入项目整体开发之中，道路建设资金由开发商承担。同时，对已占有土地超过2年未开发的，要按照国家政策予以收回。

2013年，按照市委市政府的决策部署，我公司将全力多方筹措资金，确保南山路、深安大桥等重大城建项目的建设。待这些重大城建项目建成后，我公司将集中精力、全力以赴解决雁滩路网相关工程，争取早日启动606号道路建设，为该区域居民出行创造便利条件。

特此报告

兰州市城市发展投资中心
2013年7月10日

【例文2】

××县人民政府关于治理水质污染问题的报告

××市人民政府：

前接×政发〔20××〕106号函，询问我县水质污染原因及治理问题，现将有关情况报告如下：

我县水质现污染较严重，其主要原因：一是公众环境保护意识差，一些居民随意向河道坑塘倾倒垃圾；二是我县市政基础设施薄弱，无污水处理厂，居民生活污水直接排入大环境；三是近几年，我县“三业”发展较快，其产生的废水杂物直接排入护城河及坑塘，造成水质严重污染；四是县纸厂停产治理后，虽有污水处理系统，但运行费用高，工程设计落后，不能做到不间断达标排放。

解决水质污染问题的根本途径：首先，建设污水处理厂。目前，县政府正在积极筹备之中。其次，加大宣传力度，增强全民环保意识，减少污水无序排放。再次，加大环保监督检查力度，确保排污企业治污设施正常运行，达标排放，促进水质好转。最后，环保部门依法行政，严格执法，从源头把关，减少各种污染。

专此报告

××县人民政府
20××年4月29日

(四) 报送报告的写作

报送报告的正文一般很简短，只用一两句话说明报送理由与报送的文件或材料名称，最后写“请审核”或“请审定”。

【例文】

山西省中小企业局
关于报送山西省中小微企业“十三五”发展规划大纲的报告

晋企发〔2014〕133号

省发展和改革委员会：

按照省发改委《关于做好全省“十三五”规划前期工作的通知》(晋发改规划发〔2014〕781号)的要求，我局对我省“十三五”期间中小微企业的发展战略、主要目标、主要任务、保障措施进行了认真的研究。并就主要内容草拟了《山西省中小微企业“十三五”发展规划大纲》，就我省中小微企业“十三五”发展规划的主要内容、编制原则和主要框架提出了初步的建议。

现将《山西省中小微企业“十三五”发展规划大纲》(送审稿)呈上，请予审定。

附件：《山西省中小微企业“十三五”发展规划大纲》(送审稿)

山西省中小企业局
2014年9月16日

第八节　请示的写作

一、请示的适用范围

《条例》指出，请示“适用于向上级机关请求指示、批准”。请示是下级机关或单位按规定或制度，就无权决定的事项、不能解决的问题，必须向直接上级机关请求指示或批准时所使用的上行文。

二、请示的特点

(一) 单项性

此即“一文一事”。一份请示只能请批一个事项或问题。请示需要及时得到上级机关的研究和批复，如果一件请示中包含几个不同的事项或涉及面较广，上级机关需花较多时间分别研究，甚至与多方协商，会难以及时批复而延误时机，造成损失。

(二) 恳切性

“请求指示、批准”决定了请示写作必须态度诚恳，情真意切。事项必须真实、准确；原因必须有理有据；数字必须切实、恰当；需要必须紧迫重要；用语必须礼貌谦和，表示对领导的尊重。

(三) 请批性

必须明确提出请求语，如“请审批”“请批复”等。

三、请示的行文规则

(一) 一般不得越级请示

要按照隶属关系向直接上级请示，一般不得越过直接上级机关请示。如果是上级机关解决不了的问题，应由上级机关向其上级机关请示。因特殊情况必须越级请示时，应当抄送被越过的直接上级机关。

(二) 应当一文一事

请示的内容要集中、单一，应该一事一请示，不要一文多事。如果在一份请示里同时请示了几件事，其中的某一事被卡住就会影响其他事项的批复，而且事项性质不同批复权限也不同，会给上级造成困扰。如果有几件事情都需要请示，则应分别写成几份请示。

(三) 一般只有一个主送机关

请示只能主送一个领导机关，不要多头主送。受双重领导的，也只能主送一个上级机关，另一个应用抄送形式报送。请示不得直接送领导者个人。

(四) 不得抄送下级机关

请示是拟议中的事项或问题，上级机关是否批准尚无把握，所以不得抄送下级机关或单位，以免造成混乱。

四、请示的类型

按照内容和性质，请示可分为请求批准性请示和请求指示性请示。

(一) 请求批准性请示

请求上级对请示事项给予批准。事项指人、财、物。人，包括人员编制、机构变动或设置；财，即经费；物，即物质资源、工程、设备等。

(二) 请求指示性请示

请求上级对工作中遇到的政策、法规、规章等疑难问题予以解答、指示，或对规划、方案等予以审批、指示。

五、请示和报告的区别

《条例》对请示和报告的不同性质与作用作了明确的规定。报告“适用于向上级机关汇报工作、反映情况，回复上级机关的询问”；请示“适用于向上级机关请求指示、批准”。而且行文规则中规定“不得在报告等非请示性公文中夹带请示事项”，这是区分请示和报告的最根本的依据。具体区别体现在五个方面。

（一）行文目的不同

报告用于汇报、反映工作中的情况，目的是让上级机关了解下情、掌握动态，为决策和指导下级工作提供依据。请示用于请求上级机关指示、批准，目的是请上级解释政策，批准事项，解决困难。

（二）行文时间不同

报告的行文时间多在事后，也可在事前、事中，而请示只能在事前行文，不能先斩后奏。

（三）上级机关的处理方式不同

上级机关处理下级机关的报告的方式是存阅，即阅读后取其有价值的信息作为制定政策、部署工作的依据，报告本身则归档保存。上级机关对下级机关呈报的请示，不论持肯定或否定意见，都要以批复予以答复，不能置之不理。

（四）内容的含量不同

报告的内容可以是综合的，也可以是专题的；可以一文一报，也可数事一报。请示的内容单一集中，一份请示只涉及一件事情，即遵循“一文一事”的原则。

（五）结束语不同

报告无须答复，结束语一般用“专此报告”“请审阅”等结语。

请示请求上级表示明确的态度，结束语明确提出“请批复”等。

六、请示的结构

请示一般由标题、正文和落款三部分组成。

（一）标题

请示的标题，通常由发文机关、事由和文种构成，有时标题中可省略发文机关，但事由和文种不省略。如《××县财政局关于新型农村合作医疗补助经费的请示》《关于购买办公电脑的请示》。

（二）正文

请示的正文包括请示理由、请示事项和结束语三部分。

（三）落款

落款注明发文机关和日期、印章。

七、请示的正文写作

（一）求准性请示的写作

正文通常要写三个方面的内容。首先，陈述请示的理由，包括依据。其次，写明请示的事项，事项只能一文一事，要提出可以解决的途径、办法或措施。最后，写明请示结束语，如“妥否，请批复”“当否，请批复”等。

【例文1】

关于解决贫困户危房改造区级配套资金的请示

区政府：

省扶贫开发领导小组《2017年市州、县市区党委和政府脱贫攻坚考核实施方案》（湘扶发〔2017〕9号文件）规定：农村危房改造“县级配套资金达到2 500元/户计0.4分，配套不足按比例扣分，扣完为止”。为确保不扣分，拟将君扶发〔2017〕22号文件区级资金分配作调整，2018年贫困人口享受参保（城镇居民医疗保障）政策90元/人，约55万元放到2018年预算中支付，将此项资金调作危房改造补助，2017年我区两批危改共计约250户，每户补助2 500元，共有补贴63万元（具体以验收清单为准）。

当否，请批示。

岳阳市君山区区扶贫开发领导小组办公室

2017年11月18日

【例文2】

湄洲区人民医院
关于引进德国西门子视网膜平板C形臂X光机的请示

湄洲区卫生局：

随着当今科技的飞速发展，视网膜平板C形臂X光机与以往设备相比，在中枢神经、腹部、骨关节、胸部等方面有着不可比拟的优势，可对全身系统各部位的组织结构进行成像。其扫描速度更快、分辨率更高、诊断更准确。在临床救治方面，它不仅能为我们提供更准确的依据，而且能够达到早期诊断和早期治疗的目的，可以挽救更多患者的宝贵生命。

德国西门子视网膜平板C形臂X光机，采用最新的平板探测技术，使C臂口径更大，灵敏度更高，噪声更低，能以比传统影像增强器更低的剂量，呈现出更加完美的图像。其硬件图像处理模块，采用视网膜解析集成电路，能进一步优化图像质量，自动调节对比度、亮度等参数，快速获得最佳的临床图像，满足临床心内科、神经外科等各科介入诊疗的需要，它适用于头颈部、胸部等血管系统的检查，并广泛应用于经皮腔内成形术、经导管药物灌注治疗等介入放射治疗。

为了适应医疗环境的要求，根据国家卫计委有关规定，我院拟从德国西门子医疗器械公司引进一台视网膜平板C形臂X光机。所需的2 000万元人民币资金，由我院自筹1 350万元，其余650万元可向中国工商银行贷款解决。该设备被引进后，将广泛应用于临床领域。

当否，请批复。

湄洲区人民医院

2016年12月12日

（二）求示性请示的写作

下级机关或单位在执行现行政策的过程中遇到不好解决的问题，或者无政策依据不能解决的问题，或者对上级机关文件的理解存在疑点，或对某一问题因本机关意见分歧，无法统一等可使用这种请示。

求示性请示正文包括请示理由、请示事项和具体要求三部分内容。理由和事项的写作要根据请示内容来定，应简洁明了。最后用“以上认识当否，请予指示”等语作结。

求示性请示的内容一般比较简单，写作时应该明确指导思想，突出要点，语言表达要准确。如有分歧意见，要一一写明，并且要提出倾向性意见，供上级裁定参考。

【例文1】

关于给公安文化优秀编辑嘉奖的请示

市局政治部：

在去年公安文化网站、微信管理和其他公安文化工作中，涌现出了许多工作负责、任劳任怨、令人感动的先进人物。我们从中挑选两名最优秀的人物，其基本情况如下。

李××，长葛市公安局警令部民警，在做好本职工作的同时，担任公安文化网站执行副主编9个月之久，尽职尽责，不怕得罪人，每月对公安文化网站的工作情况进行审读总结，挑选优秀稿件发至市局主页“公安文化”栏目，而且在家中婆婆病重需有人在医院照顾，后婆婆又去世的情况下，依然认真负责网站工作，令人感动。

崔××，鄢陵县公安局交警大队副大队长，负责城区交通工作，又担任公安文化网站“人物评析”栏目责任编辑，在本职工作繁重的情况下，依然尽心尽力，把编辑工作做到最好。他所负责的栏目年发稿量高达584篇，编辑了大量对广大民警产生深刻影响的好文章。他在

11月被市局抽调，对《警界参考》刊发过的所有公安理论的文章进行审核编辑，付出了大量辛劳的工作，值得敬佩。

为鼓励先进，表彰老实肯干的好同志，同时鞭策落后的同志，激励大家共同努力，建设好为全市乃至全国民警提供精神食粮的精神家园，希望对以上两名同志予以嘉奖。

妥否，请批示。

市局政治部文体科
2017年1月18日

【例文2】

市园林局关于公布第一批公园名录信息的请示

扬园〔2018〕120号

市政府：

根据《扬州市公园条例》及《扬州市公园名录管理办法》关于公园名录信息的有关规定，我局组织各县（市、区）、功能区公园主管部门完成了第一批公园信息的整理、申报及审查工作。现根据《条例》第一章第五条要求，我局拟公布扬州市第一批公园名录。

当否，请批示。

附件：公园名录信息统计表（第一批）

扬州市园林管理局
2018年10月15日

练 习

一、判断题

1. 你若想调换工作，可以向单位领导写一份报告。（ ）

2.《××县人民政府关于增拨抗洪救灾资金物资的请示》主送给了国务院、民政部、省政府、省民政厅、市政府。（ ）

3. 政府与同级党委和军队机关不可以联合行文。（ ）

4. ××省驻广州办事处向广州××局行文，请求批准该机关建造临时建筑物，这份公文所用文种是请示。（ ）

5. 请示在行文时候，为了表示尊重，下级机关也需要抄送。（ ）

6. 向上级机关行文，不可以使用通报。（ ）

7. 请求批准的函可以用批复作答。（ ）

8. 国务院所属各部、委之间的行文方式主要采用下行文。（ ）

9. 请求协调与帮助解决本机关无法解决的困难问题可采用请示文种。（ ）

二、单项选择题

1. 下列事项采用请示行文的是(　　)

A. 江苏省驻北京办事处向北京市规划和自然资源委员会行文，请求批准该机关建造临时建筑物

B. 南京市栖霞区某区企业向区税务局申请减免税款

C. ××省属大学向省财政厅申请教学拨款

D. 浙江省文化和旅游厅报文化和旅游部邀请台湾歌手周杰伦到杭州市演出

2. 工作报告中(　　)请示事项

A. 可以写上　　B. 不能夹带　　C. 必要时可写

3. 为维护正常的领导、指导、直接统属的关系，上行文一般采用(　　)方式

A. 多级行文　　B. 逐级行文　　C. 越级行文

4. 发文机关应当使用(　　)

A. 发文机关的简称或缩写　　B. 发文机关的全称或规范化简称

C. 发文机关的全称或别称　　D. 发文机关的全称或简称

5. 下列说法哪个正确(　　)

A. 联合行文的作者应该是具有隶属关系的机关

B. 部门内设机构不得对外正式行文

C. 同级政府、同级政府各部门、上级政府部门与下一级政府可以联合行文

D. 部门之间对有关问题未经协商一致，可以各自向下行文

6. 联合行文应(　　)

A. 各单位都编文号　　B. 轮流坐庄编文号

C. 友好协商编文号　　D. 编主办单位的文号

7. 下列哪个标题正确(　　)

A. 关于请求修建篮球场所需经费的请示

B. 关于申请修建篮球场所需经费的请示

C. 关于修建篮球场所需经费的请示

D. 关于拨款修建篮球场的请示报告

8. 下列说法哪个错误(　　)

A. 请示应当一文一事

B. 抄送机关指除主送机关外需要执行或知晓公文的其他机关

C. 成文日期需要完整写出年、月、日，而且必须用汉字书写

D. 附件名称后不加标点符号

9. 受双重领导的机关向上级行文，应当这样处理(　　)

A. 主送两个上级机关

B. 主送其中一个上级机关，抄送另外一个上级机关

C. 不写主送机关，直接抄送两个上级机关

D. 主送其中一个上级机关，抄送其下级机关

10. 下列哪种表述正确(　　)

A. 小王调换工作,向领导写了一份报告

B. 江苏省人民政府关于给某单位活动经费的批文

C. 江苏省人民政府向教育部请示建立××理工学院

D. 江苏省驻北京办事处用函的形式向北京市规划和自然资源委员会行文,请求批准建造临时服务区

11. 下列公文标题错误的是(　　)

A. ××医院关于更新锅炉设备的请示

B. ××市公安局交通管理局通告

C. ××省××厅关于严格控制会议费用规定的通告

D. ××局关于张伟同志任职的通知

12. 下列公文中属于双向文种的是(　　)

A. 请示和批复

B. 表彰性决定和惩戒性决定

C. 请示和批转性通知

D. 去函和批复

13. 南京邮电大学外国语学院要表彰该院某同学的见义勇为行为,用(　　)

A. 嘉奖令　　B. 通知　　C. 决定　　D. 通报

14. 下列说法正确的是(　　)

A. 一般单位干部任免用通知

B. 全国人大告知有关干部职务的选举结果,用通告

C. 全国人大常委会告知干部免去职务,用通报

D. ××省信息工程大学向××联系租用校舍用请示

三、双项选择题

1. 在以下几种情况的机关之间,不可以联合行文的有(　　　)

A. 江西省财政厅与浙江省公安厅

B. 南京大学与南京邮电大学

C. 北京市人民政府与文化和旅游部

D. 南京市人民政府与鼓楼区人民政府

2. 请示的主送对象可以是(　　　)

A. 有商洽必要的平行机关

B. 需请求其批准的不相隶属机关

C. 直属的上级领导机关

D. 上级业务主管部门

3. 下列有关结束语部分的说法表达不太妥当的是(　　　)

A. 当否,请批复　　B. 妥否,请批复

C. 特此函询为盼　　D. 上述意见,请考虑

4. 下列错误的公文标题有(　　)

A. 国家发展改革委关于降低国内成品油价格的公告

B. 江苏省市人民政府关于几起重大安全事故的通报

C. 浙江省人民政府办公厅转发省安监局关于工矿企业生产安全事故应急救援体系建设意见

D. 住房和城乡建设部关于开展城市步行和自行车交通系统示范项目工作的通知

5. 下列写作完全正确的公文标题有(　　)

A. 关于拨款维修茅盾纪念馆的请示

B. 国务院对大别山革命老区振兴发展规划的批复

C. 青岛市南区城市管理行政执法局关于办公用房改造经费的请示

D. 天津市人民政府关于试鸣防空防灾警报的通知

6. 采用引述式开头的文书有(　　)

A. 商洽函　　B. 请批函　　C. 回复函　　D. 批复

7. 下列公文中属于上行文的是(　　)

A. 命令　　B. 批复　　C. 报告　　D. 请示

8. 报告不适用于(　　)

A. 汇报工作　　B. 请示工作　　C. 提出建议　　D. 报送文件

9. 关于发文机关印章,下列说法正确的是(　　)

A. 除会议纪要外,所有行政公文都必须加盖发文机关印章后方能生效

B. 标题中可以省略单位,落款也可以不署单位名称,直接写成文日期并盖章即可

C. 联合上报的公文,由主办机关加盖印章;联合下发的公文,联合机关都应加盖印章

D. 印章上不压正文,下要骑年盖月

10. 下列事项能够制发通知的有(　　)

A. 某公司聘用一名经理

B. 某银行向各储户告知利率调整

C. 某人社厅贯彻财政厅有关职工福利发放标准的文件

D. 两单位之间商洽某具体事项

11. 公布性文件包括(　　)

A. 请示　　B. 决定　　C. 公告　　D. 通告

12. 根据《党政机关公文处理工作条例》的规定,使用"通知"的是(　　)

A. 南京邮电大学任命学校中层干部

B. 国务院办公厅要求贯彻落实国务院常务会议精神有关事项

C. 教育部同意两所大学合并

D. 国务院对全国政府网站抽查情况进行通报

13. 下列公文标题中正确的是(　　)

A. 国务院关于印发《国家级自然保护区调整管理规定》的通知

B. 教育部关于印发中等职业学校教师专业标准(试行)的通知

C. 国务院办公厅转发教育部等部门关于实施教育扶贫工程意见的通知

D. 广东省人民政府关于转发国务院关于支持农业产业化龙头企业发展意见的通知

14. 下列事项采用请示行文的是(　　　)

A. 江苏省人民政府向教育部商请江苏广播电视大学更名为江苏开放大学

B. 南京市江宁区税务局代某企业向南京市税务局申请减免税款

C. 地铁公司向某市林业和园林局行文，因地铁建设需要，将移动5棵香樟树

D. 江苏省文化和旅游厅向文化和旅游部行文，邀请台湾歌手周杰伦到南京演出

四、修改病文

病文1.

关于要求解决学生宿舍拥挤等问题的请示

市人民政府、市教育局：

我校今年由于住宿生急剧增加，已有的学生宿舍已无法容纳，住宿生一个床位两个人睡，严重影响学生的身心健康。为解决这一困难，我校决定再建一栋学生宿舍楼。另外，我校图书馆也尚未达到省“两基”标准，望上级部门给予适当支持。

请回复

二职高

2021年12月15日

病文2.

请示报告

校领导并转财务处：

一年一度的国庆、中秋两大节日即将来临，老干部处拟为每位离休干部购买200元左右的食品以示慰问。因考虑到老同志们口味各异，加上一些老同志反映最近手头有些吃紧，因此欲将购买慰问品的200元直接发给老干部自行开销。可否，请领导指示为盼。

此致敬礼

××大学老干部处

病文3.

××县税务局重建税务所办公楼的请示报告

××市税务局、城建局：

我局所属××镇、××镇、××镇三个税务所，因受灾被洪水冲毁。现决定重建三个税务所办公楼3幢，建筑面积1 200平方米，用作办公室和职工宿舍。共需资金1 000万元，扩增土地0.2公顷。

特此报告

二〇二一年八月二十九日

五、写作题

1. “5·12”四川汶川里氏8.0级大地震发生后，公安消防镇江支队根据上级命令，先后

抽调 24 人携带大量抢险救援器材赶赴灾区，参加抗震救灾工作。到了灾区发现现有装备难以满足四川灾区抗震救灾和全市灭火救援的需要。5 月 16 日下午，公安局镇江支队向有关上级上报了《关于紧急申请购置抗震救灾救援器材专项经费的请示》，请求紧急拨款 80 万元用于购置补充抗震救灾救援器材。镇江市代市长刘捍东、副市长曹当凌分别作了重要批示。5 月 19 日，市长常务会议研究同意拨款 80 万元用于购置包括无齿锯、液压扩张器、救生气垫、便携式照明设备等在内的救援器材补充器材装备，其中 40 万元的先期拨款已经下拨支队。目前，支队正在联系各器材供应商，力争本周内完成器材采购工作。根据以上材料请你代有关部门分别写一份请示和批复。

2. 单位准备元旦举办一次大型庆祝晚会，预计活动经费约需 3 万元。

(1) 请用正确的公文向上级主管部门行文。

(2) 上级主管部门认为只能拨款 1 万元，请代拟一份答复的公文。

第九节　公告的写作

一、公告的适用范围

《条例》指出，公告“适用于向国内外宣布重要事项或者法定事项”。所谓重要事项，是指事关全局或在国内外能产生重大影响的事项。所谓法定事项，是指按法律程序批准确定的重大事项。

二、公告的特点

(一) 发文机关的权威性

公告发文机关的级别较高，一般都是由国家最高权力机关(全国人大及全国人大常委会)和管理机关(国务院及其各部委)，地方权力机关和管理机关，以及获得授权可以发布公告的机构(如新华社)。党团组织、社会团体、企事业单位，不能发布公告。

(二) 内容的重大性

公告用于向国内外宣布重要事项或法定事项，涉及面广，影响重大，一般事项或法规不能用公告。

(三) 行文的严肃性

公告内容重要，事项重大，代表国家机关立言，行文严肃庄重。

三、公告的类型

公告按性质可分为：告知性公告和法规性公告。

(一) 告知性公告

用于向国内外宣布重要事项的公告。此类公告重点在于让国内外知道重要事项。如公布国家领导人出访、国家领导人的选举结果、发射火箭试验等。

(二) 法规性公告

依照有关法律和法规的规定,一些重要事情和主要环节必须以公告的方式向全民公布。此类公告的重点在于宣布带有法规性的重要事项,要求中国公民和中国境内的外国人士遵守。

四、公告的结构

包括标题、编号、正文、落款部分。

(一) 标题

公告的标题有两种形式。

1. 完整式

由发文机关、事由和文种三个要素构成,如《中国人民银行关于开办人民币长期保值储蓄存款的公告》。

2. 两项式

由发文机关和文种两个要素构成,如《国务院公告》。或由发文事由和文种两个要素构成,如《关于国家货币出入境限额的公告》。

(二) 正文

一般由缘由(依据)、事项、结尾三部分构成。

(三) 公告的日期、编号

公告的日期写在正文的后面,有的日期还可以写在标题下正中的位置,并加括号。一般告知性公告可以不用发文字号,可在标题下方编号,如“第×号”,或用圆括号括入。法规性公告可用完整的三项式发文字号。

五、公告的正文写作

(一) 告知性公告的写作

缘由,即发文依据(事实、文体或法定程序)、目的,用一两句话或短语概括。

事项要根据内容多寡来确定安排方式,如果内容较多,要分列条款;如果内容比较简单,则可不分条款。

结尾一般以“特此公告”“现予公告”作结,也可不写。

【例文 1】

市场监管总局关于发布《食品中酸性大红 GR 的测定》等 4 项食品补充检验方法的公告

（2021 年第 28 号）

根据《中华人民共和国食品安全法实施条例》和《食品补充检验方法工作规定》有关规定要求，《食品中酸性大红 GR 的测定》《蜂蜜中雷公藤甲素的测定》《畜肉及内脏中肾上腺素、3，4-二羟基扁桃酸、4-羟基-3-甲氧基扁桃酸的测定》《水产品及相关用水中 12 种卡因类麻醉剂及其代谢物的测定》等 4 项食品补充检验方法已经市场监管总局批准，现予发布。

方法文本可在市场监管总局食品补充检验方法数据库（http://www.samr.gov.cn/spcjs/bcjyff/）中查询或下载。

特此公告

市场监管总局

2021 年 7 月 28 日

【例文 2】

天津市人民政府关于试鸣防空防灾警报的公告

津政发〔2016〕20 号

为保障城市建设和经济发展，增强全市人民群众居安思危、常备不懈的国防观念和防空防灾应急准备意识，熟悉防空防灾警报信号，根据《中华人民共和国人民防空法》和我市有关规定，决定利用今年全民国防教育日（2016 年 9 月 17 日）试鸣防空防灾警报。

一、警报试鸣时间：2016 年 9 月 17 日上午 10 时至 10 时 30 分。

二、警报试鸣范围及方式：

全市范围的固定警报点、人防车载警报统一鸣响警报信号；通过电视、手机短信同步发布提示信息；部分人员密集场所利用室内报警设施同步示警。

三、警报试鸣信号：

预先警报：鸣 36 秒，停 24 秒，反复 3 遍，时间为 3 分钟；

空袭和灾害警报：鸣 6 秒，停 6 秒，反复 15 遍，时间为 3 分钟；

解除警报：连续鸣放一长声，时间为 3 分钟。

请全市各单位、全体市民和过往我市人员在警报试鸣期间保持正常的工作和生活秩序。

特此公告

天津市人民政府

2016 年 8 月 30 日

（二）法规性公告的写作

1. 公告依据

发布公告的缘由或根据。依据可以是法律或政策依据，也可以是理论或事实依据。用一两句话作简短的概括，最后以“现公告如下”转接下文。

2. 公告事项

公告的主要内容，一般分条列项地写出有关内容，条文应简洁明确，条理清楚。

3. 公告结语

可用“特此公告”“此告”等惯用语结束。

【例文 1】

中华人民共和国公安部公告

根据《中华人民共和国出境入境管理法》有关规定，经国务院批准，公安部决定在入境检查时留存外国人指纹等人体生物识别信息。现就有关事项公告如下：

2017 年，中国边检机关将分期分批在全国对外开放口岸对入境我国的 14(含)至 70(含)周岁外国人留存指纹。对符合以下情形的入境外国人，可以免留指纹。

（一）持外交护照或持中国外交、礼遇签证的人员，但有对等安排的国家人员除外；

（二）根据双边协议或互惠安排，互相给予免留指纹安排的人员；

（三）按照公安部有关规定，给予集中办理入境手续便利的外国副部级(含)以上官员及其所率领的代表团成员；

（四）十指指纹均残缺或十枚指纹均无法留存的人员；

（五）特殊情况下，经公安部同意免予留存指纹的人员。

特此公告

公安部

2017 年 1 月 29 日

【例文 2】

**财政部关于将铁路离岛旅客纳入海南离岛旅客
免税购物政策适用对象范围的公告**

第 7 号

为满足海南铁路离岛旅客的购物需求，进一步发挥海南离岛旅客免税购物政策(以下简称离岛免税政策)的效应，支持海南加快国际旅游岛建设，财政部经商发展改革委、商务部、海关总署、税务总局、质检总局、食品药品监管总局，并报国务院批准，将海南铁路离岛旅客纳入离岛免税政策适用对象范围。现将有关事项公告如下：

一、年满16周岁的铁路离岛旅客凭个人离岛车票及有效身份证件，可在三亚海棠湾免税店或者通过三亚海棠湾免税店和海口美兰机场免税店的网上销售窗口购买免税商品。离岛时凭本人火车票、购物凭证、身份证件等在海口火车站提货点提取所购免税商品并携带离岛。

二、同一旅客在同一年度内乘飞机和乘火车免税购物合并计算，且不得超过离岛免税政策的额度限制规定。

三、除以上规定外，铁路离岛旅客免税购物按照《财政部关于进一步调整海南离岛旅客免税购物政策的公告》（中华人民共和国财政部公告2015年第8号）、《财政部关于调整海南离岛旅客免税购物政策的公告》（中华人民共和国财政部公告2012年第73号）、《财政部关于开展海南离岛旅客免税购物政策试点的公告》（中华人民共和国财政部公告2011年第14号）和《财政部关于进一步调整海南离岛旅客免税购物政策的公告》（中华人民共和国财政部公告2016年第15号）的有关规定执行。

海南铁路离岛旅客免税购物监管办法由海关总署另行公布。

本公告自2017年1月15日起执行。

特此公告

财政部

2017年1月10日

第十节　通告的写作

一、通告的适用范围

《条例》指出，通告"适用于在一定范围内公布应当遵守或者周知的事项"。通告既可下行，也可普发。

二、通告的特点

（一）广泛性

通告的内容与范围十分广泛，既可以是国家的有关政策，也可以是业务管理中的一些具体事项。

（二）普遍性

通告的作者不受职权限制。各级行政机关、管理部门以及企事业单位、人民团体等都可以发布通告。

（三）法规性

行政领导机关或职能机构就某些事项作出规定限制，或者宣布某些需遵守的事项，对一定范围内的公众具有法规约束力。

（四）针对性

通告常在一定范围内使用，往往只针对某一地区、某一领域的事项而发布，因而针对性较强。

三、通告与公告的区别

（一）内容轻重不同

公告宣布的是重要事项或法定事项，多为国内外关注的大事；通告宣布的是在一定范围内应当遵守或周知的事项，内容多是业务性、管理性的。

（二）发文机关级别不同

公告由国家权力机关、行政领导机关或者政府有关职能部门发布，发文机关级别较高。通告的内容是一般事项，所以发文单位比较广泛，党政机关、企事业单位、人民团体都可发布通告。

（三）使用范围不同

公告的告知对象是广泛的，是“向国内外宣布”；通告的告知范围就小得多，通告的告知范围限制在一定范围内，为社会各有关方面。

（四）发布形式和写作要求不同

公告语言严肃庄重，主要通过媒体发布；通告语气平和，可通过媒体发布，也可以用文件形式下达或公开张贴。

四、通告的类型

通告可分为法规性通告和周知性通告两大类。

（一）法规性通告

用于向一定范围内有关单位或人员公布一些令行禁止类事项的通告，具有一定的法规效用。这类通告多由行政领导机关发布，其内容如查禁淫秽书画、收缴非法枪支、加强交通管理、查处违禁物品等。有关单位和人员必须严格遵守。如《上海市人民政府关于加强对秸秆露天焚烧和利用管理的通告》《南京市人民政府关于城市生活垃圾处理费征收的通告》等。

（二）周知性通告

用于公布一定范围内有关单位或人员需周知的事项，如出现的新情况、新问题等。与法规性通告相比，周知性通告大都具有专业性和单一性，不带有强制性，但也有一定的约束力。如《南京市公安局交通管理局通告》等。

五、通告的结构

通告的结构包括标题、主送机关、正文和结尾。

（一）通告的标题

通告的标题有两种写法：

1. 完整式

由发文机关、事由和文种构成，如《山西省人民政府关于收缴非法爆炸物品的通告》《南京市人民政府关于实施不动产统一登记的通告》。

2. 两项式

写出发文机关和文种两个要素，如《南京市公安局通告》；或省略发文机关，只标明发文事由和文种两个要素，如《关于南京长江大桥结构检测期间机动车禁行的通告》《关于禁止使用实心黏土砖的通告》。

（二）通告的正文

通告的正文一般包括通告缘由、通告事项、通告结语三个部分。通告所告知的对象是一定范围内的社会公众，不必写主送对象。

1. 通告缘由

用简短的文字写明发通告的原因、目的或者说明发通告的法规依据。

2. 通告事项

通告事项是正文的主体部分，是需要遵守或周知的内容。内容较多时，一般分条列项写。

3. 通告结语

通告结语大多强调该通告的意义或者提出希望。结语可以单列一行，也可以并在事项的条文末，如“此告”“特此通告”等。

（三）通告的落款

文尾写上发文单位和日期。如果发文单位在标题中已出现，文尾可以只写日期或者在标题下正中署日期。下发或者张贴的通告要加盖公章。

六、通告的正文写作

（一）法规性通告的写作

一般先写通告缘由，然后再交代通告事项和通告范围，最后说明通告施行的具体日期。

【例文】

北京市人民政府
关于划定禁止使用高排放非道路移动机械区域的通告

京政发〔2021〕16号

为深入打好污染防治攻坚战，持续改善本市空气质量，进一步减少非道路移动机械污染物排放，依据《中华人民共和国大气污染防治法》和《北京市大气污染防治条例》有关规定，市政府决定，自2021年12月1日起，在本市部分区域禁止使用高排放非道路移动机械。现将有关事项通告如下：

一、不符合《非道路柴油移动机械排气烟度限值及测量方法》(GB 36886—2018)中Ⅲ类限值标准规定的挖掘机、装载机、挖掘装载机、叉车、推土机、压路机、平地机七类机械，为高排放非道路移动机械。

二、本市东城区、西城区、朝阳区、海淀区、丰台区、石景山区、门头沟区、房山区、通州区、顺义区、昌平区、大兴区、北京经济技术开发区全部区域，以及平谷区、怀柔区、密云区、延庆区部分区域，为禁止使用高排放非道路移动机械的区域。

其中，平谷区部分区域是指西起崔杏路，东至台城路、平蓟路、顺平路、洵河组成的边界，北起鲁韩路、平瑞街组成的边界，南至洵河的区域。

怀柔区部分区域包括，一是西起龙山路、龙山东路、府前西街、怀柔水库东岸、京密引水渠组成的边界，东至开放路，北起富乐大街，南至南华大街的区域；二是西起范崎路，东至111国道，北起雁栖湖北路，南至雁栖湖南路的区域；三是西起111国道，东至沙河，北起京密引水渠，南至101国道的区域。

密云区部分区域是指西起京沈线(不含)，东至檀西路，北起京沈线(不含)，南至水源路、新南路组成的边界的区域。

延庆区部分区域是指西起京礼高速公路，东至妫川路，北起团结路，南至百康路、百泉街组成的边界的区域。

三、应急抢险工程不受上述措施限制。

四、对违反本通告规定的，由相关部门依法予以处理。

五、自2021年12月1日起，《北京市人民政府关于划定禁止使用高排放非道路移动机械区域的通告》(京政发〔2019〕10号)废止。

特此通告

北京市人民政府

2021年7月5日

(二) 周知性通告的写作

先写通告的原因，再写通告事项，最后用专用语收结。内容清晰，语言简练。

【例文】

关于新业路(串场河至开放大道段)封闭施工的通告

因盐城市城北片区快速路网及基础设施项目工程建设需要,经研究决定,对新业路(串场河至开放大道段)进行封闭施工。现通告如下:

一、封闭时间。2023 年 6 月 11 日至 2024 年 12 月 30 日。

二、交通管制。全幅封闭新业路(人民北路至兴城路、兴城路至开放大道段),施工时间为 2023 年 6 月 11 日至 2024 年 12 月 30 日。施工期间,车辆、行人、非机动车禁止通行,保留便道供封闭区域内厂区车辆、行人、非机动车正常通行。半幅封闭新业路(人民北路至串场河),施工时间为 2023 年 6 月 11 日至 2023 年 12 月 30 日。施工期间,过往车辆、行人、非机动车根据现场交通组织、相关引导标志标牌通行。

三、绕行线路。全封闭路段由东向西过往车辆、行人、非机动车从新盐路、开放大道、新龙路绕行;由西向东过往车辆、行人、非机动车从人民北路、新盐路、新龙路绕行。

请广大市民提前选择出行路线,按照现场指示标志通行。施工期间给您出行带来不便,敬请谅解和支持。

特此通告

盐城市交通投资建设控股集团有限公司
盐城市公安局交通警察支队
2023 年 6 月 6 日

第十一节　通知的写作

一、通知的适用范围

《条例》指出:通知“适用于发布、传达要求下级机关执行和有关单位周知或者执行的事项,批转、转发公文”。通知是下行文,不能上行,而重要通知下行时应抄送上级机关。

二、通知的特点

(一) 广泛性

通知的使用范围广泛,不受发文机关级别的限制,适用于各级行政机关、部门和企事业单位。通知的内容既可以是重要的政策措施,也可以是具体的工作事项;既可以指导工作、发布规章,又可以用来批转下级公文或者转发上级和不相隶属机关公文。这些特点使通知成为使用频率最高的一个文种。

(二) 传达性

通知可以对当前的重要工作进行指导，要求下级机关认真贯彻执行，具有一定的指令性。通知也可以只传达具体的事项，而不需要下级机关执行，具有知照性。

(三) 时效性

通知的事项一般是要求立即办理、执行或知晓的，不容拖延。有的通知如会议通知，只在指定的一段时间内有效。需要紧急办理或周知的事项，在标题中需加“紧急”二字。

三、通知的类型

通知按其内容可以分为指挥性通知，发布性通知，批转、转发性通知和事项性通知。

(一) 指挥性通知

多用于传达上级机关的决定、规定、指示或某方面的政策；向下级布置需要执行与办理的工作或具体事项；上级主管业务部门向下级主管业务部门对口指导业务事项。一般基层单位也用以传达与布置具体工作。

(二) 发布性通知

用通知发布本机关或部门所制定的规章，包括行政法规、方案、计划等。发布性通知使用得比较普遍，各级行政机关都可以制发。

(三) 批转、转发性通知

批转性通知用于批转下级机关的公文，包括“批”和“转”两个部分。批转性通知由批语加下级机关的公文两部分组成，制发这种通知的机关所要撰写的仅是批语部分，但对下级机关的来文(报告或意见)需做一些技术性处理(消除原文的文头、公章、主题词、文号等)。

转发性通知用于转发上级机关、同级机关或不相隶属机关的公文。转发性通知比批转性通知用得多。一般不加转发按语。必要时根据实际情况提出执行的具体要求或规定。

(四) 事项性通知

上级机关向下级机关告知或要求下级机关办理一般性事项的通知。如成立、调整或撤销机构，启用或废止公章，变更机构名称、地址、电话号码，召开会议、布置工作、下达任务、任免聘用干部等。如《江苏省人民政府关于南京邮电学院更名为南京邮电大学的通知》《国务院办公厅关于调整全国政务公开领导小组的通知》等。

四、通知的结构

通知由标题、主送机关、正文、落款四个部分组成。

(一) 标题

通知的标题有三种常见写法：

1. 完整式

由发文机关、事由和文种构成。如《国务院办公厅关于加强困难群众基本生活保障有关工作的通知》《体育总局办公厅关于加强国庆节期间登山户外运动安全组织管理工作的通知》《教育部办公厅关于进一步加强和规范高校家庭经济困难学生认定工作的通知》等。当通知的事项十分重要或紧急时，可以在标题的文种"通知"前加上"紧急"或"重要"字样，如《××省人民政府关于做好防汛工作的紧急通知》。

2. 两项式

省略发文机关，由发文事由和文种两个部分构成。如《关于认真做好 2016 年"八一"期间双拥工作的通知》《关于免征部分鲜活肉蛋产品流通环节增值税政策的通知》等。

3. 批转式

用于批转、转发性通知的标题，由"发文机关＋批转或转发＋被转发文件标题＋通知"构成。如《国务院办公厅转发监察部等部门对征用农民集体所有土地补偿费管理使用情况开展专项检查的意见的通知》等。

(二) 主送机关

通知的主送机关有两种写法：一种是将几个主送机关名称全部写上。主送机关应写全称或规范简称，或用统称指代词"各"，列出相关规范简称。如"各省、自治区、直辖市人民政府"。多个主送机关，一般按先外后内，党、政、军、人民团体的顺序安排。

(三) 正文

通知的正文因内容不同而写法各异，一般由通知缘由、通知事项、执行要求等要素构成。具体写法另题阐述。

(四) 落款

文尾写上发文单位和日期。如果发文单位在标题中已经存在，这里可以只写日期。下发或者张贴的通知要加盖公章。

五、通知的写作

(一) 指挥性通知的写作

一般由通知前言和通知事项两部分内容组成。

通知前言由发布通知的原因、依据和目的构成。语言要概括、简洁。

通知事项是通知的主体，要写明工作任务、办理方法及具体的措施要求或规定。简单的通知只要指出事项名称即可；复杂的通知，事项内容展开时，可用条列式。

【例文 1】

市政府关于做好南京市第七次全国人口普查工作的通知

宁政发〔2020〕14 号

各区人民政府，市府各委办局，市各直属单位：

为认真贯彻落实《国务院关于开展第七次全国人口普查的通知》（国发〔2019〕24 号）和《省政府关于做好我省第七次全国人口普查工作的通知》（苏政发〔2019〕97 号）精神，全面做好我市第七次全国人口普查工作，现将有关事项通知如下：

一、充分认识开展第七次全国人口普查的目的和意义

第七次全国人口普查是在中国特色社会主义进入新时代开展的重大国情国力调查。开展好此次人口普查，摸清我市人口家底，全面掌握当前人口数量、结构、分布、城乡住房等方面的基础信息，有利于精准制定未来收入、消费、教育、就业、养老、医疗、社会保障等民生政策，有利于完善人口发展战略和政策体系促进人口长期均衡发展，有利于构建科学有效的统计监测评价体系、提高宏观调控水平、科学编制我市"十四五"规划，有利于深刻揭示各类生产要素和经济内生动力变化、深化供给侧结构性改革、推动经济高质量发展、加快建设"强富美高"新南京。各区各部门要以习近平新时代中国特色社会主义思想为指导，深入贯彻落实党中央、国务院关于统计改革发展重大决策部署，切实增强做好人口普查工作的使命感、责任感，按照国家、省和市的统一部署，精心组织、依法实施、务求实效，确保高质量完成人口普查任务。

二、明确普查的对象、内容和时间

第七次全国人口普查的对象是普查标准时点在中华人民共和国境内的自然人以及在中华人民共和国境外但未定居的中国公民，不包括在中华人民共和国境内短期停留的境外人员。

普查主要内容是人口和住户的基本情况，包括：姓名、公民身份证号码、性别、年龄、民族、受教育程度、行业、职业、迁移流动、婚姻生育、死亡、住房情况等。

普查标准时点是 2020 年 11 月 1 日零时。

三、精准把握普查基本要求

（一）坚持依法普查

各区各部门要按照《中华人民共和国统计法》《中华人民共和国统计法实施条例》《全国人口普查条例》等法律法规要求，依法规范普查行为。普查取得的数据，严格限定用于普查目的，不得作为任何部门和单位对各级行政管理工作实施考核、奖惩的依据。普查中获得的能够识别或者推断单个普查对象身份的资料，不得作为对普查对象实施处罚等具体行政行为的依据。任何个人和单位不得谎报、瞒报、拒报，不得伪造、篡改普查数据。

（二）聚焦质量控制

切实把提高普查数据质量这一核心要求贯穿人口普查工作全过程。实行严格的质量管控制度，建立健全普查数据质量追溯和问责机制，研究制定行之有效的数据质量控制办法，实行全流程质量控制，使我市普查各个方面、各个环节、各项活动、各种行为都有章可循，确保普查数据可核查、可追溯、可问责，确保普查数据质量达到规定标准。坚决防范人为干扰普查工作的现象，确保普查工作顺利进行、普查数据真实准确。对普查中发现应当给予党纪政务处分或组织处理的统计违纪违法责任人，由统计机构按规定提出处分处理建议并及时移送任免机关、纪检监察机关或者组织（人事）部门。

（三）提升信息化水平

采取电子化方式开展普查登记，探索使用智能手机采集数据，实时上报普查数据。充分利用部门行政记录，推进大数据在普查中的应用，提高普查数据采集处理效能。各级普查机构及其工作人员必须依法严格履行保密义务，加强对公民个人信息的全流程保护，严禁向任何机构、单位、个人出售或泄露公民个人信息。各区各部门要保障必要的网络环境和硬件条件，采取必要的安全措施，确保数据收集处理工作安全顺畅快捷进行。

四、扎实高效做好普查组织实施工作

人口普查是一项庞大的社会系统工程，涉及范围广、参与部门多、技术要求高、工作难度大、时间节点紧。各区各部门要按照“全市统一领导、部门分工协作、市区分级负责、各方共同参与”的原则，认真做好普查的宣传动员和组织实施工作。

（一）切实加强组织领导

市政府成立南京市第七次全国人口普查领导小组，负责全市人口普查组织实施中重大问题的研究和决策。领导小组办公室设在市统计局，负责普查具体工作的组织与实施。各区要设立相应的普查领导小组及其办公室，镇街、村（居）委会要相应建立普查工作机构，动员和组织社会各界力量积极参与并认真配合做好普查工作。要坚持底线思维、加强风险防控，切实做好方案执行、数据处理、舆论导向等方面的预案。

（二）强化部门协同配合

发改、财政、规划资源等部门要做好普查物资和设备、普查经费、地理信息等协调保障工作，公安、卫健、民政、教育、住房、城建、人社等掌握相关人口信息的部门，要根据普查工作需要及时向当地普查机构提供行政记录资料。领导小组其他成员单位要按照职责分工，各负其责、通力协作，加强信息共享和沟通协调，共同解决好普查工作中遇到的困难和问题。各级统计部门要密切配合、上下联动，全力以赴共同做好普查工作。

（三）选优配强普查队伍

各级普查机构要高度重视“两员”（普查指导员和普查员）选聘，采取从党政机关（事业单位）借调、村（居）委会选任或者社会招聘等方式，把政治素质较好、业务水平较高、能熟练运用信息技术、有群众工作经验、热爱普查工作的人员，充实到普查“两员”队伍中来。要结合本地区本部门具体情况，在人口普查知识、技能、法规和职业道德方面有针对性地开展普查培训，确保“两员”胜任普查工作。

（四）积极落实普查经费

普查所需经费由各级共同负担，列入相应年度财政预算予以保障，并确保按时足额拨付到位。要及时支付招聘人员的劳动报酬，保证商调人员在原单位的工资、福利及其他待遇不变，确保普查工作队伍的稳定。“两员”工作补贴，由市、区财政分级负责、共同分担。普查登记所需电子设备由各区负责筹措，对征用普查员个人电子设备给予适当补助。对在“两员”培训、普查摸底、现场登记、数据处理等普查关键节点加班加点人员，各区可依照有关法律法规和规定支付相应的加班补贴。

（五）加大宣传动员力度

各级普查机构要会同宣传部门认真做好普查宣传的策划和组织工作，通过报刊、电视、互联网等各类宣传媒介，广泛深入生动宣传人口普查的重要意义，为普查工作营造良好的社会舆论环境。采取多种形式集中开展普查“宣传月”等活动，深入解读统计法律法规，促进全社会知晓普查法律政策，引导普查对象自觉配合普查登记，如实申报普查项目，确保普查工作顺利开展。

附件：南京市第七次全国人口普查领导小组组成人员名单

南京市人民政府
2020年1月26日

（二）发布性通知的写作

发布性通知正文有两种写法：一种是用一句话写明发布法规或规章等的名称和执行要求；另一种是简要写出发布的依据或强调重要性，提出执行的具体要求。语言应简洁，干脆利落。

【例文1】

义乌市财政局 义乌市社会信用体系建设示范城市创建
领导小组办公室 国家税务总局义乌市税务局
关于印发《义乌市代理记账机构信用等级管理办法（试行）》的通知

各代理记账机构：

为加快义乌市会计信用体系建设，规范代理记账执业行为，根据《中华人民共和国会计法》《代理记账管理办法》（财政部〔2016〕第80号令）《国务院关于建立完善守信联合激励和失信联合惩戒制度 加快推进社会诚信建设的指导意见》（国发〔2016〕33号）《关于加强会计人员诚信建设的指导意见》（财会〔2018〕9号）及有关规定，结合我市实际，特制定《义乌市代理记账机构信用等级管理办法（试行）》，现印发给你们，请认真遵照执行。执行中如遇到问题，请及时向市财政局会计科反馈。

附件：义乌市代理记账机构信用等级管理办法（试行）

义乌市财政局
义乌市社会信用体系建设示范城市创建领导小组办公室
国家税务总局义乌市税务局
2019年3月7日

【例文 2】

浙江省人民政府
关于印发浙江省残疾人事业发展“十四五”规划的通知

浙政发〔2021〕19 号

各市、县(市、区)人民政府,省政府直属各单位:

现将《浙江省残疾人事业发展“十四五”规划》印发给你们,请结合实际认真贯彻落实。

附件:浙江省残疾人事业发展“十四五”规划

浙江省人民政府
2021 年 6 月 28 日

(三) 批转、转发性通知的写作

正文一般由被批或被转文件名称和执行要求两部分组成。开头直接引用被批或被转文件名称,表明“转”的意见,然后提出执行要求,如“请认真贯彻执行”。必要时对被批或被转文件的实施进行具体说明,或者阐述该文件的意义和重要性,以及领导机关的意见和工作指示等。批转性通知比转发性通知更具有权威性,要求下级机关必须执行,而后者除转发上级机关文件要求执行外,可要求参照执行。

【例文 1】

国务院批转国家发展改革委
关于 2016 年深化经济体制改革重点工作意见的通知

各省、自治区、直辖市人民政府,国务院各部委、各直属机构:

国务院同意国家发展改革委《关于 2016 年深化经济体制改革重点工作的意见》,现转发给你们,请认真贯彻执行。

附件:国家发展改革委关于 2016 年深化经济体制改革重点工作的意见(略)

国务院
2016 年 3 月 25 日

【例文 2】

转发省安委会办公室
关于近期生产安全事故的紧急通报的通知

青安办函〔2020〕3 号

各乡镇人民政府、县经济开发区、县直有关单位：

现将《安徽省安委会办公室关于近期生产安全事故的紧急通报》（皖安办明电〔2020〕1号）转发给你们。请你们认真吸取近期省内外多起重大影响事故以及石台县仙寓山风景区“2020.1.8”高处坠落事故教训，按照县委县政府部署要求，抓好春运期间道路交通安全生产工作，加强安全管理，紧盯重点路段、重点车辆，突出防范应对雨雪、冰冻、团雾等灾害性天气。持续深化危险化学品、烟花爆竹、建筑施工等重点行业领域安全生产集中整治，切实开展好督查检查，确保各类事故隐患排查整治到位，重大事故风险防控到位，坚决维护岁末年初安全生产形势稳定。

青阳县安全生产委员会办公室

2020 年 1 月 1 日

（四）事项性通知的写作

一般应写明通知缘由和告知事项两部分，内容要清楚，语言要简短。如会议性通知，缘由应写明会议依据、目的。事项应写明会议名称、时间（包括报到时间）、地点、参加人员、会议内容、要求等，常用条列式或条款式，有的还附有出席人员登记表。

【例文 1】

北京市人民政府关于谢正光等 4 名同志职务任免的通知

京政发〔2020〕25 号

各区人民政府，市政府各委、办、局，各市属机构：

经 2020 年 11 月 27 日北京市第十五届人民代表大会常务委员会第二十六次会议决定：

任命谢正光为北京市交通委员会主任。

免去李先忠的北京市交通委员会主任职务。

任命于鲁明为北京市卫生健康委员会主任。

免去雷海潮的北京市卫生健康委员会主任职务。

北京市人民政府

2020 年 12 月 9 日

【例文2】

省政府
关于中国传媒大学南广学院转设为南京传媒学院的通知

苏政发〔2020〕30号

各市、县(市、区)人民政府,省各委办厅局,省各直属单位:

为深化高等教育办学体制改革,推进民办高校持续健康发展,提升学校办学水平和竞争力,经研究并报教育部批准,决定中国传媒大学南广学院转设为南京传媒学院,同时撤销中国传媒大学南广学院建制。南京传媒学院为独立设置的本科层次民办普通高等学校,办学定位于应用型高等学校,主要培养区域经济社会发展所需应用型、技术技能型人才。

省教育厅及有关部门要切实加强对学校建设发展的指导支持,保障学校依法自主办学,引导学校按照办学定位优化发展规划、突出公益导向、强化内涵建设、完善体制机制,促进学校办出特色、办出水平,更好地服务区域经济社会高质量发展。

江苏省人民政府
2020年4月10日

【例文3】

中国煤炭工业协会关于召开五届理事会第五次会议的通知

中煤协会综合〔2021〕30号

各会员单位,各有关单位:

根据《中国煤炭工业协会章程》的规定,经研究,定于2021年10月26—27日在北京召开中国煤炭工业协会五届理事会第五次会议。现将有关事项通知如下:

一、会议主题

深入学习贯彻习近平总书记"七一"重要讲话精神,坚守协会面向行业、服务基层,为矿工谋幸福、为行业谋发展的初心使命,赓续煤炭光荣传统,总结煤炭工业绿色低碳转型和高质量发展方面取得的成绩和经验,研究部署2022年协会工作。

二、会议内容

理事会主要工作内容:听取并审议协会工作报告、会费收支情况报告、吸收新会员等事项;调整协会五届理事会组成人员。

会议期间,组织参加第十九届中国国际煤炭采矿技术交流及设备展览会开幕式及2021中国国际煤炭发展高峰论坛。

三、参会人员

1. 邀请国家有关部委领导同志;

2. 邀请各省(区、市)煤炭行业管理部门、煤炭协会负责同志;

3. 协会全体领导,五届理事会兼职副会长候选人;

4. 协会五届理事会理事、常务理事及候选人(如本人不能参加,请派代表参加),新会员单位代表;

5. 邀请新闻媒体进行宣传报道。

四、会议时间和地点

时间:2021 年 10 月 26—27 日,会期两天。10 月 25 日全天报到。

地点:北京会议中心(北京市朝阳区来广营西路 88 号)

酒店总机:010－84****68

五、其他事项

1. 本次会议统一安排,收取会议费,住宿费自理。

2. 请参会人员务必于 10 月 20 日前发送参会回执。

3. 因酒店房间有限,如需住宿,请参会人员在回执表中准确填写住房需求。

4. 理事代表名单等会议相关内容可登录中国煤炭工业协会网(www.zgmtgyxh.org. cn)“中国煤炭工业协会五届理事会第五次会议”专题查阅。

5. 请参会人员严格落实新冠肺炎疫情防控工作有关要求,做好会议报名及参会工作,做好个人防护,全程戴好口罩。

6. 会议委托中能互通(北京)国际会展有限公司收取费用并开具发票。

六、会议联系人及方式

联系人:孙××、孙××、张×

电话:010－64****70、64****72

传真:010－64****15、64****14

邮箱:mtxhhyb@163.com

附件:1. 中国煤炭工业协会五届理事会第五次会议期间活动安排
　　　2. 中国煤炭工业协会五届理事会第五次会议参会回执表

中国煤炭工业协会
2021 年 9 月 27 日

第十二节　通报的写作

一、通报的适用范围

《条例》指出,通报“适用于表彰先进、批评错误、传达重要精神和告知重要情况”。通报是一种下行文,使用频率较高。

二、通报的特点

(一) 事例的典型性

通报往往选取工作中具有典型意义的事件和人物,或者具有普遍意义的重要情况,有针对性地加以总结、宣传,以便改进工作。

(二) 内容的知照性

通报把某些正、反典型或者重要的情况在一定范围内通报,重在报道,让下级机关或有关人员了解信息、动态,一般不需要执行。

(三) 目的的晓谕性

通报的价值并不仅仅在于宣布对事件的处理结果,而是要树立学习榜样,或者提供借鉴,使读者能够总结经验,汲取教训,思想上受到启迪,得到教益。

三、通报的类型

根据通报的内容,一般将通报分为三种类型。

(一) 表彰性通报

用于表扬先进人物和先进事迹。用于表彰的通报,从规格上说,要低于嘉奖令、表彰决定。通报表彰的"先进",只需突出、典型,有一定影响,值得倡导,不必如表彰决定那样按一定标准程序评定。

(二) 批评性通报

批评性通报是针对某一错误事实或某一有代表性的错误倾向而发布的通报,有针砭、纠正、惩戒的作用。通报一般只作批评,不作处分;若作处分,应用惩处性决定。批评性通报可分成两类:一类是批评重大事故的通报;另一类是批评错误行为的通报。

(三) 情况通报

用于传达重要情况或上级的指示精神。目的是互通信息和沟通情况,以增加政务透明度,促进工作的顺利进行。

四、通报的结构

通报的结构包括标题、主送机关、正文和落款几部分。

(一) 标题

通报的标题有两种写法。

1. 完整式

由发文机关、事由和文种构成。如《国务院办公厅关于江西省上栗县“3·11”特大爆炸事故情况的通报》《国家安全监管总局国家煤矿安监局关于近期两起重大瓦斯事故的通报》。

2. 两项式

只标明发文事由和文种两个要素。如《关于给予我省参加第31届奥运会获奖运动员表彰奖励的通报》《关于本市近期特大旅游交通事故的情况通报》。

(二) 主送机关

指定下发单位的通报，要写上主送单位的名称；普发性的通报则不写主送单位。

(三) 正文

一般由前言、事实情况、分析处理、号召或要求四部分组成。

(四) 落款

署明发文单位和日期。如果发文单位在标题中已出现，可只写日期。下发的通报要加盖公章。

五、通报的正文写作

(一) 表彰性通报的写作

表彰性通报正文一般由四部分组成：被表彰对象的先进事迹；事迹意义；表彰决定；提出希望和号召。

先进事迹：概述先进单位或先进人物的先进事迹，应具体写明被表彰单位名称或者被表彰人物的姓名、单位和主要事迹（包括时间、地点、事情缘由、经过和结果或影响等）。

事迹意义：对先进单位或人物的事迹进行恰如其分的评价，肯定其意义。

表彰决定：写明表彰的具体内容。

提出希望和号召：号召向先进单位或先进人物学习，树立榜样，带动全局。

【例文1】

浙江省人民政府
关于表彰浙江省自强模范和助残先进集体先进个人的通报

各市、县（市、区）人民政府，省政府直属各单位：

近年来，在推进我省残疾人事业持续快速发展的过程中，涌现出一大批身残志坚、自强不息、勇于超越自我的残疾人先进代表和乐于奉献、辛勤付出、倾心倾力为残疾人排忧解难的先进集体和个人。为进一步弘扬社会主义核心价值观，倡导平等、参与、共享的现代文明社会残疾人观，激励残疾人自强自立，激发社会助残活力，省政府决定对李少华等20名浙江省自强模范、杭州仁爱家园低视力康复指导中心等20家浙江省助残先进集体和何喜平等20名浙江省助残先进个人予以通报表彰。

希望受表彰的集体和个人珍惜荣誉，再接再厉，争取取得更大成绩。全省各地、各部门及广大残疾人工作者要以先进为榜样，坚持以习近平新时代中国特色社会主义思想为指导，认真贯彻省委、省政府有关决策部署，大力弘扬人道主义精神和扶残助残美德，锐意进取，扎实工作，努力推动我省残疾人事业高质量发展，为加快我省“两个高水平”建设作出新的贡献，以优异成绩迎接中华人民共和国成立70周年。

附件：浙江省自强模范和助残先进集体、先进个人名单

浙江省人民政府
2019年5月17日

【例文2】

中共新乡市委 新乡市人民政府
关于对安置受灾群众各单位进行表扬的通报

各县(市、区)党委和人民政府，平原示范区、新乡高新区、新乡经开区党工委和管委会，市委各部委，市直机关和驻新各单位，各大型企业和高等院校，各人民团体：

今年7月17日至22日，我市遭遇有历史记录以来的特大暴雨灾害，卫辉市等地严重受灾，数万群众急需集中转移安置。市委、市政府坚持人民至上、生命至上，紧急号召全市各级各有关单位，依托学校等场所集中安置受灾群众，确保受灾群众有地方住、有饭吃、有干净水喝、有衣穿、有病能及时医治，让受灾群众感受到了党委、政府的关怀，感受到了社会大家庭的温暖。

灾害无情，人间有爱。在防汛救灾的危急时刻，在受灾群众急需转移安置的紧要关头，各有关单位闻“汛”而动、闻令而行，第一时间响应市委、市政府号召，紧急组织人员、整理场地、筹措物资，主动承担安置受灾群众的任务；不讲条件、不计代价，克服各种困难，热心细心服务，为受灾群众提供了周到、细致的生活保障；不惧危险、连续作战，在突发疫情的严峻形势下，一手做好群众安置，一手抓实疫情防控，确保了群众生活和安全。目前，在全市上下共同努力下，在社会各方面大力支援下，受灾地区恢复了生活条件，全市所有集中安置的群众都已回迁返乡，正在有序恢复生产、重建家园。所有这些都离不开安置群众各单位和志愿者们的辛苦付出、无私奉献。

人间自有真情，大灾方显大义。在这场抗击洪灾、保卫家园的战役中，各单位发扬了中华民族一方有难、八方支援的优良传统，彰显了牧野大地风雨同舟、患难与共的刚健风骨，体现出新乡儿女团结拼搏、乐于奉献的人文精神。

在此，市委、市政府向所有参与受灾群众安置工作的单位表示衷心感谢，并予以通报表扬。希望你们再接再厉，为全市灾后重建、疫情防控和经济社会发展作出新的贡献。

附件：接收受灾群众安置点名单

中共新乡市委

新乡市人民政府

2021 年 8 月 20 日

（二）批评性通报的写作

批评性通报又分两种情况。一种是对个人的通报批评，另一种是对国家机关或集体的批评通报。

这种通报旨在通过对恶性事故的性质、后果，特别是酿成事故的原因的分析，总结教训，最后提出希望和要求，让大家吸取教训，引以为戒。正文一般由四部分组成：

1. 主要错误事实

写明错误的主要情况，如时间、地点、有关单位或人员，事实的过程、后果或危害等。

2. 评析错误性质

针对错误事实分析导致错误的原因，指出错误的性质和严重程度。

3. 处理决定

依据错误事实和有关规章，对当事者作出恰当的严肃批评、警告或经济处罚。

4. 提出希望和要求

希望从错误中吸取教训，改进工作，或重申有关规定，提出改进工作的要求。

【例文 1】

关于领军教育培训学校屡次顶风违规开展培训的通报

为进一步落实中、省、市、区“双减”精神，切实推进校外培训机构规范治理，有效减轻中小学生校外培训负担，近期，临渭区教育局就校外培训机构规范治理实施了一系列举措，召开了专题会议，加大了明察暗访力度与频次。通过督查发现，绝大多数培训机构都能严格落实双减要求。到目前为止，唯有领军教育培训学校拒不落实“不得占用法定节假日、休息日及寒暑假组织学科类培训”的要求，且屡教不改。在 10 月 1 日的暗访中发现领军教育第三校区顶风违纪开展培训后，区教育局给予了封停整改和通报批评。10 月 2 日，被督查的 86 所培训机构除领军教育外均未开展培训，唯有领军教育时代星苑校区置“双减”规定和区教育局的批评教育于不顾，依然我行我素，顶风违规组织学生开展学科类培训。

“双减”工作是党中央和国务院为减轻中小学生过重课业负担和人民群众经济负担作出的重大部署。在多次宣讲政策、思想教育和三令五申的情况下，领军教育仍然罔顾学生身体健康和人民群众经济负担，为一己私利，无视中、省、市、区的政策要求，藐视相关部门的劝诫与忠告,我行我素,一而再、再而三地顶风违规组织学生开展培训。这是严重缺乏政治站位、无视组织、藐视纪律、漠视群众利益与青少年健康的典型表现。

为严肃工作纪律,区教育局研究决定对领军教育在临渭区境内的10所校区予以全面封停,对举办者进行训诫谈话,并对领军教育培训学校及其举办者提出严厉通报批评和郑重警告。

渭南市临渭区教育局

2021年10月2日

(三) 情况通报的写作

一般由两个部分内容组成:主要情况、提出意见或要求。

1. 叙述主要情况

将有关情况如实全面准确地概述清楚。包括做了什么、怎样做的、效果怎样,有哪些影响、哪些经验等。

2. 提出意见和要求

对上述情况进行必要的评论,有针对性地提出相应的意见和要求,指出发展方向、方法。

【例文1】

海口市旅游综合整治办公室

关于"导游因游客未购物恶劣态度对待游客"一案处理情况通报

3月17日,一则"导游因游客未购物以恶劣态度对待游客"的视频在相关媒体传播并引发关注,海口市旅游和文化广电体育局联合海口市综合行政执法局进行立案调查。

经调查核实,视频中反映的涉事导游人员杨某某违法违规情况属实,其行为造成恶劣社会影响,且情节极其严重。现作出如下处理:

一、责成旅行社和涉事导游杨某某向游客赔礼道歉。

二、对涉事旅行社作出责令改正,没收违法所得1 200元、并处30万元的行政处罚;对涉事导游杨某某作出罚款5万元的顶格行政处罚,吊销杨某某导游证。

三、将旅行社和导游杨某某违法行为纳入旅游经营服务不良信息,并在海口旅游文化诚信网公示,在全行业通报。

四、继续加大旅游市场的监管力度,完善综合治理体系,提高市场监管效能,规范旅游市场经营秩序,营造诚信和谐放心的旅游环境。

五、积极发挥行业协会的引领作用,倡导旅游企业诚信经营,强化行业自律,加强自我监督,压实旅行社质量主体责任,严格执行质量标准和服务规范,提高旅游从业人员的综合素质。

海口市旅游综合整治办公室

2023年3月18日

【例文 2】

关于江油“1·2”交通事故救治善后处置情况通报

2022 年 1 月 2 日 14 时 53 分许，江油市中雁公路双河镇八角庙路段发生一起重型半挂罐车与对向车辆相撞导致的较大道路交通事故。经公安机关初步调查，事故主要原因为徐某威驾驶超载的重型半挂罐车行经连续下坡弯道路段时，超速行驶（事发路段限速 40 公里每小时，实际车速为 57—63 公里每小时），加之标注充装介质为水泥的罐体实际充装粉煤灰，车体重心偏高偏后，导致重型半挂罐车向左侧翻，并与对向行驶的大客车发生碰撞、挤压、侧翻着地后又与对向驶来的面包车、小客车发生刮碰。

事故发生后，省委、省政府和绵阳市委、市政府高度重视，绵阳市、江油市第一时间启动突发事件三级响应、应急，公安、卫健、交通等部门和相关乡镇党委政府全力开展救援救治现场处置等工作。省、市卫健部门第一时间组织华西医院、省人民医院、绵阳市中心医院等医疗机构专家对伤员开展救治。目前，伤员中有危重 3 人、重症 2 人、中度伤 2 人（系原 2 名重症伤员经积极治疗转为中度伤），其余均为轻伤，伤员生命体征平稳。

目前，事故造成 8 人死亡，公安机关已对肇事重型半挂罐车驾驶人徐某威刑事拘留，并对货物装载企业和货运企业 3 名责任人员予以控制。善后处置和事故调查等工作正在进行中。

江油市人民政府新闻办公室

2022 年 1 月 3 日

六、表彰性、批评性通报与表彰性、惩戒性决定的异同

相同点是二者都可以用来表彰先进、批评错误。不同点是通报的发文机关级别比决定低。通报的发文机关是被表彰或批评的人或单位的本级机关，而决定的发文机关往往是被表彰或批评的人或单位的上级机关。通报的表彰或批评只需领导集体决定，而决定的表彰需按标准，经评审程序，并接受相应的荣誉、奖励级别等；决定的惩戒需按法规、规章、纪律等规范衡量，按明显违反或严重违反的程度，作出相应的行政或经济处分，通报除批评、经济处罚外，不作行政处分。另外，通报具有晓谕性，因此结尾要提出希望和要求。而决定侧重于把结果公之于众，不一定会提出要求。

第十三节　函的写作

一、函的适用范围

《条例》指出，函“适用于不相隶属机关之间商洽工作、询问和答复问题、请求批准和答复审批事项”。函，又称公函，是以横向（不相隶属机关或组织之间）沟通与业务管理为主的一种专用公文。与其他公文具有同样的法定效力和规范体式，不同于一般的便函或信件。

二、函的特点

(一) 广泛性

函不受职权、上下级行文关系的限制，凡有需要，均可用于相互商洽工作、询问答复问题、知照具体事项，又可按规定用于向有关主管部门请求批准事项或答复审批事项。

(二) 公务性

国家机关使用的公函多用于处理比较具体的公务、业务事项或问题，其格式正规完整，有文件名称、发文字号、机关印章等，是《条例》中规定的与其他公文具有同等效力的正式公文。

(三) 双向性

函既有去函，也有复函，是公务上相互协商、协调和沟通及业务上进行管理的文种。如不同政府机关、地区或组织之间的公务协商、沟通，主管部门的业务管理，不分级别高低、不分关系亲疏，都可按需要互相行文。

三、函的主要类型

(一) 行文方向类

1. 去函

指主动发出的函。包括两种情况：一是商洽工作、询问事情，请求批准、答复的；二是知照某些事情，并不需要对方答复的。

2. 复函

针对来函所提出的问题或事情的答复。

(二) 内容和作用类

1. 商洽函

用于商洽工作、联系有关事宜的函。如商调干部函、联系租赁函、洽谈业务函。

2. 询问与答复函

用于互相询问答复处理有关问题。询问函，要求集中询问一个问题，方便对方尽快答复。所询问内容应属于本机关职责范围内应予以解决或回答但又确实无据可查难以回答(解决)的问题。答复函，要求针对来函内容给予确切的答复。

3. 请批与批准函

请批函主要用于向不相隶属的主管机关请求批准经费、物资、人员编制、机构设置、干部调配、税收、营业执照、招生、专业增减等事项。

请批函与请示不可以混用。两者的主要区别是：其一，凡是向直接领导机关请求批准的要用请示；而在向不相隶属的主管部门请求批准时，不管其级别是与本单位平行还是高于或低于本单位，都一律用函。其二，回答请示用批复，回答请求批准函则用复函。例如，江苏省教育厅将要举办大型人才交流会，需要与省人力资源和社会保障厅协调，这两个部门之间不是相互隶属关系，因此往来的公文用函。

批准函是针对发文机关请求批准事项给予批准或不批准的答复，并给予解释。

批准函和批复的区别：一是制文机关不同。批准函的制发机关与来函的制发机关之间是不相隶属关系；批复的制发机关和请示的制发机关之间是上下级直接隶属关系。二是内容不同。批准函涉及的是不相隶属机关之间按规定必须请批的事项。三是结束语不同。批准函用“专此函达”“特此函复”“特此函告”等；批复的内容涉及的是上下级直接隶属机关之间的事项，批复用“此复”“特此批复”等。

4. 告知函

告知函主要用于告知具体事项，无须对方回复的主动发函，在不相隶属的机关之间和平行机关之间可以使用。例如，《江苏省财政厅关于大学生收费的函》是江苏省财政厅发给省属各高校有关收费事项的告知函。

除了以上经常使用的四类外，还有催办函、动员函、委托函等。

四、函的结构

由标题、发文字号、主送机关、正文、落款等组成。

（一）标题

函的标题通常由发文机关名称、事由、文种构成，如《广州市人民政府关于鄂穗两地携手联合打捞“中山舰”的函》；或由事由、文种构成，如《关于联系业务的函》。如属于回复问题的函，则在“函”字前加“复”字，如《关于发放职工住房公积金的复函》。

（二）发文字号

发文字号常由机关代字、年号、顺序号组成。常在机关代字后加“函”，如“国函〔2017〕24号”。此处“函”，指用函的形式发布。

（三）主送机关

即对函负责办理或答复的机关或组织。主送机关一般只标一个。

（四）正文

通常由缘由、事项、结尾三部分组成。

缘由说明发函的理由、依据、目的。

事项要求中心明确，内容具体，方便对方办理或答复。

结尾通常使用致意性的用语，如“特此函告”“盼予复函”“特此函达”“特此函复”等结束语。

(五) 落款

文后署名和标注成文日期,加盖印章。

五、函的正文写作

(一) 商洽函的写作

商洽函是主要用于与对方单位商洽或协商某项事情而制发的函,正文分开头、主体、结尾三部分。

1. 开头

发函根据或理由目的。

2. 主体

需商洽的具体事项或问题。要求观点明确,意见具体,词语得体、清楚,方便对方理解与答复。

3. 结尾

提出尽快办理的请求,如“请函复”或“函复为盼”“特此函商”等。

【例文】

漳州市人民政府关于厦漳大桥有关事宜的函

漳政函〔2017〕49号

省高速公路建设总指挥部:

贵部《关于漳州市收购厦漳大桥股权有关意见的函》(闽高指函〔2017〕56号)收悉。我市高度重视,经研究,现商请同意如下事项:

一、从2017年10月1日起厦漳大桥向公众免费通行。

二、省高速公路公司所持厦漳大桥15%股份转让给龙海市人民政府。

三、厦漳大桥收费站先暂时予以保留,从实行免费通行之日起,仅收取高速通行费,不收取大桥通行费。

四、招银疏港高速公路收费站新址,由贵部与龙海市人民政府实地查勘商定,有关投资参照其他收费站做法执行。

五、免费通行期间,厦漳大桥的管养及维护由厦漳大桥公司委托省高速公路漳州分公司继续负责。

专此函达,请函复。

漳州市人民政府

2017年9月20日

（二）询问函、答复函的写作

1. 询问函的写作

询问函，亦称问函。主要用于本机关（单位）职责范围内应予以解决，但又确实难以解决的问题，向对方询问，以期得到明确答复。询问函的正文由开头、事项和结尾构成。

开头：函的开头部分简要说明缘由。

事项：要求集中询问一个问题与阐明理由、想法，方便对方尽快答复。

结尾：用“盼予函复”“请予函告”“特此函达，盼蒙允诺”等。

【例文】

××省建设银行关于为拆迁户建房问题的函

×建行函〔2016〕16号

××省建设厅：

我行已经××市规划局同意迁至××路××地段新建办公大楼，办公大楼工程设计也已批准。但需为此地拆迁户居民建房安置，有关政策问题尚不明了，现请教如下：

一、为拆迁户建房，投资和建筑面积是纳入我行基本建设计划，还是另造基本建设计划。

二、为拆迁户建房基建投资，是否应通过银行拨款。

敬请函复

××省建设银行

2016年3月10日

2. 答复函的写作

答复函，也称复函，即就来函询问的事项或问题作出明确答复的函。答复函的正文分开头、答复内容和结语三个部分。

开头：引述来函的标题、发文字号，然后用“经研究，现复函如下”等语过渡。

答复内容：对来函提出的问题作出明确答复，直接表示同意或不同意。如答复意见复杂，可以分条阐述；如不能满足来函请求，应简要说明理由或情况，以取得对方的谅解。

结语：结束语一般采用“专此函达”“特此函复”“特此函告，务请见谅”等。

【例文】

关于股票交易异常波动问询函的回函

香溢融通控股集团股份有限公司：

贵司关于《关于公司股票交易异常波动的问询函》已收悉，经我司自查。现就有关情况回复如下：截至2018年2月2日，我司及实际控制人不存在根据《上海证券交易所股票上市规则》等规定应予披露而未披露的有关香溢融通的重大信息，包括但不限于并购重组、股份发行、收购、债务重组、资产剥离和资产注入等对股票交易价格产生影响的重大事项；不存在直接或间接买卖香溢融通股票事宜。

特此函复

浙江烟草投资管理有限责任公司
2018 年 2 月 2 日

（三）请批函、批准函的写作

1. 请批函的写作

请批函的正文由开头、事项和结尾构成。

开头：简要说明缘由。

事项：请求批准经费或物资、人员编制、机构设置、干部调配、税收、营业执照、招生、专业增减等。

结尾：复函请求，其惯用语是“请予审核批准”等。

【例文】

关于将红叶斋列为旅游定点商店的函

市旅游局：

我局属西山林场，为进一步贯彻“开放、搞活”和“以林为主，多种经营”的方针，结合北京市“八五”期间重点发展旅游业的要求，自去年以来，自筹资金在小西山东北旺林区兴建了百望山森林公园，开办了红叶斋商店。今年 9 月 26 日，百望山森林公园将正式开放，届时，红叶斋商店也开始正式营业，为中外游客服务。

红叶斋商店地处百望山森林公园范围，距颐和园北宫门两公里，门前有三条公共线路通过，是北京西部往返八达岭和十三陵的必经之路。该商店主要经营各种玉器、瓷器、字画、文房四宝及各种旅游工艺品。目前，该商店已建成 120 平方米的古建店堂一座和大、小停车场两处及接待外宾厕所一个。

西山林场百望山森林公园的开发与颐和园、香山、碧云寺、卧佛寺等旅游景点南北连成一体，游客来源充足。

鉴于上述情况，特申请将红叶斋商店定为旅游定点商店。

请予审核批准

北京市林业局（印）
2020 年 10 月 12 日

2. 批准函的写作

批准函是主管部门对来文请批的事项审批后，作出答复的函。批准函的正文由开头、答复和结尾构成。

开头:引述来函的标题、发文字号,然后用“经研究,现复函如下”等习惯用语过渡。

答复:直接表示同意或不同意,如不同意,应该说明理由,指出解决的途径、方法或方向。

结尾:用“特此函复”“特此函告”“专此函达”等。

【例文 1】

国务院办公厅关于同意
建立国务院优化生育政策工作部际联席会议制度的函

国办函〔2022〕77 号

国家卫生健康委:

你委《关于建立国务院优化生育政策工作部际联席会议制度的请示》(国卫人口报〔2022〕86 号)收悉。经国务院同意,现函复如下:

国务院同意建立由国务院领导同志牵头负责的国务院优化生育政策工作部际联席会议制度。联席会议不刻制印章,不正式行文,请按照党中央、国务院有关文件精神认真组织开展工作。国家卫生和计划生育委员会计划生育兼职委员制度同时撤销。

此复

附件:国务院优化生育政策工作部际联席会议制度

国务院办公厅

2022 年 7 月 28 日

【例文 2】

国家发展改革委等部门关于同意
贵州省启动建设全国一体化算力网络国家枢纽节点的复函

发改高技〔2021〕1842 号

贵州省发展改革委、网信办、工业和信息化主管部门、通信管理局、能源局:

转来《关于报送全国一体化算力网络国家(贵州)枢纽节点建设方案(送审稿)的函》(黔府函〔2021〕103 号)收悉。经研究,现函复如下:

一、同意在贵州启动建设全国一体化算力网络国家枢纽节点(以下简称“贵州枢纽”)。

二、贵州枢纽要充分发挥本区域在气候、能源、环境等方面的优势,发展高可靠、高能效、低碳数据中心集群,优化东西部间互联网络和枢纽节点间直连网络,通过云网协同、多云管理等技术构建低成本的一体化算力供给体系,重点提升算力服务品质和利用效率,打造面向全国的算力保障基地。

三、贵州枢纽规划设立贵安数据中心集群,起步区边界为贵安新区贵安电子信息产业园。围绕贵安数据中心集群,抓紧优化存量,提升资源利用效率,以支持长三角、粤港澳大湾区等为主,积极承接东部地区算力需求。

四、贵安数据中心集群应符合新型数据中心发展要求,尽快启动起步区建设,逐步落地重点建设项目。项目建设主体原则上为数据中心相关行业骨干企业,支持发展大型、超大型数据中心,建设内容涵盖绿色低碳数据中心建设、网络服务质量提高、算力高效调度、安全保障能力提升等,落实项目规划、选址、资金等条件。

五、贵安数据中心集群应抓紧完成起步区建设目标:数据中心平均上架率不低于65%。数据中心电能利用效率控制在1.2以下,可再生能源使用率显著提升。网络实现动态监测和数网协同,服务质量明显提升,电力等配套设施建设完善,能高质量满足“东数西算”业务需要。形成一批“东数西算”典型示范场景和应用。安全技术、措施和手段同步规划、同步建设、同步使用。

六、贵州枢纽要统筹好区域内在建和拟建数据中心项目,设置合理过渡期,确保平稳有序发展。自2022年1月起,有关进展情况于每季度末报国家发展改革委、中央网信办、工业和信息化部、国家能源局。

此复

国家发展改革委
中央网信办
工业和信息化部
国家能源局
2021年12月20日

六、函的写作要求

第一,高度概括,切实明确。以简要的文字高度概括出需要商洽、询问(答复)、请批、知照的事项(问题)。从实际出发,实事求是,直陈不曲,明确具体。

第二,用语谦和,讲究分寸。函用语要讲究礼节,婉转得体,不使用告诫、命令性的词语。涉外公函或不相隶属机关之间的公函,必要的时候还要求使用尊称与致意性词语,诚恳致意,尊重对方,但不可过分,恭维逢迎,要掌握分寸。

第三,庄重规范。函,是正式公文的文种,必须行文郑重,按照规定的规范格式行文,使用印有发文机关名称的信纸,拟订标题,编制发文字号,结构要完整、顺畅,条理、层次需分明有序。必要时可用条列式。

练习

一、判断题

1. 公告和通告行文时,都要写上主送机关。 ( )

2. 对经常上班迟到、严重影响工作、违反公司有关制度、屡教不改的职员刘清作出处分,用通报。 ( )

3. 公告的写作充分体现了发文机关的权威,因此有约束力。（　　）

4. 学校处分违纪学生可用公告。（　　）

5. 商店告知顾客有关注意事项可发通知。（　　）

6. 某港务局告知在某水域通过的船只,注意减速避让水文测验船只,可用公示。（　　）

7. 全国人大告知有关干部职务的选举结果,可用通告。（　　）

8. ××公司建职工宿舍,需要砍掉或移植一些大树,需请该市林业和园林局行文批准,用请示。（　　）

9. ××大学贯彻国务院、省政府有关解决贫困生就学、就业问题的文件,创新突出,成效显著,值得其他高校借鉴,用报告。（　　）

10. 某集团公司为转变经济发展方式,打算分期培训一批技术骨干,掌握高新技术,向某大学行文,商量培训合作事项,用通知。（　　）

二、填空题

1. 中华人民共和国全国人民代表大会（　　）告

2. 国家税务总局关于办理税务登记的（　　）告

3. 南京市公安局交通管理局（　　）告

4. 苏州市纺织公司订货会（　　）告

5. 南京市人民政府关于加强绕城公路管理的（　　）告

6. 天安门地区管理委员会关于北京奥运会期间天安门广场管理的（　　）告

7. 南京市人民政府关于城市生活垃圾处理费征收的（　　）告

8. 国家质量监督检验检疫总局关于防止非洲、欧洲和美洲麻疹传入我国的（　　）告

9. 南京市白下区人民政府关于整治市区人行道违章停放车辆的（　　）告

10. 上海市人民政府关于试鸣防空警报的（　　）告

三、单项选择题

1. 下列哪个标题正确（　　）

A. ××省人民政府办公厅关于转发《国务院办公厅关于严格控制新闻发布会和周年纪念活动的通知》的通知

B. ××县人民政府关于转发某市人民政府关于转发“××省人民政府关于加快畜牧养殖业发展的通知”的通知

C. 广东省人民政府批转省工商行政管理局关于做好《中华人民共和国民法典》合同编贯彻实施工作的意见的通知

D. 上海市人民政府办公厅关于印发上海市政府质量奖管理办法的通知

2. 公文的作者是（　　）

A. 制发文件的机关

B. 拟制公文的秘书工作人员

C. 参与文件形成过程的全体机关工作人员

D. 审核签发文件的机关工作人员

3. ××省驻广州办事处向广州××局行文，请求批准该机关建造临时建筑物，这份公文所用文种是（　　）

A. 报告　　B. 函　　C. 请示　　D. 通知

4. 根据《党政机关公文处理工作条例》的规定，不可以使用"通知"的是（　　）

A. 北京市人民政府制定改革和完善国有资产管理体制的实施意见

B. 北京市人民政府办公厅印发2016年市政府工作计划

C. 恒大房地产公司任免本公司财务部总监

D. 南京市人民政府告知有关单位参加××会议

5. 市科技局拟将省科技厅一份通知发给各区、市、县科技局，使用文类正确的是（　　）

A. 转发通知　　B. 批转通知　　C. 印发通知　　D. 发布通知

6. 按照现行公文格式，下面所列要素一定要出现的一项是（　　）

A. 密级　　B. 紧急程度　　C. 发文机关标志　　D. 抄送机关

7. 下列表述正确的是（　　）

A. 为了表示尊敬，应该用请示向上级请求批准

B. 抄送机关即下级机关

C. 如果不同意请示事项，可以不予回复

D. 政府只能向同级人大提交议案

8. 向下级"传达重要精神或者情况"，使用（　　）

A. 通告　　B. 公告　　C. 通知　　D. 通报

9. 下面关于报告的适用范围，错误的一项是（　　）

A. 向上级汇报工作　　B. 向上级反映情况

C. 答复上级询问　　D. 向上级提出建议

10. 中共中央办公厅、国务院办公厅印发《党政机关国内公务接待管理规定》需用文种是（　　）

A. 报告　　B. 公告　　C. 通知　　D. 通告

11. 某市为举行城市运动会而进行交通管制，拟发布文件是（　　）

A. 公告　　B. 通告　　C. 通报　　D. 通知

12. 下列公文标题中正确的是（　　）

A. 教育部关于印发《学生志愿服务管理暂行办法》的通知

B. 浙江省人民政府办公厅转发省《安监局关于工矿企业生产安全事故应急救援体系建设意见》的通知

C. 新闻出版总署 教育部印发《中小学教辅材料管理办法》的通知

D. 广东省人民政府转发国务院关于支持农业产业化龙头企业发展意见的通告

13. 以下行文不应该使用"通知"的是（　　）

A. 南京大学告知各系校运动会的具体安排

B. 江苏省政府向社会公开发文禁止乱占耕地

C. 国家税务总局调整房地产交易环节税收政策

D. 南京市人民政府告知有关单位参加××会议

14. ××集团总公司对××分公司干部职务任免事项制发公文，正确的是（　　）

A. ××集团总公司关于任免干部的函

B. ××集团总公司关于任免干部的通知

C. ××集团总公司关于任免干部的意见

D. ××集团总公司关于任免干部的通告

15. 关于通报说法错误的是（　　）

A. 表彰先进个人或先进单位

B. 批评典型人物或单位的错误行为、不良倾向、丑恶现象等

C. 把现实社会生活中出现的重要情况告知所属单位和群众

D. 报送文件

四、双项选择题

1. 下列公文标题中正确的是（　　）

A. 国务院关于印发《国家级自然保护区调整管理规定》的通知

B. 教育部关于印发中等职业学校教师专业标准（试行）的通知

C. 国务院办公厅转发教育部等部门关于实施教育扶贫工程意见的通知

D. 广东省人民政府关于转发国务院关于支持农业产业化龙头企业发展意见的通知

2. 函的主送机关应是（　　）

A. 下级领导机关　　B. 上级领导机关

C. 不相隶属机关　　D. 平级机关

3. 下列发文字号错误的是（　　）

A. 沪府发〔2023〕7 号　　B. 苏政办发〔2022〕25 号

C. 国函[2014]8 号　　D. 宁工商(2014)45 号

4. 根据《党政机关公文处理工作条例》的规定，可以使用“通知”的是（　　）

A. 南京邮电大学告知学生教工寒假放假时间

B. 国家铁路局提出鼓励和引导民间资本投资铁路的意见

C. 教育部任命大学校长

D. 国家税务总局告知办理税务登记

5. 下列公文中属于知照类公文的是（　　）

A. 决定　　B. 请示　　C. 通告　　D. 通知

6. 下列错误的公文标题有（　　）

A. 国家发展改革委关于降低国内成品油价格的通报

B. 江苏省市人民政府关于几起重大安全事故的通报

C. 浙江省人民政府办公厅转发省安监局关于工矿企业生产安全事故应急救援体系建设意见

D. 住房城乡建设部关于开展城市步行和自行车交通系统示范项目工作的通知

7. 通报适用于（　　）

A. 表彰先进　　B. 批评错误

C. 回复问题　　D. 商洽工作

8. 下列标题准确的是(　　　　)

A. 南京市政府办公厅转发市教育局等部门关于进一步推进小学“弹性离校”工作指导意见的通知

B. 南京市政府办公厅关于印发《2017年公交都市创建工作计划》的通知

C. 南京市政府办公厅印发关于促进乡村民宿业规范发展实施办法的通知

D. 南京市政府办公厅关于印发“十三五”智慧南京发展规划的通知

9. 不能作为批复结束语的是(　　　　)

A. 上述批复如无不妥，请参照执行　　B. 特此批复

C. 此复　　D. 此致敬礼

10. 写主送机关应当标明(　　　　)或(　　　　)

A. 主送机关的全称　　B. 主送机关的规范化简称

C. 同类机关的统称　　D. 约定俗成的称谓

11. 根据《党政机关公文处理工作条例》的规定，使用“通知”的是(　　　　)

A. 南京邮电大学任命学校中层干部

B. 国务院办公厅要求贯彻落实国务院常务会议精神有关事项

C. 教育部同意两所大学合并

D. 国务院对全国政府网站抽查情况进行通报

12. 下列事项可以采用函行文的是(　　　　)

A. 江苏省人民政府向教育部商请同意南京邮电大学与美国波特兰州立大学合作设立南京邮电大学波特兰学院

B. 南京市玄武区税务局代某企业向南京市税务局申请减免税款

C. 南京市人民政府向省人民政府请求评定史伟年同志为烈士

D. 某演艺公司向文化和旅游部行文邀请台湾歌手周杰伦到南京演出

13. 下列表述不当的是(　　　　)

A. 上行文需要标识签发人

B. 中共××市委与市政府联合下发通知

C. 向一切有审批权的机关请求批准时应写请示

D. 凡收到下级机关来文，上级机关必须用“批复”回复

14. 下列错误的公文标题有(　　　　)

A. 教育部关于同意徐州师范大学更名为江苏师范大学的函

B. 江苏省人民政府办公厅关于加快推进第五代移动通信网络建设发展若干政策措施的通知

C. 浙江省人民政府办公厅关于转发省安监局关于工矿企业生产安全事故应急救援体系建设意见的通知

D. 南京市人民政府关于加快人工智能产业发展的实施意见的通知

15. 哪些用语可以作公文结束语(　　　　)

A. 特此函复为盼　　B. 此复

C. 当否，请批复　　D. 此致

五、指出下列公文的错误，并加以修改

1. 修改通知

关于召开厂部工作会议的通知

××发(2021)045号

厂属各单位：

为了进一步完善厂长负责制，切实抓好九至十二月生产和各项工作，根据我厂实际情况，经厂部研究决定，于九月初召开工作会议，现将有关事情通知如下，请遵照执行。

1. 参加人员：各单位党委委员，副处以上干部，厂级领导。

2. 时间：2021年9月2日

3. 地点：新办公楼三楼

4. 各单位接此通知后，安排好会议期间的生产任务，并请各党支部通知有关人员携带好笔记本，于9月2日8点准时参加会议。

二〇二一年八月二十八日

2. 修改函

关于联系教师进修的函

××大学教务处：

首先让我们以××市公安学校的名义，向贵处表示衷心的感谢，过去对我校办学给予了很大的帮助。目前我校又面临一个很难解决的问题。

原来事情是这样的：我校开办不久，师资力量很差，决定派三位年轻教师到贵校旁听进修一年。我校与有关部门多次商量。但三位教师进修问题，至今也没有得到解决。提高教学质量的关键是师资。为提高我校教育质量，恳请贵处设法解决。但不知贵处是否有什么困难。如果需要我校给贵处办什么事情，请尽管提出，我校会竭力去办。再说一句，贵处如能解决我校进修教师问题，我们以我校领导的名义向贵校领导深深地表示谢意。

致以崇高的敬礼

××市公安学校

二〇二一年六月七日

3. 修改通知

共青团通知

县直属单位团委，各乡镇团委：

经县团委开会研究，并经请示县委同意，拟于本月15日在县城召开有关人员会议，时间两天。会议将布置明年工作，总结今年工作，表彰优秀团干，传达市会议精神。请与会单位带齐有关材料到会，准备在会上交流。会议重要，任何人都不得请假。

特此通知

二〇二一年一月十四日

六、拟稿

(一) 拟写通告

为维护2021年春节期间夫子庙地区交通秩序，决定以夫子庙广场为中心，南至长乐路，

西至中华路，北至建康路（以上不含道路），东至平江府路（含道路）的合围区域实行交通管制，除公交车、执行任务车辆外，禁止其他机动车辆通行。管制时间为1月25日至2月25日。试据此信息，代南京市公安局交通管理局拟写一份通告。

（二）拟写会议通知

全国市场营销协会决定于2019年7月13日至16日在广西壮族自治区南宁市召开一年一度的营销协会年会，并于6月28日发出会议通知。会议的内容是研究和探讨当前营销学的有关学术问题和热点问题，全国市场营销协会的会员均可参加。会期为4天，7月13日报到，报到和开会地点是：南宁军区空军招待所。要求：每位与会者于会前十天交来相关学术论文一篇。会务费自理。

（三）拟写表彰性通报

2019年3月18日下午，我校人文学院李阳同学路过大学路交通银行储蓄所门前时，捡到一个钱包。李阳同学等了一个多小时不见失主前来寻找，就把钱交给了储蓄所的工作人员，经工作人员查验，为人民币10 000元。当丢钱的赵××沿途寻找回到储蓄所，拿到失而复得的10 000元钱时，十分激动。他取出其中的1 000元钱硬要送给李阳同学，被李阳谢绝。他又问李阳叫什么名字，李阳同学说："我是××大学的学生。"李阳同学拾金不昧的行为，体现了当代大学生良好的精神面貌，为我校赢得了荣誉。

根据以上材料拟写一份通报。

（四）阅读下列这则新闻材料，请根据材料内容，以××大学的名义写一份表彰通报

勇擒凶犯
——大学生陈阳刀下救人的事迹

一位满身血迹的青年从××路匆匆跑过，后面两位男青年凶神恶煞似的穷追不舍，其中一个手持一把自动刀。被追的男青年跑到环市西路旁的××旅馆，想进去避难，却被一位女服务员推出门外。后面持自动刀的男子追到面前来了，向着逃跑的男青年猛刺一刀，顿时血流满地。

被刺伤者挣扎着再向前跑，终于支持不住，昏倒在地。凶手又在伤者心口连刺两刀。当他要刺第四刀时，飞速赶来的一位青年大喝一声："住手！不许行凶！"凶手见有人阻拦，转身就跑，他的同伙向伤者头上狠击一拳，转身向另一个方向逃跑了。

这位青年毫不犹豫地向着凶手逃跑的方向追去，追了八百米左右，终于追到凶手跟前。凶手突然转身，持刀威胁青年道："你再走近，我就捅死你。"那青年男子一声不响，飞起右脚，向凶手持刀的右手腕踢去，脚起刀落。青年猛扑过去，扭着凶手的右手臂，大喝一声："不许动！老实点！"终于，他在另一位过路人的帮助下，把凶手扭送到赶来的民警面前。

这位见义勇为的青年把凶手交给派出所后，没留下姓名和工作单位，后来他又到伤者面前，见伤者已处于休克状态，便和路人一起，拦了一辆出租车，把伤者送到医院抢救。做完这一切后，他才回家。

这是上个月10日下午5点多，发生在××路与环市西路交界处的一宗行凶案。这位见义勇为、刀下救人的青年是谁呢？他就是××大学交通学院交通信息工程及控制专业大三

学生陈阳。

陈阳救人后一直没对别人讲过。后来，××派出所的同志经过多方打听，才在一个偶然场合中打听到这位做好事不留名的人的姓名和身份。直至派出所送来表扬信，陈阳的学校才知道这件事。10 月 24 日，××大学表扬陈阳勇擒凶犯的行为，并给予 2 000 元奖励。

（五）拟写批评性通报

东方网记者王铭泽 2011 年 4 月 16 日报道：今天，上海市红十字会通报“卢湾红十字会高额餐饮费”调查及处理情况，称该资金开支渠道为卢湾红十字会工作业务经费，非救灾救助款。由于本次活动人均消费水平明显高于人均 150 元的标准，有关部门已经决定超过公务接待标准部分的 7 309 元人民币由个人承担，工作业务经费予以退回，目前超标款项已经全部退回。

昨天下午，上海市红十字会得悉“卢湾红十字会高额餐饮费”情况后，立即责成卢湾区红十字会对情况进行调查核实；并会同卢湾区有关部门，进行了调查取证。今天上午，上海市红十字会和卢湾区相关部门组织专业人员，对卢湾区红十字会该项开支的原始凭证（发票等）、记账凭证和账册进行了核查。核查结果显示：卢湾区红十字会于 2011 年 2 月 28 日以“红十字会工作会务费”名义支付上海慧公馆餐饮管理有限公司 9 859 元，发票号码为：46510945，记账凭证号为：JZ030009。资金开支渠道为卢湾区红十字会的工作业务经费，非社会各界捐赠的救灾救助款。

上海市红十字会决定，向全市红十字系统通报批评卢湾区红十字会在公务接待活动中的铺张浪费现象，并要求全市红十字会系统，厉行节约，用勤俭办一切事业的精神做好红十字事业。要求各级红十字组织，严格按照本地有关部门拨给红十字会工作业务经费的使用规定和开支范围、标准进行使用，自觉接受有关部门的监督，对不符合规定和标准的，要坚决制止，及时整改。

上海市红十字会表示，将进一步加强对本市红十字系统“人道基金”的监督管理，坚持依法管理和使用社会各界捐赠的救灾救助款。要求各级红十字会继续严格依法履职，要以对公众捐赠资金高度负责的态度，切实保障社会各界捐赠的救灾救助款在充分尊重捐赠者意愿的前提下，全部用于救灾救助等人道主义事业上。

（六）根据下面的材料，代××大学拟写一份商调函

1. 发文单位：××大学。

2. 该校教授王××一人在南京工作，生活非常不方便，其妻李×在扬州大学图书馆工作，××大学根据王××的请求，也因工作需要，经领导研究，拟同意将其妻李×调到该校工作，以解决夫妻分居两地的困难。

3. ××大学致函扬州大学，如果扬州大学同意李×调出，请将同意调出的函和李×的档案等一并寄给××大学。

4. 收文单位：扬州大学。

（七）拟写公文

甲大学××校区位于政府规划建设的核心区域，需拆迁重建，为确保 5 000 名学生的教育教学工作正常进行，目前需向乙大学联系租赁校舍问题，租赁时间为 2—3 年，请代甲大学写一公文，进行商洽。并以乙大学的名义写作一份答复公文，同意租赁，具体问题下一步双方洽商。

第三章 申论写作[①]

第一节 申论概述

一、什么是申论

申论，是中国国家公务员考试科目中必考的一门科目，主要测查报考者的阅读理解能力、综合分析能力、提出问题和解决问题能力、贯彻执行能力、文字表达能力，具有模拟公务员日常工作的功能。作为一种应试文体，申论最早出现于2000年中央国家机关公务员录用考试之中。经过多年的实践，以及专家学者们的改进与完善，申论现已成为国家公务员录用考试的一门基本科目，日益受到人们的重视。

申论，从字面意思来理解，“申”即申述、申辩、申明，“论”即议论、论述、论证之意。

“申论”与一般论说文有着明显的区别，它不是那种根据给定的主题，为论证而论证的放言宏论。而是要求紧扣客观事实，作出必要的说明、逻辑鲜明的申述，然后发表中肯的见解，在客观反映问题的同时提出合理解决问题的方略。

作为一种当代专用于选拔录用国家公务员的应试文体，申论适当地借鉴了我国古代科举应试中“策论”的一些经验与做法。策论和申论都是选拔人才的方法，都要求考生表现出出众的文字表达能力、分析判断能力，提出的对策（方案）要有可行性。但是申论与策论又存在较大区别。从内容上讲，策论主要从儒家经书中出题，考生往往是借古论今；申论的内容则直接取自现实案例，更具有现实针对性。从形式上讲，策论重点考查应试者解决问题的能力；而申论则要求考生从一大堆反映日常问题的现实材料中去发现问题并解决问题，全面考查考生搜集和处理各类日常信息的素质与潜能，充分体现了信息时代的特征，也适应当今国家公务员实际工作的需要。

申论虽然也是一种作文形式，和一般作文一样，都要根据题目的要求来完成写作任务；都旨在考查应试者的写作能力；都有规定的字数要求。但是，申论与一般作文有更多的区别：作文主要考查写作能力；申论同时考查分析概括能力。作文一般是直接命题，主题鲜明；申论则通常是给定一组材料，需要应试者提炼加工。总体而言，申论对于写作者能力的考查更为宽泛，故写作难度更大。

---

① 本章例文选自李永新主编《申论必做100题》，李永新、张红军主编《申论范文宝典》。

二、申论考试的特点

(一) 目的的明确性

选拔公务员的申论测试，一开始就借鉴了一些发达国家的先进经验，不仅注重对应试人员能力和素质的考查，而且也注重对应试人员将要从事的行政机关工作所需要的能力素质的考查。科目设置、考试形式都是按国际标准设计的，在内容上则体现了中国特色。

(二) 形式的灵活性

考察近几年申论测试的题目，申论题型主要有五类：归纳概括题、提出对策题、综合分析题、贯彻执行题、文章写作题。就写作文体而言，则涉及记叙文、说明文、议论文、应用文等多种形式，从这个意义上来说，申论测试既考查了普通文体的写作能力，也考查了公文写作能力，测试形式非常灵活、实用。

(三) 材料的广泛性

申论测试的目的是选拔国家公务员，因此十分注重对答题者分析、判断、解决问题的能力等综合素质的测试。为反映这一要求，申论所给定背景资料涵盖了政治、经济、法律、教育、文化等诸多方面的内容，涉及范围极其广泛。

(四) 问题的针对性

申论的题目有很强的针对性。申论考试题目的背景资料涉及面广，内容复杂，但是重点突出。针对性和可行性是申论考试中两个基本要求，认识和抓住这两点，才算找准了答题的突破口，从而能够高屋建瓴、鞭辟入里地建构思路和完成论证。

(五) 方案的可行性

申论中提出的方案要切实可行，切忌发表一堆不切实际的大话与空话。在行文时，要注意分析材料中反映的问题以及问题存在的时空环境，结合国家政策和问题所处地域的具体条件，提出针对性的具有实际操作价值的方案和措施。

三、申论考试的准备

申论考试不同于一般的专业或者学科考试，基于上述特点，应对申论考试，需要进行针对性的先期准备。

(一) 角色代入的准备

申论考试选拔的是公务员，因此，无论应考者的当下身份是学生或者社会上其他从业人员，在申论作答时，要主动代入与题目相关公务员的身份：要站在政府的角度思考问题，观点要符合主流价值观，与党中央的大政方针和各级政府的政策保持一致；遣词用语要符合党政公务的文风，做到客观、务实；要注意文章逻辑清晰，既考虑全面，又重心突出，彰显干练、周密的个人处事风格。

（二）理论提升的准备

政治素养是公务员的首要素养，作为政治素养的重要体现内容，理论政策水平是申论的重要考查内容。在申论作答时，是否具备一定的理论政策水平，不仅关系到是否能正确理解素材的主旨，是否能给出正确判断，也直接影响到文章的站位高度和意义深度。

（三）素材积累的准备

申论的素材主要取材于时政热点，要随时关注当下关乎党、政府、社会团体和个人有公共影响力的，人们广泛关心的焦点和热点，在熟悉各类社会焦点、热点事件的过程中，积累、丰富申论写作素材，学习、掌握理论评价的方式方法。

（四）语言训练的准备

申论写作的语言要充分体现公务语言特色，要求语言既言简意赅，不说废话、虚话，同时又要体现冷静、理性的特点，表述中不掺杂情绪，不需要抒情和描写；要杜绝文艺腔和学生腔，不要用方言、半文半白的语言以及网络语言；正确使用标点符号，规范使用汉字数字和阿拉伯数字。

四、申论的考试内容

（一）申论的试卷构成

申论主要考查考生的阅读理解能力、综合分析能力、提出和解决问题能力、贯彻执行能力、文字表达能力。对应这五大能力，申论考试设计了五大题型，具体有：归纳概括题、提出对策题、综合分析题、贯彻执行题、文章写作题。以上题型在历届申论考试中不会面面俱到。

申论考试的试卷有比较规范的结构，总体上分三大部分。首先提出“注意事项”，给答卷提出重要的指导性建议；其次给定一组资料；最后提出“申论要求”，要求应试者在弄清给定资料的基础上完成若干题目。

（二）申论的素材类别

按照形式分类，申论素材可以分为四大类：数据型材料、案例型材料、理论型材料、观点型材料。

1. 数据型材料

数据型材料的作用主要表现在通过对数据的罗列与总结支撑观点与论断，或者反映一些趋势与问题。

2. 案例型材料

案例型材料的作用主要是通过具体事例，反映主体人物、主体行为以及主体行为带来的启示或结论，或者是通过对案例细节的提炼升华，挖掘背后隐含的深层含义。

3. 理论型材料

理论型材料的作用一般是借用政策、报告、文件等涉及的措施、影响、领导人言论等内容，作为作答客观题的依据或者作为文章写作引申发挥的基础。

4. 观点型材料

观点型材料一般会是一些重要人物表明自己的观点、看法、意见，往往和考试主题直接相关。

按照内容分类，申论素材也可分为四大类：描述现状类、分析问题类、解决问题类、政策表述类。

1. 描述现状类的资料

往往旨在反映问题、说明现象、陈述过程、介绍结果。

2. 分析问题类的资料

往往展示的是揭示事件/现象产生的原因（直接或者间接），事件/现象存在的影响（正面或者负面），对事件/现象的评价或者对策等。

3. 解决问题类的资料

主要包括领导、专家、学者的建议或者政府、企业在实际工作中的成功范例等。

4. 政策表述类的资料

主要以政策表述、法律条文等形式出现，适用于提出对策题和文章写作题。

五、申论的解题过程

申论的解题过程包括阅读资料、概括主题、提出对策、进行论证四个主要环节。

（一）阅读资料是申论考试最基础的环节

这个环节虽然不能用文字直接在答卷上反映出来，却是完成其他三个环节的前提条件，而且在时序上位于首要，不容滞后。

（二）概括主题是一个重要的承上启下的环节

一方面，概括主题是对前面阅读资料环节的一个小结；另一方面，又是立论和论证的基础，有利于提出的对策或方案以及论证过程更具有可行性和针对性。

（三）提出对策是申论考试的关键环节

这个环节重点考查答题者的思维开阔程度、探索创新意识、应变和解决问题的能力。

（四）进行论证是申论考试最后一个环节

在一定意义上，这一环节才算是申论作答的真正开始。它要求应试者充分利用给定资料，切中主要问题，全面阐明、论证自己对给定资料所反映的主要问题的基本看法以及解决问题的方案。

第二节　归纳概括题的写作

归纳概括题是申论考试中的必考题型，考查的是考生对于所给材料的理解能力，一般会从具体问题、具体现象、产生原因、具体影响、有关措施等五个方面要求归纳概括。

一、归纳概括题的特点

归纳概括题的特点包括四方面。

（一）内容全面

所谓内容全面，就是要对给定资料的整体内容进行必要的加工处理之后，根据题目要求，进行完整系统的概略表述。

（二）观点明确

所谓观点明确，就是要对申论试卷给定的零乱复杂的资料进行有效梳理，在杂乱、无序或长或短的资料中把主要观点找到并表述出来。

（三）条理清楚

所谓条理清楚，就是考查答题者能否把纷乱的资料进行有层次、有条理的解读，并表述成简明的文字，呈现出资料的主要内容或重要问题。条理清楚是归纳概括题最重要的特点。

（四）语言流畅

流畅是语言文字表达的基础，语言文字越流畅，归纳概括所表达出来的内容就越清楚，越令人满意。

二、归纳概括题的类型

考察历年的申论试题，归纳概括题包括概括单一要素和概括多个要素两类，二者都可再细分为四类题型。

（一）概括单一要素

1. 概括问题类

一般要求就相关资料中的主要问题进行概括。

2. 概括原因类

一般要求就相关资料中某一现象发生的原因进行概括。

3. 概括做法类

一般要求就相关资料中措施类的要点进行概括。

4. 概括影响类

一般要求对相关资料中关于成效或者危害等社会影响的内容进行概括。

除了以上四大类，单一要素的归纳概括题还会涉及就相关资料中提供的素材对人物的优秀品质进行概括、列举推选代表的理由、陈述一些产品具有的功能等等。

（二）概括多个要素

1. 概括多个并列要素

一般要求概括的要素有两个或两个以上，而且各要素之间属于并列关系。

2. 归纳概括变化

一般要求就材料中某一事件发生或某一时间前后发生的改变进行概括。

3. 拟制标题/小标题

要求为提供的一则材料拟制标题或小标题，或者为几则资料拟写标题。

4. 语句填充

一般要求对给定资料横线处的空格进行填充，使其成为完整的句子。

三、归纳概括题的写作

申论归纳概括题一般分为厘清题意、筛选材料、定位关键词、提炼关键词、信息分类、规范书写六个基本步骤。

（一）厘清题意

厘清题意即仔细审题，包括题干认知和要求认知两部分。题干认知即抓住题目中的重点词汇；要求认知即根据题干中的要求进行对应的写作。

（二）筛选材料

筛选材料包括寻找直接材料和间接材料，筛选直接材料即找出与题干要求中的要素有直接、明确的联系，并且信息量很集中的材料；筛选间接材料是在直接材料提供信息量不够的情况下，在大量的材料中进行相关标注。

（三）定位关键词

确定与题目相关的材料后，需要结合题干要求，对材料作进一步分析，主要是选择合适的关键词。

（四）提炼关键词

有的材料中虽有与题干要求相关的内容支撑，但表述中并没有可以直接采用的关键词，就需要根据材料进一步提炼关键词。

(五) 信息分类

前面四个步骤都属于概括范畴,第五个步骤即信息分类则属于归纳范畴。

(六) 规范书写

归纳概括题的作答一般采用总分式或者直接分项表述,以分条的形式罗列。注意字迹清晰,力求美观大方。

【例文1】 概括问题 2019·吉林·甲级·第一题

【作答要求】

根据给定资料2、3,概括出我国民间智库发展过程中面临的困难。(20分)

要求:内容全面,语言准确,条理清晰,不超过200字。

【给定资料】

2. 地方智库是指省级以下行政区内设立的各类型智库,是中国特色新型智库的重要组成部分,是地方经济社会发展的重要外脑。我国的地方智库分为五类:一是各级党委政府研究室以及政府部门内部研究机构;二是社科院、党校行政学院等社会科学研究机构;三是高等院校内设研究机构;四是企业内的战略研究室(部);五是民间智库。与前四类的官方和半官方智库不同,民间智库是主要由民间出资组织并且体现民间声音或者政策诉求的公共政策研究组织。

中国目前约有2 500个智库,大都具有官方或半官方背景,民间智库所占比例不到5%。官方和半官方智库由于拥有政府资源的优势,短期内依然是决策咨询的主要力量。一位民间智库负责人表示,尽管他们的工作效率及收费较其他一些非民间智库具有极大的优势,但政府部门和各企事业单位一旦有相关的业务需要,首选仍然是官方和半官方智库。一般社会大众,包括民间企业,都习惯性地认为官方智库更具权威性。例如,长期为中国决策层提供政策和咨询的中国十大著名"智库"全部都是官方或半官方机构,却没有真正的民间智库。

一位法学专家谈到民间智库时认为,由于政策环境和法律制度的不完善,民间智库也面临着注册困难。一些非民间智库还会利用自己官方或半官方背景,对其他民间智库进行排挤,从而垄断了有限的市场。

3. "一名优秀人才想落户北京,官方智库可以解决,而民间智库就不一定有这个能力,它在吸引人才方面就丧失了很大的优势。"在某民间智库研究中心谢主任眼中,优秀的智库人才并不缺乏,但他们很多都选择了"金饭碗""铁饭碗"。她的一名学生曾供职于北京的一家民间智库。"这个学生经常给我打电话,问得最多的一个问题就是,他所写的这些报告有什么意义。"谢主任说,"这个学生研究的方向和对象都较具创新性,但很多时候报告只能发表在本智库的网站上。民间智库是需要生产出知识产品的,但这些产品通过哪些途径发表,发表出来谁来关注,又会引起怎样的反响,仅凭民间智库的力量,尚不能及。这名学生已经辞职,他希望能让自己的智慧体现出相应的价值。"

据统计,目前我国民间智库真正能够做到有效盈利的不足7%。一位长期关注民间智库发展的学者认为,目前民间智库的运营方式和商业模式是其生存的最主要问题,如果单纯以传统的智库方式来运作，显然是行不通的。“美国目前有多家经营很好的民间智库，它们都有非常新颖的课题和盈利模式，中国民间智库应该取经。”深圳某综合开发研究院就以咨政研究为主，兼顾社会服务，在数十年间的建设中形成了“以咨询收入支撑智库发展”的特色模式。其实民间智库未来发展的空间非常广阔，民间智库可考虑拓展业务范围，例如，从事电视节目收视率的调查、收视习惯分析研究、给企业和电视台提供完备的广告投放及营销企划服务等。此外，民间智库还要具有国际视野。

【例文 2】 概括原因 2019·吉林·乙级·第一题

【作答要求】

根据给定资料 2、3，概括目前人们处于“闲不下来、难得休息”状态的主要原因。(20 分)

要求：内容全面，语言准确，条理清晰，不超过 200 字。

【给定资料】

2. 李某是一名街道工作人员。几周前，他被调进当地的社区环境整治工作组，此后近一个月里，李某几乎没休过周末。“我们管辖的社区涉及搬迁的居民有 180 余户，我和同事一起，负责与 12 户协商谈判。”由于大多数搬迁居民白天上班，还有些在外地，所以除了完成白天的日常工作外，晚上和周末加班也成了李某的工作常态。上周日，他早上 9 点上班，忙活到夜里 10 点，才说通了 3 户人家，午间没歇，晚饭也没吃。

遇到突发情况，一些基层公务员更是要放弃休息，轮流加班。小金是某镇政府的公务员，平时负责社保、公积金、小额贷款和劳动监察工作，“我本来打算休假去西藏旅行，但最近是防汛期，大家都在单位备勤。基层人手少、事情杂，加班其实很常见，比如这次防汛值班轮到我了，就算我有假期，也要舍下，服从工作安排”。

王某是某高校团委书记，由于家离学校较远，她来回一趟就要花去 3 个小时。除了日常填表、会务、报账等工作，她还带着几个学生文艺团体。训练和演出期间常常忙到很晚，有时参加聚会，也要通过手机处理单位的事。王某说，没完没了地加班，让她觉得休闲时间被严重压缩，身心一直紧绷着。“我也想向单位提出不加班，但开不了口，因为身边许多同事都这样工作，自己又凭什么搞特殊呢?”

3. 吴恺是中关村智造大街的创业者。“我给自己当老板，但还是闲不下来。”他创办的公司刚成立不久，虽然每天规划工作 10 小时，但实际上他每周至少有 3 天都在加班。

白天四处跑合作、谈融资，晚上还要看公司的各种材料。“谁都需要休息，可是不拼一把，公司怎么壮大?”吴恺说。

午夜 12 点，在某风投机构任投资经理的小颜结束一天的工作，走出写字楼。“很忙！已经半年没去过电影院了。”他所在的公司没有明确的上下班时间，有时候项目逼得紧，白天忙完晚上接着干。小颜的休息时间虽然很少，但他也会尽量抽出 1 小时跑步。“倒不是为了休息，而是为了调整工作状态。”小颜苦笑着说。

在某房产中介工作的小李和妻子都是独生子女。夫妻俩有一双儿女，大儿子正在上幼儿园，刚出生 3 个月的小女儿由他妻子全职在家照料。小李每天下班回来就是在家带两个孩子。他每晚都要陪儿子讲故事、看动画、写作业，给他洗澡。小李笑着说：“其实自己心里挺乐意，既能跟儿子亲近，也能分担妻子带两个孩子的压力。周末还要去看双方父母，完全没有了自己的闲暇时间。”

费小红40岁，在某高校一栋宿舍楼做保洁员，她与另一名同事每天要打扫6层楼。由于劳动量大，她基本上没有午休，实在累得不行，就在楼道里将就着歇半小时。“我不想被扣工资，只能坚持清扫完。老实说，带薪休假这些福利离我很远，应聘保洁员那会儿，也不清楚有啥休假权，单位也没有跟我们讲。”

何立是某物流公司的快递小哥。“对我们这些人的带薪假、探亲假等，法律没有明确规定，我也不指望。”何立说，“这里包吃包住，我不干马上就有别人来干。”

某大学休闲经济研究中心王主任认为，中国经济处于中高速增长阶段，人们的工作量大、上班繁忙、休闲时间被挤压是普遍现象，处于“闲不下来、难得休息”的状态。

【例文3】 概括做法　2020·国家·省级·第一题

【作答要求】

根据“给定资料1”，请你概括L省在人才的政治引领方面的主要举措。（10分）

要求：全面、准确、有条理。不超过200字。

【给定资料】

1. 在中国特色社会主义进入新时代、决胜全面建成小康社会、开启现代化新征程的大背景下，把各方面优秀人才团结凝聚到党和国家的事业中来，显得比以往任何时候都更加重要和紧迫。习近平总书记明确要求“在知识分子和广大人才中大力弘扬爱国奉献精神，激励他们的爱国之情、报国之志。要加强对人才的政治引领，做好各类人才教育培训、国情研修等工作，增强他们的政治认同感和向心力，实现增人数和得人心有机统一”。

L省是经济大省、人才大省、开放大省，遇到的矛盾问题更早更多。面对一系列难题，L省以习近平新时代中国特色社会主义思想和习近平总书记关于人才工作重要论述为指导，紧紧围绕“实现增人数和得人心有机统一”的总目标，探索出了一条对人才的政治引领实效化的新路径。

L省始终坚持党管人才这一根本原则，着力构建权责明确、务实管用的组织架构。坚持一把手抓、抓一把手，省委书记批示要求“认真落实党的知识分子政策，加强政治引领”，各级党委（党组）都把加强对人才的政治引领作为“书记项目”。2018年，L省调整了机构布局，进一步整合了人才工作的相关力量，明确了对人才的政治引领职能职责。

L省把习近平总书记关于人才工作重要论述作为人才培训的第一课，引导广大人才同党中央保持高度一致。通过实施“爱国、奋斗、奉献”精神教育三年行动计划，引导广大人才树牢“四个意识”、坚定“四个自信”、做到“两个维护”；通过常态化组织人才赴井冈山、遵义等红色教育基地学习，广大人才在切身感受中提高对世情国情党情的认识，坚定理想信念。

此外，全省集中举办高层次人才“爱国、奋斗、奉献”精神主题学习会，邀请省委讲师团专家作报告。学习会上，为高层次人才颁发证书、授予奖牌，增强其荣誉感和成就感。会后，制作主题学习会视频，放大典型示范效应。同时，开展“身边的梯样——知识分子群像群塑”活动，分层分级分类别，评选出一批可看可知、可比可学的先进典型，通过榜样的力量感召广大人才投身全省建设。

L省积极响应“一带一路”、脱贫攻坚等国家战略和重点工作，动员人才开展对口帮扶、对口支援。仅2018年，全省就选派各类人才3109名到对口帮扶地区服务锻炼，并依托博士服务团计划，选派经济金融、医疗卫生等领域博士教授16批140余人次，到西部地区和革命老区援助帮扶，让人才在祖国最需要的地方绽放青春、追逐梦想。

感情亲近，思想才能贴近。L省建立健全专家联系制度，各级班子成员、部门党委（党组）书记分别结对联系一批专家教授、名医大师、技术骨干，形成横向到边、纵向到底的工作机制。各级党组织坚持“四必访两必到”，在重要节日、专家取得重大成就时、逢十生日、罹患重大疾病时领导干部必访，逢年过节、逢有喜事时问候祝福短信必到。注重“关键小事”，以周到贴心的服务把专家人才紧密团结凝聚起来。

【例文4】　概括影响　2019·山东·A类·第一题

【作答要求】

根据“给定资料1”，概括《电子商务法》带来的影响。（15分）

要求：全面、准确、有条理，不超过250字。

【给定资料】

1.《电子商务法》的立法过程可能是四十年来中国法律界最为艰难的一次博弈。从提出到最终定稿，经历了五年光阴，四轮审核。2018年8月16日举行的电商四审稿前立法征求意见会议上，与腾讯、网易、京东等企业仅派出研究人员参加不同，阿里的表态非常暧昧，阿里巴巴董事局主席马云亲自到场发言。“电商法立法并不成熟。”他觉得电商法应该具有国际性、前瞻性，应当“能够增添促进电商发展的内容”。言下之意，电商法不应该成为电商的紧箍咒。

学界也有反对意见，有法学教授指出，现有的法律资源已经足以抑制电商中的恶意行为，《电子商务法》的出台会造成执法、司法的混乱重叠，增加管理成本，对电商本身也有阻碍作用。

此次公布的电商法，最大的焦点在于电商平台的经营者须取得营业执照。不论是淘宝上挂有皇冠钻石标志的大网店，还是朋友圈里的小代购，目前它们都有了一个共同的名字：电子商务经营者。

对于小卖家而言，取得营业执照增加了成本。以前只用在网上上传几张照片、证件，填写几个表格的事情，现在须办好营业执照才能经营，否则甚至无法通过平台的注册审核。

电商法将营业执照明文规定在法律中并不难理解，这也是部分平台目前的做法。在淘宝店铺中，店主的违规多了，流量和推荐就会变少，活动参与权限就降低。通过提高门槛的方式强化监管，可能会导致暂时的商家用户减少，一定程度上增加现有店铺的行政成本负担。但监管的方式向着“合法者有红利”转变后，跃过监管门槛的商家可以共享小微经营者离场之后的利润空间。

但从另一个侧面看，电商法对于已经完成流量和粉丝积累的大型卖家和网红卖家也是个利好。在互联网行业的审核机制下，任何准入标准的微小提高，都会导致大量的无法满足标准的玩家出局，但是总的流量几乎很少变化。如此一来，流量和粉丝就会逐渐汇聚到依法合规的经营者那里，进一步造成电商领域的“穷者越穷、富者越富”的局面。这就是电商领域的二八定律和赢者通吃逻辑。

对电商要怎么收税？这是继营业执照后最受人们关注的议题。电子商务经营者们担心税收加大自己的经营成本，吃瓜群众则担心以后买买买是不是要加税。

其实不必如此担心，所有的命运早已标明了价格，就算没有《电子商务法》，税务部门照样有《税法》包揽一切，所有的电商卖家也都应当缴纳企业所得税、营业税等一切税款。另外，就算是国家真的以征税为目的要求平台共享数据，现行税法规定的共享数据系统也完全够用。

金税三期系统，将全面打通个人身份证＋银行账号＋公司，一个重要的变化就是，以后收税不会按照开票多少，而是按照流水多少来执行。

可能有人会问，税务局怎么会知道我的流水？这么想就太幼稚了，只要是通过银行系统的打款，都会留有记录，除非你是用现金交易，否则税务部门想查你的账，实在太简单了。

但目前电商法对于税收的部分只有原则性的规定，没有明确的要求。这可以理解成有一个缓冲期。

《电子商务法》在税法之外，又重新规定了工商登记和平台数据共享这两项义务，工商登记解决了征收对象问题，数据共享解决了征收手段问题。只要一声令下，电子商务这块庞大的税基就将成为支撑起财政收入的一大发力点。

从淘宝到拼多多，以打击“山寨”为中心的反侵权和知识产权保护的战争就没有停止过。之前的《侵权责任法》对电商领域的知识产权保护早有规定，实际上是有法可依的。但从新出台的电商法来看，知识产权的侵权案例中权利人的权利和《侵权责任法》中的规定相差无几，但是被投诉人的权利明显增多了。

其一，侵权责任投诉的门槛高了。《电子商务法》明确了投诉人的举证义务，在《侵权责任法》的基础上，要求投诉者须自证受害，“通知应当包括构成侵权的初步证据”。

其二，恶意通知必将减少。之前的《侵权责任法》对于恶意通知的法律后果并没有明确。虽然《反不正当竞争法》也适用恶意投诉的行为，但也不是明确的规定。如今《电子商务法》更是明确了“恶意”情形下要“加倍赔偿”的规定。这也给了那些职业差评师一个鲜明的警告：认定恶意通知，流程越来越简单，后果越来越严重了。

其三，被投诉人有了对投诉信息的知情权。《电子商务法》明确规定，“电子商务平台经营者接到通知后，应当及时采取必要措施，并将该通知转送平台内经营者”。如果淘宝网今后依法执行的话，那么卖家们想要知道投诉人的投诉信息，就是一个完全合法的行为。

代购还能活得下去吗？代购可以分成两种：一种是单打独斗的“人肉代购”，一种是成规模的跨境电商，如淘宝、京东等平台的大型代购店和电商平台自营的海外代购。在《电子商务法》的跨境电商新规之下，两者所承担的监管成本相差悬殊。

以跨境电商领域的消费主力化妆品来看，由于监管对实体店产品备案的抽查更为严格，不少进口产品的上架周期往往要大大高于电商。在《电子商务法》出台之前，跨境电商不仅有价格优势，还能避免因为监管带来的产品上架门槛。如今，不论是电商还是实体店，在进口化妆品的售卖中都站在了同一起跑线。

根据化妆品财经媒体《化妆品财经在线》的消息，某化妆品跨境电商高管透露，不少自营电商的进口商品几乎没有备案，特别是一些需要特证的产品。“如美白、防晒类产品在国外是不需要特证的，而中国市场的备案时长往往需要 8 个月到 1 年。如果按照《电子商务法》

的规定,此类产品未来在电商平台也一律不允许被销售。”

这无异于给了大型化妆品代购店和化妆品自营电商一记暴击。无数的盈利机会,将在8个月到1年的漫漫审批等待的过程中溜走。

【例文5】 概括其他要素·人物优秀品质 2018·江苏·A类·第一题

【作答要求】

“给定资料3—5”列举的工作生活中的事例体现了心系他人的一些优良品质,请分别概括这些优良品质的具体表现。(15分)

要求:紧扣给定资料,准确全面,条理清楚。篇幅不超过200字。

【给定资料】

3.“老百姓打官司不容易,不能让他们寒心。”这是崔法官经常说的一句话。崔法官是K县人民法院的一名老法官,20年来,经他审结的千余起案件,无一件错案,无一件被投诉,无一件引发信访。

“他对案子总是一丝不苟,办案严谨、细心,坚守底线。”庭长告诉记者,崔法官办案从来不怕得罪人。有一次,崔法官的一位熟人找到他软磨硬泡,希望能够为其挪用公款的亲友减轻处罚,但崔法官严词拒绝:“对他的放纵就是我的失职。”在老家,不少人知道他是法官,权力不小,常想找他走后门,但都被崔法官拒绝了。

2017年9月,法院受理了一起棘手的赡养案件,梁老伯的4个子女拒绝履行赡养义务,庭长将这个案件交给崔法官。崔法官接案后,一夜没睡好,第二天就找来梁老伯的4个子女,对他们晓之以理、动之以情:“有一首叫《父亲》的歌这样唱道,‘人说养儿能防老’。子女小的时候,父母省吃俭用,对子女无微不至地关心,时刻担心他们吃不好、穿不暖,盼望着他们快快长大,成家立业。父母老了,生活不能自理了,按法律、论民俗、讲伦理,子女都应当赡养老人。”经过多次入情入理的调解,一直互相推诿的几个子女都愿意履行赡养义务。

曾经有一桩案件,被告威胁崔法官:“要是敢这么判,就有人放你的血,让你横着出去!”面对被告纠集的黑恶势力,崔法官毫不畏惧,“我当时也没多想,就觉得这个案子必须这样判,否则对不起庄严的国徽”。他连续工作多日,成功地解决了这起案件。事后,原告诚心诚意地送去了“为民解难,尽心尽责”的锦旗,并且表示,自己会以崔法官为榜样,尽其所能去温暖身边的人。

4. 2017年12月,52岁的某贫困县县委书记老吕,突发心脏病,倒在了工作岗位上。

吕书记生前结对帮扶的贫困户老肖,听到这个消息,眼泪流了下来:“简直不敢相信,吕书记好好的一个人,怎么突然就没了!”家住该县D村的老肖,原来生活异常贫困。2015年7月,吕书记走访贫困户时,看到他家徒四壁,便问他:“你有什么手艺吗?”老肖回答:“我会电焊,但没钱买设备。”“只要你勤快,愿意做,钱我可以帮你想办法。你马上列出所需设备的清单,我回县城就给你买,再帮你到路边租间门面。”吕书记随后为老肖购置电焊设备,帮他在街上租了一间门面房,老肖就开起了电焊铺。如今,老肖的日子一天天好了起来,一家人其乐融融。

吕书记平时不太爱说话,可跟群众在一起时,他的话匣子就打开了。在路上碰到乡亲,不管认识与否,他常常停下来,和他们拉拉家常。“吕书记真是个好领导,大家都愿意跟他说掏心窝子的话。他生前给我那么多指导和关心，现在他走了，我永远都不会忘记他……”说着说着，L村种草养羊带头人刘大姐再也控制不住自己的泪水。

铁汉也有柔情。吕书记很恋家，总说家里的饭菜最香，即使是剩饭，吃起来也津津有味。他的女儿收拾父亲遗物的那天晚上，到了22点50分，吕书记手机的闹钟响了起来，那是他女儿中学时代下晚自习回到寝室的时间。“爸爸每晚这个时候都会打来电话，从不间断，至今已6年。”在女儿心里，父亲永远令她骄傲，“爸爸虽然很忙，但总是尽量抽时间陪我。他常教导我要树立正确的人生观，让我多读书，还经常向我推荐好书。”

最近，网上一则新闻引人关注。记者在H省某地进行扶贫调研时发现，当地挂在村委会和贫困户家中的“扶贫公示牌”上，除了帮扶责任人姓名、单位、电话及他们的证件照外，还印有贫困户的基本信息。对这样的“公示牌”，一些困难群众表示，公示信息无所顾忌，这等于是“示众”，让人臊得慌、羞得很。对此，推行这项措施的有关负责人解释说：“将被帮扶人员的姓名、照片、电话、致贫原因，以及帮扶人员的帮扶措施印制在公示牌上，公开悬挂，是我们实施精准扶贫的创新举措。这样做，方便了贫困户与结对帮扶党员干部的精准联系，进一步夯实了扶贫责任，推进了扶贫工作进度。”有关职能部门也做出了回应：“公示牌挂出之后，极大地方便了贫困户，让他们在碰到问题和困难时，能快速、简便地联系上帮扶干部。”

网友“大龙”认为，公开贫困户信息，让他们“示众”、上媒体的做法，整得“地球人都知道”，使被帮扶或慰问的群众有“被温暖”的感觉，这让他们情何以堪？

5. 退休职工李阿姨曾是一名“干燥综合征”患者，多年来被口眼干燥、全身乏力、低热等病症困扰，痛苦不堪，家人为此担心不已，女儿小张更是揪心。幸运的是，李阿姨遇到了一位天使般的守护神——W市第一人民医院皮肤科主任刘医生。刘医生担任她的主治医生不久就和她互加了微信，粗略估算，在650天的治疗时间里，两人有5 000多条微信互动，有问询、有指导、有安慰。李阿姨早已把刘医生当成了朋友和家人。“这两年，要是没有刘医生，我都不知道怎么过。”她红着眼睛告诉记者。

回忆起去年2月的那天，李阿姨至今仍心有余悸：深夜11点，她正要睡觉时突发胸痛，好像被点了穴一样无法动弹，“那一刻，我害怕极了”。疼痛劲一过，她立即抓起手机，给刘医生发微信：“刘医生，我刚才突然胸痛得厉害，疼痛从前胸一直游走到了后背，人像被冰冻了一样。大概30秒钟的样子，现在已经缓解了。这是怎么回事？”刘医生立即回复：“我知道了，你别慌，深呼吸，吸气——呼气——吸气，慢慢让自己平静下来。”李阿姨又问：“不会是心脏病吧？”刘医生回答：“引起胸痛最常见的心绞痛或心梗，不会在短短30秒的时间内就缓解，疼痛时也不会出现冰冻感，更不会在全身游走，况且前不久的检查已经排除了你的心脏病史。干燥综合征影响体内激素引起的过敏性反应的可能性更大。你再观察一下，如果继续出现疼痛，马上去就近的医院；如果没有，你明天来医院，我给你配点药。”刘医生的一席话就像一颗定心丸，让李阿姨安了心。李阿姨放下手机，时间早已过了零点。

李阿姨告诉记者：“刘医生建立的病友微信群里有300多人呢，我只是其中的一个。他们和我一样，在这个微信群中得到了很多指导和帮助，感受到了刘医生的医者仁心。”李阿姨说，她总想送点礼物，向刘医生表达感激之情，可刘医生从未接受，“你们健康了，就是给我的最好的礼物”。如今，李阿姨的病已经痊愈，因为生病变得性格孤僻、见人都不愿打招呼的她恢复了原先的开朗，常跟姐妹们一起去唱歌、旅游。

【例文6】 概括多个要素 2018·国家·省级·第一题

【作答要求】

根据给定资料1,对调研组的调研材料,从成绩、问题和建议三方面进行概述。(15分)

要求:(1) 准确、全面;(2) 恰当提炼,条理清晰;(3) 不超过350字。

【给定资料】

1. N市为推动"中国制造2025"试点示范城市在本地落地实施,组成调研组对本市制造业情况进行了调研。下面是调研所形成的材料:

我市已经基本形成了比较完备的智能制造政策框架体系,智能制造试点示范工作稳步推进,智能制造创新平台和核心技术突破初见成效,龙头企业智能化转型和区域集聚加快形成,以工业机器人为引领的智能制造装备产业发展驶入"快车道"。可以说,在以智能制造为重心的方略下,智能经济之"核"初步形成。但仍面临问题和不足:智能制造的基础有待夯实,物联网、云计算和大数据等基础性关键环境要素的建设滞后于智能制造发展需求。其中,智能制造装备缺"核"少"芯"问题最为突出,核心控制技术依赖进口,工业机器人等智能制造核心产业研发投入大部分仍处于实验室阶段。这导致了我市智能经济发展过程中存在着示范引领有待加强、智能制造标准指数缺位、国际技术合作服务乏力等诸多亟待解决的难题。

"要推进强基工程,打通智能制造承载能力的'卡口'。"调研组建议,要瞄准关键基础材料、核心基础零部件、先进基础工艺和产业技术基础的"四基"短板,着力在新材料、智能装备、新一代信息技术等重点领域的"四基"工程化、产业化生产和应用上取得突破;要通过培育一批行业细分领域的"工匠型"企业,积极采用新技术、新工艺、新设备、新材料,促进"产品"向"精品"转变,并积极参与行业标准制订,形成一批能够代表"N市智造"、引领国内产业发展的技术标准。

传统产业是我市目前经济发展的主要支柱,占全市规模以上工业总产值的比重超过70%,是我市经济整体转型升级的主战场,更是智能制造推广应用的大市场。

调研中发现,在东南亚国家低成本吸引力和发达国家制造业回归双面夹击下,我市传统产业渴望通过智能化改造提升生产效率、产品品质、增强盈利能力的内生需求十分强烈。市委市政府也适时地把传统产业智能化改造列为建设"中国制造2025"试点示范城市的主要任务;建立了N市智能制造产业研究院,在全国率先成立智能制造协会。具有示范意义的项目也在不断涌现。传统产业智能化改造的动力很强、基础扎实。

但数据显示:全市7 300多家规模以上工业企业中实施智能化改造的比例不到30%,部分中小企业尚未开展智能化改造。调研组认为,对于实施智能化改造,传统产业的绝大多数企业主存在不懂、不敢、不愿三种态度,主体意识并不强。同时,智能化改造的核心技术发展滞后、系统集成供给不足、人才和网络基础设施支撑有待加强等问题,也延缓了传统产业智能化改造的步伐。

推进传统产业进行智能化改造,就要引导创新协同,构建最大限度发挥大中小微企业、产学研用各方优势的协同创新创业共同体,集中攻克一批以软硬件一体化为主要特征、带动性强的智能装备,自主培育扶持一批具有很强市场竞争力的系统集成、装备研制、软件开发与智能制造新模式应用等领域的智能装备骨干企业。要开展试点示范,在化工、汽车、纺织、家电、机械制造等重点行业中开展智能化改造示范应用，培育一批“专精特新”的“工匠型”企业。

生产性服务业是智能制造发展的推动力，而我市在这方面发展相对滞后，其成了发展“瓶颈”之一。当前我市生产性服务业规模小、结构差等问题依然突出，主要表现在：制造企业普遍不能接受生产性服务外包这种模式，导致其发展迟缓；生产性服务业“轻软”，重视工艺技术服务而轻视管理、市场、人才服务；缺乏本土的全国性生产性服务企业；服务资源整合共享机制尚未建立。

要加快谋划新增关键生产性服务业集聚平台，如把电商经济创新园区建成“N市定制制造和定制电商生产性服务业集聚区”，整合现有制造业服务平台，建设“N市生产服务业综合对接平台”等。要大力推进企业内生产性服务建设，积极鼓励制造业企业成立生产性服务业公司，培育企业研究院和工程技术中心。要大力培育智能制造生产性服务龙头企业，重点引进和培育引领性智能制造系统集成服务商、全国性的制造工业设计服务商，建立生产性服务应用技术创新联盟。

第三节　提出对策题的写作

提出对策题是申论考试中的常见题型，主要考查答题者结合实际工作解决实际问题的能力。

一、提出对策题的特点

提出对策题的特点包括可行性、针对性和可操作性。

（一）可行性

可行性包括政治可行性、经济可行性、科技可行性、伦理可行性。

（二）针对性

针对性要求提出的对策能针对性地解决该问题，不讲虚话、套话。

（三）可操作性

可操作性包括两个步骤：首先，根据不同主体或层面存在的问题进行具体分析；其次，根据问题拟定具体对策，要求操作步骤和方法简明、清晰。

二、提出对策题的类型

提出对策题主要包括三类，直接对策类、间接对策类和自创对策类。

（一）直接对策类

直接对策类题目，顾名思义，即给定材料中直接谈及解决问题的对策、意见、思路、办法等，相当于直接给出了明显可用的答案要素。

（二）间接对策类

间接对策类题目，顾名思义，即材料中没有直接做法等相关信息供抄写作答，目前的间接对策类题基本可以分为三类：

一是针对原因找出对策；

二是依据问题反推对策；

三是利用经验、教训反推对策。

（三）自创对策类

自创对策类题目，即题干中的问题要素在材料中无法找到直接或者间接的对应线索，需要答题者根据自身的知识储备和实际生活、工作经验的积累合理发挥，得出答案要点。

三、提出对策题的写作

申论提出对策题的解题过程一般包括四个步骤：精准审题、全面找点、准确加工和规范书写。

（一）精准审题

提出对策题审题环节的重心是明确题干中的四个要素：作答任务是什么？作答身份是什么？作答问数有几个？作答要求有哪些？

（二）全面找点

全面找点即围绕以下四个方面寻找信息：① 梳理对策性关键词；② 根据问题推对策；③ 根据原因推对策；④ 根据经验教训推对策。

（三）准确加工

在实际作答中，第二点“全面找点”和第三点“准确加工”往往同时进行，即在找寻所有要点的同时进行归类梳理、逻辑排序，使对策更有条理。

（四）规范书写

提出对策题的作答一般采用总—分—总模式，前一个“总”一般指出针对什么问题，或者为了达到什么目的；“分”是对策陈述的主体，一般采用分条列项式陈述；后一个“总”属于对策的总结，也可省略。

【例文 1】　单一型对策题　2017 · 422 联考 · 四川 · 第二题

【作答要求】

假如你是某市文明办工作人员，给定资料 5—6 是你搜集的资料，请根据这些资料，就“如何弘扬优秀传统文化，发挥道德教化引导作用，滋养网络空间、修复网络生态”向领导提

出建议。(30 分)

要求:内容全面,紧扣资料;观点明确,有针对性;层次分明,条理清晰;不超过 500 字。

【给定资料】

5. 发挥中国传统文化在修复网络生态、建设网络伦理等方面的作用,首先需要正确的文化传播。中华优秀传统文化如何在互联网时代实现良好的传承、弘扬、发展、革新?

如何通过恢复和创新“诗书礼乐”国学教育体系,使网民对中国文化精神内化于心、外化于行?2016 年 5 月 14 日,中国文化网络传播首届高峰论坛在北京师范大学举行,专家就相关话题展开了讨论。

当下,国民的文化认同是国家安全的文化基础,国民的文明修养已成为中国现代化成功与否的瓶颈等话题已成为大众意识到的问题。“观乎人文以化成天下者,言圣人观察人文,则诗书礼乐之谓,当法此教而‘化成天下’也。”人文是什么?以文化人的“文”指的是什么?圣人观察人与社会的关系规律,选择诗书礼乐为教法,来改变天下人的行为习惯,向大同文明前进。“文”,乃诗书礼乐也。诗是谈吐的训练,书是文笔的锤炼,礼是举止的修炼,乐是性情的冶炼,健康完备地传播中国传统文化的内容在现代传播过程中显得尤其重要。

正因为传统文化在陶冶人心方面的重要性,在新的历史条件下,我们必须全面认识祖国传统文化,古为今用,推陈出新,积极开展优秀文化教育普及活动,发挥国民教育在文化传承创新中的基础性作用,从而为网络伦理的建设与规范奠定坚实的基础。因此,应该在各层次教育体系中增加国学课程内容,加强国学教育研究基地建设。我们在日常生活中也应该提倡尊孔读经,尊重圣人,尊重文化,尊重良心,尊重道德,博之以文,约之以礼。时时力戒,每日精进;改掉坏禀性,发掘善天性。只有持之以恒、精研细读,大众才能把国学作为一种生命价值和生活规约。也只有这样才能发挥传统文化在网络伦理建设中的作用。

在信息化社会,新兴的互联网技术重构了社会空间,文化生态、文艺生态发生巨大变化,传统文艺场域受到冲击,新型社会空间需要新的文艺场域形成。中国文联文艺资源中心副主任冉茂金认为,在这个信息社会大环境发展趋势之下,传统文化的现代传播要以传承为生、以创新为命。传统文化对现代化建设有着重要的积极意义,又能够丰富网络空间的内容建设和价值观建设。故宫、国博等单位的数字化工程,都是传统文化的现代化传播方式。每一代的文化都是包容开放的,有着很多的创新。传统文化要融入今天的工作形态和生活形态,影响网民的网络伦理,就需要文化单位利用大数据等数字化的技术手段,以互联网思维构建数字工作平台集群的文化信息化道路。

让中国书画艺术走遍世界的角落是中国画院的执行总监侯茜始终关心并一直在做的事情。她说,文化是传统的,但文化的传播方式是可以不传统的。她从四个方面来阐述自己的观点:用不传统的人推广传统的艺术;结合不传统的行业去推广传统的艺术;用不传统的语言去推广传统的艺术、用互联网的思维和语言去传播传统的艺术;在不传统的地方推广传统的艺术。对中国文化艺术的传播,侯茜不喜欢用刻板严肃的传统传播方式,而是希望通过活泼、开放的交流形式,把展示中国书画艺术做成很酷的事情。

6. 传统文化对网络伦理的滋养,还需要我们转换思维,发掘内容,创新形式,注意教化的方式与态度。

2016 年,一则关于“网络端午”的新闻吸引了大家的眼球。众所周知,端午节是中华民族的传统节日。每年的农历五月初五，人们通过包粽子、戴香包、挂菖蒲、赛龙舟等一系列传统习俗活动来纪念著名爱国诗人屈原，通过这与每个个体紧密关联的节日，可以激活历史传统、唤起文化记忆，塑造一个民族共同的心灵认同。但是，传统的节日不能只是变成商家促销的噱头，不能只是成为购物节、吃饭节、旅游节，也要适应现代生活需要，创新过节方式。

在这个信息化时代，把中国的网络文化融入传统节日里，能让传统更为时尚，感悟节日意义，凸显端午精神。比如，“网络中国节”活动，就是希望在今天重新挖掘和弘扬传统节日里的中国故事和中国精神，理解和传承节日所承载的那些价值理念和传统美德，让我们成为具有传统文化修养的当代中国人。

有评论认为，“互联网＋”时代，更要充分发挥中华优秀传统文化凝聚人心、滋养网络的积极作用，运用“互联网＋”思维，切实打造网络文化精品，探索中华传统文化网络传播的方法和途径，让中华传统文化精髓得到传承和创新，让中华传统文化的魅力熏陶网民，深度挖掘中华优秀传统文化中的民族精神与时代意义，让端午节所承载的爱国精神与高尚情操能更加现代化、人性化地与我们的生命发生紧密的联系，变成我们生活中不可或缺的精神要素，使传统的端午节融入新时代的网络文化要素，逐渐演变成为蕴含独特民族精神和丰富文化内涵的传统节日，成为人类非物质文化遗产宝库中的瑰宝。

2015 年 9 月，北大正式入选教育部“高校网络文化建设专项试点单位”。2015 年 11 月，教育部官网首页《战线联播》栏目以《北京大学自育育人推动网络思政教育》为题，对北大“网络育人”工作的理念创新和成果进展进行了专题报道。其中，网教办指导的学生社团“青年网络发展协会”通过微信公众号“北大新青年”，对人物和故事进行生动挖掘，在青年学生中传播正能量。比如，《从前慢》栏口通过邀请老教授讲述他们在前网络时代的读书体验、交流体会，触发大家对网络时代浅阅读的反思。2015 年选留青年研究中心工作的王志杰表示：“对青年学生的正面引导，要融入无形之中，刻意说教反而效果不好。”

无独有偶，北京市社会科学院文化研究所的黄仲山认为，在坚持传统文化优秀基因的基础上，站在网络受众的角度，应摆脱简单机械的灌输方式，努力培育有营养、有质感、有活力的文化传播形式。在网络中传播传统文化，传播者需要思考年轻人的口味，理解年轻人的思维方式和接受方式，避免利用网络空间进行简单的“文化晾晒”。我们要让优秀传统文化变成一股清泉，既清新活泼又滋润人心，而不是散发着浓浓的故纸堆气息。我们要认真研究网络受众的心理特征和兴趣点，找到灵活多样的传播方式，把“阳春白雪”的东西变得“喜闻乐见”。

事实上，也只有这样，才能让传统文化真正深入网民内心，才能让传统的道德文化潜移默化地成为网络伦理的重要规范。

【例文 2】　复合型对策题　2018 · 421 联考 · 贵州 · B 类 · 第二题

【作答要求】

根据给定资料 2，分析 2017 年网购节中农村电商“狂欢中夹杂着孤单”的原因，并为农村电商的发展提出合理的建议。（40 分）

要求：

（1）紧扣材料，内容全面；

(2) 语言准确简明，有条理；

(3) 字数不超过 450 字。

【给定资料】

2. 2017 年的网络购物节，是电商和网友们共同的狂欢。然而，在其中，农村电商却是狂欢中夹杂着孤单。据统计，2017 年购物节期间，农村实现网络零售额 846.08 亿元，其中购物节当天实现网络零售额 392.40 亿元，同比增长 66.53%，完全可以说得上“涨势喜人”。但同时，购物节期间，农村网络零售额在全国占比仅为 15.55%，比前三季度的该占比(17.14%)还低出了 1.59 个百分点，这显然与农村地区在集中品牌营销活动期间，与城市相比竞争力还有待提升有关；东部、中部和西部农村地区在销售额中的贡献率分别为 67%、18% 及 15%。农村电商，本来应该是一根网线串联城乡，本该工业品到乡村，农产品去城镇，形成“工业品下乡”“农产品进城”的双向物流。但令人遗憾的是，目前农村电商下行的工业品汹涌澎湃、高歌猛进，而上行的农产品却步履蹒跚、跌跌撞撞。农民们说，他们不懂网上销售、少人帮忙；网上卖农产品要打知名度，他们经济实力不够，烧不起钱。农产品大多是又占地方又重，走不起按重量计费的快递。要是用大宗物流，可能货还没到就变质变味了，这反而影响产品口碑，砸了招牌。

一位电商从业人员则抱怨，一些农户的土特农产品，看着确实不错，但是没有商标、没有产品质量证书、没有大型仓库，根本不能在网上商店推销。“农产品必须有身份证啊。”她总结道，“产品从哪来，是什么品种，用了什么肥料，长了多长时间，谁是生产者，这些清清楚楚的，我们才敢销售啊。”

农产品上行，目前正遭遇多重障碍，逐步破除这些障碍，需要有关部门认真研究、大力扶持，需要政府、电商企业来帮助，也需要农户积极创造条件。

到底什么样的农产品受欢迎、卖得起价钱呢？这首先还是得在量上做文章。现在，农产品供应可以说已经非常充足了，随着三口之家、两口之家，甚至以独居为主的家庭结构的逐渐固化，消费者对农产品的需求也越来越“小”。动不动买上两大袋面粉、几十棵大白菜的情景已经很难出现了。现在更有可能出现的是，“生菜买一棵，胡萝卜买一根”的新局面。因此，先进行分级分拣，经过包装后再出售的农产品更受青睐。而经过这样的精挑细选，真正优质的农产品也能获得更高的价值体现。

其次，农产品“颜值”要高。精美的外形包装能对品质优良的特色农产品起到锦上添花的作用。农产品的形状、颜色、味道，是消费者越来越看重的因素。高档超市、生鲜门店里卖的很多农产品，就是因为加了一层好看的包装，或者模样讨喜，价格就翻了几倍。

另外，农产品必须靠品质说话。现在，特产化对于农产品来说几乎就是优质化的代名词。居民生活水平提高了，对于食品的高品质和多样性需求日益旺盛。消费者对农产品区域性要求十分苛刻，产地稍不合适，品质、口感就会大打折扣。他们要求东西“从枝头鲜到舌头”，要吃得好，更要吃得健康，吃得安全，吃得新鲜。因此，绿色产品、无公害产品、有机产品以及各种功能性产品等的受众市场越来越大。

【例文3】 启示型对策题 2020·国家·省级·第二题

【作答要求】

“给定资料2”中，M农场的案例为新时代青年创业提供了哪些启示？（15分）

要求：分析全面，条理清晰。不超过300字。

【给定资料】

2. M农场成立于2015年，是一家将生态稻田和人工智能相结合的高新技术企业。

它所研制的“胚芽米”，是一种在稻谷加工过程中保留其胚芽部分的精制米，比普通大米含有更加丰富的B族维生素和微量元素。创始人小李的初衷就是希望越来越多的老百姓能吃到更有品质的大米。

创立之初，M农场就将人工智能引入水稻种植阶段。小李说：“传统农业，往往包含着最苦、最累、最费人工的劳作过程，我们希望通过高科技为传统农业增效。”他算了一笔“人工账”：以人工巡田、除草为例，传统农业中，高质量的巡田速度为每人每天50—80亩，一季稻田需巡田130天，每人每天人工除草1.5到2亩，一季稻田需除草3—4轮。小李表示，这样的方式费时费力，即便给每亩稻田提供1 000元人工费，也还是没有人愿意干。为了改变这一困境，M农场使用田间机器鸭代替人来巡田、除草，效率提高300%，成本降低50%。

此外，M农场还使用物联网技术及田间智能机器对生态水稻数据进行全方位监测和采集，由专家团队进行建模及大数据分析，进行人工智能海量数据训练，深度挖掘水稻生长全过程数据，进行图像识别，建立水稻最佳生长模型，实时生成稻田长势及病虫害的可视化智能管理界面，提供病虫害防治指导、作物保护方案，实现了生态农业无人化、智能化管理。

M农场在种植全过程中不使用任何化学农药、化肥、除草剂，而采用生物制剂、有机肥，以确保大米的食用安全和营养价值。以生态稻田为基础，M农场引入旅游、文化、艺术等多元化产业。小李说：“我们打造共享农场、田园综合体，吸引旅客来体验田园生活。我们还挖掘稻米文化，通过自然课堂为孩子们讲述‘一粒米的旅行’。农场美丽的田园景色，吸引着一批又一批的人来到这里摄影、绘画、写生。”如今，“稻田上的艺术节”“稻田上的自然课堂”“稻田上的露营节”，种种衍生产品，不一而足，给M农场带来更多的发展机遇。

小李表示，当下的农业，正逐步走出传统模式，已不再是单纯的第一产业。在M农场，“一产”实现种植标准化、人工智能化等有机生态种植，“二产”实现胚芽米、胚芽米食、乡村手工艺等与胚芽米生产有关的加工，“三产”实现休闲观光、户外活动、宜居养生、精品民宿、乡村艺术等稻田上的系列自然体验。M农场以生态水稻种植为基础，实现一、二、三产业高度融合发展，力图打造新型全产业链模式。

目前，M农场拥有60多位员工，平均年龄只有27岁，他们是农场培养的一批知识型、技术型“新型农民”，是创业生力军。M农场也成为青年人发展新型农业、改变乡村的青春舞台。“‘70后’怕种田，‘80后’不愿种田，‘90后’不提种田”是网友的调侃，也是部分事实。小李坦言，农业的形象一直是劳作辛苦而收入低，很难吸引年轻人，而一个没有年轻人加入的行业，是没有未来的。“让农民成为令人羡慕的职业”是M农场努力的目标之一。在M农场的示范和带动下，如今更多农民和返乡青年愿意扎根农村，做新型农民，发展新型农业。

今年年初，小李被评为省级杰出创业青年。颁奖礼上，小李说："乡村振兴，是农业强、农村美、农民富的全面实现。M农场是乡村振兴战略的实践者和受益者。新时代的创业者，一定要有社会担当，要做些对国家和社会发展有意义的事情。"

第四节　综合分析题的写作

综合分析题是申论考试的重难点题型，也是公务员考试中的常见题型，这类题的结构一般是归纳概括＋逻辑性梳理，较前两种题型具有一定的综合性。

一、综合分析题的特点

综合分析题的特点主要体现在三个方面：思想性、逻辑性和论证性。

（一）思想性强

公务员考试中的综合分析题非常强调对材料的深层次把握，考查答题者是否能够挖掘一些核心观念或者对某些思想能够达到比较深层次的认知。

（二）逻辑性强

近年来综合分析题在要点全面、准确的基础之上，特别突出了要点的逻辑性。

（三）论证性强

综合分析题经常要求用琐碎现实的给定资料，论证抽象深刻的话题。

二、综合分析题的类型

按照答题形式进行分类，综合分析题可分为：词句解释类、评论分析类、比较分析类、启示分析类。

（一）词句解释类

词句解释类题目包括词语解释题和句子理解题。

（二）评论分析类

评论分析类题目包括两种：一种是针对某一观点或现象进行评论；另一种是针对几种不同的观点或做法进行评论。

（三）比较分析类

比较分析类题目也可分为两类：一种是明确要求比较分析各种做法或看法的异同；另一类则没有明确要求比较异同，而是要求逐个分析。

(四) 启示分析类

启示分析类题目通常也有两种典型题:一是直接要求谈谈由某个/某些观点、事例或者资料引发的启示;另一种是要求对某种/某些现象或者做法进行归纳概括,再谈谈从中得到什么启示。

三、综合分析题的写作

综合分析题是申论中难度较高的一类题,以归纳概括为基础,主要考察答题者的分析理解能力和文字综合能力。具体而言,综合分析题的写作可分为四个基本操作步骤。

(一) 认真审题、抓住关键

综合分析题的审题环节可细分为六个方面,其中,作答对象、作答字数、作答问数、作答要求和其他题型的审题要求基本一致,只有判断题型和作答范围这两方面,具有一定的特殊性。

1. 判断题型

在申论各题中,并不会明确告知这道题属于什么类型,因此要通过一些关键词对题型作出判断。

2. 作答范围

综合分析题通常情况下会限定范围,有的只需在限定范围内集中寻找要点即可;有的试题范围比较宽,需要带着问题到全部材料中通篇寻找相关要点。

(二) 找准要点、找全要点

在给定范围的全部材料中找寻针对作答对象需要的要点,要通篇阅读,精准找点。可以按照提出观点是什么—为什么—怎么办的逻辑顺序来寻找相关要点。

(三) 分类梳理、逻辑表述

在找全、找准要点之后,如果要点排布与答题的逻辑顺序一致,在这个环节根据各类要点组织语言即可。如果要点比较零散,就需要对要点进行甄别、分类、排序,进行逻辑化表述。

(四) 书写工整,条理清晰

书写是申论各题型的最后一个步骤,要求基本一致。综合分析题的分析类型有解释性分析、评论型分析、比较型分析和启示型分析,可选择合适的分段方式,清晰明了地表述观点。

【例文 1】 词语解释题 2018·国家·省级·第四题

【作答要求】

根据给定资料 4,谈谈你对“想象力经济”的理解。(10 分)

要求：

(1) 准确、全面；(2) 不超过200字。

【给定资料】

4. 以下是专家意见摘录。

人类经过了农业时代、工业时代，进入了现在的互联网时代，接下来的时代应该是“想象力经济时代”。设计师将是那一个时代的主人。

2016年，一场以“创造不可能”为主题的全球创新设计大会走入了人们的视野。数十位设计大咖通过对时代痛点与未来发展趋势的解读与畅想，让我们第一次了解了“新物种”“爆款计划”以及“想象力经济”这些概念中隐含的巨大价值。中国领先的创新设计平台，则以“众创”的模式推动想象力向生产力转化，致力于用设计创造更多经济价值。

这里面所体现的“共享设计”的理念，激发了个人创造力的觉醒，并由此引领设计新风潮。这一全新理念，意在打造一个集企业、用户、设计师为一体的共享生态圈，同时将设计上升到了一个“众创”的维度，赋予每个参与者以创造者和受益者的双重身份，由此推动想象力的价值链实现最大化的延展。

让想象力产生价值乘数效应，这正是“众创”所希望的结果。共享价值的实现，激发了更多人加入共享设计生态圈。

设计师可以通过与用户进行交流汲取全新的创意灵感，与企业沟通将设计转变为惠及大众的创新产品。企业家也有机会向用户展现自身的创意产品，聆听他们的想象，进而洞察他们的需求，让具有创造力的设计师助力企业的产品创新，进而创造更大的商业价值。

当用户需求被设计师解读，并对产品进行重新创作，优秀的产品便产生了，这个产品再造并走向市场形成商业价值的过程，就是想象力经济的落地体现。想象力经济的本质正是将人的创新精神转化为商业价值的一个过程。

想象力是消费升级的原动力，消费升级反映了消费水平和发展趋势，让消费者为内心的归属感买单，其突破口在于找到消费者真正的欲求。

每个时代都会出现某种经典产品来推动社会的发展和变革，互联网时代的是手机、电脑等终端产品，智能时代的是智能机器人。智能机器人普及后，对人类来说，想象力将会成为下一个时代的主导，设计师将成为推动社会进步的重要力量。

互联网技术的进步使万物产生共联，共享经济的产生让社会资源得到优化配置。

个体创造力的连接与共享是想象力经济发挥价值的基础。个人创造力的觉醒、企业创新力的横空出世推动想象力成为未来经济发展的新驱动力。而创造力共享让每一个天马行空的创意设计变现，从而创造出更多颠覆时代的爆款产品，充分挖掘设计师个体的价值。

只要拥有想象力，敢于创新，就有可能迎来想象力经济的时代。

【例文2】 句子理解题 2019·420联考·湖北·通用卷·第一题

【作答要求】

“给定资料2”中提到“随着大数据时代的来临，信用成为每个人的‘第二张身份证’”，请你谈谈对这句话的理解。(15分)

要求：全面、准确、简明，有条理，不超过200字。

【给定资料】

2. 一年前，小陈从北京到杭州工作，在租房时，她惊喜地得知，她的信用记录良好，所以不用缴纳两倍于月租的租房押金。而北京的曹先生，却遇到一件让他颜面尽失的事情。他原准备在假期租辆宝马车和朋友外出自驾游玩，没想到却被租车公司拒绝。原来，曹先生欠款许久未还，被列入了“老赖”名单，导致他的信用不佳，被禁止租车。

2018 年 2 月起，到 E 市妇女儿童医疗中心就诊的患者发现，只要自己的信用度足够好，在医疗中心就可以“先诊疗后付费”，无须一次次在诊室、检查室和交费处之间奔波，大大节省了时间和精力。

信用骑车、信用住店、信用借书、公交车扫码乘车……这一幕一幕，都是真真切切正在我们身边发生的场景，告诉我们中国正在迈进信用社会。随着大数据时代的来临，信用成为每个人的“第二张身份证”。每个人、每个机构的信用度都可以被量化，曾经“看不见”“摸不到”的信用，正在逐步“变现”。

信用也提升了交易效率，为新经济提供支撑。对于废旧手机回收利用创业者向先生而言，信用就为他解决了“先收手机还是先付款”的难题。“先收手机，用户不放心。先付款，我们也怕损失。”向先生说，引入信用评分后，对高分用户优先付款，不仅订单量上浮一倍，也没有出现违约情况。

有了信用的助力，企业经营效率变得更高。目前，多家共享单车企业已实现信用免押金，大大方便了新用户开通使用。一些共享汽车、共享租衣企业也在研究信用梯度收费等模式，最大限度吸引用户。用户对信用的珍视也令人惊喜。以租车为例，引入信用分后，行业租金欠款率下降了 52%，违章罚款欠款率下降了 27%。

在网络高度发达的今天，资源的分布不再局限于有形市场，很多资源分布在网络上。

资金资源不再集中在类似于银行这种金融机构身上，而是通过互联网分散分布。一个人只要拥有足够的信用水平，在网络上就能够筹集到资金。所以，信用社会给予了人们一个公平发展的环境。“信用既是商业社会的内在原则，也创造价值和财富。”某研究员说，随着信用体系不断完善，每个人都能在社会中获得公平发展的机会，这将大大激发全社会创业创新热情。

在某信用机构负责人看来，10 年后，国内绝大多数城市都将成为信用城市。诚实守信的市民和商家，会享受到非常大的便利，政府的管理效率也将大大提高。信用体系的建立可以推动整个社会综合治理的发展。

在 S 市，26 万老人领取养老金不用亲自跑腿去现场，只需要在手机上进行一次信用认证。购房者提取公积金时也不需要准备一堆证明材料，柜台的人脸识别系统扫描后，他的相关信用信息迅速呈现……在促进政务精细化管理方面，“信用”正在发挥越来越重要的作用，有着高信用值的市民在通过实名认证之后，越来越多的政务服务都可以通过互联网进行办理，“刷脸”即可，无须到窗口排队。

凑一堆人就走的“中国式过马路”、不走寻常路玩“跨越”、开车煲电话粥、没事打开远光灯……这些交通违规行为带来安全隐患，给城市管理增加了困难。当前，有的城市把这些交通违规行为纳入个人信用记录，已经能实现这样的应用场景：一名过马路闯红灯的路人，被监控系统识别身份，达到一定次数将扣除相应信用分，降低信用等级，严重的甚至影响贷款。

这种做法背后的逻辑是，一个不尊重交规的人，也可能做出不尊重其他公共规则的行为。个人信用信息就是对个人的一种人格勾勒。在一个公民素质发育成熟的社会，对公民的信用评估，往往是以公民在公共事务中的态度和做法为基本出发点的。信用既是一种道德品质，也是一种制度和规则。信用体系全面建立的意义不仅在于解决押金带来的纠纷，更在于塑造一个和谐的社会，换言之，使每个人都更规矩。

【例文3】 评论分析题 2018·江苏·B类·第二题

【作答要求】

请对"给定资料7"中执法部门对火车站广场晒谷一事的处理进行评析。（20分）

要求：全面准确，分析透彻，观点正确。篇幅250字左右。

【给定资料】

7. 2017年11月，J县新建的火车站广场成了晒谷场一事引发了热议。网民晒的图文中，宽敞的火车站广场见不到什么旅客，反而是铺散在广场上的大片大片的稻谷在太阳底下熠熠发光，特别引人注目。除了供旅客和行人通行的道路外，火车站广场成了金色的海洋，煞是一道风景。

有网友质疑，本应整洁的火车站广场，竟然成了稻谷晒场，令人难以置信。一直以来，火车站给人的感觉就是安检严格、管理规范，广场上别说晒粮食，就是摆个小摊也不行。

面对质疑，当地执法部门做出了回应。这种情况他们其实是了解的，一开始有农民来广场晒谷时，他们就已经指出了这一行为的不妥之处。现在出现的情形是经过允许的，他们考虑到了周边农民的现实需求，进行了充分论证，并采取了相应的管理措施。

该火车站位置较为偏僻，农忙时节旅客较少，晾晒稻谷一般情况下不会给旅客出行和公共安全造成影响。执法部门考虑到农民在秋收时节的确缺少晾晒场地的实际情况，认为通过引导，可以给农民一些方便。同时，执法部门对广场晒谷提出了一系列具体要求：留出旅客进出站通道和必要的活动空间，保证不影响旅客通行；除稻谷外不允许堆放其他物品，保证车站广场的整齐美观；晚上6点之前必须将谷物清理干净，保证场地卫生。对于一些旅客可能会产生的心理"隔应"，执法部门表示，会尽力在当地农民与旅客之间寻找平衡点。

但是，火车站相关负责人却表示，执法部门事先没有与他们进行沟通和协调，他们对允许农民在车站广场晒谷的事情并不知情，车站管理人员常因此事跟农民发生争执。

【例文4】 比较分析题 2019·江苏·A类·第二题

【作答要求】

给定资料3中的"粉丝文化"引起热议，请对网友的不同观点进行评析。（15分）

要求：观点正确，分析透彻。篇幅250字左右。

【给定资料】

3. 咪蒙是自媒体的一个"奇葩"。2015年年初，马某在自己的公众号"咪蒙"上，发表了一篇后来被称为"始祖级"的爆款网文《致贱人：我凭什么要帮你?》，这篇网文让咪蒙一炮而红，火遍了整个中国互联网。《致贱人：我凭什么要帮你?》的火爆，在网民之间引发了一场声势浩大、针锋相对的论战。一派网民狂热地崇拜咪蒙，认为咪蒙的文章读来痛快，说出了他们平时想说又说不出来的心里话；另一派网民却认为，咪蒙的文章用词粗鄙，戾气有余而理性不足，这样的文章走红是中国互联网的耻辱。这个效果正是咪蒙想要的，她的目标是粉丝和财富。其后，咪蒙每发表一篇新文章，都会为她赢得更多的粉丝和收益，同时也会为她招来更多的骂名。2019 年 1 月 29 日，咪蒙团队旗下公众号"才华有限青年"推出了一篇题为《一个出身寒门的状元之死》的文章，迅速火遍全网。此时，咪蒙系公众号已经坐拥 1 400 万粉丝。正是这篇套路化到了极致的"作品"，一举引爆了公众此前对咪蒙积蓄的所有不满，成了压垮咪蒙的最后一根稻草。2019 年 2 月 21 日，"今日头条"发布《头条号平台关于打击发布虚假内容、传播不良文化的公告》，"经用户举报和平台监测发现，部分账号存在发布虚假内容，传播污文化、丧文化，贩卖焦虑情绪、骗取流量的行为"，根据相关政策法规和平台规定，对"才华有限青年""咪蒙"等账号进行了封禁处理。随后，多个自媒体平台也陆续宣布，永久关闭"咪蒙""才华有限青年"账号。

咪蒙的每一篇文章都是为了吸引更多的粉丝。这个时代，粉丝的力量真不能小觑。在北京工作的刘小姐特别能体会这种心情，她曾为了徐熙媛(大 S)到底美不美的问题，与好朋友吵了一架，好几天才和好。"粉上一个人，就像是一种信仰，爱 ta，支持 ta，保护 ta，并以此为动力，不断前进。"打开微博，很多粉丝的 ID 都与偶像有着千丝万缕的联系："×××今天穿秋裤了没有?""我是×××家的大可爱。"也会有粉丝发弹幕"澄清"，表示"××伪粉不要在这里乱败路人缘"等。"正""反"双方狂刷流量偶像的行为都在宣示着粉丝的力量。

通过新鲜、新奇甚至出格的言行来吸引眼球是各路明星的惯常手法，但一不小心，有时也会事与愿违。轻则粉丝脱粉，人气大损；重则人设崩塌，声誉扫地。Z 演员是 2019 年春晚颇受观众欢迎的一位当红人气明星，也许是为了吸引更多的粉丝与人气，他晒出了自己北大某学院的博士后录取通知书，但随后又在直播中冒出了"知网是什么东西啊?"的发问。一个博士后竟然不知道知网？有网友随即搜索了他发表的文章与学位论文，他学术不端的问题开始暴露；再接着又有人搜索了他的导师，导师的资格受到质疑：再接着网友的搜索范围扩展到他的母校……一个吸粉的举动，一个傻傻的问题，推倒了"学术不端"的多米诺骨牌。随后 Z 演员发表致歉信，北大取消其博士后资格，其母校导师的博导资格被取消，甚至连知网的学术资源垄断问题也因此进入公众视野。全媒体时代的故事颠覆了许多人的传统认知。

粉丝文化是一个比较复杂的现象，现在的新闻热搜中与明星相关的内容超过一半。

今天他结婚，明天她离婚，全是一地鸡毛。许多网友表示：粉丝文化就是低俗文化，明星、博主与粉丝之间相互迎合，这些内容大量占用公共资源和社会注意力，实在不值得提倡。

也有网友认为：许多隐蔽未显的社会问题正是在粉丝和网友的披露下才得以暴露，粉丝文化正推动着社会不断进步。

说好说坏，无论喜不喜欢，粉丝力量的崛起是谁也无法回避的一个事实。

第五节　贯彻执行题的写作

贯彻执行题一直是申论考试的重点题目，又称应用文写作题，具体题型与本书的其他章节存在重合，故本章所选题型及其案例，主要突出该类题型的政策贯彻执行功能。

一、贯彻执行题的特点

申论贯彻执行题的特点与一般应用文的特点是一致的，即实用性、规范性、真实性、时效性。

二、贯彻执行题的类型

申论贯彻执行题可分为以下四类。

（一）宣传演讲类

具体文种有报道、讲话稿、宣传稿、倡议书、公开信等，宣传演讲类应用文书的功能是将观点、主张、倡议、政策、做法等传达给读者或听众，使之信服并在思想感情上产生共鸣。

（二）方案建议类

具体文种有方案、建议书、意见、通知等，方案建议类应用文书主要用于对工作提出指导性意见或作出计划性安排，在工作前给出要求和方法。

（三）观点主张类

具体文种有短评、回帖等，观点主张类应用文书侧重于表达观点、提出主张、解释问题、回应疑问。要注意观点鲜明、正确。

（四）总结说明类

具体文种有报告、材料、导言、简报、编者按等，总结说明类文书偏向于对工作内容、事件过程、事物特征等进行汇报总结、概述说明。要注意实事求是，内容准确真实。

三、贯彻执行题的写作

申论贯彻执行题虽然文种繁多，但写作要求基本一致，主要体现在四个方面：内容、身份、格式、语言。

（一）内容表述完整、精确

1. 提纲挈领

贯彻执行题要求抓住关键问题进行陈述。

2. 符合客观实际

贯彻执行，顾名思义就是文字中表述的内容是要严格落实的，因此这类题在表述中不能脱离客观实际。

3. 架构清晰

贯彻执行题在作答时要有清晰的脉络和合理的逻辑。

(二) 身份定位准确

贯彻执行题经常会有“角色定位准确”的要求，和其他几类申论题不同，这类题的“身份”包括两个方面：一是作答人在本题中的身份；二是文本受众的身份。不同身份对文本的表述具有不同的影响。

(三) 格式完整规范

贯彻执行题文本主体部分的格式一般包括标题、主送机关、发文机关、发文时间等要素，格式要求与其他应用文文种一致。

(四) 语言准确流畅

贯彻执行题对语言方面的要求通常是“语言流畅，有感染力”“语言准确”“情感真挚”“分析透彻”“论述深刻”等，与应用文的语言要求一致。

【例文 1】　讲话稿　2020 · 国家 · 省级 · 第五题

【作答要求】

假设你是S省省委人才发展局的工作人员，请根据“给定资料5”，以“海纳百川聚四方之才”为题，为S省省委人才发展局有关负责人撰写宣讲会上的推介讲话稿。(30分)

要求：

(1) 角色定位准确；(2) 内容切合主题；

(3) 语言流畅，有感染力；(4) 字数800—1 000字。

【给定资料】

5. 2019年4月，S省省委人才发展局在外省某高校举办引进高层次人才政策宣讲会。宣讲会吸引了来自全国各地的1 000多人参加。

刚从国外归来的医学博士小田就是此次的参会者之一。S省优美的环境、清新的空气、便利的交通、广阔的前景都吸引着她，使她对宣讲会充满着期待。

小田一早便来到会场，在入口处，她收到了工作人员发放的一本《S省引才政策选编》。小册子的首页写着：栽下梧桐树，引得凤凰来。入座后，小田翻开小册子，仔细阅读起来：

S省坚持把人才作为第一资源，以习近平总书记关于人才工作重要论述为指导，加强全省人才工作顶层设计和制度安排。以制定实施《百万人才进S省行动计划(2018—2025年)》(以下简称《行动计划》)为主要抓手，不断创新人才引进培养机制，实行更加积极、开放、有效的人才政策，向国内外优秀人才敞开最热情的怀抱。《行动计划》明确，从2018年至2025年，S省将引进各类人才100万人，并从4个方面提出30条含金量十足的政策，不断完善人才引进、管理、评价、流动、激励、保障等领域的制度体系，为广大人才来S省干事创业提供有力的制度保障。

《行动计划》出台后，S省全面梳理现有人才政策，制定了一批急需政策，调整了一批过时政策，逐步建立健全人才制度体系。特别是在人才服务方面，制定出台了《关于引进人才住房保障的指导意见》《S省高层次人才子女入学实施办法》《关于引进高层次人才配偶就业安置实施办法》等制度，基本形成覆盖人才落户、安居、购房、购车、子女入学、配偶就业、医疗保障、出入境、居(停)留等全方位的人才服务保障政策体系，着力解除人才来S省就业创业的后顾之忧。

以新一轮党政机构改革为契机，S省成立省委人才工作委员会，加强对全省人才工作的宏观指导、科学决策、统筹协调和督促落实，着力提升人才工作地位；组建省委人才发展局，并加挂省委人才工作委员会办公室牌子，进一步整合人才工作相关力量，统筹全省人才政策、项目、资金、力量等资源，建立起统一高效的党管人才领导体制，用前所未有的力度推进招才引智工作。

翻看完小册子，小田注意到了会场左侧的展板。她走到展板前，看到展板上列出了S省针对高层次人才制定的重点项目——大师级人才、杰出人才引进计划。该计划聚焦航天领域重大科技创新基地、国家深海基地南方中心、国家南繁科研育种基地、国家热带农业科学中心、全球动植物种质资源引进中转基地5大平台，以及教育、医疗、科技、文化等重点领域，积极推动高校、医院、科研院所、企业等用人单位引进大师级人才、杰出人才。人才来省后可以直接纳入省委联系服务重点专家范围，享受免租金、可拎包入住的人才公寓。在薪酬待遇、科研资助等方面，采用"一人一策、一事一议"的方式给予支持，同时，鼓励用人单位采用年薪制、协议工资制的方式提供报酬，并配备工作助手。对于大师级人才、杰出人才领衔的团队式引进，S省将集中政策和财力给予重点支持。

正看着展板上的内容，一阵优美的旋律吸引了小田的注意。此时，会场前方的屏幕开始播放宣传片。"改革的动力、创新的活力，正让我省穿山越水一路向前，让每一个梦想都有生长的土壤，让每一种奋斗都有驰骋的天空。你的舞台就在眼前，在这里，你的未来更加精彩！"时长8分钟的宣传片让在场的所有参会者充分感受到了S省的魅力。

宣传片播放结束后，宣讲会正式开始，S省省委人才发展局有关负责人发表了热情洋溢的推介讲话，向广大优秀人才发出诚挚邀请。

【例文2】 宣传稿 2019·420联考·湖南·乡镇·第四题

【作答要求】

假设你是某市人社部门的工作人员，需要进社区向群众推广电子社保卡。请结合给定资料4，草拟一份介绍电子社保卡的宣传稿。(35分)

要求：

(1) 紧扣资料，内容完整；

(2) 条理清晰，语言准确；

(3) 字数在500—600字。

【给定资料】

4. 2018年4月22日，在首届"数字中国"建设成果展览会上，背岛市民刘女士领取到了人社部签出的首张电子社保卡。在接下来的短短几个月里，电子社保卡迅速普及，丽水、福州、新余、九江、广州、南宁、海口等多地的群众陆续申领到电子社保卡。

成都市民王女士得知这一消息后，马上掏出手机进行申领。"把社保卡'放进'手机，只需几十秒，简单得很！比如，从支付宝里点击'城市服务'，选择所在城市，通过'刷脸'认证就行了。以后办理相关社保业务，忘带社保卡，用手机扫码也能办。”据了解，为让群众“少跑腿，好办事”，电子社保卡申领渠道丰富多元，不仅包含各地人社部门官方App、各地政务服务App，还有社保卡发卡银行App、支付宝、微信、平安一账通、云闪付等社会渠道App，持卡人可自愿选择申领渠道。

工作人员介绍，电子社保卡有两种表现形式，一是手机端显示的电子社保卡二维码，用于信息系统识别人员身份、缴费结算、办理业务，二是手机端显示的与实体卡一致的电子社保卡信息，用于人工核对并办理业务。

目前，全国统一的电子社保卡已经在26个省份、230个城市发放。随着一个又一个的城市被“点亮”，“电子社保卡地图”上星光熠熠，“一部智能机走天下”的梦想照进了更多人的日常生活之中。

“党的十八大明确提出了加快建立覆盖城乡居民的社会保障体系。十八大以来，社会保险工作的各个方面都在加紧推进。着眼群众需求，回应社会关切，不断简化优化办事流程，提升公共服务信息化水平，是移动互联网‘助力’人社服务的缩影。”工作人员说，“我们积极拥抱移动互联网、大数据和云计算，充分满足群众诉求，建立了全国社保卡服务平台，迎来了电子社保卡，开启了‘人社移动服务’新时代。”

电子社保卡以实体社保卡为基础，与实体社保卡“一一对应”，是社保卡线上应用的有效凭证。部分先行地区通过多项民生服务精准发力，让这张“无形卡”发挥出“大能量”。

南宁市将电子社保卡融入“智慧城市”建设，持卡人仅需提供电子社保卡二维码即可出入公园、图书馆、博物馆等市民公共场所，实现“一码通城”。宁夏回族自治区和西宁市、潮州市等地区结合电子社保卡开展医保移动支付相关业务，持卡人在药店展示电子社保卡二维码，便可购药，用卡体验大幅提升。青岛市在电子社保卡中新增了“电子时间银行”这一创新应用，为志愿者提供长期可靠的记录管理和通存通兑服务，践行了社保“记录一生、保障一生、服务一生”的承诺。此外，还有更多城市通过电子社保卡开通了就医服务功能，就医时出示手机端电子社保卡，看病后不用排队就可直接线上缴费支付。

在电子社保卡全面推进应用的同时，各地人社部门不断加强基础支撑平台建设、“互联网＋人社”服务矩阵建设、社保卡金融功能应用、对外协同服务平台建设等。电子社保卡应用将在实体社保卡应用基础上，进一步发挥其身份认证、缴费结算、业务办理的重要作用。

展望未来，查询社保权益记录、办理待遇资格认证、就医购药支付结算、办理参保缴费等功能相继上线，电子社保卡还将逐步嵌入各地政务服务、智慧城市、金融服务等应用场景。

今年年初，福州市民曾女士因为流行性感冒来到药店，从走进药店，到付款完毕，只用不到10分钟。“以前忘带社保卡又急着买药多花了不少钱，现在，动动指尖，省时省心”，她告诉记者，“领取电子社保卡以来，自己买药都是靠‘扫码’，每次结算都很顺利，在我的推荐下，电子社保卡已成为身边亲戚同事们的‘标配’”。

有关工作人员表示，电子社保卡以实体社保卡安全体系为基础，结合电子认证、人工智能等互联网安全技术手段，构建了网络与持卡人之间的有效连接，从而确认“实人、实名、实卡”。用电子社保卡在手机端查询信息、办理业务时，借助在线认证、密码验证、人脸识别、风险控制等多种认证方式，能够确保“是我办事”“是我查询”，不用担心被冒用、盗刷和信息泄露。

2018 年年底,全国社保卡持卡人数超过 12 亿人,覆盖全国 88%的人口。下一步,随着电子社保卡的推广普及,社保卡线上线下相融合的应用服务体系将全面建立。置身社保卡多元化服务生态圈中,持卡群众将获得更为广泛、细致、贴心的服务,尽享信息时代的“速度与温情”。

【例文 3】 短评 2018 · 广西 · B 卷 · 第三题

【作答要求】

根据“给定资料 6”中反映的情况,如果你是 L 县县政府的工作人员,请草拟一份在官方微博上向公众作出回应的文稿。(25 分)

要求:内容全面,语言得体,符合实际,不超过 400 字。

【给定资料】

6. 近几年,有关 L 县旅游的负面新闻不断出现在微信、微博当中,备受公众关注。

2015 年“五一”小长假的第一天,朋友圈中流传一段持续 4 分 43 秒的视频,视频中在 L 县旅游的游客因购物少被女导游大骂没良心、不要脸。她甚至威胁:“如果每个人不消费 3 000—4 000 元,将取消接下来的旅游,旅行社将不再负责返回的机票费用。”

紧接着又发生了游客在 L 县马场,因为不愿骑马和交 100 元“人头费”,被马场 10 余名工作人员围殴 3 分钟,导致其手掌骨折、脑震荡的事件。

2017 年年初,一名女游客在微博上自曝其在 L 县就餐时,遭十几名男子辱骂、暴打 30 分钟,被人用碎酒瓶划破脸毁容,并附上了让人不寒而栗、触目惊心的照片。女游客报警得不到处理后,求助微博,事件的恶劣性质及一些不公平待遇引起网友极大愤慨。

没出一个月又有游客曝光,他与家人到 L 县某饭店吃饭,因为嫌店家上餐慢,与店家发生争执,在民警的协调下,该游客母亲替其向饭店老板道歉,但事后仍遭到饭店老板尾随追打。一个又一个舆情事件,使 L 县不断地被推到舆论的风口浪尖,网络上对 L 县的批评质疑之声如潮水涌来。

有的网友表示不理解:“10 年前去当地旅游,导游一直在谢谢我们,她说游客是他们的衣食父母,对我们特别好,为什么现在 L 县变成这个样子了。”“想发财是人之常情,但不能合起伙非法劫财! 怎么可以干了违法的事还如此理直气壮? 谁助长了他们的歪风邪气?”

有些网友由此对去 L 县旅游产生了顾虑:“还能不能愉快地玩耍,吓死宝宝了。”“建议你别去那里,要不我还得去救你。”“攒钱想去趟 L 县,虽说不能不消费,但是消费太多个人经济也真是承受不住。”“好山好水,却令人不寒而栗。”

在这种批评和质疑声中,又一件引发争议的事情发生了。2017 年 3 月 25 日,L 县某镇官方微博发布消息称,省旅游局对本县某 4A 级旅游景区作出严重警告,限期 6 个月整改。这是继 3 月 23 日省旅游局表示将联合有关部门开展旅游市场秩序综合整治行动,对 L 县等 7 个重点地区重点问题进行重点督查后的又一次警告,该官方微博表示诚恳接受处理决定,将持续深入整改。但是就在这条微博下,网友“记住她的好”发布的一张截图显示,其曾回复称“永远不会去的地方就是 L 县”,而该官方微博则对此回应“你最好永远别来! 有你不多,无你不少!”这张截图被大量转发后引发网友热议和质疑,网友表示这一回应是“官微‘怼’网友”。这对 L 县的形象无疑是雪上加霜。

【例文4】　汇报提纲　2018·国家·省级·第二题

【作答要求】

上级部门来W市考察，请你根据给定资料2，就W市在经济转型升级过程中的探索，写一份汇报提纲。（20分）

要求：

（1）紧扣资料，内容具体；

（2）语言流畅，有逻辑性；

（3）不超过400字。

【给定资料】

2. W市多次举办了中国机器人峰会。人工智能等流行词汇在这里不是抽象的概念，而是触手可及的现实。W市民营经济发达，但传统产业占比超过70%。这样一个传统制造业占大头的县级市，经济转型升级的突破口在哪儿？W市的探索表明，发展智能经济或许是关键之招。

在第四届中国机器人峰会开幕前夕，记者深入W市的工业园区、企业生产车间，探寻和领略这座城市关于智能制造的雄心。

在平板电脑上用手指点击一个程序发出指令，只见一个身材高大的机器人，灵巧地挥舞着手臂，利索地把几个玻璃杯叠成了金字塔状。这是智能制造产业研究院以G为首的团队最新研发的双臂柔性机器人，也是国内自主研发的首个十四轴双臂机器人。

在W市，人们意识到，在智能经济这一新形态下，谁能在智能机器人这一先导产业捷足先登，谁就能抢占先机。因而，W市明确表示把机器人产业作为发展智能经济的切入点。

在W市采访，记者接触到的专家和企业家，均对即将开幕的中国机器人峰会充满期待。这个业内盛会对W市机器人产业的发展拉动作用明显。智能制造产业研究院的迅速成长，以及随后一系列机器人企业的落户，正是W市花大力气举办中国机器人峰会结出的果实。

中国机器人峰会，只是W市布局机器人产业和智能经济的“冰山一角”。W市有关负责人表示，该市发展机器人产业的一系列规划，并不是一时兴起的跟风，而是区域发展战略的延续和深化。W市是经济强市，制造业基础较好，应用市场广阔，发展机器人产业可谓水到渠成。

除了中国机器人峰会、智能制造产业研究院，W市还在规划建设机器人小镇。眼下，一个拥有机器人产业制造基地、机器人产业学院、机器人展览交易市场的机器人小镇正拔地而起。目前小镇已落户智能经济项目21个，投资7.2亿元。

机器人以及智能经济的魅力，不仅在其本身为新的经济增长点，更在“牵一发而动全身”的强大带动力——机器人是产业结构调整升级的突破口和助力器。

一条自动化流水线上，近20个大大小小的配件经过自动组装、检测，成为一个个喷头，这是记者日前在某自动技术有限公司看到的生产场景。这套生产线是为W市一家喷雾器企业量身定制的，平均每分钟可生产60多个喷头，节省劳动力40—60人。

喷雾器制造是W市的一大“块状经济”，随着人口红利逐渐消失，“机器换人”在业内广受青睐。

在经信局局长的案头，摆着一份长长的企业名单，那是W市传统企业智能化改造的进度表。传统企业借助“机器换人”进行自动化、智能化改造已形成高潮。记者了解到，2016年W市以“机器换人”为突破口，组织开展“机器换人”重点专项182项，项目总投资21.06亿元，实现企业核心生产设备工序(工位)减员8 411人，人均产值提高3倍以上。

W市不仅通过“机器换人”减少人员、提升效率，还基于物联网技术，用数据建模，用大数据分析的方法，为产品生产找到一个最合适、成本最低的制造模式。

在另一家公司的实验车间，记者看到两个机械手根据不同的零部件，自如地切换10余套夹具，协同完成一个精密产品的组装。整条流水线上机器人的所有操作都是通过后台管理系统的精密测算来指示的，设备生产系统和业务管理系统无缝衔接。

从模仿到跟随，再到自主创新，近年来W市涌现出一大批本土的系统集成和服务提供商，服务于传统制造业的升级改造。

高端人才的多少，在一定程度上决定了一个地方产业的发展走向。然而，对一个县级市而言，吸引高端人才并不容易。一个人带来一个产业，这句话是W市引才工作的生动写照。10多年前，辞去国外公司高管职位的L带着技术和人才来到W市。在L的带领下，当年年底，该市第一块靶材产品成功下线，这意味着中国结束了溅射靶材完全依赖进口的历史。

G是自动化领域全球首席科学家。虽然来到W市的时间不长，但他发挥自己的聪明才智，在全球范围内网罗智能领域的高端人才，目前已引进机器人领域国家“千人计划”专家18名，创办相关企业14家，让机器人“块状经济”在W市初具雏形。

欲致奇效，必出奇招。现如今，各地都在寻找经济转型升级的路径。但培育智能经济，打造机器人产业，寻常路径很难起到作用。单就引进人才一条，如果没有政府层面大手笔推动，单凭企业的力量难免捉襟见肘。因而，政府的“有为之手”至关重要。

在W市，地方政府通过筑巢引凤，吸引海内外各类创新基因集聚，并辅以相应的生态，促进其相互碰撞、发酵，产生“化学反应”。在W市，企业家之间、企业家和政府之间这种密切的互动，让企业成长多多。

第六节　文章写作题的写作

文章写作题俗称申论文章写作，主要考查答题者的文字综合能力。和其他申论题型相比，分值最重，答题耗时最长，发挥余地最大，总体要求逻辑清晰、论述严谨。

一、申论文章写作与一般议论文的比较

申论文章一般是以议论文的形式进行写作，即通过对某个问题或某件事进行分析、评论，表明自己的观点、立场、态度、看法和主张，和一般议论文一样，具有必备三要素：论点、论据和论证。

相对而言，议论文更侧重理论知识，论据的选择更自由；而申论文章写作是在给定资料基础上要求答题者进行针对性论述，更侧重于考查答题者发现问题和解决问题的实际能力，具有较强的综合性和现实针对性。具体表现在三个方面。

(一) 形式上

申论文章写作要求根据给定材料申发议论，即文章的总论点，是根据材料进行提炼，答题者不能随便发挥。文章的立意和论点，除符合题干要求外，还要符合材料倾向，符合命题人的命题意图，不能完全脱离材料。

(二) 论题上

申论材料的主题通常是某一类社会问题、社会现象，或引起社会普遍关注的社会问题、社会事件，以及政府近年来的工作重心、重点。概括而言，就是在社会上引起普遍反响的热点、焦点、痛点。

(三) 观点上

答题者在进行申论写作时，不能从答题者“自我”的角度来思考问题展开论述，而应将身份代入政府办公室、宣传部等部门的工作人员，“代政府立言”，对于某一社会现象或社会问题，进行文章构思和写作。

二、申论文章写作的类型

申论文章写作的出题形式一般有四种，即给定标题、给定主题、给定话题、给定角度进行作文。

(一) 给定文章标题

如“从给定资料出发，以‘向下方能向上’为题，自选角度，联系实际，写一篇议论文”；请结合对背景材料的理解与思考，围绕“资源型城市”的转型发展问题，以“谈‘发展’”为题写一篇文章。

(二) 给定文章主题，标题自拟

如：结合背景材料，以“提升‘放管服’效能，建设有温度的城市”为主题，写一篇文章；结合背景材料，以“高质量党建”为主题，自选角度，自拟题目，写一篇议论文。

(三) 给定写作话题，角度自拟、标题自拟

如：背景材料提到“‘微观主体活力’不会从天而降，核心是增强中小微企业发展的内生动力”，请深入思考这句话，自选角度，自拟题目，联系实际，写一篇文章；结合背景材料，以“特色小镇建设”为话题，自拟题目，联系实际，写一篇议论文。

(四) 给定写作角度、标题自拟

如：对于基层腐败问题，某报评论称“小官变硕鼠令人拍案，放纵猛于虎必须警醒”，请结合对背景材料的思考和对这句话的领悟，自拟题目，写一篇文章；保障和改善民生没有终点，只有连续不断的新起点。请参考背景材料，围绕“民生保障”，写一篇文章。

三、申论文章的写作

（一）申论文章写作的基本原则

申论文章写作需要把握四个原则：

1. 一文一题原则

即一篇申论文章写作只能有一个主题、一个中心论点，所有分论点都要围绕中心论点展开论述，切忌游离甚至多头立论。

2. 观点正确原则

“正确”包括三方面内容：首先，申论文章写作要有正确的政治立场；其次，如果给定的资料属于负面信息，在写作时，要基于社会良俗、公平正义的原则将其作为反面素材引用；最后，申论文章写作的立论要堂皇正大，切忌“剑走偏锋”。

3. 立论“高”“深”原则

申论文章写作立论追求站位要高，传达的思想要深。在论点确立时要充分考虑其中包含的德行内涵和理论深度，在符合资料信息的基础上，尽量从“高”从“深”来选择。

4. 视角“新”“特”原则

申论文章写作切忌人云亦云，老生常谈。观念要新颖，角度要有独特性、创意性，既要合情合理，又要跳出窠臼，令人耳目一新。

（二）申论文章写作的基本结构

1. 标题

申论文章写作大部分情况下会要求答题者自拟标题并展开论述。标题拟定方法很多，主要有三种。

（1）直陈论点式。

直陈论点式也叫论题式标题，答题者直接用论点句或论题的概括句做标题，是申论文章写作中最常见的标题制作方式。

（2）学术论文式。

一般用“论”“说”“谈”“试论”“浅析”等词语连接文章的论点句或论题的概括句。

（3）正副标题式。

第一行为正题，一般由论点句或论题的概括句，或能够揭示文章主题的词或词组构成。第二行为副题，揭示本文的论题。

也可以运用一些话题引出论题来作为标题，称为“由头”，如：“官员究竟应当敬畏什么？”“医疗事件频发谁之过？”等等；还有运用修辞方式带有幽默或其他风格的标题，如：转作风要多一些“主席套餐”；莫要“亡羊”才能“补牢”；多用“看不见的手”少用“看得见的手”等等。

2. 正文

申论文章作为一种特殊的议论文，因为具有很强的现实针对性和解决问题功能，因此在文章结构安排上，也具有独特性。考察近几年的申论文章写作题，在结构排布上主要有几种内容。

(1) 分析问题型结构。基本格式是：提出问题—分析问题—解决问题。

【例文 1】 2021 年国家(市地级)申论文章写作

【作答要求】

给定资料 1 中说“物无妄然，必由其理”，这句话对提升治理效能有深刻的启示。请你参考给定资料，联系实际，以“‘治’慧”为题，写一篇文章。(35 分)

要求：

(1) 观点明确，见解深刻；

(2) 参考“给定资料”，但不拘泥于“给定资料”；

(3) 思路清晰，语言流畅；

(4) 字数 1 000—1 200 字。

【给定资料】

1. Y 县的风林村有 13 个村民小组，曾是一个有名的贫困村。全村总体地貌为高山峡谷，森林覆盖率高，动植物资源丰富。

“物无妄然，必由其理。风林村因地制宜，遵循自然规律，从坐吃山空到山绿人富，走上了一条绿色发展之路。”有环境治理专家评论道，“‘村寨银行’与生态环保联动，通过对人们观念和行为方式的改变，进而影响自然的改变，最终实现人与自然关系的平衡和发展。”

2. “曹团长今天下午又要来教戏了。”消息一大早就在新民县刘村传开了，刘桂英放下碗筷，稍作收拾，来到村头大舞台，争分夺秒练习，等待老师前来指点。

……

“我们不仅仅是为乡村群众唱几场戏，更重要的是要‘种戏’。”张学敏说，“戏曲生长在民间、活跃在民间、变革在民间。戏曲的生存与发展有其自身的规律，只有回归民间，回归群众，才能在乡村留得住、传得开、唱得响。”

3. 冬日，石板街道清河社区，66 岁的姚叔在亲水平台上的茶座里招待客人。

……

“清河社区是一个老社区，4 000 多常住人口中，60 岁以上的退休老人有 800 多人，所以老人是我们的重点服务对象。”清河社区居委会主任孙鸣说，“但服务老人，不仅要满足他们的需求，更要引领他们的生活方式，让老人消除与时代的隔阂感，找到归属感、共鸣点。今后，我们还要进一步贯彻落实十九届五中全会精神，积极应对人口老龄化，不断加强和创新社会治理。”

……

去年 10 月，清河社区试着引入“城市眼”管理模式。该模式通过接入高清探头，对重点区域进行全天候监控。这只“城市眼”不但看得见，更能看得懂。通过后台对比识别，探头可对出店经营、垃圾堆放、沿街晾晒、游商经营等违规行为和不文明现象进行识别，并将相关信息实时发送至后台。

以前靠人工采集，一个月仅能发现 100 多起违规行为，而最初装上“城市眼”的那个月，就发现了500多起，如此大的信息量怎样处理？孙鸣拿出手机，打开微信，展示了清河社区的管理工作群，相关商家、社工、城管工作人员都在群里。当“城市眼”后台将违规行为信息发送至相关社工手机上时，社工第一时间发到微信群，并让商家整改。社区进行监督，城管再最后兜底。为让商家更主动，社区还成立自治管理委员会，李海明就是成员之一。

……

清河这个老社区，伴随着静静流淌的河水，在不动声色中蜕变，滋长出绵长的生命力。居民们都说：“社区越来越美了。”“只要我们用心给这片土地最大的温暖，慢慢地，它就会越来越美。这，就是清河故事所折射出的治理之道。”石板街道负责人说。

4. Z市晚报策划了“城市出行”专题系列报道，本期聚焦“人行道”问题。以下是记者的调查报道：

……

报道结语：人行道是城市重要的基础设施，只有不断更新和提升对城市运行规律的认识，真正从人行道的本质功能出发，统筹做好建设和管理，才能保障行人的通行权益，让行人在人行道上惬意行走。

【范文】

“治”慧

“斧斤以时入山林”，尊重树木生长的规律才能永续发展；“修大堤，治汴渠”，尊重黄河规律才能治好黄河；“有之以为利，无之以为用”，尊重城市发展规律才能激发公共空间的潜力。“物无妄然，必由其理。”万事万物都有其规律，社会治理亦当循其理，掌握规律，以“治”慧促善治、提效能。

遵循自然发展规律，提升环境治理水平。“认识自然、敬畏自然、利用自然，是正确处理人与自然关系的三部曲。”习近平总书记多次强调要像保护眼睛一样保护生态环境，像对待生命一样对待生态环境，让绿水青山成为金山银山，让绿色发展成为高质量发展底色。目前，各地践行绿色发展理念，大力推行环境治理工作，但部分地区却屡屡出现“返工”现象。一大关键原因，在于他们无视自然规律，盲目开展治理。反观风林村，引入“村寨银行”项目，兼顾经济发展与生态保护，转变发展方式，种植经济作物，不仅成功改善山村环境，更激发了村民的护林热情。人依托于自然，唯有遵循自然发展规律，才能获得自然生存之道，最终实现人与自然的和谐发展。

遵循文艺自身规律，提升文化治理能力。“有高原缺高峰”的文艺发展现状，让文艺高质量发展处处受限于经济利益、眼前利益、短期利益，如何遵循文艺发展规律、提升文化治理能力，为文艺发展指明方向和提供支撑，成为现实之需和时代之要。新民县实施的文化惠民工程就是很好的例证，他们不仅为乡村群众唱戏，更致力于“种戏”。戏曲的生存与发展有其自身的规律，其生长在民间、活跃在民间、变革在民间，只有回归民间，才能在乡村留得住、传得开、唱得响。由此可见，只有遵循文艺自身规律，扎根基层深入群众，从送文化到种文化再到育文化，才能不断提升文化治理能力，实现文化的共建共享。

遵循社会治理规律，提升社会治理效能。社会治理的核心在人，一切为了人民，这就需要将治理重心下沉，遵循社会治理规律，不断提升社会治理的效能，更好地服务人民。清河社区在老旧小区改造中，按照自治、法治、共治的要求，动员群众共同参与，最终让老旧小区貌换新颜、邻里和睦友善；反观Z市，“人行道”乱象丛生，给人们出行带来极大不便，更埋下安全隐患，这凸显出城市管理中的任性，破解之道则在于按城市运行规律办事，疏堵结合保障行人的通行权益。可见，提升社会治理效能，必须遵循社会运行发展的规律，聚焦群众的难点、痛点，精准施策、细心服务，不断提升群众的获得感、幸福感、安全感。

“天行有常，不为尧存，不为桀亡。”这启示我们在社会治理中，要尊重规律，把握规律。尤其进入“十四五”时期，即将乘势而上开启全面建设社会主义现代化国家新征程，向第二个百年奋斗目标进军。唯有不断精进治理智慧，才能将社会治理推向新的高度，推动中国号巨轮行稳致远。

(2) 解决问题型结构。基本格式是：介绍背景—摆问题，谈对策—提出分对策—总结提升。

【例文 2】　2020 年浙江省(A 卷)申论文章写作

【作答要求】

根据你对资料五习近平总书记重要讲话精神的理解，以“大变局大变革大事件中困难与机遇同在、挑战与希望并存”为话题，自选角度，自拟题目，写一篇议论性文章。(60 分)

要求：

1. 紧密结合给定资料；
2. 主旨明确，结构完整，思路清晰；
3. 内容充实，论述深刻，语言流畅；
4. 字数 1 000—1 200 字。

【给定资料】

资料五

客观实际不是一成不变的，而是不断发展变化的。“变化者，乃天地之自然。”坚持一切从实际出发，既要看到社会主义初级阶段基本国情没有变，也要看到我国经济社会发展每个阶段呈现出来的新特点。我国社会生产力、综合国力、人民生活水平实现了历史性跨越，我国基本国情的内涵不断发生变化，我们面临的国际国内风险、面临的难题也发生了重要变化。过去长期困扰我们的一些矛盾不存在了，但新的矛盾不断产生，其中很多是我们没有遇到、没有处理过的。如果守着我们对过去中国实际的认识不动，守株待兔，刻舟求剑，我们就难以前进。我们要准确把握国际国内环境变化，辨证分析我国经济发展阶段性特征，准确把握我国不同发展阶段的新变化新特点，使主观世界更好符合客观实际，按照实际决定工作方针，这是我们必须牢牢记住的工作方法。

——习近平总书记在十八届中央政治局第二十次集体学习时的讲话

资料六

新冠肺炎疫情可以说是对浙江制造业的一场突击考试。疫情给浙江制造业带来较大不利影响的同时，也倒逼制造业企业危中寻机，主动加大技改力度，提升智能化水平。

抗疫之初，正值春节，浙江医用外科口罩、医用防护服产量基本为零。但仅用1个多月时间，浙江就扭转了医疗防护物资供应难的局面。这背后，一批冲在一线的浙江智能制造企业表现可圈可点。

在金华，H机器人科技公司技术团队仅用15天时间，就帮助市内5家口罩企业将产能提升20倍，从日产3万只到60万只。2月份，浙江重点口罩机生产企业产能和产量分别是26台和6台，而到3月份这两个数据分别达到400台和350台。“扭转困局的背后，浙江智能制造功劳不小。而它们之所以能迅速‘转身’，不是凑巧，实则为浙江制造之变。”省经信厅相关处室负责人介绍。

疫情来袭，用工需求量大的温州工业企业率先意识到，以往劳动密集型为主的生产方式，很难经得起这类重大突发公共卫生事件的冲击。虽说条条大路通罗马，中小企业各有各的发展路径，然而疫情倒逼，让不少制造企业不约而同走上了“技改”这条路。程某是一家摩托车配件生产企业的负责人，他更早嗅到了“复工危机”——满满的订单和一时无法返岗的员工，这意味着想快速复工必须另寻良方。于是，他紧急联系了温州市智能制造研究院工程师凌某，启动了企业技改项目。这样的故事还在不断上演。自研究院复工以来，不断有企业主动找上门要求“体检”，“忙得忘了吃饭”已成为凌某的工作常态；而在去年这段时间，他才收到零星几家制造企业的技改评估预约。

资料七

2020年3月，全省制造业高质量发展大会在杭州召开。会议强调，要坚持新发展理念引领，锚定目标、突出关键，开辟建设全球先进制造业基地的新路径，力争今年推动制造业高质量发展成为高水平全面建成小康社会的显著特征，到2025年建成国内领先、有国际影响力的制造强省，到2035年基本建成全球先进制造业基地。

6月，浙江省委十四届七次全会通过《中共浙江省委关于深入学习贯彻习近平总书记考察浙江重要讲话精神，努力建设新时代全面展示中国特色社会主义制度优越性重要窗口的决议》，提出要从10个方面努力建设好“重要窗口”。“改造提升传统产业，加快建设全球先进制造业基地”顺势成为10个方面“重要窗口”之一的“努力建设展示坚持和完善社会主义市场经济体制、不断推动高质量发展的重要窗口”的重要内容。

之前的2003年，也是浙江制造业发展进程中的一个关键节点。当年6月，随着“非典”疫情防控与复工复产进入新阶段，浙江召开了改革开放以来的首次全省工业大会，明确提出“建设先进制造业基地”目标。7月，浙江省委十一届四次全会举行，首次全面系统概括浙江发展的八个优势，提出指向未来的八项举措，即“八八战略”。

其中一项正是“进一步发挥浙江的块状特色产业优势，加快先进制造业基地建设，走新型工业化道路”。

当今世界正处于百年未有之大变局，制造业已经成为新一轮国际竞争和大国博弈的“竞技场”。全球新一轮科技革命和产业变革向纵深发展，内外市场开放发展、产业链联动发展、产业融合发展态势越来越明显，制造内容、制造形态、制造方式面临深刻变革。新冠肺炎疫情防控取得了阶段性重要成果，但疫情防控任务依然艰巨繁重，特别是全球疫情仍在蔓延之中。大变局大变革大事件都摆在那里，躲是躲不过去的，关键是怎么去看？怎么去应对？怎么去抢抓机遇、化危为机？发展从来都不是一帆风顺、一路坦途的。大变局大变革大事件中困难与机遇同在、挑战与希望并存,战胜挑战就是新机遇,克服困难就能再上新台阶,这就是辩证法。

【范文】

战胜困难与挑战 推动高质量发展

干在实处,走在前列,勇立潮头,在“八八战略”的引领下,浙江制造业走出了从低起点向高质量的奋进之路。然而,发展从来都不是一帆风顺、一路坦途的,在大变局大变革大事件中,困难与机遇同在,挑战与希望并存。“所当乘者势也,不可失者时也。”面对时局变化,我们要抢抓机遇,化危为机,扎扎实实推动制造业高质量发展。

形势复杂,机遇与挑战并存。物有甘苦,道有夷险。于外部,制造业承受着国内外环境变迁带来的风险;于自身,制造业面临着转型升级引发的诸多问题。在内外交困的同时,千载难逢的机遇也相伴而来。5G开启万物互联新时代,AI抢占制造业的“智”高点,新一轮科技革命和产业变革向纵深发展,为制造业提质增效注入新的活力。时代日新月异,新事物层出不穷,若一直秉承旧有的认识,则难以在机遇与挑战并存的当下有所发展。唯有立足实际,用发展的眼光看问题,抢抓机遇,危中寻机,才能托起制造业的未来。

化危为机,于变局中开新局。在克服困难中成长壮大,在应对挑战中超越自我,是中国经济发展的不变逻辑。如今,国际竞争激烈态势未减,新冠肺炎疫情来势汹汹,以劳动密集型为主的生产方式让制造业面临的压力陡然上升。然而,变局孕育机遇,压力催生动力。疫情当前,百业艰难,却倒逼浙江制造企业危中寻机,智能制造企业冲在前,扭转物资紧缺的困局,不少制造企业主动“技改”,化解无法返岗的复工危机。在“疫情大考”面前,制造业企业主动提升智能化水平,在变局中再上新台阶。时势多变,未来难测,要想在危机中另寻良方,需准确识变,科学应变,主动求变,才能化危为机,打开发展新局面。

抢抓机遇,在时代中谋发展。机不可失,时不再来。新一代信息技术为更高质量的发展提供了可能,能否抓住机遇,考验的是眼光与智慧。进入5G时代,浙江省率先出台实施意见,推动5G产业发展,为数字经济赋能;广大浙商纷纷进军5G领域,乘着“新基建”政策的大势,推动企业创新发展。时来易失,赴机在速,浙江政府和企业齐发力,以制造大省的实力,抓住5G引领的机遇,推动经济高质量发展。如今国际竞争激烈,制造业已经成为新一轮大国博弈的“竞技场”,若能及时抓住机遇,便能势如破竹,走在发展前列。唯有深化改革、不断创新,才能厚积薄发,在机遇来临时当机立断,及时把握,谋求真正的高质量发展。

“沉舟侧畔千帆过,病树前头万木春。”客观实际不是一成不变的,新事物取代旧事物是发展的必然。我们要坚持从实际出发,用发展的眼光,看待风云变幻的国际形势,审视不断变化的基本国情。如此,才能顺应时势抢抓机遇,沉着应对化危为机,建设全球先进制造业,向世界展示“浙江之窗”。

(3)评论型结构。基本格式是:引出评论话题—提炼中心观点—佐证观点—简要提出对策—总结提升。

【例文3】 2020年江苏省(B类)申论文章写作

【作答要求】

给定资料3中提道:“执法的琴键,只有随着群众的需求而跳动,才能奏出社会和谐的乐章。”请结合对这句话的思考,联系实际,写一篇议论文。

要求:

(1) 自选角度,自拟标题;

(2) 参考给定资料,不拘泥于给定资料;

(3) 观点明确,内容充实,结构完整;

(4) 篇幅1 000字左右。

【给定资料】

1. 瓜果蔬菜是不是有农药残留?刚买的肉类是否有瘦肉精?

移动实验室一测可知。2019年5月17日,G市L区开展食品安全“你送我检”活动,食品快检车开进东山肉菜市场、天嘉农产品市场等11个市场。活动现场设食品安全快检操作台,做到有送必检、随送随检,免费为市民检测米面制品类、腌制品类、水产品类等多个品种。检测项目主要为农药残留、二氧化硫、三聚氰胺、苏丹红等。检测工作人员现场回复所送样品的快速检测结果,并为市民提供食品安全科普知识咨询服务。

当天上午,在L区天嘉农产品市场,一台挂有“食品安全你送我检”条幅的检测车上,工作人员收取了18批次送检的食品,包括粮油蔬菜等。这些食品,经过取样、检测后,15分钟即可出检测结果。

市民邱阿姨带着刚买的丝瓜来送检,她想知道丝瓜有没有农药残留。“我住在附近,经常在这市场买菜,有时候买完会送来检测,吃起来也放心。”邱阿姨说。摊主赵阿姨也主动送来青椒和西红柿,检测农药残留情况,“我卖出的东西,也要检测一下,自己放心也让顾客放心。如果检测出有残留,我也可以找我的上游供货商”。

市场监管局相关负责人介绍,今年以来,L区共开展食品安全“你送我检”活动25场次,接收市民送检食品样本749件,合格745件。对不合格食品,第一时间告知送样人样品可能存在的安全隐患,建议其停止食用,还会按照规定程序抽样,进行核查处置,对销售不合格食品的商家责令下架退市、停止销售,联合相关部门依法处罚。从此前开展的“你送我检”活动收集到的大数据来看,群众现阶段最关注的食品种类和检测项目,以蔬菜农残项目的“呼声”最高,其次是水产品中的甲醛,盐、食用油等食品检测也占有较大的比重。

“‘你送我检’并不是‘拍脑门式’创新,而是于法有据。”G市市场监管局相关负责人介绍,《中华人民共和国消费者权益保护法》第十五条规定,消费者享有对商品和服务以及保护消费者权益工作进行监督的权利。“你送我检”就是消费者行使法定监督权的一种具体方式。目前,在L区的大小农贸市场,食品“安检”有了“三重门”:检测车流动快检、相关部门执法抽检、市场自检。运用三级检测网络的大数据,市场监管局还制作了“食安笑脸地图”。市民只要关注市场监管局官方微信,打开食安地图搜索市场名称,就可以看到大笑、微笑、平脸标志,对应的是优秀、良好、一般三种评价。目前,L区有408家市场登上了“食安笑脸地图”。

“‘你送我检’虽是小举措,却具有借鉴意义,这种监管模式可以在全市执法系统中推广。”G市杨副市长表示。

2. “提前上班占车位”“回家晚了没车位”“外出游玩抢车位”……停车难，困扰着不少Y市车主，也成为该市市民吐槽的高频词。

去年，Y市推出了以手机付费为主要手段的“宜停车”路边临时停车管理体系，在全市规划了18 617个路边停车泊位，以满足短时停车需求、改善交通秩序。据介绍，“宜停车”的收费原则是“停得越久越贵”。以工作日Y市市民中心附近的车位为例：停车30分钟内，收费为3元/半小时；30分钟至3小时，收费为6元/半小时；3小时以上，收费为10元/半小时。“梯次收费管理，既满足了市民短时停车需求，又起到释放道路资源、调控交通需求的作用”，Y市道路交通管理中心相关负责人表示，“宜停车”推出以来，路边停车管理取得较为明显的效果。

不过，“宜停车”等加强路边停车管理的方法，也带来许多争议。“我就多停了几分钟，结果就被罚了500元。”“操作指南离那么远，第一次用的人谁能看到……”市民对“宜停车”的意见，主要集中在收费标识不明、缴费流程复杂等问题上。

“加强车位管理是一个方面，我们也得做好服务工作。”Y市道路交通管理中心相关负责人介绍，近年来，该中心在广泛听取意见后，对“宜停车”进行持续完善：开通次日续时功能，对超时停车的用户采用敬告式执法，首3小时内的路边停车收费统一减免40%……“在与民共建共享路边停车管理成果中，我们实现了从管理者向服务者的转变。”该负责人表示。

根据Y市人大代表的调查结果，目前有73%的市民认为“宜停车”收费合理，72%的市民认为“宜停车”措施方便。相比该模式运营之初近九成的反对意见，目前情况有了极大改变。

3. 张女士在S区三湘风情街上开了一家名叫“脆靓”的水果店，仿木纹的铝塑板招牌上，两个充满“汁水”的圆润字体活泼可爱，给店里引来不少客流。这个外挂式“大灯箱”招牌刚刚用了两年，就被拆掉了。

事情是这样的：这条街上有许多老商户，他们各竖各的牌，各立各的号，整条街的街貌与周边环境格格不入。为提升街面整体形象，S区发布《户外招牌改造提升实施方案》，由区、街镇两级财政补贴，开始了大规模的集中改造。

张女士的“大灯箱”招牌还是她美院毕业的女儿设计的，“脆靓”的店名是老公特意请一位知名书法家题写的。执法部门拆除的那一天，她心里特别难受，几天都没缓过劲儿来。让张女士没想到的是，新的店牌两个月之后才换上，这两个月里营业额减少了三分之一。更让她心里发毛的是，换上的新店牌居然是“黑底白字”，顾客们都私下里议论说太晦气。整条街上的店主满腹怨言，卖鲜花的、卖烟酒的、卖馒头的、卖五金的，还有饭店、理发店几乎所有的店铺店牌的大小、颜色、风格、字体都一模一样，连两家百年老店都没能幸免，“旧貌换了新颜”。路人经过这条街，放眼望去，“黑底白字”的店牌，配上黄白色的街花，好像是丧葬用品一条街。一位环卫工人说：“看上去整齐了，但人气没了。”张女士说：“我们按区里的要求，付了一半的招牌制作和安装费用，设计上为什么不征求一下店主们的意见呢？要是听听我女儿的意见，新店牌会漂亮得多。”

无独有偶，张女士娘家所在的A镇，为了达到地方政府制定的环保标准，在执法中强推“无猪镇”“无鸡镇”，那些养猪养鸡专业户一时间都忙着宰杀或者转卖，尽管政府补贴了一些，但是损失仍然不小。依山傍水的B镇，为了打造文旅小镇，要求地上不能留有一片落叶。环卫工人担心受罚，拿高压水枪喷射，让树叶加速落下，以便集中清扫。S区的这类做法招致很多网友的批评。“城市论坛”上，网友“老K”留言：招牌的个性化与辨识度，在一定程度上彰显着城市生活的温度与活力，“整齐划一”的店铺招牌让街道变丑了。网友“一叶知秋”留言：执法者要善用“十个手指弹钢琴”，激活每一个“音符”，校准每一声琴音，奏出和谐美妙的音乐。网友“天天向上”留言：同样的现象还有“小修摊”。现在城市格局越来越大，但“小修摊”往往难觅踪影。“小修摊”虽小却关乎城市生活的宜居程度，是市民切身利益之所在，应该多给“小修摊”留一点生存发展空间。不久前，天津市杨柳青镇首批26个便民修车修鞋铺投入使用，全部免费提供给经营者，我觉得这种做法具有借鉴意义。F大学发展学院丁教授表示，过于追求秩序和整洁，这是严重的“治理洁癖”，帮的是倒忙。“执法的琴键，只有随着群众的需求而跳动，才能奏出社会和谐的乐章。”

2019年10月31日，中国共产党第十九届中央委员会第四次全体会议通过的《中共中央关于坚持和完善中国特色社会主义制度、推进国家治理体系和治理能力现代化若干重大问题的决定》中强调：必须加强和创新社会治理，提高社会治安立体化、法治化、专业化、智能化水平，提高预测预警预防各类风险能力，增强社会治安防控的整体性、协同性、准确性，推动社会治理和服务重心向基层下移，更好提供精准化、精细化服务。在共建共治共享的社会治理制度越来越完善，国家治理体系和治理能力现代化不断推进的大背景下，如何顺应时代潮流，更新观念，努力学习高新技术，提高执法能力，更好地满足群众对美好生活的新期待，这是每一位执法者需要认真思考的问题。

【范文】

坚持执法为民　奏响和谐乐章

古人云：“治国有常，而利民为本。”上至国家的大政方针，下至基层的执法治理，都应以顺民意、利民生作为出发点和落脚点。然而，个别地区在基层执法过程中我行我素、漠视民众呼声，引来批评质疑声一片。这提醒我们以民为本的原则还没有落到实处。只有坚持执法为民，满足群众需求，才能赢得民心，构建和谐社会。

坚持执法为民，才能消除安全隐患，让群众安心。随着社会环境的日益复杂，衣食住行等多领域安全事故频发。安全需求是群众幸福生活的基石，一旦有所动摇，群众的幸福感将荡然无存。因此，基层执法必须从群众的基本需求出发，把保障社会安全放在首位，采用创新性的管理方式，扫除老百姓日常生活中的安全隐患。食品安全谣言甚嚣尘上，便开展食品快检服务，免费为群众检测食品安全，保障群众舌尖上的安全；餐饮酒吧街区夜间秩序混乱，则增加警力重点值守，让夜间行人心安。这些举措证明，坚持执法为民，群众才能安心，构建和谐社会才有基础。

坚持执法为民，才能解决民生痛点，让群众省心。过去，刻板的基层治理模式难以跟上社会快速发展的脚步，遗留下很多治理难题，让群众生活不便。有车难停，阻碍了人们享受汽车社会带来的便利，老旧小区的落后设施更是让人们苦不堪言。将这些民生痛点一一解决，让群众在生活各领域享受便利服务，是基层治理的应有之义。当下，许多地区开始依托大数据等先进手段进行智能化、精准化治理，停车难、扬尘污染等问题迎刃而解，为我们做出了执法为民的表率。“圣人无常心，以百姓心为心”，只要执法者解决了民生痛点，让群众生活省心，自然会营造出和谐的社会氛围。

坚持执法为民，才能根除“治理洁癖”，让群众顺心。现实中，许多地方为治理而治理，强求整齐划一，工作自以为是，忽视群众意愿，不但闹出了不少笑话，还让群众心里不舒服、不满意。客车装载乘客的蔬菜土特产，却被当作“非法载货”进行处罚；将各有特色的店牌换成清一色的黑底白字，热闹的街道变得阴气森森。一味地追求整齐体面，却让群众的满意度和热闹一起消失。这充分说明了以民为本的执法原则在一些地区还没有落到实处，这种错误的思想倾向不纠正，群众不舒心不顺心，社会和谐必然难以持久。

“衙斋卧听萧萧竹，疑是民间疾苦声。些小吾曹州县吏，一枝一叶总关情。”古代县吏尚能想百姓之所想，心系群众冷暖，今日更应将执法为民落到实处，贯彻全心全意为人民服务的宗旨，切实满足群众需求。唯有如此，基层执法乱象频出的窘况才能有根本改变，执法者才能以实际行动增强人民群众的幸福感，为社会和谐的乐章奏出响亮的音符。

（4）双/多重论证结构。基本结构是：列出材料中的两个/多个观点并提出文章观点—分析阐释各个观点—综合论述各个观点间的关系—总结提升。

【例文4】　2020年北京市（区级）申论文章写作

【作答要求】

结合给定材料，围绕“标准化与个性化”这一主题，自拟题目，写一篇文章。

要求：联系实际，观点鲜明、正确，分析深入、合理，语言流畅，字数控制在800—1 000字。

【给定材料】

材料1

生活中，同一种类的电池可以在不同产品上使用，既可以用在电视遥控器上，也可以用在闹钟或手电筒上。按照既定的大小和形状生产出来的电池，不管是哪个厂家生产的都能使用，从而确保了同一种类的电池具有互换性。这种能够互换的特性就是标准化。

在我国，标准和标准化的历史源远流长。《孟子》中的“不以规矩，不能成方圆”，是古代标准化的经典表述。《史记》记载大禹治水“左准绳、右规矩”，体现了标准规范一致的属性。秦始皇统一度量衡，并实现“车同轨、书同文、行同伦”，是历史上以标准化手段治理国家的范例。到了近代，标准化在工业生产领域得到了广泛应用，工业生产的操作和工作方法、工时定额、培训方法、工资等方面实行了标准化。

随着社会的发展，标准化领域不断扩大，不仅限于生产技术领域，而且延伸到服务领域，渗透到社会的各个方面。无论是生产与服务，还是具体工作和管理工作，建立社会各方面的最佳秩序，都需要符合客观需要和用可行的章程加以约束，以期达到人们预期的目的。这种有利于人类发展的、具有某种特定形式的约束就是标准，这种约束过程就是标准化。具体来说，标准是以科学、技术和实践经验的综合成果为基础的，“是对重复性事物和概念所作的统一规定”，是需要共同遵守的准则和依据。标准需要经各方面协商并取得一致，由主管机构批准，以特定的形式发布。而标准化则是标准制定和贯彻的过程，以及标准化原则和方法运用的过程。

材料 2

换乘不同地铁公司的地铁线路，需要重新检票，这在日本东京等城市很常见。但在北京，无论换乘几次，只需要进出站各刷一次卡。能够实现这样的“无障碍换乘”，实现一夜之间完成票价调整，实现短短几个月全网扫二维码进出站……最大的“功臣”就是拥有自主研发技术的自动售检票（AFC）系统。

从实现“一票通行”到扫二维码进出站，一台小小闸机背后却是历经十年的技术创新战。在 2008 年北京举办奥运会之前，北京市轨道交通指挥中心（以下简称“轨指中心”）接到一项艰巨任务——一次性开通 8 条线路的 AFC 系统，实现乘客在全网内“一票通行”。当时 8 条线路涉及的运营企业、集成商、设备厂家有 30 多家，光组织协调就非易事，更别说统一规范、技术标准了。轨指中心牵头完成了一部 50 余万字、覆盖 AFC 系统软硬件的技术规范，涉及售检票等各个业务环节，在国内外首创了检测规范和系统技术指标体系。有了标准，还得确保各家企业执行到位，轨指中心又花了三年时间建成国内第一个自动售检票系统检测中心。在这里，厂商从投标到安装、运营，必须将设备送来检测，任何产品有问题，都是可替代的，不受任何厂商的技术牵制。2015 年起，北京地铁自主研发 AFC 系统标准化软件。当时，北京地铁 AFC 系统有来自 15 个厂家的 56 款软件，涉及几十种不同的设备模块。研发团队针对所有在用的标准化模块，统一编写业务处理软件，逐一设计模块驱动接口。经过一年多集中攻关，全套 AFC 标准化系统终于研发成功，北京地铁终于不再“受制于人”。继建成地铁自动售检票（AFC）系统后，北京又建成覆盖全网 AFC 系统的监视中心并于 2018 年年初投入使用，全网 1.6 万台售检票设备实现“智能感知”。正是因为引入标准化建设的理念，北京地铁拥有了不断提升服务的技术基础。从此，地铁服务从“站稳脚跟”阶段步入“腾飞”阶段。

材料 3

2019 年国庆黄金周期间，很多人坐着高铁去全国各地品美食、赏美景。对许多旅客来说，比窗外一闪而过的风景更诱人的，是被网友选入“舌尖上的高铁”的高铁盒饭。与西方“菜生而鲜，食分而餐”的饮食文化相比，中国的菜肴更讲究色、香、味、形、器。即使是一份高铁旅途中享用的盒饭，也要做得有形有色、有滋有味。“好吃的秘密，主要是原料、调料和温度。”主厨孙师傅负责高铁盒饭的配方研发，他介绍说，由 5 位主厨组成的配方研发团队，用事无巨细的标准化操作，保证每一批次的同一种饭菜色香味和营养程度都完全一样。一份份精致搭配的高铁盒饭，浓缩了肉、蛋、菜、米、面、油、调料等各种优质的食材。小到一粒粒白糖、一颗颗花椒，大到一箱箱肉禽蛋，每一件进入“盒饭厨房”的原料，都是来自知名厂家、让人信得过的食品。食品原材料还要进入专业品控化验中心，进行新鲜度、水分等理化指标的快速检测。盒饭的菜品虽说是“大锅炒”，但也绝不是简单地把食材累加。炒一份菜用 1 克盐，但是炒 100 份菜用 100 克盐可不行，那绝对就咸了。“现在我们研发了 20 多种菜品，每种菜品都有专门的调料配方，其中有粉末，也有液体……”孙大厨告诉记者，他们生产的餐品全部执行标准投料、标准配方、标准作业，保证食品的质量和味道。

材料 4

Q 市的王先生是一位时尚白领，对穿着十分讲究的他前几年经常购买国外的服装。不过，从去年开始，他喜欢上了国内一家企业的个性定制服装。王先生颇有兴致地向记者介绍，只需在手机客户端上预约量体，也就是量尺寸，不一会儿，一辆大巴车就会开到楼下。走进大巴车，换上特制的量体服，5 秒钟后，他的三维数据就采集并记录完成，随后就可以通过客户端选择款式面料，并根据自己的喜好设计衣服的细节。这样一套个性化定制的西装做下来，价钱和普通西装差不多，高性价比也是最吸引王先生的地方。

那么，原本被认为是高端昂贵的个性化定制，怎么可以做到普通成衣的价格呢？该企业负责人表示，关键因素就是大数据和物联网对生产流程的精准控制。所有的衣服，在每一道工序上都有一个“身份证”。在这个“身份证”里，针对这件衣服所有的个性化需求，全部是通过数据传递到每道工序的。通过用大数据驱动的智能制造软件系统，以较低成本把传统大规模生产线改造成个性化定制的柔性制造生产线。个性化定制完全打破了库存模式，真正实现消费者交了钱厂家再生产，而且是根据消费者的需求来按需生产的。所以品牌运作成本远远低于成衣，消费者可以用更便宜的价格，买到质量更好、更适合自己的服装。

材料 5

在 2019 年的全国“两会”上，“最后一公里”成为一个高频词。“最后一公里”原指完成长途跋涉的最后一段里程，如今常用来指代完成一件事情的最后而且是最关键的步骤，关系到政策措施有没有落到实处，各项工作能不能起到实效。

某专家指出，延伸到“最后一公里”的基层公共文化服务需要从基本公共文化服务向优质文化服务转变，“既有标准化的服务，也要有个性化的服务。文化供给不能千篇一律，要考虑不同受众的偏好”。该专家表示，新时代的新趋势是设施布局的均等化、供给方式的综合化、服务环境的优质化以及内容提供的分众化等。以公共设施为例，文体广场、公园、绿地这些“金角银边”等城市空置场所，以及中小学、社区设施等空间都可以利用起来。比如镇里文化广场的标准化建设，无论大小，都应该配备“六个一”，包括一个场地、一套音响系统、一个电子显示屏、一支专兼职管理队伍等。与此同时，在个性化服务方面，比如延长公园的开放时间、给上班族增加公共文化设施就是很好的举措，文化活动也可以往上叠加。还可以整合各类面向基层的文化资源，把区里的文化馆、博物馆、剧院等资源“沉”到基层来，让区里、镇里的文化资源流动起来。

【范文】

标准个性两相融　畅通“最后一公里”

随着社会经济的不断发展，人民对美好生活的要求也在不断提高。在现代社会，公共服务是人民群众幸福感的重要保障，要满足人民的美好生活需要，就必须为人民提供高质量的公共服务。有专家强调，要“既有标准化的服务，也有个性化的服务”。为此，我国政府应将标准化与个性化融合，畅通“最后一公里”，提高公共服务质量。

标准化是供给高质量公共服务的基础环节。“不以规矩，不能成方圆。”社会运转，需要公正、准确的法则、标准约束秩序。而在公共服务中，我们同样需要以标准化保障服务质量，以实现公共服务的高质量供给。标准化理念融入生产，确保高铁盒饭色味俱全；售检票系统标准统一，促使北京地铁换乘便捷。标准化作为供给高质量公共服务的基础环节，带来了服务质量的统一与提升。

个性化是供给高质量公共服务的优化环节。近年来,我国经济社会飞速发展,物质资源不断丰富,人们的个性化需求日益增加。这一点,在公共服务领域中也有展现。人们希望获得个性化的医疗服务,由医生量身定制最佳治疗方案;人们希望享受个性化的教育服务,由教师挖掘潜质特征开展培训。此类需求不胜枚举,而它们的出现正向公共服务供给端发出人性化的需求宣告。

推动标准化和个性化的融合发展,才是提高政府公共服务质量的必由之路。标准化与个性化作为相互联系的两个方面,只有融合发展、共同作用,才能更好地助推公共服务质量的提升。一方面,标准化作为公共服务的底线和原则,为个性化提供了标准和规则限制,促其合理发展;另一方面,个性化满足不同的个人需求,能够使公共服务在标准化基础上得到新的发展空间和可能。因此,只有二者相互促进、相辅相成,才能推动公共服务质量的提升。

公共服务涉及个人生活、经济发展、社会管理等方方面面,这是人民最关心的领域,也是直接关系到人民现实利益的重要领域。要想推动公共服务的高质量发展,既要注重标准化建设,为其发展打下坚实基础,又要考虑群众的个性化偏好,为公共服务提供更多的可能。只有如此,才能真正履行好政府职责,使人民生活更有幸福感。

四、申论文章写作的论证技巧

论证是运用论据证明论点的方法和过程,包括论证方法的多样性、论证案例的针对性、论证过程的逻辑性。常见的论证方法主要有以下几种。

(一) 分层式论证

分层式论证是申论文章写作最重要的论证方式,围绕中心论点展开多层次论证,构成了申论文章写作的基本结构。分层式论证包括两种结构模式:

(1) 递进式结构,即按照事理的层递关系(原因—过程—结果,主要—次要—附属,表面—深层—本质)层层摆放材料,在逻辑上呈现纵向的深入关系。

(2) 总分式结构,即总说与分说相结合,可以"总说—分说",也可以"分说—总说",还可以"总说—分说—总说"。

(二) 举例式论证

举例式论证是用典型事例来佐证论点的方法,是申论文章写作论证的常用方法,一般情况下,申论的举例不超过三例。

(三) 对比式论证

对比式论证是通过展示正反两方面的案例,用强烈的正反冲击来佐证自己的观点。对比式论证援引的案例可以是横向对比,也可以是纵向对比,主要目的就是突出正确,批判错误。

(四) 因果式论证

因果式论证包括实际因果关系和假设因果关系。在具体写作中,实际因果关系可以是从“因”到“果”的正向论证，也可以是从“果”到“因”的逆向论证。

(五) 引用式论证

引用式论证是通过引经据典来佐证自己的观点，合理引用能增强文章的说服力和文章的文采，引用的对象可以是名言警句、古诗文、谚语俗语、成语对联等。

(六) 比喻式论证

比喻式论证就是用大家熟悉的故事、案例、做法来说明相对艰涩的观点，将抽象的理论具象化，从而达到深入浅出的效果。

五、申论文章写作的注意事项

申论文章写作主要考查文章的三个方面：结构、论证和语言。具体而言包括以下几点：

(1) 文章结构完整，包括标题、开头、中间论证部分和结尾；

(2) 要适当引用材料中的相关语言、案例；

(3) 申论文章写作一般采用“三段论”结构；

(4) 中心论点的提出要正确、符合主流思想；

(5) 论证手段要丰富，逻辑要清晰；

(6) 善于运用比喻、排比、对偶等修辞手法。

练习

一、简答题

(一) 简述申论的基本题型。

(二) 申论考试需要做哪些准备?

(三) 从形式上看，申论的素材包括哪些内容?

(四) 简要论述申论文章写作的基本原则。

二、写作练习

(一) 根据给定资料写一篇介绍提纲

【作答要求】

邻区有关部门准备到锦林区学习考察，了解“智慧锦林”综合平台在社区治理方面的特点和运行情况。如果你是锦林区负责接待的工作人员，请根据“给定资料3”，写一份情况介绍提纲。

要求：要点完整，内容具体，条理清晰。不超过500字。

【给定资料】

3. 在锦林区社会治理综合指挥中心，一块巨大的显示屏实时显示着交通、餐饮、环境等领域的几十个监控场景，每个场景的运行都配有详细的数据和指标。这个集管理、执法、服务为一体的“智慧锦林”综合平台，是锦林区社会治理的中枢神经。它可以通过网格巡查、视频监控、无人机巡防、移动终端接受举报等多种手段，对公共秩序、公共环境、公共安全等相关问题进行巡查，“触角”延伸至辖区的每一个角落。

“触角”的末端，除了智能设备，既有各部门下沉到基层的工作人员，也有街道社区干部、网格管理员，还有使用专门 App 的每一位市民。区委黄书记介绍，通过“智慧锦林”综合平台，锦林区打造了部门联动、街道配合、群众参与的机制，实现了以指挥中心为圆心、以网格责任体系为基础、以全方位快速响应队伍为力量的社会治理共建、共治、共享新格局。

专门的 App 里面，设置有水、电、气、物业等多种生活缴费功能，并提供养老金、老年证、低保申请等常用便民服务咨询与网上办理服务。在“锦林群众”栏，设有“你是我的眼”平台，提供违法、违规及扰民行为的举报渠道及奖励方式：而在“政民互动”栏，则有市民关于入学、物业、环境卫生等各方面的诉求，以及相关单位的具体答复和联系人等内容。指挥中心王助理介绍，在平台上，大到环境整治、食品安全、治安防控、物业纠纷，小到车辆违停、占道经营等各类杂事烦事，群众都可以上来反映，平台通过 App 实现信息源头全覆盖。

网格员童大姐每天都会巡察自己负责的网格，并上报各种情况。通常情况下，这些事由网格员自己发现并处理。“在我们这儿，小事不出网格，大事不出社区。”童大姐自豪地说，“网格员就像社区客服，有求必应。我处置过群租扰民、违规占道等好多事情，也举报过安全隐患、河道污染等问题。”像童大姐这样的网格员，在锦林区共有 500 多名。这是一支充分发动各社区党员、志愿者，按照“一格一员”原则组建的专兼职队伍。“主动发现的问题多了，市民的投诉也就少了。”王助理说，“平台上 70%的问题信息是由网格员上报的，问题隐患可以在第一时间被发现、处置、解决，提高了源头发现和前端处置能力。”

初夏，新开业的德嘉酒店将空调外挂机组安在锦绣小区绿地，噪声扰民严重。居民举报当日，酒店经理满口答应整改，却迟迟未见实际行动。举报后的第四天，指挥中心启动共治机制，通过平台通报，区综合执法局、园林局、派出所和街道办事处等组成联合执法队，进行联合执法。在处理现场，联合执法队查看了酒店规划设计图，指出“空调外挂机组占用绿地并不在规划之中，属非法占用绿地”，责成其立即整改。经过一个月的施工，原本想拖过夏季再做改造的酒店方将空调外挂机组搬到了酒店楼顶。

“办案中，3 天内属于社区端自治机制，尽力将问题在社区、网格员、居委会、物业、业主委员会协同自治层面处置。对于自治无效的，4 天后启动‘大联动’执法共治机制，打破了社区工作人员单打独斗处理问题的困难局面。”社区马书记说，“过去解决这些难题时，协调过程复杂、耗时长，现在通过综合平台的应用，实现了‘平台一吹哨，大家来报到’的智能化联合管理。”执法中队队员小尹同样也感受到了变化：“现在和‘大联动’小分队一起处理案件，执法过程顺利多了，也能实实在在帮老百姓解决问题。”

“2018 年，我们经过对举报数据的长期观察，发现餐饮行业的油烟污染是市民反映的热点、难点问题。”王助理说。研判数据提交后，区政府多次召开专题会议研究部署，在餐饮行业集中的街道，开展绿色餐饮示范街区建设。“在综合平台，大数据的运用无处不在。针对居民诉求较多的问题，指挥中心工作人员定期分析研判，为政府提供决策依据。”区综合执法局吴局长说。平台借助视频天眼系统，利用 1 000 多个摄像头对重点区域进行不间断监控，抓拍采集油烟污染线索，及时取证，第一时间将数据下派执法队员查处。此外，平台还利用无人机反应迅速、覆盖范围广、无死角监控等特点，对餐厨油烟、焚烧垃圾、锅炉黑烟等问题进行空中取证，形成了平台化、科学化、效能化的管理与执法常态，有效解决了空气污染环境违法难管、难罚的问题。

（2020・国家・市级）

（二）根据给定资料写一篇申论文章

【作答要求】

给定资料2中提道：想象一种语言就意味着想象一种生活方式，网络世界为这种想象提供了无限可能。请结合对这句话的理解，围绕"网追正能量　担当新时代"这一主题，联系实际，写一篇议论文。

要求：

(1) 自选角度，自拟标题；

(2) 参考给定资料，不拘泥于给定资料；

(3) 观点明确，内容充实，结构完整；

(4) 篇幅1 000字左右。

【给定资料】

1. "科技改变生活"在这个时代来得特别真切，互联网技术给老百姓带来极大的便利。扫码点菜、刷脸进站、在线挂号、手机值机……鼠标轻点，手指滑动，互联网新产品、新业态竞相涌现。

"幽门下第六组淋巴结，下面的血管容易破裂，操作时一定要小心……"Z市医学院附属邵逸夫医院胃肠外科肖主任端坐在诊间，聚精会神地对着面前的手机屏进行远程指导。屏幕那头，D县人民医院手术室里，当地主刀医生正在为一名60岁的胃癌患者做腹腔镜远端胃癌根治术。这是邵逸夫医院运用5G技术，不断拓展互联网医疗的一个新场景。自今年4月份，邵逸夫医院与华为公司合作共同设立5G创新中心以来，移动查房、移动护理、远程急救、远程会诊、医学授教、手术机器人以及远程手术等互联网医疗创新应用取得飞跃式进展。"我们的最终目标是建成'互联网+医疗健康'经验的'国家示范样本'。"邵逸夫医院蔡院长说。

网络技术带来的不仅仅是美好，它既是"阿里巴巴的宝库"，有时也是"潘多拉的魔盒"。每一次互联网风口，都汇聚了大量的激情澎湃，也沉淀了无数的辛酸苦楚。

2019年"两会"期间，一些明星的"流量造假"问题受到了代表委员们的关注，不少代表针对网络数据造假乱象提出了议案和提案。刷好评、刷点击量、刷转发……甚至直接用外挂程序造假，诸如此类现象，在网络上屡见不鲜。娱乐圈中的"流量造假"，更是蔓延至各行各业，甚至滋生出巨大的数据造假的黑灰产业。网上的数据不可信了，大数据行业也就没了"基石"。

日前，因不愿意使用人脸识别，Z大学副教授郭先生作为消费者将H野生动物世界告上了法庭。该案也成为国内消费者起诉商家的"人脸识别第一案"。从报道可知，郭先生在H野生动物世界办了年卡，原本是通过验证指纹入园，后来园方升级为人脸识别入园。郭先生认为面部特征等个人生物信息属于个人敏感信息，一旦泄露，将极易危害消费者人身安全和财产安全；而H野生动物世界未经同意，通过升级年卡系统，强制收集消费者的个人生物信息，严重违反相关规定，损害了消费者的合法权益。有人说："一路狂奔的人脸识别看似风光无限，却不得不让人担心风光的背后是不是藏着一颗巨大的雷。""人脸识别第一案"再次警示，新技术不能只看到好的一面，期待"人脸识别第一案"成为乱象终结者，破开监管坚冰，推动相关政策出台。

2.“基操勿6皆坐”“流泪了zqsg”“我害怕ssfd”……这些话，你懂吗？这种以中文夹杂英文字母和数字的弹幕在视频网站中渐有异军突起之势，短短的一句弹幕甚至可以赢得上百个点赞。这些让大多数人摸不着头脑的“摩斯密码”，实则是“00后”自成一派的语言体系，并被戏称为“00后”的“黑话”——目的也很简单，阻止另一批人破译，特别是他们的父辈，从而进行“精准社交”。

“基操勿6皆坐”的意思是“这只是基础操作，不要在弹幕上打666”，简言之，不要大惊小怪。“ssfd”是“瑟瑟发抖”的拼音缩写。追星女孩迪迪对这些“黑话”了如指掌。她说：“如果别人用这种语言和我说话，我会觉得找到了同类，聊天时也会亲近不少。”在外人看来，这似乎只是一连串的乱码，同类却可以从中解读，抵御了非同类对他们世界的窥探，在群体之间完成信息传播的全过程。“00后”在网络这片没有“结界”的疆域里开拓着属于自己的疆土，他们在创造群体通用语言后，继而进行社交活动，“求扩列”就是他们社交的一种形式。扩列，是“加QQ好友”的另一种说法。高二学生小白说，她在网上通过王者荣耀游戏与大二女生妙妙结为好友，今年暑假每天都在QQ上聊天。小白说：“我们班同学几乎都有网友，因为都觉得陌生人比身边的人更懂自己，而且他们在现实生活中不认识我，聊天也可以更加随心所欲一些。我和妙妙约定，高考完就面基(网络用语，指网友间约见)。”

著名哲学家维特根斯坦曾说过：“想象一种语言就意味着想象一种生活方式。”网络世界为这种想象提供了无限可能。对“00后”的社交“黑话”，是惊讶，是反感，是听之任之，抑或是适度引导，不同的人有不同的态度。

3.互联网时代，“众声喧哗”是常态，但在开放、互动的平台上，网络正能量也从未缺席。我们看到，在很多重要节点面前，正能量的故事日出新篇。春运时、“两会”时、医师节时……都有传播正能量的文字，或向坚守岗位的人致敬，或为社会发展建言献策，或为特定的职业发声。《我是港珠澳大桥，今天通车了！》用10问详解港珠澳大桥；九江大堤决口20周年，真实图片传递“抗洪精神”；汶川地震10周年，漫画、图片呈现生生不息的力量……社会热点发生时，网络正能量总能在第一时间到达。

前不久，一篇网络热传文章《中国降雨临界点全线向北漂移》引发不少关注。文章称，地球气候正在加速发生令人难以置信的巨变，中国气候的临界点在今年出现大面积漂移。中国互联网联合辟谣平台引用权威专家观点，第一时间发布辟谣稿件《中国降雨临界点全线向北漂移？以偏概全，危言耸听》。据报道，中国互联网联合辟谣平台由国家网信办举报中心主办，2018年8月正式上线运行以来，已发布辟谣稿件6 000余篇，其采用的“联动发现、联动处置、联动辟谣”的工作模式成效显著。而这，仅仅是我国网络空间治理的一个缩影。

在第六届世界互联网大会企业家高峰对话论坛上，网络大咖们一致认为，进入成年期的互联网，优质内容和优良生态，已经不是及格线，而是网络社会行稳致远的核心和关键。互联网企业在坚守责任的同时，更要做主流价值的裂变器、正能量的放大器、社会进步的助推器，让互联网成为推动社会更快进步的强大动力。

历史未有穷期，未来充满期待。互联网诞生50周年，影响范围之广、程度之深，没有任何一种技术可与之相比。信息化为中华民族带来千载难逢的机遇，中国互联网25年的跋涉，不是一段历史的终结，而是走向未来的新起点。

(2020·江苏省·A类)

第四章　事务文书写作

第一节　事务文书的性质与特点

一、事务文书的性质

国家机关、企事业单位、社会团体在处理公务活动中，一部分重要的事项使用国务院颁布的正式公文，但大量信息交流和日常事务的处理却是使用机关日常事务文书，如简报、调查报告、计划、总结等。这类文书虽然不像行政公文有严格的规则和法定的权威效力，但大多数都有约定俗成的行文要求。事务文书是党政机关、社会团体、企事业单位处理日常事务时使用最为普遍和广泛的实用性文体。

二、事务文书的特点

事务文书是指法定公文和专用文书之外的机关文书，也是应用文的一大类别。具体地说，这类文书的特点主要体现在以下几个方面：

(一) 对象比较具体

事务文书是国家公文以外，用于处理单位日常事务所需文书，为哪些人撰写的，要求哪些人了解并使用，都有具体要求。

(二) 格式比较固定

事务文书在长期的使用中大都形成了比较固定的惯用格式。各种事务文书的构成要素以及各构成要素的写法，通常是有一定的规则的。

(三) 写法比较实际

撰写事务文书要以能够满足实际需要为原则，观点的确定、材料的使用既要切合实际，又要具体扎实。写作形式的运用也要讲求实际效果，要有利于文书的处理和文书内容的落实。

第二节 事务文书的种类与写作要求

一、事务文书的种类

事务文书按照不同的标准，可以分为不同的种类。依据其性质与作用的不同，可以分为以下几类：

（一）计划类文书

计划类文书是单位或个人对一定时限内的工作、生产、学习做出有目的、有措施、有步骤的安排所撰写的文书，包括规划、方案、计划、安排等。

（二）报告类文书

报告类文书是反映工作状况和经验，对工作中存在的问题或具有普遍意义的重要情况进行分析研究的文书，包括总结、述职报告、调查报告等。

（三）简报类文书

简报类文书是简明扼要记录工作状况的文书，它包括简报、大事记等。

二、事务文书的写作要求

（一）以方针政策为指导，以法规规定为依据

事务文书具有一定的政策性，它是党和国家的方针政策在实际工作中的具体体现，因而不管写作什么样的事务文书，都必须认真学习党和国家在各个时期的方针、政策，并运用政策原则去指导工作。同时，事务文书还必须以法律规定为依据，不能与现行的政策法规相抵触。

（二）从实际出发，获取真实材料

写作事务文书时，要进行深入细致的调查研究，尽可能多地获取第一手材料。尤其是在市场经济的条件下，无论是政府还是企业，在进行决策、指导、计划、管理时更需要从实际出发，只有这样才能发挥事务文书的作用。

（三）格式相对稳定，语言准确清晰

事务文书的格式虽不像行政公文那样程式化，但许多文种的格式也相对稳定，具有约定俗成的特点。事务文书在结构方面，要求开门见山，突出重点；在语言方面，要求用语准确，表述清晰。

第三节　计划的写作

一、计划的适用范围

计划是根据党和国家有关方针、政策以及上级的指示精神，依据本部门的实际情况，对未来一定时期内的工作、生产、学习等作出具体打算和安排，以确定其完成期限的一种实用性文书。

计划是计划类文体的统称。日常工作中，安排、打算、规划、设想、意见、方案等也都属于计划一类。由于内容侧重不同，往往选用不同的名称。

安排、打算：常用于时间较短、内容较具体，并偏重于工作步骤的文书。

规划：五年以上带有全局性、长远性和方向性的计划。

设想：表示初步的、非正式的计划，如工作要点、工作意见等。

方案：指目标明确、任务要求和措施办法具体的计划。

人们做什么事都要有计划。"凡事预则立，不预则废"，预，就是事前的计划和安排。工作有了计划，就可以统筹全局，做到心中有数，同时便于随时检查，从而提高工作质量，完成工作任务。

二、计划的特点

（一）预见性

计划是在正确分析形势的基础上，根据本机关、本单位或本部门的具体情况提出的下一步设想。每个机关、单位、部门下一步的工作目标、重点、具体措施、办法及有效期限等，都不可能是前段工作的重复进行，而只能是顺应事物的客观发展规律，顺应国民经济发展的总形势、总要求，对本机关、本单位、本部门下一阶段发展趋势、所能达到的目标进行科学的分析和预见。

（二）现实性

计划的现实性是指以现实为基础，计划所制定的目标经过主观努力可以达到，并且有切实可行的措施和方法。好的计划既不能无突破，又不能脱离实际，好高骛远。

（三）目的性

目的是计划的灵魂和生命，是制订计划的出发点。不同的计划有表现目的的不同方式，有的直接指出目标，有的提出任务要求。计划的目的提法可以不同，但必须明确、具体。

三、计划的种类

按照不同的划分标准，可将计划分为不同的种类。

按内容分，有综合计划、专题计划；按范围分，有国家计划、地区计划、部门计划、单位计划、科室计划、班组计划、个人计划；按性质分，有学习计划、工作计划、生产计划、科研计划、会议计划；按时间分，有长远计划、年度计划、季度计划、月份计划、周计划；按作用分，有指令性计划、指导性计划；按形式分，有文字计划、图表计划。

四、计划的写作

（一）计划

计划的写作格式和结构并不十分严格。常见的计划一般采用条文式和表格式两大基本类型。国家党政机关工作的计划大多采用条文式，将计划的宗旨、内容用文字逐条列出。经济领域各部门的计划，如生产、营销、基建、财务等计划，常采用表格式，在事先设计好的图表上逐项填写数字、数据。有时日常工作的安排也可以用表格的形式。由于表格式计划有固定的格式，我们略而不论，这里主要探讨文字式计划的写作。

1. 标题

标题是计划的名称。计划的标题有以下两种情况：

完整式：写明制订计划的单位名称、计划内容、适用时间和文种名称，如《××大学 2022 年工作计划》《××大学 2021—2022 学年教学改革计划》。

省略式：对制订单位、适用时间进行一定的省略。如省略单位的《关于 2022 年党建工作计划》；省略时间的《××省直属机关党建计划》。如果是未经正式讨论通过，或没有最后定稿的计划，须在标题后用括号注明“草案”“初稿”“讨论稿”“征求意见稿”等字样。

2. 正文

正文是计划的主体，包括指导思想、计划事项、执行希望三个部分。

指导思想（前言）：简要说明制订计划的原因或依据，即说明“为什么”制订本计划。常见写法有以下几种：

第一种，阐明指导思想，统领正文；第二种，分析形势，引出总的目标和要求；第三种，交代行文依据或目的，点明工作重点；第四种，总结前段经验，承上启下。

如果是普通的、简要的计划，前言部分可以省略。

计划事项通常包含以下内容：

目标。计划是为了完成一定任务而制定的。目标是计划产生的导因，也是计划奋斗方向，应说明“做什么”的问题。计划应根据需要与可能，规定出在一定时间内所完成的任务和应达到的要求。任务和要求应该具体明确，有时还要定出数量、质量和时间要求。

措施。要确保实施目标和完成任务，就必须制订出相应的措施和办法，这是实现计划的保证。措施和方法主要指达到既定目标需要采取什么手段、动员哪些力量、创造什么条件、排除哪些困难等，并落实责任单位，即执行任务的有关部门和人员。

步骤。这是指执行计划的工作程序和时间安排。各项任务，在完成过程中都有阶段性，而每个阶段又有许多环节，它们之间常常是互相交错的。因此，制订计划必须胸有全局，妥善安排。哪些先做、哪些后做应合理安排，哪些是重点、哪些是一般也应该明确。在时间安排上既要有总的时限，又要有各阶段的时间要求，以及人力、物力的相应安排、配合。

以上三方面内容不一定截然分开，有时往往要结合在一起写，写作时应按实际情况灵活安排、处理。

执行希望(结尾)：主体写完后，一般自然结束，不再另写结尾。但有时也可根据需要，或写一段注意事项，或指出计划的重点任务与实施过程中的主要环节，或提出完成计划的决心和口号，以此作为计划的结束语。

3. 落款

在正文结束后的右下方，注明制订计划的单位名称和日期。如果在计划标题下已标明了单位名称，结尾处就不必重复。上报或下达的计划，要在落款处加盖公章。此外，与计划有关的材料，可以在正文后面附文、附图说明。

【例文】

健康儿童行动提升计划(2021—2025年)

儿童是国家的未来、民族的希望，儿童健康是经济社会可持续发展的重要保障。为深入贯彻《中共中央 国务院关于优化生育政策促进人口长期均衡发展的决定》，落实《"健康中国2030"规划纲要》和《健康中国行动(2019—2030年)》，进一步提高儿童健康水平，制定本计划。

一、基本原则

坚持儿童优先，共建共享。遵循儿童优先发展理念，动员全社会力量，共同保障儿童健康，为经济社会可持续发展提供健康人力资源。

坚持预防为主，防治结合。推动以治病为中心向以健康为中心转变，保生存向促发展转变，构建整合型儿童健康服务体系，推进儿童健康事业高质量发展。

坚持公平可及，促进均衡。加强农村地区儿童健康工作，夯实基层儿童健康服务基础，缩小城乡、地区之间差距，助力乡村振兴，推动儿童健康服务均等化。

坚持守正创新，持续发展。坚持保健与临床相结合、个体与群体相结合、中医与西医相结合，因地制宜，改革创新，走出具有中国特色的儿童健康事业可持续发展道路。

二、主要目标

到2025年，覆盖城乡的儿童健康服务体系更加完善，基层儿童健康服务网络进一步加强，儿童医疗保健服务能力明显增强，儿童健康水平进一步提高。具体目标如下：

——新生儿死亡率、婴儿死亡率和5岁以下儿童死亡率分别控制在3.1‰、5.2‰和6.6‰以下。

——6个月内婴儿纯母乳喂养率达到50%以上；5岁以下儿童生长迟缓率控制在5%以下。

——适龄儿童免疫规划疫苗接种率以乡(镇、街道)为单位保持在90%以上。

——儿童肥胖、贫血、视力不良、心理行为发育异常等健康问题得到积极干预。

——儿童常见疾病和恶性肿瘤等严重危害儿童健康的疾病得到有效防治。

——儿童健康生活方式进一步普及，儿童及其照护人健康素养提升。

三、重点行动

（一）新生儿安全提升行动

1. 加强危重新生儿救治网络建设。完善省、市、县三级危重新生儿救治网络，健全上下联动、应对有序、运转高效的危重新生儿救治、会诊、转诊网络。重点加强中西部危重新生儿救治中心和转运体系建设。提升助产机构危重新生儿救治能力，强化产科与新生儿科医护团队产前、产时及产后密切合作。开展危重新生儿救治网络建设质量评估，每个县域内均有1家符合质量评估要求标准化的危重新生儿救治中心。

2. 提升新生儿医疗救治服务能力。加强新生儿科医师培训，每个危重新生儿救治中心新生儿科医师均经过系统培训。每个危重新生儿救治中心每季度开展至少1次专项技能培训和快速反应团队急救演练，提升新生儿救治快速反应和处置能力。全面推广新生儿复苏技术，每个分娩现场均有1名经过培训的新生儿复苏专业人员。规范开展新生儿死亡评审，抓好问题整改落实，减少新生儿死亡。探索新生儿重症监护病房家庭参与式看护运行模式。

3. 强化新生儿生命早期基本保健。强化新生命围孕期、产时和分娩后连续健康监测与保健服务，保障胎儿和新生儿健康。加强新生儿规范化访视，指导家长做好新生儿喂养、保健护理和疾病预防，早期发现异常和疾病，及时处理和就诊。新生儿访视率保持在90%以上。强化早产儿专案管理，推广早产儿母乳喂养、袋鼠式护理和早期发展促进，不断提高早产儿专案管理率。

（二）出生缺陷防治提升行动

4. 完善出生缺陷防治网络。加强省级出生缺陷防治机构能力建设和全省域业务指导作用发挥。规范婚前孕前保健门诊、产前筛查机构、产前诊断机构设置和管理，健全新生儿疾病筛查、诊断、治疗网络，开展相关特色专科建设。加强临床遗传咨询、产前超声诊断、遗传病诊治等出生缺陷防治紧缺人才培养。针对唐氏综合征、先天性心脏病、先天性耳聋、重型地中海贫血等重点出生缺陷疾病，建立健全县级能筛查、地市能诊断、省级能指导、区域能辐射的出生缺陷防治网络。

5. 推进出生缺陷防治服务。一是强化一级预防。推广婚姻登记、婚前医学检查、生育指导“一站式”服务，统筹推进婚育健康教育、婚前保健、孕前优生健康检查、增补叶酸工作，免费孕前优生健康检查目标人群覆盖率达到80%以上。二是完善二级预防。开展产前筛查和产前诊断补助试点，针对先天性心脏病、遗传病等重点疾病推动围孕期、产前产后一体化管理服务和多学科诊疗协作。三是推进三级预防。扩大新生儿疾病筛查范围，逐步将先天性髋关节脱位等疾病纳入筛查病种，新生儿遗传代谢病筛查率和新生儿听力障碍筛查率分别达到98%和90%以上。新生儿先天性心脏病筛查覆盖所有区县，筛查率达到60%以上。实施出生缺陷干预救助项目。

（三）儿童保健服务提升行动

6. 加强儿童健康管理。以儿童体格生长监测、营养与喂养指导、心理和行为发育评估、眼保健和口腔保健、听力障碍评估为重点，积极推进国家基本公共卫生服务0—6岁儿童健康管理项目。3岁以下儿童系统管理率和7岁以下儿童健康管理率分别保持在85%以上和90%以上。将儿童健康管理纳入家庭医生签约服务，鼓励设立多种类服务包，提供多元化、多层次、个性化儿童保健服务。建立健全高危儿转诊服务网络和机制，规范高危儿管理。加强对幼儿园、托育机构卫生保健业务指导。

7. 强化儿童营养喂养与运动指导。强化孕前、孕产期营养评价与膳食指导，提高母婴营养水平。实施母乳喂养促进行动，加强爱婴医院管理，倡导6个月内婴儿纯母乳喂养。强化婴幼儿辅食添加咨询指导，降低儿童贫血患病率和生长迟缓率。在脱贫地区继续实施儿童营养改善项目。加强儿童运动指导，普及学龄前儿童每日不同强度的运动时间不少于180分钟，中等强度及以上的运动时间不少于60分钟等科普知识，减少久坐时间，促进吃动平衡，预防和减少儿童超重和肥胖。推进妇幼保健机构儿童营养、运动医学门诊建设，加强儿童营养喂养咨询、运动指导科学专业队伍建设，提高营养喂养咨询和运动指导能力。

8. 促进儿童心理健康。加强儿童心理行为发育监测与评估，探索建立以儿童孤独症等发育异常为重点，在社区可初筛、县级能复筛、专业医疗机构诊断和康复的服务网络。推动妇幼保健机构、儿童医院、二级以上综合医院、精神专科医院开设儿童精神心理科或儿童心理保健门诊，加强儿童精神心理专科建设，促进儿童心理学科发展。加强社会宣传健康促进，营造心理健康从娃娃抓起的社会氛围。针对孕产妇及家庭成员、儿童家长、幼儿园和托育机构工作人员、学校教师，普及儿童心理行为发育健康知识，开展生命教育和性教育，培养儿童珍爱生命意识和情绪管理与心理调适能力。

9. 推进儿童眼保健服务。实施儿童眼健康“启明行动”，加强科普知识宣传教育。聚焦新生儿期、婴幼儿期和学龄前期，开展早产儿视网膜病变、先天性白内障等致盲性眼病以及屈光不正、斜视、弱视、上睑下垂等儿童常见眼病的筛查、诊断和干预。普及儿童屈光筛查，监测远视储备量，防控近视发生。开展儿童青少年近视防控中医适宜技术试点。扎实开展0—6岁儿童眼保健和视力检查服务，人群覆盖率达到90%以上。加强基层医疗卫生机构、妇幼保健机构眼保健服务能力建设，与儿童医院和综合医院眼科建立协同机制，实现儿童眼健康异常情况早发现、早诊断和早干预。

10. 加强儿童重点疾病防控。以肺炎、腹泻、手足口病等儿童常见疾病为重点，推广儿童疾病防治适宜技术。提高儿童血液病、恶性肿瘤等重病诊疗和医疗保障能力。实施国家免疫规划，规范开展儿童预防接种，维持较高水平的国家免疫规划疫苗接种率。坚持常规和应急结合，加强突发公共卫生事件中儿童医疗救治，保障儿童必要应急物资储备。做好新型冠状病毒肺炎等新发传染病疫情防控中儿童健康评估与干预。加强儿童碘缺乏病的防控工作，开展定期监测，消除碘缺乏危害并保障儿童碘营养水平适宜。做好农村地区儿童氟斑牙和大骨节病的筛查与防控，保护儿童牙齿、骨骼健康发育。

（四）儿童早期发展服务提升行动

11. 加强婴幼儿养育照护指导。聚焦0—3岁婴幼儿期，在强化儿童保健服务基础上，通过家长课堂、养育照护小组活动、入户指导等方式，普及科学育儿知识和技能，增强家庭的科学育儿能力，促进儿童体格、认知、心理、情感、运动和社会适应能力全面发展。以留守儿童等弱势群体为重点，实施农村儿童早期发展项目，促进儿童早期发展服务均等化。

12. 加强儿童早期发展服务阵地建设。关注生命早期1 000天，建立适应儿童早期发展需求的儿童保健、儿童营养与运动、心理与社会适应等多学科协作机制。规范和加强儿童早期发展服务，提升儿童早期发展服务质量，力争每个县域内至少有1家标准化建设和规范化管理的儿童早期发展服务阵地，推动儿童早期发展服务进社区、进家庭、进农村。开展儿童早期发展适宜技术培训，提高基层人员服务能力和技术水平。

（五）儿童中医药保健提升行动

13. 加强儿童中医药服务。在全国县级以上公立中医院普遍设立儿科，有条件的地市级以上中医院应当开设儿科病房。县级以上妇幼保健机构能够提供儿科中医药服务，省级和市级妇幼保健机构设置中医儿科。儿童医院能够提供儿科中医药服务，三级儿童医院和有条件的二级儿童医院应当设置中医儿科。在基层医疗卫生机构运用中医药技术方法开展儿童基本医疗和预防保健。各级妇幼保健机构要建立儿科中西医协作诊疗制度，将中医纳入多学科协作诊疗会诊体系。加强儿科中医药人才培养，通过师带徒等形式，培训儿科中医药业务骨干。积极推广应用小儿推拿等中医药适宜技术，强化中医药在儿童医疗保健中的重要作用。建设一批中医儿科特色专科。

14. 推进儿童中医保健进社区进家庭。鼓励中医医疗机构或有条件的妇幼保健机构牵头成立妇幼（儿科）中医药联盟，通过项目合作、联合病房、学科帮扶等形式加强合作，积极推进中医优质资源下沉。各级中医医疗机构要加强对基层医疗卫生机构的业务指导，提高基层医疗卫生机构中医师的儿童保健和儿科诊疗服务能力。鼓励家庭医生开展中医治未病服务。基层医疗卫生机构和各级妇幼保健机构要推广中医治未病理念和方法，普及儿童中医药保健知识，提升群众中医药保健意识。0—36个月儿童中医药健康管理服务率达到85%以上。

（六）儿童健康服务体系提升行动

15. 完善儿童医疗卫生服务体系。健全以妇幼保健机构、儿童医院和综合医院儿科为核心，以基层医疗卫生机构为基础，以大中型综合医院和相关科研教学机构为支撑的儿童医疗卫生服务体系。强化国家儿童医学中心和国家儿童区域医疗中心示范引领和辐射带动作用。推进儿科分级诊疗体系建设，以医疗联合体为载体整合区域医疗资源，促进优质儿童医疗资源上下贯通，通过对口帮扶、远程医疗等方式提升县级医院儿童医疗卫生服务水平。鼓励社会力量举办儿童专科医疗机构。

16. 强化基层儿童保健服务网络。加强以县级妇幼保健机构为龙头，乡镇卫生院和社区卫生服务中心为枢纽，社区卫生服务站和村卫生室为基础的基层儿童保健服务网络建设。开展儿童保健门诊标准化建设，提升儿童保健服务质量。探索将基层医疗卫生机构的儿童保健科、儿科门诊、儿童预防接种门诊有机整合，优化功能布局，丰富内涵，推进儿童健康全过程管理和服务。开展基层儿童保健人员培训，加强基层儿童保健服务队伍建设。

17. 加强儿童保健服务质量管理。健全儿童保健服务质量管理制度，完善儿童保健工作规范。医疗机构要强化儿童保健服务质量管理，落实主体责任，实行院、科两级质量管理，推动儿童保健服务质量的持续改进。各级妇幼保健机构加强对辖区儿童保健服务质量管理。将儿童保健服务质量改进纳入改善医疗服务行动和优质服务基层行活动。

18. 开展儿童友好医院建设。以环境设施符合儿童心理特点和安全需要、医疗保健服务优质高效为重点，以妇幼保健机构、儿童医院、综合医院儿科、基层医疗卫生机构为主体，开展儿童友好医院建设。促进儿童保健与儿科临床高质量融合发展，加强儿童康复服务供给和儿童伤害监测干预，畅通儿童危急重症抢救绿色通道。医疗机构构建符合儿童身心特点、呵护儿童健康全过程的温馨服务环境和友善服务氛围，努力为儿童提供有情感、有温度、有人文的优质医疗保健服务。

（七）智慧儿童健康服务提升行动

19. 健全儿童健康服务信息化平台。加强区域妇幼健康信息平台建设，完善儿童健康信息标准，推进儿童健康信息互联共享。提高基层医疗卫生机构信息化水平，鼓励有条件的地区为基层医务人员配备智能化移动服务终端设备，提高服务质量，减轻基层负担。积极推进母子健康手册信息化，加强实时动态儿童健康管理。

20. 推广"云上妇幼"服务。充分利用各种互联网交流平台，开展线上儿童健康评估和指导。推进预约诊疗、诊间结算、移动支付、检验检查结果线上推送与查询等智慧服务，提高就医体验。广泛开展远程会诊、线上转诊、远程培训和指导，促进优质医疗资源下沉。推动利用5G技术、可穿戴设备、人工智能等新技术开展儿童健康监测与管理，创新儿童医疗保健服务模式。

21. 推进"出生一件事"多证联办。利用可信身份认证信息系统和人脸识别技术，推动出生医学证明"刷脸识别、在线核验、机构审核、预约取证"，规范出生医学证明签发，方便群众办事。利用各级政务服务平台，会同公安、人力资源社会保障、医保等部门，优化完善政务服务事项办理流程，推进线上线下深度融合，促进出生医学证明、预防接种证、户口登记、医保参保、社保卡申领等"出生一件事"跨部门、跨地区办理，逐步实现"网上办""掌上办"。

22. 加强儿童健康科学研究和应用推广。围绕儿童肥胖和遗传代谢性疾病防控、儿童心理行为发育异常筛查和干预、出生缺陷三级预防、儿童危急重症综合救治和重大疾病综合防治等重点领域，大力发展具有自主知识产权和符合国情的儿童医疗保健技术。加强儿童保健适宜技术应用和推广。鼓励和支持儿童用药品和适宜剂型、罕见病专用药和医疗器械的研发，大力推动高质量科技成果在儿童健康领域的转化和应用。

四、组织实施

（一）加强组织领导

各省级卫生健康行政部门要结合实际制定健康儿童行动实施方案，细化任务分工，列入督办台账，夯实工作责任。积极开展"儿童健康综合发展示范县"创建活动，提升儿童健康服务水平。加强督促指导和监测评估，深入查找分析问题，及时补短板强弱项。每年至少召开1次健康儿童行动协调推进会，总结部署儿童健康工作，推动各项重点任务落地落实。

（二）加大保障力度

各级卫生健康行政部门在推进健康中国建设、落实中国妇女儿童发展纲要进程中，要加强统筹协调，为健康儿童行动提供更加有力的政策投入保障、组织管理保障和体系建设保障，不断健全儿童健康服务网络，加强儿童健康专业人才队伍建设和学科发展，促进儿童健康事业高质量发展。

（三）强化宣传引导

加大健康儿童行动宣传力度，做好行业内和面向公众的政策宣传，总结各地经验做法，及时通报进展成效，宣传表扬典型机构、人员和事例，增强儿童健康战线使命感、荣誉感，提升人民群众获得感、满意度,为促进儿童健康事业发展营造更加良好的舆论氛围和社会支持环境。

国家卫生健康委
2021 年 10 月 29 日

(二) 安排

安排,是对相对较短的时间范围内要完成的工作做具体筹划,是计划中最为具体的一种。由于其工作在时间上比较切近,在内容上单一,不做具体安排就不能达到目的,因此内容要写得详细一些,使人容易把握。

由于安排的内容涉及范围较小或是单位内部的工作,所以一般有两种发文形式。如果是上级对下级的工作安排,尽管涉及面较小,也要用"文件头"形式下发。如果是单位内部的工作安排,可直接下发。安排一般由某项工作的执行部门制定,目的是按部就班地开展工作,避免忙乱、遗漏。

1. 标题

安排的标题可采用完整式,也可采用省略式。如《南京邮电大学第 10 周工作安排》《南京市植树工作安排》。

2. 正文

安排的正文一般写清目的、要求、活动内容和时间安排即可。有时简单的工作安排可省略目的、要求。

【例文 1】

大学生创新创业大赛赛事日程安排

"建行杯"第七届中国国际"互联网+"大学生创新创业大赛江苏省选拔赛暨第十届江苏省大学生创新创业大赛决赛定于 2021 年 8 月 22 日至 24 日在南京邮电大学仙林校区举办,小组赛和排位赛均采取线上路演答辩方式进行。

赛事日程

日期	时间	活动内容
8 月 17 日—8 月 18 日	09:30—18:00	各高校各项目自行调试软硬件设备
8 月 17 日—8 月 22 日	00:00—18:00	"最具人气奖"网络投票
8 月 19 日—8 月 20 日	09:30—18:00	各高校各项目与主赛场联网测试线上路演
8 月 20 日 (周五)	15:00—17:00	线上召开领队会议,进行项目分组抽签 (zoom 会议 ID:177 036 948)
8 月 21 日 (周六)	13:00—19:30	各参赛团队线上报到及核验身份 分组路演、直播录播系统开放测试

续表

日期	时间	活动内容
8月22日（周日）	07:20—08:20	上午场线上路演项目排队候场
	09:00—12:00	分组线上路演答辩
	12:00—13:00	午餐（下午场线上路演项目排队候场）
	13:00—17:30	分组线上路演答辩
8月23日（周一）	10:00—11:30	大赛组委会线上工作会议
	14:00—14:30	公布小组赛结果
	14:30—15:30	排位赛（含申请参训的往届一等奖项目）线上抽签（高教主赛道分2个组，红旅赛道1个组）
	15:30—21:00	排位赛线上彩排
8月24日（周二）	07:30—08:20	上午场线上答辩排队准备
	08:30—12:00	排位赛（分赛道在线进行，5分钟汇报）
	12:00—13:00	午餐（下午场线上路演项目排队候场）
	13:00—18:00	排位赛（分赛道在线进行，5分钟汇报）

【例文2】

2017年食品安全重点工作安排

食品安全关系广大人民群众身体健康和生命安全，加强食品安全工作是各级党委政府的重大政治任务。2016年，全国食品安全形势总体稳定向好，但问题依然复杂严峻。为贯彻党中央、国务院关于食品安全工作的决策部署，落实“四个最严”要求，强化源头严防、过程严管、风险严控监管措施，加快解决人民群众普遍关心的突出问题，提高食品安全治理能力和保障水平，推进供给侧结构性改革和全面小康社会建设，现就2017年食品安全重点工作作出如下安排：

一、加强食品安全法治建设

完善办理危害食品安全刑事案件的司法解释，推动掺假造假行为直接入刑。（中央政法委牵头，高法院、高检院、公安部、农业部、国家卫生计生委、海关总署、质检总局、食品药品监管总局配合）加快完善食品安全相关法律制度，抓紧修订食品安全法实施条例，基本完成食品安全法配套规章制/修订，落实处罚到人。推动地方食品生产经营小作坊、小摊贩、小餐饮管理办法在年内全部出台。启动农产品质量安全法修订，贯彻落实新修订的农药管理条例。研究制定餐厨垃圾回收和资源化处理相关法规。（食品药品监管总局、农业部、国家发展改革委、国务院法制办按职责分工负责）修订出台学校食堂与外购学生集中用餐食品安全管理规定。（教育部牵头，国家卫生计生委、食品药品监管总局配合）制定食品相关产品监管办法，抓紧修订进出口食品安全管理办法。（质检总局牵头，国家卫生计生委、食品药品监管总局配合)加强食品安全法治教育,各级食品安全监管人员、各类食品生产经营单位负责人、主要从业人员全年接受不少于40小时的食品安全集中培训。完善食品安全行政执法程序,加强行政处罚法律适用的指导。规范执法行为,强化执法监督,开展执法检查,做好行政复议和应诉工作。(国务院有关部门、各省级人民政府负责)

二、完善食品安全标准

推动食品安全标准与国际标准对接。继续完善食品安全标准体系,制/修订一批重点急需的重金属污染、有机污染物、婴幼儿配方食品、特殊医学用途配方食品、保健食品等食品安全国家标准及其检测方法。加强标准的宣传、培训与跟踪评价,强化标准制定、执行和监管的衔接。加强地方食品安全标准制/修订与管理,指导地方清理标准,建立地方标准目录。(国家卫生计生委牵头,农业部、质检总局、食品药品监管总局、国家粮食局配合)加强食品中非法添加物质的检验方法研究。(科技部、国家卫生计生委、食品药品监管总局按职责分工负责)加快制定蔬菜及特色农产品的农药残留和小品种畜禽水产品的兽药残留限量标准,新制定农药残留标准1 000项、兽药残留标准100项,全面清理整合和修订农药兽药残留检测方法。颁布进口农产品的农药兽药残留限量标准制定规范,启动分类制定“一律”限量标准。(农业部牵头,质检总局配合)完善粮食质量安全标准体系。(国家粮食局牵头,质检总局配合)

三、净化农业生产环境

启动土壤污染状况详查,推动土壤污染防治立法和土壤环境质量标准修订,落实大气、水、土壤污染防治行动计划,开展土壤污染综合防治先行区建设和土壤污染治理与修复技术应用试点。年底前出台农用地土壤环境管理办法,发布农用地土壤环境质量标准。(环境保护部负责)严格控制在优先保护类耕地集中区域新建有色金属冶炼、石油加工、化工、焦化、电镀、制革等行业企业,现有相关行业企业要采用新技术、新工艺,加快提标升级改造步伐。(环境保护部、国家发展改革委牵头,工业和信息化部配合)深入开展耕地质量保护与提升行动,推进农业面源污染防治攻坚行动。总结长株潭试点经验,加快重金属污染耕地修复和种植结构调整,指导中轻度污染耕地安全利用以及重度污染耕地食用农产品禁止生产区划定。(农业部负责)落实国务院关于加强粮食重金属污染治理的各项措施,处理好调整种植结构和保护农民利益的关系。(国家发展改革委、财政部、农业部、国家粮食局等部门会同相关省级人民政府负责)

四、加强种养环节源头治理

推行良好农业规范,在规模化生产经营主体落实生产记录台账制度。加强农药兽药安全间隔期、休药期管理。实施高毒农药定点经营、实名购买制度,禁止高毒农药用于蔬菜、瓜果、茶叶、中草药等农作物的生产,分期分批对高毒农药采取禁限用措施。实施兽用处方药管理和兽药二维码追溯制度。加大科学种养技术培训力度,指导农户依法科学合理使用农药、兽药、化肥、饲料和饲料添加剂,严禁使用“瘦肉精”、孔雀石绿、硝基呋喃等禁用物质。(农业部牵头,质检总局配合)推行病虫害、动物疫病统防统治专业化服务,扶持培育经营性服务组织。(农业部牵头,质检总局、财政部配合)推进食用农产品合格证管理试点。深入推进畜禽、水产品质量安全专项整治,集中治理农药兽药残留超标突出问题。(农业部牵头,食品药品监管总局配合)

五、严格生产经营过程监管

推进风险分级制度落地，在风险分级基础上加强日常监督检查，贯彻“双随机、一公开”原则，通过彻查隐患、抽检“亮项”、处罚到人、公开信息，曝光所有违法违规企业，倒逼生产经营者落实主体责任。坚持问题导向，加大专项检查和飞行检查力度，推行检查表格化、抽检制度化、责任网格化，落实日常检查和监督抽检两个责任。对婴幼儿配方乳粉生产企业进行食品安全生产规范体系检查。在大型食品和食品相关产品生产企业全面推行危害分析和关键控制点(HACCP)体系，鼓励获得认证。推动企业建立食品安全追溯体系。开展放心菜、放心肉超市创建活动，督促食用农产品批发市场、网络第三方平台开办者落实食品安全管理责任。鼓励有条件的地方对小摊贩、小餐饮实行集中规范管理。加强食品相关产品生产企业监管，规范标识标注。严格实施进口食品境外生产企业注册，加强对已注册企业事中事后监管。(质检总局、食品药品监管总局按职责分工负责)加强“放心粮油”供应网络质量安全监管。(国家粮食局负责)深入开展农村食品安全治理，重点排查治理农村及城乡接合部地区突出食品安全风险隐患，有针对性地强化长效机制建设。(农业部、工商总局、食品药品监管总局按职责分工负责)加大对校园及周边地区食品安全监管力度，落实学校食堂食品安全管理责任，严防发生群体性食物中毒事件。(教育部、食品药品监管总局按职责分工负责)贯彻实施铁路运营食品安全管理办法，推进列车快餐供应商资质管理，做好春暑运铁路食品安全工作。(中国铁路总公司负责)实施餐饮业食品安全提升工程，大力倡导餐饮服务单位“明厨亮灶”，落实进货查验、原料控制、环境卫生等制度，落实餐饮单位质量安全管理主体责任。加强对网络订餐的监管，及时查处网络订餐违法经营行为。(食品药品监管总局负责)

六、严密防控食品安全风险

组织实施国家食品安全风险监测计划，加大风险监测评估力度。推进部门间、地区间风险监测、评估和监督抽检信息共享，用好互联网、大数据，加强风险监测结果通报与会商研判，为风险防控提供技术支持。(国家卫生计生委牵头，农业部、质检总局、食品药品监管总局、国家粮食局配合)开展农产品质量安全风险隐患摸底排查，加强风险监测、评估和监督抽检，依法公布抽检信息。(农业部负责)对重点产品、重点问题加强监督抽检和风险监测。(食品药品监管总局、国家卫生计生委按职责分工负责)按照下管一级的原则，统筹国家、省、市、县四级抽检计划，扩大抽检覆盖面，提高问题发现率和不合格产品核查处置率。规范食品快速检测方法评价工作。建立风险预警交流工作体系，及时发布食品安全抽检信息、风险警示或消费提示。探索开展大型食品企业风险交流，完善重要信息直报制度和直报网络，加强食品安全舆情监测预警，制订国家食品安全突发事件应急预案。(食品药品监管总局负责)实施进口食品安全放心工程，加强对高风险、高关注度进口食品监管。落实进口食品进出口商备案管理制度。进一步强化国境口岸食品安全监管，加强进出口食用农产品和饲料安全监管，开展风险监控。(质检总局负责)推广食品安全责任保险，鼓励食品生产经营企业投保食品安全责任保险。(国务院食品安全办牵头，保监会配合)

七、促进食品产业转型升级

深入实施农业标准化战略，突出优质、安全和绿色导向，严格无公害农产品、绿色食品、有机农产品和农产品地理标志(“三品一标”)认证，以及良好农业规范认证，围绕市场需求调整农产品种养结构。(农业部、质检总局按职责分工负责)出台促进食品工业健康发展的指导意见，推进食品工业结构调整和转型升级。打造食品加工产业集群，引导食品加工企业向主产区、优势产区、产业园区集中，加大技术改造支持力度，促进食品工业增品种、提品质、创品牌。（国家发展改革委、工业和信息化部按职责分工负责）加快修订乳制品工业产业政策，进一步严格行业准入，推动婴幼儿配方乳粉企业兼并重组，发布实施婴幼儿配方乳粉追溯体系行业标准。（工业和信息化部牵头，国家发展改革委、农业部、食品药品监管总局配合）推广“生产基地＋中央厨房＋餐饮门店”“生产基地＋加工企业＋商超销售”等产销模式。

（农业部、食品药品监管总局、各省级人民政府按职责分工负责）加强餐厨废弃物、肉类加工废弃物和不合格畜禽产品的资源化利用和无害化处理，严防“地沟油”流向餐桌。（国家发展改革委、住房城乡建设部、农业部、工业和信息化部按职责分工负责）研究制定加快发展冷链物流保障食品安全促进消费升级的意见，完善食品冷链物流标准体系，鼓励社会力量和市场主体加强食品冷链物流基础设施建设。（国家发展改革委牵头，农业部、商务部、国家卫生计生委、质检总局、食品药品监管总局等部门配合）推进出口食品企业内外销“同线同标同质”工程。（质检总局牵头）

八、严厉打击食品安全违法犯罪

保持高压震慑态势，加大监督检查频次，严惩食品安全违法犯罪行为。重拳整治非法添加、超范围超限量使用添加剂、滥用农药兽药等农业投入品、制假售假、私屠滥宰等违法行为。所有食品安全违法行为均应追究到人，并向社会公开被处罚人的信息。建立健全重大违法犯罪案件信息发布制度，控制产品风险和社会风险，保障公众知情权。（食品药品监管总局、农业部、公安部、国务院食品安全办按职责分工负责）加强行政执法与刑事司法的衔接。完善涉嫌犯罪案件移送、信息通报机制，解决食品安全违法犯罪案件取证难、移送难、入罪难以及检验认定经费、检验结论出具、涉案产品处置等问题。（中央政法委、食品药品监管总局牵头，农业部、质检总局、公安部、高检院配合）加大对虚假违法食品广告的查处力度。（工商总局负责）

进一步加大对食品相关产品的执法打假力度。（质检总局负责）加大对重点敏感食品走私的打击力度。（海关总署负责）

九、建立统一权威的食品安全监管体制

完善食品药品安全监管体制，加强统一性、专业性和权威性，充实基层监管力量。实行综合执法的地方，要把食品药品安全监管作为首要职责。（国务院食品安全办、食品药品监管总局牵头，中央编办配合）依托现有资源，加快建设职业化食品药品检查员队伍，设置相应的专业技术岗位、技术职务，开展专业技能培训，合理确定薪酬待遇，用专业性保证权威性。（食品药品监管总局牵头，中央编办、人力资源社会保障部、财政部配合）

十、加强食品安全基础和能力建设

增强食品安全监管统一性和专业性，切实提高食品安全监管水平和能力。落实“十三五”国家食品安全规划，将规划实施情况纳入对省级人民政府的考评内容。建立规划实施情况年度监测评估机制，各相关部门要制定具体实施方案。加强基层食品安全和农产品质量安全的监管机构与技术机构能力建设，推动实现业务用房、执法车辆、执法装备配备标准化。强化各级公安机关食品药品犯罪专业侦查力量。加强食品安全和农产品质量安全检验机构管理。加强食品相关产品检验检测能力建设。（食品药品监管总局、公安部、农业部、国家卫生计生委、质检总局、国家发展改革委、财政部等部门，各省级人民政府按职责分工负责）制定鼓励政策，发挥大专院校、科研院所等社会检验检测资源作用。加强食品和农产品检验机构资质认定工作，公布食品检验复检机构名录，引入第三方检验服务。（农业部、国家卫生计生委、质检总局、食品药品监管总局按职责分工负责）继续推动食品检验检测认证机构整合。（质检总局、中央编办牵头，食品药品监管总局配合）加强粮食质量安全检验监测体系建设，强化基层粮食质量安全检验监测能力。（国家粮食局牵头，质检总局配合）应用“互联网+”检验检测技术，推动食品安全检验检测新业态发展。通过国家科技计划（专项、基金等），开展食品安全关键技术研发和科技创新示范。（科技部负责）加快食品安全监管信息化工程项目建设，建立全国统一的食品安全信息平台。（食品药品监管总局牵头，工业和信息化部、商务部、国家卫生计生委、质检总局、国家粮食局配合）完善农产品质量安全追溯体系，试运行国家农产品质量安全追溯管理信息平台。（农业部负责）加强肉类、婴幼儿配方乳粉、蔬菜等重要产品追溯体系建设，加快推进省级重要产品追溯管理平台建设。（工业和信息化部、商务部按职责分工负责）编制食品安全2030规划纲要。编写食品安全年度报告。（国务院食品安全办牵头，国务院食品安全委员会相关成员单位配合）

十一、推动食品安全社会共治

加强食品安全新闻宣传，做好舆论监督，营造良好舆论环境。（中央宣传部负责）举办“全国食品安全宣传周”活动，展示国家食品安全示范城市和农产品质量安全县创建（“双安双创”）行动成果。深入开展食品安全法普法宣传。（国务院食品安全办牵头，国务院食品安全委员会相关成员单位配合）强化食品安全科普网点建设，推进食品安全科普工作队伍建设和示范创建，提高公众食品安全科学素养。（中国科协负责）通过多种形式开展学生食品安全教育。（教育部负责）贯彻实施食品工业企业诚信管理体系国家标准，开展食品工业企业诚信管理体系评价。（工业和信息化部负责）加强投诉举报体系能力建设，畅通投诉举报渠道。建立健全食品安全信用档案并依法及时向社会公布，加强对食品生产经营严重失信者的联合惩戒。（国务院食品安全委员会相关成员单位按职责分工负责）

十二、落实食品安全责任制

各地要把加强食品安全工作作为重大政治任务来抓，作为公共安全问题来抓，主要负责同志亲自抓，保证监管工作有责任、有岗位、有人员、有手段，支持监管部门履行职责。发挥食品安全委员会统一领导、食品安全办综合协调作用，加强各级食品安全办力量，强化食品安全工作的统筹协调，健全沟通协调机制，完善风险交流和形势会商工作机制。（各省级人民政府负责）进一步加大食品安全投入力度，加强基层监管力量和基础设施建设，推动实现基层装备标准化，保障各级食品安全监管所需经费，特别是检验检测经费。（各省级人民政府，食品药品监管总局、财政部等部门按职责分工负责）深入开展“双安双创”行动，对首批食品安全示范城市命名授牌，打造农产品质量安全县示范样板，开展第二批农产品质量安全县创建，组织召开“双安双创”现场会。（国务院食品安全办牵头，农业部、食品药品监管总局配合）推进出口食品农产品质量安全示范区建设。（质检总局负责）组织对各省级人民政府食品安全工作督查和现场考核，强化督查考核结果运用。（国务院食品安全办牵头，国务院食品安全委员会相关成员单位配合）建立食品安全工作绩效与履职评定、奖励惩处挂钩制度。（各省级人民政府负责）建立健全食品安全责任制和责任追究制度，研究制定食品安全工作

问责办法。(国务院食品安全办牵头,监察部配合)依法依纪严肃追究重大食品安全事件中失职渎职责任。(监察部负责)

国务院办公厅
2017 年 4 月 6 日

(三) 工作要点

工作要点是为了实现某一奋斗目标而提出应该做的一些主要工作的文体。要点大多是上级机关某一大项工作计划的摘要,一般都要以文件形式下发,都有“批示性通知”作“文件头”,所以只要有标题和正文两部分内容就够了。

1. 标题

一般由单位名称、时间和文种三部分组成。如《南京邮电大学 2022 年工作要点》。

2. 正文

由于工作要点的内容是摘录计划的主要之点,所以其正文部分也围绕这一主题,概括提出该单位该时限内为实现某一目标而应落实的主要工作和措施、方法。正文方面既不要兼顾到各个方面,也不必讲具体做法,更不用讲道理。在结构方式上,大都是并列式,可分若干项目一贯到底,也可分几大项,大项下分若干小项。

制定工作要点首先要从本单位、本部门的实际出发,根据本单位、本部门的工作性质和工作特点,提出科学的奋斗目标。其次,主旨要集中、准确,提出的要点一定要与实现目标相关,且对实现目标起主要的关键作用。再次,要文风朴实,语言简洁精练,切中要点和富有说服力。

【例文】

国家文物局 2021 年工作要点

2021 年是中国共产党成立 100 周年,是全面建设社会主义现代化国家开局之年。国家文物局将坚持以习近平新时代中国特色社会主义思想为指导,深入贯彻党的十九大和十九届二中、三中、四中、五中全会精神,紧紧围绕习近平总书记关于文物工作系列重要论述和重要指示批示精神,持续推进《关于加强文物保护利用改革的若干意见》等中央文件落地见效,做好“十四五”时期文物事业发展谋篇布局和起航定向,在新的历史起点推进文物事业实现新发展,以优异成绩迎接建党 100 周年。

一、始终坚持以习近平新时代中国特色社会主义思想统领文物工作

1. 深入学习习近平新时代中国特色社会主义思想。深化党的理论武装,丰富学习形式,提高学习质量,坚持学用结合,提升学习效果,充分发挥党组中心组示范引领作用,激发青年理论学习小组活力,确保理论武装全覆盖。

2. 认真贯彻习近平总书记重要讲话、指示批示精神和党中央国务院决策部署。深入推进习近平总书记重要讲话和重要指示批示精神的贯彻落实,将其中蕴含的深刻内涵、核心要义转化为统领文物事业发展的基本遵循。全面贯彻落实党中央国务院关于文物工作的决策部署,更好发挥文物工作在服务国民经济和社会发展大局中的积极作用。

3. 认真贯彻党的十九届五中全会精神。切实把思想和行动统一到全会精神和党中央关于"十四五"规划和2035年远景目标重大决策部署上来,编制完成组织实施国家文物事业发展"十四五"规划,编制大遗址保护、文物保护科技、全国革命文物保护利用、文物系统对口支援新疆、西藏和涉藏工作重点省等专项规划。强化政策研究支撑,加强文物领域智库建设。

4. 开展建党百年主题系列活动。实施百年党史文物保护展示工程,对外开放北大红楼与中国共产党早期北京革命活动旧址,推进第一个核武器研制基地旧址保护展示工程。推出一批建党百年主题展览、流动展览和线上展览,做好2021年度核心价值观主题展览征集推介活动,推介一批"庆祝中国共产党成立100周年"革命文物陈列展览精品。开展革命文物宣传传播工程"三个百集"短视频摄制展播,共同出品革命文物主题节目《红色记忆》《闪光的记忆》。

5. 做好中华文明发掘、阐释的顶层设计。以建设中国特色中国风格中国气派的考古学为目标,围绕"中华文明起源与早期发展综合研究""考古中国"等重大项目作出总体安排,集中力量攻关夏文化研究、人类起源、黄河和长江流域文明探源、边疆考古等重大历史问题,为加强社会主义精神文明建设提供深厚滋养。会同自然资源部制定"先考古、后出让"政策文件,推动基本建设考古体制机制调整,协调经济建设与考古和文物保护的关系。

6. 巩固拓展中央巡视成果。持续落实巡视整改主体责任,做好巡视整改和成果运用。坚持巡视整改和守正创新并举,把巡视整改成效覆盖到文物事业各领域和日常工作各环节。进一步强化党组对巡视工作的统筹谋划和组织领导,聚焦"四个落实"监督重点,组织开展2021年度局党组内部巡视。

7. 坚持全面从严治党。严明党的政治纪律和政治规矩,严肃党内政治生活。认真贯彻《党委(党组)落实全面从严治党主体责任规定》,强化政治监督,坚持不懈抓好中央八项规定精神落实,聚焦重点领域、"关键少数",加强党内监督。加强政治机关建设,全面增强基层党组织政治功能和组织力。

二、持续深化文物领域制度建设

8. 推进文物法治建设。继续推进《中华人民共和国文物保护法》修订,推动列入国务院2021年立法工作计划。召开《中华人民共和国水下文物保护管理条例》修订实施座谈会,做好普法宣传解读。开展国家文物局权责基础清单编制工作,推进依法行政。落实中央"放管服"改革和证照分离、涉企经营许可事项告知承诺制度改革有关要求,继续推进文物领域相关改革。

9. 积极推动印发和落实《让文物活起来 扩大中华文化国际影响力的实施意见》。会同有关部门加强中外文明比较研究与国际推广传播,构建中国文物全球文明伙伴网络。

10. 加强文物督察和执法检查。出台文物行政执法公示、全过程记录、重大执法决定法制审核、文物行政执法与刑事司法衔接等制度,启动文物行政执法专项检查。开展文物遥感督察和执法监测,督察督办重大文物违法案件。受理文物违法举报线索,规范举报流程。

11. 深化文物资源资产保护管理。推进历史文化遗产资源资产管理制度建设,会同财政部出台《国有文物资源资产管理暂行办法》。继续深入推进文物保护管理纳入国土空间规划工作，积极配合自然资源部编制《全国国土空间规划纲要》，持续开展文物大数据库建设。研究出台低级别文物保护管理总体指导意见。

12. 激发博物馆创新活力。推动出台并落实《关于博物馆改革发展的指导意见》，进一步优化博物馆体系布局，更好地服务于国家经济社会发展大局。

13. 优化社会文物管理服务。在上海推进社会文物管理综合改革试点。筹办首届中国（上海）国际文物艺术品交易博览会。研究制定规范和促进网络文物拍卖的政策文件，加强文物市场信用体系建设。指导扩大文物鉴定公益咨询服务覆盖范围，遴选第三批涉案文物鉴定评估机构，推动制定文物鉴定职业资格管理制度文件。完善文物出境审核标准体系，加强文物进出境监管。修订《依法没收、追缴文物的移交办法》。

14. 加强文博机构队伍建设。积极推进国家和地方文物部门机构队伍建设，进一步充实工作力量。继续推进职业资格管理制度建设工作。推进实施新时代文物人才建设工程，加大文物人才工作力度。加强文物保护职业教育工作，举办第二届文物修复技能竞赛。积极为局直属单位改革发展争取政策支持，完善局直属事业单位落实高层次人才收入分配激励机制。

三、稳步提升文物基础和重点工作管理效能

15. 强化文物安全管理。编制实施文物平安工程规划，加强文物安全基础信息管理和防护设施建设。协调全国文物安全工作部际联席会议成员单位，持续部署打击文物犯罪和火灾隐患整治行动，督办重大火灾文物安全事故，督促落实文物安全责任。

16. 做好石窟寺保护利用工作。落实好国办《关于加强石窟寺保护利用工作的指导意见》精神，编制石窟寺保护利用、考古专项规划，分类实施石窟寺保护重大工程，推行石窟寺安全直接责任人公示公告制度，启动石窟寺保护关键技术研究项目。

17. 加强文物保护工程管理。推进文物保护工程全流程管理，加强备案监管。推动文物建筑预防性保护。

18. 推进世界文化遗产申报和管理。做好联合国教科文组织第44届世界遗产委员会会议、丝绸之路跨国申遗第七次国际协调会议相关工作。全力做好“泉州：宋元中国的世界海洋商贸中心”申遗工作。继续做好普洱景迈山古茶林文化景观、北京中轴线等申遗潜力项目培育。

19. 完善博物馆管理监督。建立博物馆年报制度。完善博物馆领域标准规范体系。强化意识形态领域风险防控，印发规范博物馆出境展览审批工作相关文件。部署建立常态化“双随机一公开”检查机制。修订国家一二三级博物馆运行评估指标，指导中国博物馆协会启动运行评估工作。指导中国博物馆协会等单位举办第九届中国博物馆及相关产品与技术博览会。做好国际博物馆协会藏品保护委员会第19届大会相关工作。

20. 促进文物合理利用和社会共享。持续推进国家文物保护利用示范区创建工作，完善制度设计和配套措施，适时启动新一轮创建申请。继续做好长城、大运河、长征、黄河文物保护利用各项工作，协同推进国家文化公园建设。推动“中华文明探源工程”研究成果挖掘和宣传工作，支持中国仰韶文化发现一百周年纪念活动。举办文化和自然遗产日主场城市和国际博物馆日中国主会场活动。

21. 加强革命文物保护利用。推动召开全国革命文物工作会议。公布第一批全国革命文物名录,编制革命文物保护利用片区工作规划,建成全国革命文物资源保护管理平台。推介革命旧址保护利用优秀案例。

22. 加大流失文物追索返还工作力度。加强国际文物市场监测,推进海外中国文物调查和数据资源整理,重点开展敦煌流失文物数字化回归,科学布设流失文物追索返还研究基地。争取追索更多流失文物回归祖国。

四、不断扩大中华文化国际影响力

23. 持续深化文化遗产国际合作。务实推进"亚洲文化遗产保护行动",召开亚洲文化遗产保护对话会,发起成立"亚洲文化遗产保护联盟"。扩大政府间文化遗产部门合作协议覆盖国家,系统推进文物援外、历史古迹保护修复、联合考古、展览交流等各领域合作。与联合国教科文组织合作起草防止和打击文化财产非法贩运示范法,组织2021年度"打击非法贩运文化财产国际日"中国主场活动,继续加强国际组织人才推送力度。

24. 持续加强对港澳台地区交流合作。稳步推进与港澳台地区机制性交流合作项目,增强文化认同和民族认同。举办第四届内地与港澳中学生文化遗产暑期课堂,组织赴香港"文化遗产校园行"活动。巩固与香港合作打击文物走私和犯罪机制,建立与澳门在打击文物走私和犯罪方面的务实合作。举办第七届台湾教师中华文化研习营、第十届海峡两岸文化遗产保护论坛、赴台"长路相贯——茶马古道文物展"。

五、全面增强文物工作支撑保障能力

25. 加强科技创新工作。组织召开全国文物科技工作会议。推动发布"十四五"文物科技创新专项规划,完成国家重点研发计划方向布设。深入开展"互联网+中华文明"行动计划,拓展跨界融合项目。

26. 提升新闻宣传工作。持续推进中华文物全媒体传播计划。开展文物重点工作新闻发布,组织文物保护看基层、世遗之美等主题宣传活动,推出《如果国宝会说话》第4季。压实意识形态宣传阵地管理责任,健全完善文物重大舆情应对机制。

27. 加强财政保障和重大项目建设。出台《关于加强文物保护资金管理、提升资金使用效益的通知》和文物领域购买服务指导性目录。推进文物保护专项资金预算绩效全过程管理,加强事中事后监管和内控审计工作制度性建设。重点保障石窟寺、考古、数字化、革命文物和文博机构刚性资金需求,完善文物保护设施建设规划资金需求,推进国家文化遗产科创中心项目建设。

28. 加强机关管理能力和作风建设。加强作风建设,坚决防止出现官僚主义、形式主义等"四风"问题,不断提振机关干部士气。加强机关管理服务能力建设,加强公文质量监管,强化重大事项协同推进和跟踪督办,完善疫情防控工作机制;提升政务服务信息化水平,优化国家文物局综合行政管理平台,推进建立文物登录制度,推动文物资源大数据库建设。

国家文物局

2021年1月13日

(四) 规划

规划是一种比较全面的、长远的、带有发展性的计划性文体。规划与一般性计划有明显的区别。从内容上看，规划比较全面，是原则性的定向；计划比较单一、具体，是任务性的定量。从时间上看，规划期限一般较长，时限要求是大体上的；计划则期限较短，时限要求是很具体且很严格的。从性质上看，规划是定方向、定规模、定远景，富有理想性和鼓动性；计划则是定任务、定指标、定时间，并且要求实打实地执行，有强烈的约束性。

1. 标题

一般由制定单位、规划内容和文种构成，如《南京市城市发展规划》。

2. 正文

规划的正文一般比较长，通常由四部分组成。

前言（背景材料）。这一部分既是规划的现实依据，也是规划前途的基础和立足点，因此要求符合客观实际，充分反映现状，有时还要进行历史的纵向比较和国内外同类实施工程的横向比较，以得出该规划的可行性依据等。

指导方针和目标要求。这是规划的纲领和原则，是在前言的基础上提出的，一般用精练的语言概要阐述出来。

前景规划。这一部分是规划的中心内容，详细、全面、具体地写出发展远景，往往用条文式分述，逐个阶段去进行描述，最终得出统一的蓝图，写得既要鼓舞人心，又要坚定有力。

对策与措施。这一部分提出实现规划前景的策略和具体措施、办法，它与前景的规划一“实”一“虚”相辅相成。制定时要求规划者用发展的眼光看问题，尽量能预见到未来的事情，避免不符合发展规律的空想主义的规划。

【例文】

新能源汽车产业发展规划(2021—2035年)

发展新能源汽车是我国从汽车大国迈向汽车强国的必由之路，是应对气候变化、推动绿色发展的战略举措。2012年国务院发布《节能与新能源汽车产业发展规划(2012—2020年)》以来，我国坚持纯电驱动战略取向，新能源汽车产业发展取得了巨大成就，成为世界汽车产业发展转型的重要力量之一。与此同时，我国新能源汽车发展也面临核心技术创新能力不强、质量保障体系有待完善、基础设施建设仍显滞后、产业生态尚不健全、市场竞争日益加剧等问题。为推动新能源汽车产业高质量发展，加快建设汽车强国，制定本规划。

第一章　发展趋势

第一节　新能源汽车为世界经济发展注入新动能

当前，全球新一轮科技革命和产业变革蓬勃发展，汽车与能源、交通、信息通信等领域有关技术加速融合，电动化、网联化、智能化成为汽车产业的发展潮流和趋势。新能源汽车融汇新能源、新材料和互联网、大数据、人工智能等多种变革性技术，推动汽车从单纯交通工具向移动智能终端、储能单元和数字空间转变，带动能源、交通、信息通信基础设施改造升级，促进能源消费结构优化、交通体系和城市运行智能化水平提升，对建设清洁美丽世界、构建人类命运共同体具有重要意义。近年来，世界主要汽车大国纷纷加强战略谋划、强化政策支持，跨国汽车企业加大研发投入、完善产业布局，新能源汽车已成为全球汽车产业转型发展的主要方向和促进世界经济持续增长的重要引擎。

第二节　我国新能源汽车进入加速发展新阶段

汽车产品形态、交通出行模式、能源消费结构和社会运行方式正在发生深刻变革，为新能源汽车产业提供了前所未有的发展机遇。经过多年持续努力，我国新能源汽车产业技术水平显著提升、产业体系日趋完善、企业竞争力大幅增强，2015 年以来产销量、保有量连续五年居世界首位，产业进入叠加交汇、融合发展新阶段。必须抢抓战略机遇，巩固良好势头，充分发挥基础设施、信息通信等领域优势，不断提升产业核心竞争力，推动新能源汽车产业高质量可持续发展。

第三节　融合开放成为新能源汽车发展的新特征

随着汽车动力来源、生产运行方式、消费使用模式全面变革，新能源汽车产业生态正由零部件、整车研发生产及营销服务企业之间的"链式关系"，逐步演变成汽车、能源、交通、信息通信等多领域多主体参与的"网状生态"。相互赋能、协同发展成为各类市场主体发展壮大的内在需求，跨行业、跨领域融合创新和更加开放包容的国际合作成为新能源汽车产业发展的时代特征，极大地增强了产业发展动力，激发了市场活力，推动形成互融共生、合作共赢的产业发展新格局。

第二章　总体部署

第一节　总体思路

以习近平新时代中国特色社会主义思想为指引，坚持创新、协调、绿色、开放、共享的发展理念，以深化供给侧结构性改革为主线，坚持电动化、网联化、智能化发展方向，深入实施发展新能源汽车国家战略，以融合创新为重点，突破关键核心技术，提升产业基础能力，构建新型产业生态，完善基础设施体系，优化产业发展环境，推动我国新能源汽车产业高质量可持续发展，加快建设汽车强国。

第二节　基本原则

市场主导。充分发挥市场在资源配置中的决定性作用，强化企业在技术路线选择、生产服务体系建设等方面的主体地位；更好发挥政府在战略规划引导、标准法规制定、质量安全监管、市场秩序维护、绿色消费引导等方面的作用，为产业发展营造良好环境。

创新驱动。深入实施创新驱动发展战略，建立以企业为主体、市场为导向、产学研用协同的技术创新体系，完善激励和保护创新的制度环境，鼓励多种技术路线并行发展，支持各类主体合力攻克关键核心技术、加大商业模式创新力度，形成新型产业创新生态。

协调推进。完善横向协同、纵向贯通的协调推进机制，促进新能源汽车与能源、交通、信息通信深度融合，统筹推进技术研发、标准制定、推广应用和基础设施建设，把超大规模市场优势转化为产业优势。

开放发展。践行开放融通、互利共赢的合作观，扩大高水平对外开放，以开放促改革、促发展、促创新；坚持"引进来"与"走出去"相结合，加强国际合作，积极参与国际竞争，培育新能源汽车产业新优势，深度融入全球产业链和价值链体系。

第三节　发展愿景

到 2025 年，我国新能源汽车市场竞争力明显增强，动力电池、驱动电机、车用操作系统等关键技术取得重大突破，安全水平全面提升。纯电动乘用车新车平均电耗降至12.0千瓦时/百公里，新能源汽车新车销售量达到汽车新车销售总量的20%左右，高度自动驾驶汽车实现限定区域和特定场景商业化应用，充换电服务便利性显著提高。

力争经过15年的持续努力，我国新能源汽车核心技术达到国际先进水平，质量品牌具备较强国际竞争力。纯电动汽车成为新销售车辆的主流，公共领域用车全面电动化，燃料电池汽车实现商业化应用，高度自动驾驶汽车实现规模化应用，充换电服务网络便捷高效，氢燃料供给体系建设稳步推进，有效促进节能减排水平和社会运行效率的提升。

第三章　提高技术创新能力

第一节　深化“三纵三横”研发布局

强化整车集成技术创新。以纯电动汽车、插电式混合动力（含增程式）汽车、燃料电池汽车为“三纵”，布局整车技术创新链。研发新一代模块化高性能整车平台，攻关纯电动汽车底盘一体化设计、多能源动力系统集成技术，突破整车智能能量管理控制、轻量化、低摩阻等共性节能技术，提升电池管理、充电连接、结构设计等安全技术水平，提高新能源汽车整车综合性能。

提升产业基础能力。以动力电池与管理系统、驱动电机与电力电子、网联化与智能化技术为“三横”，构建关键零部件技术供给体系。开展先进模块化动力电池与燃料电池系统技术攻关，探索新一代车用电机驱动系统解决方案，加强智能网联汽车关键零部件及系统开发，突破计算和控制基础平台技术、氢燃料电池汽车应用支撑技术等瓶颈，提升基础关键技术、先进基础工艺、基础核心零部件、关键基础材料等研发能力。

专栏1　新能源汽车核心技术攻关工程
实施电池技术突破行动。开展正负极材料、电解液、隔膜、膜电极等关键核心技术研究，加强高强度、轻量化、高安全、低成本、长寿命的动力电池和燃料电池系统短板技术攻关，加快固态动力电池技术研发及产业化。 实施智能网联技术创新工程。以新能源汽车为智能网联技术率先应用的载体，支持企业跨界协同，研发复杂环境融合感知、智能网联决策与控制、信息物理系统架构设计等关键技术，突破车载智能计算平台、高精度地图与定位、车辆与车外其他设备间的无线通信（V2X）、线控执行系统等核心技术和产品。 实施新能源汽车基础技术提升工程。突破车规级芯片、车用操作系统、新型电子电气架构、高效高密度驱动电机系统等关键技术和产品，攻克氢能储运、加氢站、车载储氢等氢燃料电池汽车应用支撑技术。支持基础元器件、关键生产装备、高端试验仪器、开发工具、高性能自动检测设备等基础共性技术研发创新，攻关新能源汽车智能制造海量异构数据组织分析、可重构柔性制造系统集成控制等关键技术，开展高性能铝镁合金、纤维增强复合材料、低成本稀土永磁材料等关键材料产业化应用。

第二节　加快建设共性技术创新平台

建立健全龙头企业、国家重点实验室、国家制造业创新中心联合研发攻关机制，聚焦核心工艺、专用材料、关键零部件、制造装备等短板弱项，从不同技术路径积极探索，提高关键共性技术供给能力。引导汽车、能源、交通、信息通信等跨领域合作，建立面向未来出行的新能源汽车与智慧能源、智能交通融合创新平台，联合攻关基础交叉关键技术，提升新能源汽车及关联产业融合创新能力。

第三节　提升行业公共服务能力

依托行业协会、创新中心等机构统筹推进各类创新服务平台共建共享，提高技术转移、信息服务、人才培训、项目融资、国际交流等公共服务支撑能力。应用虚拟现实、大数据、人工智能等技术，建立汽车电动化、网联化、智能化虚拟仿真和测试验证平台，提升整车、关键零部件的计量测试、性能评价与检测认证能力。

第四章　构建新型产业生态

第一节　支持生态主导型企业发展

鼓励新能源汽车、能源、交通、信息通信等领域企业跨界协同，围绕多元化生产与多样化应用需求，通过开放合作和利益共享，打造涵盖解决方案、研发生产、使用保障、运营服务等产业链关键环节的生态主导型企业。在产业基础好、创新要素集聚的地区，发挥龙头企业带动作用，培育若干上下游协同创新、大中小企业融通发展、具有国际影响力和竞争力的新能源汽车产业集群，提升产业链现代化水平。

第二节　促进关键系统创新应用

加快车用操作系统开发应用。以整车企业需求为牵引，发挥龙头企业、国家制造业创新中心等创新平台作用，坚持软硬协同攻关，集中开发车用操作系统。围绕车用操作系统，构建整车、关键零部件、基础数据与软件等领域市场主体深度合作的开发与应用生态。通过产品快速迭代，扩大用户规模，加快车用操作系统产业化应用。

专栏2　车用操作系统生态建设行动
适应新能源汽车智能化应用需求，鼓励整车及零部件、互联网、电子信息、通信等领域企业组成联盟，以车用操作系统开发与应用为核心，通过迭代升级，提升操作系统与应用程序的安全性、可靠性、便利性，扩大应用规模，形成开放共享、协同演进的良好生态。

推动动力电池全价值链发展。鼓励企业提高锂、镍、钴、铂等关键资源保障能力。建立健全动力电池模块化标准体系，加快突破关键制造装备，提高工艺水平和生产效率。完善动力电池回收、梯级利用和再资源化的循环利用体系，鼓励共建共用回收渠道。建立健全动力电池运输仓储、维修保养、安全检验、退役退出、回收利用等环节管理制度，加强全生命周期监管。

专栏3　建设动力电池高效循环利用体系
立足新能源汽车可持续发展，落实生产者责任延伸制度，加强新能源汽车动力电池溯源管理平台建设，实现动力电池全生命周期可追溯。支持动力电池梯次产品在储能、备能、充换电等领域创新应用，加强余能检测、残值评估、重组利用、安全管理等技术研发。优化再生利用产业布局，推动报废动力电池有价元素高效提取，促进产业资源化、高值化、绿色化发展。

第三节　提升智能制造水平

推进智能化技术在新能源汽车研发设计、生产制造、仓储物流、经营管理、售后服务等关键环节的深度应用。加快新能源汽车智能制造仿真、管理、控制等核心工业软件开发和集成，开展智能工厂、数字化车间应用示范。加快产品全生命周期协同管理系统推广应用，支持设计、制造、服务一体化示范平台建设，提升新能源汽车全产业链智能化水平。

第四节　强化质量安全保障

推进质量品牌建设。开展新能源汽车产品质量提升行动，引导企业加强设计、制造、测试验证等全过程可靠性技术开发应用，充分利用互联网、大数据、区块链等先进技术，健全产品全生命周期质量控制和追溯机制。引导企业强化品牌发展战略，以提升质量和服务水平为重点加强品牌建设。

健全安全保障体系。落实企业负责、政府监管、行业自律、社会监督相结合的安全生产机制。强化企业对产品安全的主体责任，落实生产者责任延伸制度，加强对整车及动力电池、电控等关键系统的质量安全管理、安全状态监测和维修保养检测。健全新能源汽车整车、零部件以及维修保养检测、充换电等安全标准和法规制度，加强安全生产监督管理和新能源汽车安全召回管理。鼓励行业组织加强技术交流，梳理总结经验，指导企业不断提升安全水平。

第五章　推动产业融合发展

第一节　推动新能源汽车与能源融合发展

加强新能源汽车与电网(V2G)能量互动。加强高循环寿命动力电池技术攻关，推动小功率直流化技术应用。鼓励地方开展 V2G 示范应用，统筹新能源汽车充放电、电力调度需求，综合运用峰谷电价、新能源汽车充电优惠等政策，实现新能源汽车与电网能量高效互动，降低新能源汽车用电成本，提高电网调峰调频、安全应急等响应能力。

促进新能源汽车与可再生能源高效协同。推动新能源汽车与气象、可再生能源电力预测预报系统信息共享与融合，统筹新能源汽车能源利用与风力发电、光伏发电协同调度，提升可再生能源应用比例。鼓励“光储充放”(分布式光伏发电—储能系统—充放电)多功能综合一体站建设。支持有条件的地区开展燃料电池汽车商业化示范运行。

第二节　推动新能源汽车与交通融合发展

发展一体化智慧出行服务。加快建设涵盖前端信息采集、边缘分布式计算、云端协同控制的新型智能交通管控系统。加快新能源汽车在分时租赁、城市公交、出租汽车、场地用车等领域的应用，优化公共服务领域新能源汽车使用环境。引导汽车生产企业和出行服务企业共建“一站式”服务平台，推进自动代客泊车技术发展及应用。

构建智能绿色物流运输体系。推动新能源汽车在城市配送、港口作业等领域应用，为新能源货车通行提供便利。发展“互联网+”高效物流，创新智慧物流营运模式，推广网络货运、挂车共享等新模式应用，打造安全高效的物流运输服务新业态。

第三节　推动新能源汽车与信息通信融合发展

推进以数据为纽带的“人—车—路—云”高效协同。基于汽车感知、交通管控、城市管理等信息，构建“人—车—路—云”多层数据融合与计算处理平台，开展特定场景、区域及道路的示范应用，促进新能源汽车与信息通信融合应用服务创新。

打造网络安全保障体系。健全新能源汽车网络安全管理制度，构建统一的汽车身份认证和安全信任体系，推动密码技术深入应用，加强车载信息系统、服务平台及关键电子零部件安全检测，强化新能源汽车数据分级分类和合规应用管理，完善风险评估、预警监测、应急响应机制，保障“车端—传输管网—云端”各环节信息安全。

第四节　加强标准对接与数据共享

建立新能源汽车与相关产业融合发展的综合标准体系，明确车用操作系统、车用基础地图、车桩信息共享、云控基础平台等技术接口标准。建立跨行业、跨领域的综合大数据平台，促进各类数据共建共享与互联互通。

专栏4　智慧城市新能源汽车应用示范行动
开展智能有序充电、新能源汽车与可再生能源融合发展、城市基础设施与城际智能交通、异构多模式通信网络融合等综合示范，支持以智能网联汽车为载体的城市无人驾驶物流配送、市政环卫、快速公交系统(BRT)、自动代客泊车和特定场景示范应用。

第六章　完善基础设施体系

第一节　大力推动充换电网络建设

加快充换电基础设施建设。科学布局充换电基础设施，加强与城乡建设规划、电网规划及物业管理、城市停车等的统筹协调。依托"互联网+"智慧能源，提升智能化水平，积极推广智能有序慢充为主、应急快充为辅的居民区充电服务模式，加快形成适度超前、快充为主、慢充为辅的高速公路和城乡公共充电网络，鼓励开展换电模式应用，加强智能有序充电、大功率充电、无线充电等新型充电技术研发，提高充电便利性和产品可靠性。

提升充电基础设施服务水平。引导企业联合建立充电设施运营服务平台，实现互联互通、信息共享与统一结算。加强充电设备与配电系统安全监测预警等技术研发，规范无线充电设施电磁频谱使用，提高充电设施安全性、一致性、可靠性，提升服务保障水平。

鼓励商业模式创新。结合老旧小区改造、城市更新等工作，引导多方联合开展充电设施建设运营，支持居民区多车一桩、临近车位共享等合作模式发展。鼓励充电场站与商业地产相结合，建设停车充电一体化服务设施，提升公共场所充电服务能力，拓展增值服务。完善充电设施保险制度，降低企业运营和用户使用风险。

第二节　协调推动智能路网设施建设

推进新一代无线通信网络建设，加快基于蜂窝通信技术的车辆与车外其他设备间的无线通信(C—V2X)标准制定和技术升级。推进交通标志标识等道路基础设施数字化改造升级，加强交通信号灯、交通标志标线、通信设施、智能路侧设备、车载终端之间的智能互联，推进城市道路基础设施智能化建设改造相关标准制定和管理平台建设。加快差分基站建设，推动北斗等卫星导航系统在高精度定位领域应用。

第三节　有序推进氢燃料供给体系建设

提高氢燃料制储运经济性。因地制宜开展工业副产氢及可再生能源制氢技术应用，加快推进先进适用储氢材料产业化。开展高压气态、深冷气态、低温液态及固态等多种形式储运技术示范应用，探索建设氢燃料运输管道，逐步降低氢燃料储运成本。健全氢燃料制储运、加注等标准体系。加强氢燃料安全研究，强化全链条安全监管。

推进加氢基础设施建设。建立完善加氢基础设施的管理规范。引导企业根据氢燃料供给、消费需求等合理布局加氢基础设施，提升安全运行水平。支持利用现有场地和设施，开展油、气、氢、电综合供给服务。

专栏5　建设智能基础设施服务平台
统筹充换电技术和接口、加氢技术和接口、车用储氢装置、车用通信协议、智能化道路建设、数据传输与结算等标准的制/修订，构建基础设施互联互通标准体系。引导企业建设智能基础设施、高精度动态地图、云控基础数据等服务平台，开展充换电、加氢、智能交通等综合服务试点示范，实现基础设施的互联互通和智能管理。

第七章　深化开放合作

第一节　扩大开放和交流合作

加强与国际通行经贸规则对接，全面实行准入前国民待遇加负面清单管理制度，对新能源市场主体一视同仁，建设市场化、法治化、国际化营商环境。发挥多双边合作机制、高层对话机制作用，支持国内外企业、科研院所、行业机构开展研发设计、贸易投资、基础设施、技术标准、人才培训等领域的交流合作。积极参与国际规则和标准制定，促进形成开放、透明、包容的新能源汽车国际化市场环境，打造国际合作新平台，增添共同发展新动力。

第二节　加快融入全球价值链

引导企业制定国际化发展战略，不断提高国际竞争能力，加大国际市场开拓力度，推动产业合作由生产制造环节向技术研发、市场营销等全链条延伸。鼓励企业充分利用境内外资金，建立国际化消费信贷体系。支持企业建立国际营销服务网络，在重点市场共建海外仓储和售后服务中心等服务平台。健全法律咨询、检测认证、人才培训等服务保障体系，引导企业规范海外经营行为，提升合规管理水平。

第八章　保障措施

第一节　深化行业管理改革

深入推进“放管服”改革，进一步放宽市场准入，实施包容审慎监管，促进新业态、新模式健康有序发展。完善企业平均燃料消耗量与新能源汽车积分并行管理办法，有效承接财政补贴政策，研究建立与碳交易市场衔接机制。加强事中事后监管，夯实地方主体责任，遏制盲目上马新能源汽车整车制造项目等乱象。推动完善道路机动车辆生产管理相关法规，建立健全僵尸企业退出机制，加强企业准入条件保持情况监督检查，促进优胜劣汰。充分发挥市场机制作用，支持优势企业兼并重组、做大做强，进一步提高产业集中度。

第二节　健全政策法规体系

落实新能源汽车相关税收优惠政策，优化分类交通管理及金融服务等措施。推动充换电、加氢等基础设施科学布局、加快建设，对作为公共设施的充电桩建设给予财政支持。破除地方保护，建立统一开放公平市场体系。鼓励地方政府加大对公共服务、共享出行等领域车辆运营的支持力度，给予新能源汽车停车、充电等优惠政策。2021年起，国家生态文明试验区、大气污染防治重点区域的公共领域新增或更新公交、出租、物流配送等车辆中新能源汽车比例不低于80%。制定将新能源汽车研发投入纳入国有企业考核体系的具体办法。加快完善适应智能网联汽车发展要求的道路交通、事故责任、数据使用等政策法规。加快推动动力电池回收利用立法。

第三节　加强人才队伍建设

加快建立适应新能源汽车与相关产业融合发展需要的人才培养机制，编制行业紧缺人才目录，优化汽车电动化、网联化、智能化领域学科布局，引导高等院校、科研院所、企业加大国际化人才引进和培养力度。弘扬企业家精神与工匠精神，树立正向激励导向，实行股权、期权等多元化激励措施。

第四节　强化知识产权保护

深入实施国家知识产权战略，鼓励科研人员开发新能源汽车领域高价值核心知识产权成果。严格执行知识产权保护制度，加大对侵权行为的执法力度。构建新能源汽车知识产权运营服务体系，加强专利运用转化平台建设，建立互利共享、合作共赢的专利运营模式。

第五节　加强组织协同

充分发挥节能与新能源汽车产业发展部际联席会议制度和地方协调机制作用，强化部门协同和上下联动，制定年度工作计划和部门任务分工，加强新能源汽车与能源、交通、信息通信等行业在政策规划、标准法规等方面的统筹，抓紧抓实抓细规划确定的重大任务和重点工作。各有关部门要围绕规划目标任务，根据职能分工制定本部门工作计划和配套政策措施。各地区要结合本地实际切实抓好落实，优化产业布局，避免重复建设。行业组织要充分发挥连接企业与政府的桥梁作用，协调组建行业跨界交流协作平台。工业和信息化部要会同有关部门深入调查研究，加强跟踪指导，推动规划顺利实施。

工信部

2020年11月2日

（五）方案

方案的形式和内容与计划差不多，都是事先对工作、事项做出的筹划安排，但方案比计划更具体，更有实际执行的意义，而且方案的时限较之计划更短、更迫切。方案是用于近期内即可执行、完成的针对单一事项的计划，如改制方案、招生方案、活动方案、工作实施方案等。

1. 标题

方案的标题有两种写法。一种是由发文机关、计划内容和文种组成，如《水利部清产核资试点工作实施方案》；另一种是省略发文机关，由内容和文种组成，如《企业改革试点方案》。标题下方是成文时间。为郑重起见，方案的成文时间一般不省略。

2. 正文

由方案内容及其执行要求构成。方案内容一般按主要目标、原则、政策措施、实施步骤这种较固定的程序来写作。方案内容要求具体、明确、切合实际，结构上往往采用总分式的表达方法，即兼顾总体的设想和具体的措施办法，明确规定执行的要求，便于有关部门和人员开展行动。

【例文】

2030年前碳达峰行动方案

为深入贯彻落实党中央、国务院关于碳达峰、碳中和的重大战略决策，扎实推进碳达峰行动，制定本方案。

一、总体要求

（一）指导思想

以习近平新时代中国特色社会主义思想为指导，全面贯彻党的十九大和十九届二中、三中、四中、五中全会精神，深入贯彻习近平生态文明思想，立足新发展阶段，完整、准确、全面贯彻新发展理念，构建新发展格局，坚持系统观念，处理好发展和减排、整体和局部、短期和中长期的关系，统筹稳增长和调结构，把碳达峰、碳中和纳入经济社会发展全局，坚持“全国统筹、节约优先、双轮驱动、内外畅通、防范风险”的总方针，有力有序有效做好碳达峰工作，明确各地区、各领域、各行业目标任务，加快实现生产生活方式绿色变革，推动经济社会发展建立在资源高效利用和绿色低碳发展的基础之上，确保如期实现2030年前碳达峰目标。

（二）工作原则

——总体部署、分类施策。坚持全国一盘棋，强化顶层设计和各方统筹。各地区、各领域、各行业因地制宜、分类施策，明确既符合自身实际又满足总体要求的目标任务。

——系统推进、重点突破。全面准确认识碳达峰行动对经济社会发展的深远影响，加强政策的系统性、协同性。抓住主要矛盾和矛盾的主要方面，推动重点领域、重点行业和有条件的地方率先达峰。

——双轮驱动、两手发力。更好发挥政府作用，构建新型举国体制，充分发挥市场机制作用，大力推进绿色低碳科技创新，深化能源和相关领域改革，形成有效激励约束机制。

——稳妥有序、安全降碳。立足我国富煤贫油少气的能源资源禀赋，坚持先立后破，稳住存量，拓展增量，以保障国家能源安全和经济发展为底线，争取时间实现新能源的逐渐替代，推动能源低碳转型平稳过渡，切实保障国家能源安全、产业链供应链安全、粮食安全和群众正常生产生活，着力化解各类风险隐患，防止过度反应，稳妥有序、循序渐进推进碳达峰行动，确保安全降碳。

二、主要目标

“十四五”期间，产业结构和能源结构调整优化取得明显进展，重点行业能源利用效率大幅提升，煤炭消费增长得到严格控制，新型电力系统加快构建，绿色低碳技术研发和推广应用取得新进展，绿色生产生活方式得到普遍推行，有利于绿色低碳循环发展的政策体系进一步完善。到2025年，非化石能源消费比重达到20%左右，单位国内生产总值能源消耗比2020年下降13.5%，单位国内生产总值二氧化碳排放比2020年下降18%，为实现碳达峰奠定坚实基础。

“十五五”期间，产业结构调整取得重大进展，清洁低碳安全高效的能源体系初步建立，重点领域低碳发展模式基本形成，重点耗能行业能源利用效率达到国际先进水平，非化石能源消费比重进一步提高，煤炭消费逐步减少，绿色低碳技术取得关键突破，绿色生活方式成为公众自觉选择，绿色低碳循环发展政策体系基本健全。到 2030 年，非化石能源消费比重达到 25%左右，单位国内生产总值二氧化碳排放比 2005 年下降 65%以上，顺利实现 2030 年前碳达峰目标。

三、重点任务

将碳达峰贯穿于经济社会发展全过程和各方面，重点实施能源绿色低碳转型行动、节能降碳增效行动、工业领域碳达峰行动、城乡建设碳达峰行动、交通运输绿色低碳行动、循环经济助力降碳行动、绿色低碳科技创新行动、碳汇能力巩固提升行动、绿色低碳全民行动、各地区梯次有序碳达峰行动等"碳达峰十大行动"。

（一）能源绿色低碳转型行动

能源是经济社会发展的重要物质基础，也是碳排放的最主要来源。要坚持安全降碳，在保障能源安全的前提下，大力实施可再生能源替代，加快构建清洁低碳安全高效的能源体系。

1. 推进煤炭消费替代和转型升级。加快煤炭减量步伐，"十四五"时期严格合理控制煤炭消费增长，"十五五"时期逐步减少。严格控制新增煤电项目，新建机组煤耗标准达到国际先进水平，有序淘汰煤电落后产能，加快现役机组节能升级和灵活性改造，积极推进供热改造，推动煤电向基础保障性和系统调节性电源并重转型。严控跨区外送可再生能源电力配套煤电规模，新建通道可再生能源电量比例原则上不低于 50%。推动重点用煤行业减煤限煤。大力推动煤炭清洁利用，合理划定禁止散烧区域，多措并举、积极有序推进散煤替代，逐步减少直至禁止煤炭散烧。

2. 大力发展新能源。全面推进风电、太阳能发电大规模开发和高质量发展，坚持集中式与分布式并举，加快建设风电和光伏发电基地。加快智能光伏产业创新升级和特色应用，创新"光伏+"模式，推进光伏发电多元布局。坚持陆海并重，推动风电协调快速发展，完善海上风电产业链，鼓励建设海上风电基地。积极发展太阳能光热发电，推动建立光热发电与光伏发电、风电互补调节的风光热综合可再生能源发电基地。因地制宜发展生物质发电、生物质能清洁供暖和生物天然气。探索深化地热能以及波浪能、潮流能、温差能等海洋新能源开发利用。进一步完善可再生能源电力消纳保障机制。到 2030 年，风电、太阳能发电总装机容量达到 12 亿千瓦以上。

3. 因地制宜开发水电。积极推进水电基地建设，推动金沙江上游、澜沧江上游、雅砻江中游、黄河上游等已纳入规划、符合生态保护要求的水电项目开工建设，推进雅鲁藏布江下游水电开发，推动小水电绿色发展。推动西南地区水电与风电、太阳能发电协同互补。统筹水电开发和生态保护，探索建立水能资源开发生态保护补偿机制。"十四五""十五五"期间分别新增水电装机容量 4 000 万千瓦左右，西南地区以水电为主的可再生能源体系基本建立。

4. 积极安全有序发展核电。合理确定核电站布局和开发时序，在确保安全的前提下有序发展核电，保持平稳建设节奏。积极推动高温气冷堆、快堆、模块化小型堆、海上浮动堆等先进堆型示范工程，开展核能综合利用示范。加大核电标准化、自主化力度，加快关键技术装备攻关，培育高端核电装备制造产业集群。实行最严格的安全标准和最严格的监管，持续提升核安全监管能力。

5. 合理调控油气消费。保持石油消费处于合理区间，逐步调整汽油消费规模，大力推进先进生物液体燃料、可持续航空燃料等替代传统燃油，提升终端燃油产品能效。加快推进页岩气、煤层气、致密油（气）等非常规油气资源规模化开发。有序引导天然气消费，优化利用结构，优先保障民生用气，大力推动天然气与多种能源融合发展，因地制宜建设天然气调峰电站，合理引导工业用气和化工原料用气。支持车船使用液化天然气作为燃料。

6. 加快建设新型电力系统。构建新能源占比逐渐提高的新型电力系统，推动清洁电力资源大范围优化配置。大力提升电力系统综合调节能力，加快灵活调节电源建设，引导自备电厂、传统高载能工业负荷、工商业可中断负荷、电动汽车充电网络、虚拟电厂等参与系统调节，建设坚强智能电网，提升电网安全保障水平。积极发展“新能源+储能”、源网荷储一体化和多能互补，支持分布式新能源合理配置储能系统。制定新一轮抽水蓄能电站中长期发展规划，完善促进抽水蓄能发展的政策机制。加快新型储能示范推广应用。深化电力体制改革，加快构建全国统一电力市场体系。到 2025 年，新型储能装机容量达到 3 000 万千瓦以上。到 2030 年，抽水蓄能电站装机容量达到 1.2 亿千瓦左右，省级电网基本具备 5%以上的尖峰负荷响应能力。

（二）节能降碳增效行动

落实节约优先方针，完善能源消费强度和总量双控制度，严格控制能耗强度，合理控制能源消费总量，推动能源消费革命，建设能源节约型社会。

1. 全面提升节能管理能力。推行用能预算管理，强化固定资产投资项目节能审查，对项目用能和碳排放情况进行综合评价，从源头推进节能降碳。提高节能管理信息化水平，完善重点用能单位能耗在线监测系统，建立全国性、行业性节能技术推广服务平台，推动高耗能企业建立能源管理中心。完善能源计量体系，鼓励采用认证手段提升节能管理水平。加强节能监察能力建设，健全省、市、县三级节能监察体系，建立跨部门联动机制，综合运用行政处罚、信用监管、绿色电价等手段，增强节能监察约束力。

2. 实施节能降碳重点工程。实施城市节能降碳工程，开展建筑、交通、照明、供热等基础设施节能升级改造，推进先进绿色建筑技术示范应用，推动城市综合能效提升。实施园区节能降碳工程，以高耗能高排放项目（以下称“两高”项目）集聚度高的园区为重点，推动能源系统优化和梯级利用，打造一批达到国际先进水平的节能低碳园区。实施重点行业节能降碳工程，推动电力、钢铁、有色金属、建材、石化化工等行业开展节能降碳改造，提升能源资源利用效率。实施重大节能降碳技术示范工程，支持已取得突破的绿色低碳关键技术开展产业化示范应用。

3. 推进重点用能设备节能增效。以电机、风机、泵、压缩机、变压器、换热器、工业锅炉等设备为重点，全面提升能效标准。建立以能效为导向的激励约束机制，推广先进高效产品设备，加快淘汰落后低效设备。加强重点用能设备节能审查和日常监管，强化生产、经营、销售、使用、报废全链条管理，严厉打击违法违规行为，确保能效标准和节能要求全面落实。

4. 加强新型基础设施节能降碳。优化新型基础设施空间布局，统筹谋划、科学配置数据中心等新型基础设施，避免低水平重复建设。优化新型基础设施用能结构，采用直流供电、分布式储能、“光伏+储能”等模式，探索多样化能源供应，提高非化石能源消费比重。对标国际先进水平，加快完善通信、运算、存储、传输等设备能效标准，提升准入门槛，淘汰落后设备和技术。加强新型基础设施用能管理，将年综合能耗超过 1 万吨标准煤的数据中心全部纳入重点用能单位能耗在线监测系统，开展能源计量审查。推动既有设施绿色升级改造，积极推广使用高效制冷、先进通风、余热利用、智能化用能控制等技术，提高设施能效水平。

（三）工业领域碳达峰行动

工业是产生碳排放的主要领域之一，对全国整体实现碳达峰具有重要影响。工业领域要加快绿色低碳转型和高质量发展，力争率先实现碳达峰。

1. 推动工业领域绿色低碳发展。优化产业结构，加快退出落后产能，大力发展战略性新兴产业，加快传统产业绿色低碳改造。促进工业能源消费低碳化，推动化石能源清洁高效利用，提高可再生能源应用比重，加强电力需求侧管理，提升工业电气化水平。深入实施绿色制造工程，大力推行绿色设计，完善绿色制造体系，建设绿色工厂和绿色工业园区。推进工业领域数字化智能化绿色化融合发展，加强重点行业和领域技术改造。

2. 推动钢铁行业碳达峰。深化钢铁行业供给侧结构性改革，严格执行产能置换，严禁新增产能，推进存量优化，淘汰落后产能。推进钢铁企业跨地区、跨所有制兼并重组，提高行业集中度。优化生产力布局，以京津冀及周边地区为重点，继续压减钢铁产能。促进钢铁行业结构优化和清洁能源替代，大力推进非高炉炼铁技术示范，提升废钢资源回收利用水平，推行全废钢电炉工艺。推广先进适用技术，深挖节能降碳潜力，鼓励钢化联产，探索开展氢冶金、二氧化碳捕集利用一体化等试点示范，推动低品位余热供暖发展。

3. 推动有色金属行业碳达峰。巩固化解电解铝过剩产能成果，严格执行产能置换，严控新增产能。推进清洁能源替代，提高水电、风电、太阳能发电等应用比重。加快再生有色金属产业发展，完善废弃有色金属资源回收、分选和加工网络，提高再生有色金属产量。加快推广应用先进适用绿色低碳技术，提升有色金属生产过程余热回收水平，推动单位产品能耗持续下降。

4. 推动建材行业碳达峰。加强产能置换监管，加快低效产能退出，严禁新增水泥熟料、平板玻璃产能，引导建材行业向轻型化、集约化、制品化转型。推动水泥错峰生产常态化，合理缩短水泥熟料装置运转时间。因地制宜利用风能、太阳能等可再生能源，逐步提高电力、天然气应用比重。鼓励建材企业使用粉煤灰、工业废渣、尾矿渣等作为原料或水泥混合材。加快推进绿色建材产品认证和应用推广，加强新型胶凝材料、低碳混凝土、木竹建材等低碳建材产品研发应用。推广节能技术设备，开展能源管理体系建设，实现节能增效。

5. 推动石化化工行业碳达峰。优化产能规模和布局，加大落后产能淘汰力度，有效化解结构性过剩矛盾。严格项目准入，合理安排建设时序，严控新增炼油和传统煤化工生产能力，稳妥有序发展现代煤化工。引导企业转变用能方式，鼓励以电力、天然气等替代煤炭。调整原料结构，控制新增原料用煤，拓展富氢原料进口来源，推动石化化工原料轻质化。优化产品结构，促进石化化工与煤炭开采、冶金、建材、化纤等产业协同发展，加强炼厂干气、液化气等副产气体高效利用。鼓励企业节能升级改造，推动能量梯级利用、物料循环利用。到 2025 年，国内原油一次加工能力控制在 10 亿吨以内，主要产品产能利用率提升至 80% 以上。

6. 坚决遏制“两高”项目盲目发展。采取强有力措施，对“两高”项目实行清单管理、分类处置、动态监控。全面排查在建项目，对能效水平低于本行业能耗限额准入值的，按有关规定停工整改，推动能效水平应提尽提，力争全面达到国内乃至国际先进水平。科学评估拟建项目，对产能已饱和的行业，按照"减量替代"原则压减产能；对产能尚未饱和的行业，按照国家布局和审批备案等要求，对标国际先进水平提高准入门槛；对能耗量较大的新兴产业，支持引导企业应用绿色低碳技术，提高能效水平。深入挖潜存量项目，加快淘汰落后产能，通过改造升级挖掘节能减排潜力。强化常态化监管，坚决拿下不符合要求的"两高"项目。

（四）城乡建设碳达峰行动

加快推进城乡建设绿色低碳发展，城市更新和乡村振兴都要落实绿色低碳要求。

1. 推进城乡建设绿色低碳转型。推动城市组团式发展，科学确定建设规模，控制新增建设用地过快增长。倡导绿色低碳规划设计理念，增强城乡气候韧性，建设海绵城市。推广绿色低碳建材和绿色建造方式，加快推进新型建筑工业化，大力发展装配式建筑，推广钢结构住宅，推动建材循环利用，强化绿色设计和绿色施工管理。加强县城绿色低碳建设。推动建立以绿色低碳为导向的城乡规划建设管理机制，制定建筑拆除管理办法，杜绝大拆大建。建设绿色城镇、绿色社区。

2. 加快提升建筑能效水平。加快更新建筑节能、市政基础设施等标准，提高节能降碳要求。加强适用于不同气候区、不同建筑类型的节能低碳技术研发和推广，推动超低能耗建筑、低碳建筑规模化发展。加快推进居住建筑和公共建筑节能改造，持续推动老旧供热管网等市政基础设施节能降碳改造。提升城镇建筑和基础设施运行管理智能化水平，加快推广供热计量收费和合同能源管理，逐步开展公共建筑能耗限额管理。到2025年，城镇新建建筑全面执行绿色建筑标准。

3. 加快优化建筑用能结构。深化可再生能源建筑应用，推广光伏发电与建筑一体化应用。积极推动严寒、寒冷地区清洁取暖，推进热电联产集中供暖，加快工业余热供暖规模化应用，积极稳妥开展核能供热示范，因地制宜推行热泵、生物质能、地热能、太阳能等清洁低碳供暖。引导夏热冬冷地区科学取暖，因地制宜采用清洁高效取暖方式。提高建筑终端电气化水平，建设集光伏发电、储能、直流配电、柔性用电于一体的"光储直柔"建筑。到2025年，城镇建筑可再生能源替代率达到8%，新建公共机构建筑、新建厂房屋顶光伏覆盖率力争达到50%。

4. 推进农村建设和用能低碳转型。推进绿色农房建设，加快农房节能改造。持续推进农村地区清洁取暖，因地制宜选择适宜取暖方式。发展节能低碳农业大棚。推广节能环保灶具、电动农用车辆、节能环保农机和渔船。加快生物质能、太阳能等可再生能源在农业生产和农村生活中的应用。加强农村电网建设，提升农村用能电气化水平。

（五）交通运输绿色低碳行动

加快形成绿色低碳运输方式，确保交通运输领域碳排放增长保持在合理区间。

1. 推动运输工具装备低碳转型。积极扩大电力、氢能、天然气、先进生物液体燃料等新能源、清洁能源在交通运输领域应用。大力推广新能源汽车，逐步降低传统燃油汽车在新车产销和汽车保有量中的占比，推动城市公共服务车辆电动化替代，推广电力、氢燃料、液化天然气动力重型货运车辆。提升铁路系统电气化水平。加快老旧船舶更新改造，发展电动、液化天然气动力船舶，深入推进船舶靠港使用岸电，因地制宜开展沿海、内河绿色智能船舶示范应用。提升机场运行电动化智能化水平，发展新能源航空器。到2030年，当年新增新能源、清洁能源动力的交通工具比例达到40%左右,营运交通工具单位换算周转量碳排放强度比2020年下降9.5%左右,国家铁路单位换算周转量综合能耗比2020年下降10%。陆路交通运输石油消费力争2030年前达到峰值。

2. 构建绿色高效交通运输体系。发展智能交通,推动不同运输方式合理分工、有效衔接,降低空载率和不合理客货运周转量。大力发展以铁路、水路为骨干的多式联运,推进工矿企业、港口、物流园区等铁路专用线建设,加快内河高等级航道网建设,加快大宗货物和中长距离货物运输"公转铁""公转水"。加快先进适用技术应用,提升民航运行管理效率,引导航空企业加强智慧运行,实现系统化节能降碳。加快城乡物流配送体系建设,创新绿色低碳、集约高效的配送模式。打造高效衔接、快捷舒适的公共交通服务体系,积极引导公众选择绿色低碳交通方式。"十四五"期间,集装箱铁水联运量年均增长15%以上。到2030年,城区常住人口100万以上的城市绿色出行比例不低于70%。

3. 加快绿色交通基础设施建设。将绿色低碳理念贯穿于交通基础设施规划、建设、运营和维护全过程,降低全生命周期能耗和碳排放。开展交通基础设施绿色化提升改造,统筹利用综合运输通道线位、土地、空域等资源,加大岸线、锚地等资源整合力度,提高利用效率。有序推进充电桩、配套电网、加注(气)站、加氢站等基础设施建设,提升城市公共交通基础设施水平。到2030年,民用运输机场场内车辆装备等力争全面实现电动化。

(六) 循环经济助力降碳行动

抓住资源利用这个源头,大力发展循环经济,全面提高资源利用效率,充分发挥减少资源消耗和降碳的协同作用。

1. 推进产业园区循环化发展。以提升资源产出率和循环利用率为目标,优化园区空间布局,开展园区循环化改造。推动园区企业循环式生产、产业循环式组合,组织企业实施清洁生产改造,促进废物综合利用、能量梯级利用、水资源循环利用,推进工业余压余热、废气废液废渣资源化利用,积极推广集中供气供热。搭建基础设施和公共服务共享平台,加强园区物质流管理。到2030年,省级以上重点产业园区全部实施循环化改造。

2. 加强大宗固废综合利用。提高矿产资源综合开发利用水平和综合利用率,以煤矸石、粉煤灰、尾矿、共伴生矿、冶炼渣、工业副产石膏、建筑垃圾、农作物秸秆等大宗固废为重点,支持大掺量、规模化、高值化利用,鼓励应用于替代原生非金属矿、砂石等资源。在确保安全环保前提下,探索将磷石膏应用于土壤改良、井下充填、路基修筑等。推动建筑垃圾资源化利用,推广废弃路面材料原地再生利用。加快推进秸秆高值化利用,完善收储运体系,严格禁烧管控。加快大宗固废综合利用示范建设。到2025年,大宗固废年利用量达到40亿吨左右;到2030年,年利用量达到45亿吨左右。

3. 健全资源循环利用体系。完善废旧物资回收网络,推行"互联网+"回收模式,实现再生资源应收尽收。加强再生资源综合利用行业规范管理,促进产业集聚发展。高水平建设现代化"城市矿产"基地,推动再生资源规范化、规模化、清洁化利用。推进退役动力电池、光伏组件、风电机组叶片等新兴产业废物循环利用。促进汽车零部件、工程机械、文办设备等再制造产业高质量发展。加强资源再生产品和再制造产品推广应用。到2025年,废钢铁、废铜、废铝、废铅、废锌、废纸、废塑料、废橡胶、废玻璃等9种主要再生资源循环利用量达到4.5亿吨,到2030年达到5.1亿吨。

4. 大力推进生活垃圾减量化资源化。扎实推进生活垃圾分类，加快建立覆盖全社会的生活垃圾收运处置体系，全面实现分类投放、分类收集、分类运输、分类处理。加强塑料污染全链条治理，整治过度包装，推动生活垃圾源头减量。推进生活垃圾焚烧处理，降低填埋比例，探索适合我国厨余垃圾特性的资源化利用技术。推进污水资源化利用。到2025年，城市生活垃圾分类体系基本健全，生活垃圾资源化利用比例提升至60%左右。到2030年，城市生活垃圾分类实现全覆盖，生活垃圾资源化利用比例提升至65%。

（七）绿色低碳科技创新行动

发挥科技创新的支撑引领作用，完善科技创新体制机制，强化创新能力，加快绿色低碳科技革命。

1. 完善创新体制机制。制定科技支撑碳达峰碳中和行动方案，在国家重点研发计划中设立碳达峰碳中和关键技术研究与示范等重点专项，采取"揭榜挂帅"机制，开展低碳零碳负碳关键核心技术攻关。将绿色低碳技术创新成果纳入高等学校、科研单位、国有企业有关绩效考核。强化企业创新主体地位，支持企业承担国家绿色低碳重大科技项目，鼓励设施、数据等资源开放共享。推进国家绿色技术交易中心建设，加快创新成果转化。加强绿色低碳技术和产品知识产权保护。完善绿色低碳技术和产品检测、评估、认证体系。

2. 加强创新能力建设和人才培养。组建碳达峰碳中和相关国家实验室、国家重点实验室和国家技术创新中心，适度超前布局国家重大科技基础设施，引导企业、高等学校、科研单位共建一批国家绿色低碳产业创新中心。创新人才培养模式，鼓励高等学校加快新能源、储能、氢能、碳减排、碳汇、碳排放权交易等学科建设和人才培养，建设一批绿色低碳领域未来技术学院、现代产业学院和示范性能源学院。深化产教融合，鼓励校企联合开展产学合作协同育人项目，组建碳达峰碳中和产教融合发展联盟，建设一批国家储能技术产教融合创新平台。

3. 强化应用基础研究。实施一批具有前瞻性、战略性的国家重大前沿科技项目，推动低碳零碳负碳技术装备研发取得突破性进展。聚焦化石能源绿色智能开发和清洁低碳利用、可再生能源大规模利用、新型电力系统、节能、氢能、储能、动力电池、二氧化碳捕集利用与封存等重点，深化应用基础研究。积极研发先进核电技术，加强可控核聚变等前沿颠覆性技术研究。

4. 加快先进适用技术研发和推广应用。集中力量开展复杂大电网安全稳定运行和控制、大容量风电、高效光伏、大功率液化天然气发动机、大容量储能、低成本可再生能源制氢、低成本二氧化碳捕集利用与封存等技术创新，加快碳纤维、气凝胶、特种钢材等基础材料研发，补齐关键零部件、元器件、软件等短板。推广先进成熟绿色低碳技术，开展示范应用。建设全流程、集成化、规模化二氧化碳捕集利用与封存示范项目。推进熔盐储能供热和发电示范应用。加快氢能技术研发和示范应用，探索在工业、交通运输、建筑等领域规模化应用。

（八）碳汇能力巩固提升行动

坚持系统观念，推进山水林田湖草沙一体化保护和修复，提高生态系统质量和稳定性，提升生态系统碳汇增量。

1. 巩固生态系统固碳作用。结合国土空间规划编制和实施，构建有利于碳达峰、碳中和的国土空间开发保护格局。严守生态保护红线，严控生态空间占用，建立以国家公园为主体的自然保护地体系，稳定现有森林、草原、湿地、海洋、土壤、冻土、岩溶等固碳作用。严格执行土地使用标准，加强节约集约用地评价，推广节地技术和节地模式。

2. 提升生态系统碳汇能力。实施生态保护修复重大工程。深入推进大规模国土绿化行动，巩固退耕还林还草成果，扩大林草资源总量。强化森林资源保护，实施森林质量精准提升工程，提高森林质量和稳定性。加强草原生态保护修复，提高草原综合植被盖度。加强河湖、湿地保护修复。整体推进海洋生态系统保护和修复，提升红树林、海草床、盐沼等固碳能力。加强退化土地修复治理，开展荒漠化、石漠化、水土流失综合治理，实施历史遗留矿山生态修复工程。到2030年，全国森林覆盖率达到25%左右，森林蓄积量达到190亿立方米。

3. 加强生态系统碳汇基础支撑。依托和拓展自然资源调查监测体系，利用好国家林草生态综合监测评价成果，建立生态系统碳汇监测核算体系，开展森林、草原、湿地、海洋、土壤、冻土、岩溶等碳汇本底调查、碳储量评估、潜力分析，实施生态保护修复碳汇成效监测评估。加强陆地和海洋生态系统碳汇基础理论、基础方法、前沿颠覆性技术研究。建立健全能够体现碳汇价值的生态保护补偿机制，研究制定碳汇项目参与全国碳排放权交易相关规则。

4. 推进农业农村减排固碳。大力发展绿色低碳循环农业，推进农光互补、“光伏＋设施农业”、“海上风电＋海洋牧场”等低碳农业模式。研发应用增汇型农业技术。开展耕地质量提升行动，实施国家黑土地保护工程，提升土壤有机碳储量。合理控制化肥、农药、地膜使用量，实施化肥农药减量替代计划，加强农作物秸秆综合利用和畜禽粪污资源化利用。

（九）绿色低碳全民行动

增强全民节约意识、环保意识、生态意识，倡导简约适度、绿色低碳、文明健康的生活方式，把绿色理念转化为全体人民的自觉行动。

1. 加强生态文明宣传教育。将生态文明教育纳入国民教育体系，开展多种形式的资源环境国情教育，普及碳达峰、碳中和基础知识。加强对公众的生态文明科普教育，将绿色低碳理念有机融入文艺作品，制作文创产品和公益广告，持续开展世界地球日、世界环境日、全国节能宣传周、全国低碳日等主题宣传活动，增强社会公众绿色低碳意识，推动生态文明理念更加深入人心。

2. 推广绿色低碳生活方式。坚决遏制奢侈浪费和不合理消费，着力破除奢靡铺张的歪风陋习，坚决制止餐饮浪费行为。在全社会倡导节约用能，开展绿色低碳社会行动示范创建，深入推进绿色生活创建行动，评选宣传一批优秀示范典型，营造绿色低碳生活新风尚。大力发展绿色消费，推广绿色低碳产品，完善绿色产品认证与标识制度。提升绿色产品在政府采购中的比例。

3. 引导企业履行社会责任。引导企业主动适应绿色低碳发展要求，强化环境责任意识，加强能源资源节约，提升绿色创新水平。重点领域国有企业特别是中央企业要制定实施企业碳达峰行动方案，发挥示范引领作用。重点用能单位要梳理核算自身碳排放情况，深入研究碳减排路径，“一企一策”制定专项工作方案，推进节能降碳。相关上市公司和发债企业要按照环境信息依法披露要求，定期公布企业碳排放信息。充分发挥行业协会等社会团体作用，督促企业自觉履行社会责任。

4. 强化领导干部培训。将学习贯彻习近平生态文明思想作为干部教育培训的重要内容，各级党校（行政学院）要把碳达峰、碳中和相关内容列入教学计划，分阶段、多层次对各级领导干部开展培训，普及科学知识，宣讲政策要点，强化法治意识，深化各级领导干部对碳达峰、碳中和工作重要性、紧迫性、科学性、系统性的认识。从事绿色低碳发展相关工作的领导干部要尽快提升专业素养和业务能力，切实增强推动绿色低碳发展的本领。

（十）各地区梯次有序碳达峰行动

各地区要准确把握自身发展定位，结合本地区经济社会发展实际和资源环境禀赋，坚持分类施策、因地制宜、上下联动，梯次有序推进碳达峰。

1. 科学合理确定有序达峰目标。碳排放已经基本稳定的地区要巩固减排成果，在率先实现碳达峰的基础上进一步降低碳排放。产业结构较轻、能源结构较优的地区要坚持绿色低碳发展，坚决不走依靠“两高”项目拉动经济增长的老路，力争率先实现碳达峰。产业结构偏重、能源结构偏煤的地区和资源型地区要把节能降碳摆在突出位置，大力优化调整产业结构和能源结构，逐步实现碳排放增长与经济增长脱钩，力争与全国同步实现碳达峰。

2. 因地制宜推进绿色低碳发展。各地区要结合区域重大战略、区域协调发展战略和主体功能区战略，从实际出发推进本地区绿色低碳发展。京津冀、长三角、粤港澳大湾区等区域要发挥高质量发展动力源和增长极作用，率先推动经济社会发展全面绿色转型。长江经济带、黄河流域和国家生态文明试验区要严格落实生态优先、绿色发展战略导向，在绿色低碳发展方面走在全国前列。中西部和东北地区要着力优化能源结构，按照产业政策和能耗双控要求，有序推动高耗能行业向清洁能源优势地区集中，积极培育绿色发展动能。

3. 上下联动制定地方达峰方案。各省、自治区、直辖市人民政府要按照国家总体部署，结合本地区资源环境禀赋、产业布局、发展阶段等，坚持全国一盘棋，不抢跑，科学制定本地区碳达峰行动方案，提出符合实际、切实可行的碳达峰时间表、路线图、施工图，避免“一刀切”限电限产或运动式“减碳”。各地区碳达峰行动方案经碳达峰碳中和工作领导小组综合平衡、审核通过后，由地方自行印发实施。

4. 组织开展碳达峰试点建设。加大中央对地方推进碳达峰的支持力度，选择100个具有典型代表性的城市和园区开展碳达峰试点建设，在政策、资金、技术等方面对试点城市和园区给予支持，加快实现绿色低碳转型，为全国提供可操作、可复制、可推广的经验做法。

四、国际合作

（一）深度参与全球气候治理

大力宣传习近平生态文明思想，分享中国生态文明、绿色发展理念与实践经验，为建设清洁美丽世界贡献中国智慧、中国方案、中国力量，共同构建人与自然生命共同体。主动参与全球绿色治理体系建设，坚持共同但有区别的责任原则、公平原则和各自能力原则，坚持多边主义，维护以联合国为核心的国际体系，推动各方全面履行《联合国气候变化框架公约》及其《巴黎协定》。积极参与国际航运、航空减排谈判。

（二）开展绿色经贸、技术与金融合作

优化贸易结构，大力发展高质量、高技术、高附加值绿色产品贸易。加强绿色标准国际合作，推动落实合格评定合作和互认机制，做好绿色贸易规则与进出口政策的衔接。加强节能环保产品和服务进出口。加大绿色技术合作力度，推动开展可再生能源、储能、氢能、二氧化碳捕集利用与封存等领域科研合作和技术交流，积极参与国际热核聚变实验堆计划等国际大科学工程。深化绿色金融国际合作，积极参与碳定价机制和绿色金融标准体系国际宏观协调，与有关各方共同推动绿色低碳转型。

（三）推进绿色“一带一路”建设

秉持共商共建共享原则，弘扬开放、绿色、廉洁理念，加强与共建“一带一路”国家的绿色基建、绿色能源、绿色金融等领域合作，提高境外项目环境可持续性，打造绿色、包容的“一带一路”能源合作伙伴关系，扩大新能源技术和产品出口。发挥“一带一路”绿色发展国际联盟等合作平台作用，推动实施《“一带一路”绿色投资原则》，推进“一带一路”应对气候变化南南合作计划和“一带一路”科技创新行动计划。

五、政策保障

（一）建立统一规范的碳排放统计核算体系

加强碳排放统计核算能力建设，深化核算方法研究，加快建立统一规范的碳排放统计核算体系。支持行业、企业依据自身特点开展碳排放核算方法学研究，建立健全碳排放计量体系。推进碳排放实测技术发展，加快遥感测量、大数据、云计算等新兴技术在碳排放实测技术领域的应用，提高统计核算水平。积极参与国际碳排放核算方法研究，推动建立更为公平合理的碳排放核算方法体系。

（二）健全法律法规标准

构建有利于绿色低碳发展的法律体系，推动能源法、节约能源法、电力法、煤炭法、可再生能源法、循环经济促进法、清洁生产促进法等制定修订。加快节能标准更新，修订一批能耗限额、产品设备能效强制性国家标准和工程建设标准，提高节能降碳要求。健全可再生能源标准体系，加快相关领域标准制定修订。建立健全氢制、储、输、用标准。完善工业绿色低碳标准体系。建立重点企业碳排放核算、报告、核查等标准，探索建立重点产品全生命周期碳足迹标准。积极参与国际能效、低碳等标准制定修订，加强国际标准协调。

（三）完善经济政策

各级人民政府要加大对碳达峰、碳中和工作的支持力度。建立健全有利于绿色低碳发展的税收政策体系，落实和完善节能节水、资源综合利用等税收优惠政策，更好发挥税收对市场主体绿色低碳发展的促进作用。完善绿色电价政策，健全居民阶梯电价制度和分时电价政策，探索建立分时电价动态调整机制。完善绿色金融评价机制，建立健全绿色金融标准体系。大力发展绿色贷款、绿色股权、绿色债券、绿色保险、绿色基金等金融工具，设立碳减排支持工具，引导金融机构为绿色低碳项目提供长期限、低成本资金，鼓励开发性政策性金融机构按照市场化法治化原则为碳达峰行动提供长期稳定融资支持。拓展绿色债券市场的深度和广度，支持符合条件的绿色企业上市融资、挂牌融资和再融资。研究设立国家低碳转型基金，支持传统产业和资源富集地区绿色转型。鼓励社会资本以市场化方式设立绿色低碳产业投资基金。

（四）建立健全市场化机制

发挥全国碳排放权交易市场作用，进一步完善配套制度，逐步扩大交易行业范围。建设全国用能权交易市场，完善用能权有偿使用和交易制度，做好与能耗双控制度的衔接。统筹推进碳排放权、用能权、电力交易等市场建设，加强市场机制间的衔接与协调，将碳排放权、用能权交易纳入公共资源交易平台。积极推行合同能源管理，推广节能咨询、诊断、设计、融资、改造、托管等“一站式”综合服务模式。

六、组织实施

（一）加强统筹协调

加强党中央对碳达峰、碳中和工作的集中统一领导，碳达峰碳中和工作领导小组对碳达峰相关工作进行整体部署和系统推进，统筹研究重要事项、制定重大政策。碳达峰碳中和工作领导小组成员单位要按照党中央、国务院决策部署和领导小组工作要求，扎实推进相关工作。碳达峰碳中和工作领导小组办公室要加强统筹协调，定期对各地区和重点领域、重点行业工作进展情况进行调度，科学提出碳达峰分步骤的时间表、路线图，督促将各项目标任务落实落细。

（二）强化责任落实

各地区各有关部门要深刻认识碳达峰、碳中和工作的重要性、紧迫性、复杂性，切实扛起责任，按照《中共中央 国务院关于完整准确全面贯彻新发展理念做好碳达峰碳中和工作的意见》和本方案确定的主要目标和重点任务，着力抓好各项任务落实，确保政策到位、措施到位、成效到位，落实情况纳入中央和省级生态环境保护督察。各相关单位、人民团体、社会组织要按照国家有关部署，积极发挥自身作用，推进绿色低碳发展。

（三）严格监督考核

实施以碳强度控制为主、碳排放总量控制为辅的制度，对能源消费和碳排放指标实行协同管理、协同分解、协同考核，逐步建立系统完善的碳达峰碳中和综合评价考核制度。加强监督考核结果应用，对碳达峰工作成效突出的地区、单位和个人按规定给予表彰奖励，对未完成目标任务的地区、部门依规依法实行通报批评和约谈问责。各省、自治区、直辖市人民政府要组织开展碳达峰目标任务年度评估，有关工作进展和重大问题要及时向碳达峰碳中和工作领导小组报告。

国务院

2021 年 10 月 24 日

（六）设想

设想是初步的、预备性的、非正式的计划。设想因有预备性，所以其写作要求并不十分严格，其格式也不大一样。如果是给领导看的，就要严肃一些，往往要通过“随同性报告”报给上级，不必署名，也不必写成文时间；如果是交给群众讨论的，或者不以通知或报告的形式转发上报，就要署名并写明具体成文时间。

1. 标题

设想的标题可以是完整式，也可以是省略式，如《××大学 2017 年工作设想》。

2. 正文

设想的正文一般有两种写法。第一种只讲目标要求，采用条项并列式结构，适用时间较长的“设想”或工作计划的最初构思或打算；第二种是按一般计划的格式要求，内容粗略一些，通常适用于预备性的计划。

【例文】

“一带一路”建设海上合作设想

2013年，中国国家主席习近平先后提出共建“丝绸之路经济带”和“21世纪海上丝绸之路”的重大倡议。2015年，中国政府发布《推动共建丝绸之路经济带和21世纪海上丝绸之路的愿景与行动》，提出以政策沟通、设施联通、贸易畅通、资金融通、民心相通为主要内容，坚持共商、共建、共享原则，积极推动“一带一路”建设，得到国际社会的广泛关注和积极回应。为进一步与沿线国加强战略对接与共同行动，推动建立全方位、多层次、宽领域的蓝色伙伴关系，保护和可持续利用海洋和海洋资源，实现人海和谐、共同发展，共同增进海洋福祉，共筑和繁荣21世纪海上丝绸之路，国家发展和改革委员会、国家海洋局特制定并发布《“一带一路”建设海上合作设想》。

一、时代背景。海洋是地球最大的生态系统，是人类生存和可持续发展的共同空间和宝贵财富。随着经济全球化和区域经济一体化的进一步发展，以海洋为载体和纽带的市场、技术、信息等合作日益紧密，发展蓝色经济逐步成为国际共识，一个更加注重和依赖海上合作与发展的时代已经到来。“独行快，众行远。”加强海上合作顺应了世界发展潮流与开放合作大势，是促进世界各国经济联系更趋紧密、互惠合作更加深入、发展空间更为广阔的必然选择，也是世界各国一道共同应对危机挑战、促进地区和平稳定的重要途径。中国政府秉持和平合作、开放包容、互学互鉴、互利共赢的丝绸之路精神，致力于推动联合国制定的《2030年可持续发展议程》在海洋领域的落实，愿与21世纪海上丝绸之路沿线各国一道开展全方位、多领域的海上合作，共同打造开放、包容的合作平台，建立积极务实的蓝色伙伴关系，铸造可持续发展的“蓝色引擎”。

二、合作原则求同存异，凝聚共识。维护国际海洋秩序，尊重沿线国多样化的海洋发展理念，照顾彼此关切，弥合认知差异，求大同，存小异，广泛协商，逐步达成合作共识。开放合作，包容发展。进一步开放市场，改善投资环境，消除贸易壁垒，促进贸易和投资便利化。增强政治互信，加强不同文明之间的对话，倡导包容发展、和谐共生。市场运作，多方参与。遵循市场规律和国际通行规则，充分发挥企业的主体作用。支持建立多利益攸关方伙伴关系，推动各国政府、国际组织、民间社团、工商界等广泛参与海上合作。共商共建，利益共享。尊重沿线国发展意愿，兼顾各方利益，发挥各方比较优势，共谋合作、共同建设、共享成果，促进发展中国家消除贫困，推动形成海上合作的利益共同体。

三、合作思路以海洋为纽带增进共同福祉、发展共同利益，以共享蓝色空间、发展蓝色经济为主线，加强与21世纪海上丝绸之路沿线国战略对接，全方位推动各领域务实合作，共同建设通畅安全高效的海上大通道，共同推动建立海上合作平台，共同发展蓝色伙伴关系，沿着绿色发展、依海繁荣、安全保障、智慧创新、合作治理的人海和谐发展之路相向而行，造福沿线各国人民。根据21世纪海上丝绸之路的重点方向，“一带一路”建设海上合作以中国沿海经济带为支撑，密切与沿线国的合作，连接中国—中南半岛经济走廊，经南海向西进入印度洋，衔接中巴、孟中印缅经济走廊，共同建设中国—印度洋—非洲—地中海蓝色经济通道；经南海向南进入太平洋，共建中国—大洋洲—南太平洋蓝色经济通道；积极推动共建经北冰洋连接欧洲的蓝色经济通道。

四、合作重点围绕构建互利共赢的蓝色伙伴关系，创新合作模式，搭建合作平台，共同制定若干行动计划，实施一批具有示范性、带动性的合作项目，共走绿色发展之路，共创依海繁荣之路，共筑安全保障之路，共建智慧创新之路，共谋合作治理之路。

（一）共走绿色发展之路。维护海洋健康是最普惠的民生福祉，功在当代、利在千秋。中国政府倡议沿线国共同发起海洋生态环境保护行动，提供更多优质的海洋生态服务，维护全球海洋生态安全。保护海洋生态系统健康和生物多样性。加强在海洋生态保护与修复、海洋濒危物种保护等领域务实合作，推动建立长效合作机制，共建跨界海洋生态廊道。联合开展红树林、海草床、珊瑚礁等典型海洋生态系统监视监测、健康评价与保护修复，保护海岛生态系统和滨海湿地，举办滨海湿地国际论坛。推动区域海洋环境保护。加强在海洋环境污染、海洋垃圾、海洋酸化、赤潮监测、污染应急等领域合作，推动建立海洋污染防治和应急协作机制，联合开展海洋环境评价，联合发布海洋环境状况报告。建立中国—东盟海洋环境保护合作机制。在中国—东盟环境合作战略与行动计划框架下，推动开展海洋环境保护合作。倡议沿线国共同发起和实施绿色丝绸之路使者计划，提高沿线各国海洋环境污染防治能力。加强海洋领域应对气候变化合作。推动开展海洋领域的循环低碳发展应用示范。中国政府支持沿线小岛屿国家应对全球气候变化，愿意在应对海洋灾害、海平面上升、海岸侵蚀、海洋生态系统退化等方面提供技术援助，支持沿线国开展海岛、海岸带状况调查与评估。加强蓝碳国际合作。中国政府倡议发起21世纪海上丝绸之路蓝碳计划，与沿线国共同开展海洋和海岸带蓝碳生态系统监测、标准规范与碳汇研究，联合发布21世纪海上丝绸之路蓝碳报告，推动建立国际蓝碳论坛与合作机制。

（二）共创依海繁荣之路。促进发展、消除贫困是沿线各国人民的共同愿望。发挥各国比较优势，科学开发利用海洋资源，实现互联互通，促进蓝色经济发展，共享美好生活。加强海洋资源开发利用合作。与沿线国合作开展资源调查、建立资源名录和资源库，协助沿线国编制海洋资源开发利用规划，并提供必要的技术援助。引导企业有序参与海洋资源开发项目。积极参与涉海国际组织开展的海洋资源调查与评估。提升海洋产业合作水平。与沿线国共建海洋产业园区和经贸合作区，引导中国涉海企业参与园区建设。实施一批蓝色经济合作示范项目，支持沿线发展中国家发展海水养殖，改善生活水平，减轻贫困。与沿线国共同规划开发海洋旅游线路，打造精品海洋旅游产品，建立旅游信息交流共享机制。推进海上互联互通。加强国际海运合作，完善沿线国之间的航运服务网络，共建国际和区域性航运中心。通过缔结友好港或姐妹港协议、组建港口联盟等形式加强沿线港口合作，支持中国企业以多种方式参与沿线港口的建设和运营。推动共同规划建设海底光缆项目，提高国际通信互联互通水平。提升海运便利化水平。加强与有关国家的沟通协调，围绕规范国际运输市场、提升运输便利化水平等方面紧密合作。加快与有关国家在口岸监管互认、执法互助、信息互换等方面的合作。推动信息基础设施联通建设。共建覆盖21世纪海上丝绸之路的信息传输、处理、管理、应用体系以及信息标准规范体系和信息安全保障体系，为实现网络互联互通、信息资源共享提供公共平台。积极参与北极开发利用。中国政府愿与各方共同开展北极航道综合科学考察，合作建立北极岸基观测站，研究北极气候与环境变化及其影响，开展航道预报服务。支持北冰洋周边国家改善北极航道运输条件，鼓励中国企业参与北极航道的商业化利用。愿同北极有关国家合作开展北极地区资源潜力评估，鼓励中国企业有序参与北极资源的可持续开发，加强与北极国家的清洁能源合作。积极参与北极相关国际组织的活动。

（三）共筑安全保障之路。维护海上安全是发展蓝色经济的重要保障。倡导互利合作共赢的海洋共同安全观，加强海洋公共服务、海事管理、海上搜救、海洋防灾减灾、海上执法等领域合作，提高防范和抵御风险能力，共同维护海上安全。加强海洋公共服务合作。中国政府倡议发起21世纪海上丝绸之路海洋公共服务共建共享计划，倡导沿线国共建共享海洋观测监测网和海洋环境综合调查测量成果，加大对沿线发展中国家海洋观测监测基础设施的技术和设备援助。中国政府愿加强北斗卫星导航和遥感卫星系统在海洋领域应用的国际合作，为沿线国提供卫星定位和遥感信息应用与服务。开展海上航行安全合作。中国政府愿承担相应的国际义务，参与双多边海上航行安全与危机管控机制，共同开展打击海上犯罪等非传统安全领域活动，共同维护海上航行安全。开展海上联合搜救。在国际公约框架下，中国政府愿承担相应的国际义务，加强与沿线国信息交流和联合搜救，建立海上搜救力量互访、搜救信息共享、搜救人员交流培训与联合演练，提升灾难处置、旅游安全等海上突发事件的共同应急与行动能力。共同提升海洋防灾减灾能力。倡议共建南海、阿拉伯海和亚丁湾等重点海域的海洋灾害预警报系统，共同研发海洋灾害预警报产品，为海上运输、海上护航、灾害防御等提供服务。支持南海海啸预警中心业务化运行，为周边国家提供海啸预警服务。推动与沿线国共建海洋防灾减灾合作机制，设立培训基地，开展海洋灾害风险防范、巨灾应对合作研究和应用示范，为沿线国提供技术援助。推动海上执法合作。加强与沿线国对话，管控分歧，在双多边框架下推动海上执法合作，建立完善海上联合执法、渔业执法、海上反恐防暴等合作机制，推动构筑海上执法联络网，共同制定突发事件应急预案。加强与沿线国海上执法部门的交流合作，为海上执法培训提供必要帮助。

（四）共建智慧创新之路。创新是引领海洋可持续发展的源动力。深化海洋科学研究、教育培训、文化交流等领域合作，增进海洋认知，促进科技成果应用，为深化海上合作奠定民意基础。深化海洋科学研究与技术合作。与沿线各国共同发起海洋科技合作伙伴计划，联合开展21世纪海上丝绸之路重点海域和通道科学调查与研究、季风—海洋相互作用观测研究以及异常预测与影响评估等重大项目。深化在海洋调查、观测装备、可再生能源、海水淡化、海洋生物制药、海洋食品技术、海上无人机、无人船等领域合作，加强海洋技术标准体系对接与技术转让合作，支持科研机构和企业共建海外技术示范和推广基地。共建海洋科技合作平台。与沿线国共建海洋研究基础设施和科技资源互联共享平台，合作建设海洋科技合作园。推进亚太经合组织海洋可持续发展中心、东亚海洋合作平台、中国—东盟海洋合作中心、中国—东盟海洋学院、中国—东亚海环境管理伙伴关系计划海岸带可持续管理合作中心、中马海洋联合研究中心、中印尼海洋与气候中心、中泰气候与海洋生态系统联合实验室、中巴联合海洋研究中心、中以海水淡化联合研究中心等建设，共同提高海洋科技创新能力。共建共享智慧海洋应用平台。共同推动国家间海洋数据和信息产品共享，建立海洋数据中心之间的合作机制和网络，共同开展海洋数据再分析研究与应用，建设21世纪海上丝绸之路海洋和海洋气候数据中心。共同研发海洋大数据和云平台技术，建设服务经济社会发展的海洋公共信息共享服务平台。开展海洋教育与文化交流。继续实施中国政府海洋奖学金计划,扩大沿线国来华人员的研修与培训规模。推动实施海洋知识与文化交流融通计划,支持中国沿海城市与沿线国城市结为友好城市,加强与沿线国海洋公益组织和科普机构的交流与合作。弘扬妈祖海洋文化,推进世界妈祖海洋文化中心建设,促进海洋文化遗产保护、水下考古与发掘等方面的交流合作,与沿线国互办海洋文化年、海洋艺术节,传承和弘扬21世纪海上丝绸之路友好合作精神。共同推进涉海文化传播。加强媒体合作,开展跨境采访活动,共建21世纪海上丝绸之路媒体朋友圈。创新传播方式,共同打造体现多国文明、融合多语种的媒介形态。携手开展涉海文艺创作,共同制作展现沿线各国风土人情、友好往来的文艺作品,夯实民意基础。

(五)共谋合作治理之路。建立紧密的蓝色伙伴关系是推动海上合作的有效渠道。加强战略对接与对话磋商,深化合作共识,增进政治互信,建立双多边合作机制,共同参与海洋治理,为深化海上合作提供制度性保障。建立海洋高层对话机制。与沿线国建立多层次、多渠道的沟通磋商与对话机制,推动签署政府间、部门间海洋合作文件,共同制定合作计划、实施方案和路线图,共同推动重大项目实施。推动建立21世纪海上丝绸之路沿线国高层对话机制,共同推动行动计划的实施,共同应对海洋重大问题。办好中国—小岛屿国家海洋部长圆桌会议、中国—南欧国家海洋合作论坛。建立蓝色经济合作机制。设立全球蓝色经济伙伴论坛,推广蓝色经济新理念和新实践,推动产业对接与产能合作。共同制定并推广蓝色经济统计分类国际标准,建立数据共享平台,开展21世纪海上丝绸之路沿线国蓝色经济评估,编制发布蓝色经济发展报告,分享成功经验。打造海洋金融公共产品,支持蓝色经济发展。开展海洋规划研究与应用。共同推动制定以促进蓝色增长为目标的跨边界海洋空间规划、实施共同原则与标准规范,分享最佳实践和评估方法,推动建立包括相关利益方的海洋空间规划国际论坛。中国政府愿为沿线国提供海洋发展规划相关培训与技术援助,为制定海洋发展规划提供帮助。加强与多边机制的合作。支持在亚太经合组织、东亚合作领导人系列会议、中非合作论坛、中国—太平洋岛国经济发展合作论坛等多边合作机制下,建立海洋合作机制与制度规则。支持联合国政府间海洋学委员会、东亚海环境合作伙伴、环印度洋联盟、国际海洋学院等发挥作用,共同组织推进重大计划和项目。加强智库交流合作。推动沿线国智库对话交流,合作开展战略、政策对接研究,共同发起重大倡议,为共建21世纪海上丝绸之路提供智力支撑。中国政府支持国内智库与沿线国相关机构和国际性海洋组织建立战略合作伙伴关系,推动建立21世纪海上丝绸之路智库联盟,打造合作平台与协作网络。加强民间组织合作。鼓励与沿线国民间组织开展海洋公益服务、学术研讨、文化交流、科技合作、知识传播等活动,推动民间组织合作与政府间合作相互促进,共同参与海洋治理。

五、积极行动。中国政府高度重视与有关国家的海上合作,加强战略沟通,搭建合作平台,开展了一系列合作项目,总体进展顺利。高层引领推动。在中国与相关国家领导人的见证下,与泰国、马来西亚、柬埔寨、印度、巴基斯坦、马尔代夫、南非等国签署了政府间海洋领域合作协议、合作备忘录和联合声明,与多个沿线国开展战略对接,建立了广泛的海洋合作伙伴关系。搭建合作平台。在亚太经合组织、东亚合作领导人系列会议、中国—东盟合作框架等机制下建立了蓝色经济论坛、海洋环保研讨会、海事磋商、海洋合作论坛、中国—东盟海洋合作中心、东亚海洋合作平台等合作机制。相继举办21世纪海上丝绸之路博览会、21世纪海上丝绸之路国际艺术节、世界妈祖海洋文化论坛等一系列以21世纪海上丝绸之路为主题的活动，对增进理解、凝聚共识、深化海上合作发挥了重要作用。加大资金投入。中国政府统筹国内资源，设立中国—东盟海上合作基金和中国—印尼海上合作基金，实施《南海及其周边海洋国际合作框架计划》。亚洲基础设施投资银行、丝路基金对重大海上合作项目提供了资金支持。推进内外对接。中国政府鼓励环渤海、长三角、海峡西岸、珠三角等经济区和沿海港口城市发挥地方特色，加大开放力度，深化与沿线国的务实合作。支持福建21世纪海上丝绸之路核心区、浙江海洋经济发展示范区、福建海峡蓝色经济试验区和舟山群岛海洋新区建设，加大海南国际旅游岛开发开放力度。推进海洋经济创新发展示范城市建设，启动海洋经济发展示范区建设。促成项目落地。马来西亚马六甲临海工业园区建设加紧推进。巴基斯坦瓜达尔港运营能力提升，港口自由区建设、招商工作稳步推进。缅甸皎漂港"港口十园区十城市"综合一体化开发取得进展。斯里兰卡科伦坡港口城、汉班托塔港二期工程有序推进。埃塞俄比亚至吉布提铁路建成通车，肯尼亚蒙巴萨至内罗毕铁路即将通车。希腊比雷埃夫斯港已建设成为重要的中转枢纽港。中国与荷兰合作开发海上风力发电，与印尼、哈萨克斯坦、伊朗等国的海水淡化合作项目正在推动落实。海底通信互联互通水平大幅提高，亚太直达海底光缆(APG)正式运营。中马钦州—关丹"两国双园"、柬埔寨西哈努克港经济特区、埃及苏伊士经贸合作区等境外园区建设成效显著。展望未来，中国政府愿用信心和诚意与沿线各国共同推进"一带一路"建设海上合作，共享机遇，共迎挑战，共谋发展，共同行动，珍爱共有海洋，守护蓝色家园，共同推动实现21世纪海上丝绸之路的宏伟蓝图。

国家发展改革委
国家海洋局
2017年6月19日

五、计划的写作要求

(一) 方向正确，顾及大局

制定计划的目的，是更好地贯彻执行党和国家的方针、政策，努力完成党和国家交给的任务。因此，制定计划时，必须领会党和国家的有关方针政策，了解上级的指示精神和工作部署，使工作计划成为上级有关精神和部署的具体化，使计划的指导思想、基本安排与上级意图一致。这样制定出来的计划就比较切合工作实际，并能发挥、调动各方面的积极性。

(二) 实事求是，留有余地

计划的制定要实事求是，一切从实际出发，既不能单凭个人的主观热情和愿望，也不能一味照搬上级下达的指示、计划，而应该从客观实际出发，因地制宜。同时，计划又要有一定的弹性，不能搞形式主义，要留有一定余地，积极而又稳妥。

(三) 要求明确，突出重点

计划的目的、任务、指标、措施、办法、步骤、负责单位或相关人员等，都应写得具体、明确，切忌含糊不清、模棱两可。同时，制定计划时，要根据确定的中心工作突出重点。如果没有工作中心和重点，就必然会主次不分，工作杂乱无序。

（四）语言简明，朴实自然

计划的语言要简洁明快，朴实自然，不要在文中过分地议论、叙述，用语应准确、明晰，不能语意含糊、模棱两可。

第四节　总结的写作

一、总结的适用范围

总结是对本单位、本部门过去一个时期或一个方面工作进行系统回顾与评价，从中找出经验教训，引出规律性的东西，用于指导今后实践的一种应用性文书。总结是认识客观事物、掌握客观事物规律的一种重要手段。我们知道，人类知识的增进就是经验的积累，因为我们每做完一项工作之后，必然会获得大量的感性认识。为了使认识不断深化，更自觉地按照客观事物的发展规律办事，就需要把零散、肤浅、表面的感性认识上升为全面、系统、本质的理性认识。因此，人类必须不断地总结经验，以便更好地指导今后的工作。

总结成文以后，可以上报，以便上级领导掌握情况，调整工作部署，推广经验或者纠正某些偏差，更好地帮助、指导下级做好工作。也可以向下级传达，使本单位或下属单位的干部、职工全面、深入地了解领导意图、工作情况、取得的成绩与存在的问题。既可以增强主人翁责任感，提高工作的自觉性和主动性，也有利于下级对上级的监督工作。有些比较典型的经验总结则由上级机关或社会传播媒介进行宣传、推广，可以提高总结单位的知名度。

计划和总结是一段工作或一项任务的两个方面的文件，一在工作之前，一在工作之后。它们之间的区别是：

从时间上看，计划是为完成某项任务，根据党和国家的政策及具体情况在事前所作出的具体步骤、目标要求、方法措施等的安排；而总结是在计划执行或工作进行完毕之后写的，用以检查计划的完成情况。

从对内容的表述方法上看，计划重在说明；而总结则注重具体分析、全面评价某一任务或某一工作完成的情况，寻找规律性的东西，以指导今后的工作，表达方法重在议论。

从要求上看，计划要求重在做些什么，总结要求回答做得怎样。

二、总结的特点

（一）过程性

人类进行每一项工作，都有一定的过程，有一定的时间跨度。总结工作时，要反映出事物发展变化的过程，包括工作的开始、发展、结束，问题的发生、解决、效果等。总结通过概括叙述的方式，展示出工作的全过程。

(二) 客观性

总结是对实际工作再认识的过程,是对前一阶段工作的回顾,其内容要完全忠实于自身的客观实践。总结的材料是自身实践中的真实的具体材料,总结的观点是从自身实践中抽象出来的认识。总之,总结的依据、概括和提炼都要依据实际工作活动,不允许有任何主观臆断。

(三) 理论性

总结是理论的升华,是认识客观事物、掌握客观规律的一种重要手段。因而写总结就必须从自身的工作实践中分析、概括、总结出带规律性的东西,从而给人以理性的认识,更好地把握客观事物。因此,总结的写作,不但要有材料、有观点,而且要阐明其来龙去脉,说明其发展的必然趋势,找出相互之间的因果关系,从而总结出具有典型意义的规律性的经验教训,给人以启迪。

三、总结的种类

总结可以从不同的角度分类。

按内容分,有全面总结、专题总结;按性质分,有工作总结、学习总结、生产总结、思想总结、活动总结、会议总结;按范围分,有单位总结、部门总结、个人总结;按时间分,有年度总结、半年总结、季度总结、月份总结、阶段总结。

四、总结的写作

(一) 总结的基本结构

总结一般由标题、正文、署名、日期等部分构成。

1. 标题

总结的标题,有以下几种形式:

(1) 公文式标题。

完全式标题:由单位名称、时间、事由、文种四个方面组成,如《××学院 2021 年工作总结》《××单位××××年技术革新工作总结》。

省略式标题:由单位、事由、文种组成,如《××单位抗洪工作总结》;由事由、文种或时间、文种组成,如《关于组织青年志愿者活动的工作总结》《2021 年销售情况总结》。

(2) 新闻式标题。

单标题。直接表明总结的基本观点,如《适应新的形势,努力做好商业工作》《加强管理监督,防范金融风险》。

双标题。一般正题用文章式标题,点明总结的主要观点,让人易于把握;副题采用公文式标题,补充说明单位、时限、内容。可用于专题性总结,如《奋力开拓,打开局面——××公司 2021 年空调销售工作总结》《薄利多销,保质保量——××市服装公司经验总结》。

各单位常规工作总结大都采用公文式标题。用来介绍经验，并准备在新闻媒体发表的总结，大多数采用新闻式标题。所以，总结标题的写法具有较大的灵活性。

2. 正文

正文内容包括前言、主体、结语三部分。

前言也称引言，一般简要概述总结的依据和目的。前言开头的方式主要有以下几种。

概述式：概括介绍基本情况。

结论式：提出总结的结论，并重点介绍经验或概括成绩。

提示式：对工作的主要内容进行提示性的简要概括。

提问式：开头提出问题以引起读者对该文的关注。

主体是总结的核心部分，一般由基本情况、成绩与经验、问题与教训、今后打算等组成。

基本情况交代总结对象的概貌、工作的背景、具体任务、工作结果等，用以说明在什么情况下，完成了什么任务，采取了什么主要措施，收到了什么成效。这一部分一般写得比较概括，是为了使人们对总结有个大体了解。这些内容有时与前言结合起来，有时甚至可以把它糅合在经验中写。

成绩与经验部分，总结工作成效，分析取得成绩的主客观原因，从而找出经验和规律，这是总结的重点，应占有比较长的篇幅。这一部分应有理有据，通过翔实的材料，切实、明确地把新的经验总结出来。有的总结中把这一部分称为基本做法或主要措施，实际上都是分析归纳取得成效的原因。

问题与教训部分，说明工作中存在的问题，分析原因，找出病根，以便解决问题，避免今后工作中出现类似的失误。总结既要看到成绩，也不应忽视存在的问题，因而经验教训是总结必要的组成部分。总结经验教训要有重点，要把重点放在对未来工作有指导或借鉴意义的方面，而不应不分主次，平均用力。

今后的打算和努力方向要针对工作中存在的问题提出切实有效的改进措施，提出新的奋斗目标，以表明态度。

由于总结侧重点不同、目的要求不同，其正文的结构方式也不同，常见的结构方式主要有以下几种：

常规式。主体部分的结构形式通常采用“基本情况—经验做法—存在问题—今后打算”的顺序，分成四大部分进行总结，这是总结的传统方法。这种结构容量大，眉目清楚，适用于综合性总结。

阶段式。用于对周期长、阶段性显著的工作进行总结。把整个工作过程按照时间顺序划分成几个阶段，分别说明每个阶段的情况、成绩和问题。

并列式。将总结的内容按照性质逐条排列为几部分，每一部分既有相对的独立性，又有密切的联系。有的是以经验体会为序分条，结合经验体会自然地介绍工作情况、成绩、问题等；有的是以工作项目为序分条，在介绍工作情况的基础上引出经验教训，它的优点是条理清楚，纲举目张。

贯通式。这种形式既不列条款，也不分小标题，而是从头到尾，围绕主题，分若干自然段一气呵成。它主要靠清晰的思路来串联材料，靠分清层次来架构全篇，靠语言的过渡来贯通始终。这种结构常按时间顺序或事理发展的层次，抓住主要线索，层层分析说明，总结工作全过程。

总结正文写完后，有的无须加上结尾部分，即可结束；有的还需加上结束语，可以是对前文的总结，也可以是对未来的展望和号召。

3. 署名和日期

署名和日期，又叫落款。一般在正文结束的右下方签署作者姓名及成文日期。有的单位署名放在标题下，日期在文后右下方。

（二）总结的具体写法

在日常事务工作中，最常用的总结是全面总结和专题总结，现重点介绍如下。

1. 全面总结

全面总结，又叫综合性总结，主要用于对一个单位、一个部门在一定时期内的各方面情况的总结。全面总结的“全面”有两方面的含义：一是从时间上讲，是一个阶段的全面总结，即总结一个单位或部门一定阶段内的整个工作（各个方面）情况，如年终总结、季度总结等；二是从内容上讲，是一项任务的全面总结，即总结一项工作任务的全面情况，包括基本情况、成绩、效果、做法、体会、问题、今后意见等。全面总结通常在年终或某项工作告一段落，向上级汇报工作、向群众报告工作以及进行工作经验交流时使用。一般反映工作全貌，内容广泛，篇幅较长。

全面总结的标题通常采用公文式，分为完整式和省略式，如单位名称＋总结内容＋总结，如《××大学 2021 年工作总结》。

全面总结的正文写作基本采用常规结构方式，即由基本情况、成绩经验、存在问题、今后打算几方面组成。但这几部分的展开，不能平均使用力量。基本情况要简明扼要，能用数字显示的最好用数字。成绩做法是总结的重点，可以分条分项列出，内容要具体充实。存在的问题如果不是十分突出或十分严重，只需列出就行了。如果问题的性质很严重，就要找出存在问题的原因。这一部分偏重议论，文字要精练准确，不必具体展开，以免和前面的内容（成绩、做法）重复。今后打算要写得简要、概括，点到为止。

【例文】

蹄疾步稳 精准发力 深化财政“放管服”改革

——财政部 2019 年“放管服”改革工作总结

2019 年，财政部以习近平新时代中国特色社会主义思想为指导，全面贯彻党的十九大和十九届二中、三中、四中全会精神，把深化“放管服”改革优化营商环境作为推进国家治理体系和治理能力现代化的重要举措，作为促进“六稳”工作的有力抓手，坚持新发展理念，深入推进简政放权，加强和规范事中事后监管，加快建立现代财政制度，着力打造市场化、法治化、国际化营商环境，促进经济社会持续健康发展。

一、健全财政部“放管服”改革相关工作机制

一是完善“放管服”工作组织协调机制。组织召开3次财政部推进政府职能转变和“放管服”改革协调小组会议，及时统筹部署协调推进有关工作任务。二是实施“放管服”改革工作台账制度。制定工作任务分工方案，明确责任主体和工作要求，实施台账管理，每季度末对各单位“放管服”改革工作推进情况进行统计通报。三是通过“放管服”改革工作简报加强宣传交流。2019年编发财政部“放管服”改革工作简报7期，其中《财政“放管服”改革助力脱贫攻坚》《财政部适时修订部门规章扎实推进“放管服”改革》被中国政府网转载。

二、推进简政放权向纵深发展

（一）精简行政审批事项

按照新修订的证券法有关规定，做好取消会计师事务所从事证券、期货业务资格审批和资产评估机构从事证券业务资格审批等相关工作；会同有关部门印发《口岸出境免税店管理暂行办法》，将由中国免税品（集团）有限责任公司提出申请设立口岸出境免税店，调整为具有免税品经营资质的企业公平竞标口岸出境免税店经营权。

（二）进一步优化行政审批服务事项

修订部门规章《代理记账管理办法》《会计师事务所执业许可和监督管理办法》，将代理记账资格审批时限从20个工作日压缩到10个工作日；进一步放宽主管代理记账业务的负责人、从业人员的条件；根据修改后的会计法有关规定删除会计从业资格的规定。

（三）有序推进“证照分离”改革

将财政领域4项涉企经营行政许可事项纳入“证照分离”改革全覆盖试点，制定了《财政部关于落实“证照分离”改革全覆盖试点工作的实施方案》《财政部“证照分离”改革全覆盖试点工作实施方案任务分工表》《财政部“证照分离”改革全覆盖试点事项清单》，对“会计师事务所分支机构设立审批”和“中介机构从事代理记账业务审批”实行告知承诺，对“设立免税场所事项审批”和“会计师事务所设立审批”优化审批服务。

三、加强和规范事中事后监管

（一）全面实施“双随机、一公开”监管

实行年度检查计划统一管理，有序轮查和重点抽查相结合，既确保监管全覆盖，又避免涉企检查过多过频。在财政部门户网站“放管服”改革专栏，公开《随机抽查事项清单》和《随机抽查工作细则》等“双随机、一公开”制度文件，建立随机抽选信息系统，及时公示随机抽查结果，确保公平。

（二）更名设立财政部各地监管局

落实中央机构改革精神，在全国更名设立35个财政部各地监管局，职能由原来的以监督检查业务为主向日常管理和服务为主转变、以事后检查为主向事前事中管理为主转变。

（三）全面推行行政执法公示制度执法全过程记录制度重大执法决定审核制度

印发《财政部全面推行行政执法公示制度执法全过程记录制度重大执法决定法制审核制度实施方案》，对相关任务措施逐项分解，明确牵头司局、责任单位、时间表和路线图。

四、进一步提升政务服务水平

（一）大力推进“互联网＋政务服务”建设

在部门户网站首页优化“政务服务”版块，包括行政许可事项清单、财政部政务服务旗舰店、网上服务大厅、办事指南、在线申报、在线查询、下载中心、放管服改革等8个专栏，方便群众在线查询办理。按照国家政务服务平台建设要求，及时做好有关系统对接工作。

（二）组织清理证明事项

根据党中央、国务院决策部署，持续开展“简证便民”，取消了一批会计、资产管理领域的证明事项，改由在线获取核验营业执照等信息或由有关人员出具书面承诺，并相应修订《会计师事务所执业许可和监督管理办法》《资产评估行业财政监督管理办法》《代理记账管理办法》《注册会计师注册办法》等部门规章。

五、持续优化营商环境

（一）做好世行营商环境评价工作

牵头会同有关部门和京沪两市政府，以参与世界银行全球营商环境评估为契机，瞄准全球前沿水平，推进了一系列改革，成功推动中国营商环境全球排名在2018年大幅提升32位的基础上，2019年再次提升15位至全球第31位，连续两年成为全球营商环境改善幅度最大的10个经济体之一。

（二）积极落实减税降费政策，规范涉企收费

一是实施小微企业普惠性减税、个人所得税专项附加扣除、深化增值税改革、降低社会保险费率、实施清理规范行政事业性收费和政府性基金等一系列政策措施，对部分先进制造业行业放宽增值税留抵退税条件、阶段性将生活性服务业增值税加计抵减比例由10%提高至15%，实打实、硬碰硬，确保减税降费取得实效，2019年我国实现新增减税降费超过2万亿元。同时，印发《关于调整完善增值税留抵退税地方分担机制及预算管理有关事项的通知》（财预〔2019〕205号）等文件，切实做好财政收支预算管理，有力支持地方落实减税降费政策。二是公布中央和地方政府性基金和行政事业性收费目录清单“一张网”，并及时进行动态调整，在中国政府网开通涉企收费投诉留言平台，加强社会监督。三是引导政府性融资担保机构降低融资担保费率，推动出台《国务院办公厅关于有效发挥政府性融资担保基金作用切实支持小微企业和“三农”发展的指导意见》（国办发〔2019〕6号），推动国家融资担保基金加快业务运作，实施小微企业融资担保降费奖补政策。

（三）深化政府采购改革

完善政府采购制度，不断提升政府采购活动的便利性和透明度，印发《财政部关于促进政府采购公平竞争优化营商环境的通知》（财库〔2019〕38号），加强对各地区、各部门政府采购活动的指导和监督。组织各地区、各部门全面清理和纠正政府采购领域妨碍公平竞争的规定和做法，对标世行相关评估指标完善现行制度，主要包括优化办事程序，规范保证金收取和退还，要求及时支付采购资金，完善对供应商的利益损害赔偿和补偿机制，推进采购项目全流程电子化，提升政府采购透明度，完善质疑投诉和行政裁决机制等，进一步保障各类市场主体平等参与政府采购活动的权利。

2020年4月2日

2. 专题总结

专题总结，也叫单项工作总结。是对一定时间内某项工作或某个问题所做的专门总结。

这种总结往往根据一个活动过程、一个典型事例、一个突出的问题或是一项新颖的方法和措施进行阐述说明和分析研究，提出体会、认识，以供他人学习、借鉴或警醒、启示。与全面总结不同的是，这类总结往往以小见大，从实际工作中来，目的是为今后的工作提供经验与教训，并指导今后遇到同类问题应采取的措施、办法。这类总结使用广泛，针对性强。平时常见的经验总结、典型总结、事故总结都属于专题总结。

专题总结基本采用文章式标题，或是对题材的概括，或是对内容的提炼。如《加强商品管理，提高两个效益——我们是怎样进行蔬菜经营管理的》。

专题总结的正文大多采用小标题式结构方式，即把要介绍的经验或做法概括为若干条，并列组成文章的框架，然后把做法、成绩、效果等有关的具体材料充实进去。条与条之间是并列的，但又不是孤立的，互不相干的，而是围绕中心相辅相成的，有理有据的，既能使文章条理清楚，又有说服力。

【例文】

南京邮电大学工会
“构建身心健康服务体系”项目工作经验总结

一、项目背景

健康是立身之本，人民健康是立国之基。健康是促进人的全面发展的必然要求，拥有健康的国民意味着拥有强大的综合国力和可持续发展能力。党的十九届五中全会通过的《中共中央关于制定国民经济和社会发展第十四个五年规划和二〇三五年远景目标的建议》(以下简称《建议》)，提出了“全面推进健康中国建设”的重大任务。为深入学习贯彻党的十九届五中全会精神，认真落实健康中国行动，积极推进健康江苏建设，2020 年 12 月 29 日江苏省教育科技工会印发了《关于全省教科系统工会加强教职工身心健康服务体系建设的实施意见》(以下简称《意见》)，要求各基层工会切实保障教职工身心健康。教职工当前所面临的来自社会、工作、家庭和生活等方面的多重压力，或多或少地影响到身体和心理健康，各种慢性病、恶性肿瘤、焦虑、抑郁等身心疾病患者比重逐渐增大，针对上述问题，特提出“构建身心健康服务体系”，以期筑牢教职工幸福的基础。

二、项目意义

通过关心关爱教职工身心健康，着力提升教职工心理健康素养，健全完善教职工身心健康服务体系，进一步增强教职工的获得感、幸福感和安全感，为建设“强富美高”新江苏，实现“争当表率、争做示范、走在前列”的目标贡献智慧力量。

三、项目目标

通过本项目的实施，缓解广大教职工的心理压力，改善亚健康身体状况，促进其健康、愉快地工作和发展，提升教职工幸福指数，教职工满意度调查满意率达 90%以上。

四、主要做法

(一) 宣传健康观念与知识，培养教职工科学的健康观、生活观。聘请省人民医院和省中医院的资深专家来校分别开展“揭秘神经内分泌肿瘤——健康知识讲座”和“健康女性，快乐生活——女性健康知识讲座"(校园网同步直播),为教职工普及健康知识,传播健康理念,增强教职工的疾病预防意识,提高教职工的自我保健能力。学校每年组织教职工健康体检,今年在保证一家民营体检机构的基础上增加了一家三甲医院供教职工选择。今年寒假,体育部四位教师向全校师生送量身定制的初、中、高级三套不同强度的"运动处方",增强身体素质。

(二)加强"健康驿站"实体化阵地建设,满足教职工身心健康需求。仙林校区建有1960平方米的综合馆、300平方米的体操房、100平方米的乒乓球和台球室,三牌楼校区建有200平方米的乒乓球室和800平方米的羽毛球馆,锁金村校区建有300平方米健身娱乐活动场馆,另外扬州校区也建有设施齐全的教工之家。校工会派专人管好、用好四个校区的教师之家和教工活动场地,组织篮球、羽毛球、乒乓球、足球、艺术团(舞蹈)、网球、瑜伽、马拉松、书画、桥牌等10个协会定期开展丰富多彩的文体活动或比赛,丰富了教职工业余文化生活,满足了教职工强身健体、提升艺术素质的需求。另外,校工会平均每年下拨建设经费40余万元,保障26个分工会阵地建设。以两年一度的"小家"评比为契机,每次评选出"模范教工之家"约7个作为示范,他们建设了正念冥想室、心理减压室、情绪宣泄室等,供教职工放松身心和释放心理压力、抑郁情绪等。

(三)搭建心理健康教育咨询平台,组建心理辅导员队伍开展心理健康服务。依托学校心理健康教育与咨询中心,组建了由7位专职心理咨询师和3位兼职心理咨询师构成的心理辅导员队伍,为广大教职工提供心理健康测试、团体心理建设、心理健康普及讲座、心理工作手册、心理健康专项培训以及心理咨询与危机干预等六项心理健康服务。面向全校教师开放心理咨询,提供教师心理咨询服务,每年接待教师来访150人次,解决教师的心理困惑。教职工出现心理危机,中心会及时提供心理评估,并协助联系南京脑科医院,帮助危机教师就诊。针对教师在子女养育方面的心理问题,提供一次性的育儿咨商,开展心理评估,提供专业建议,必要时协助联系南京脑科医院儿童中心。为了缓解教学一线教师的心理压力,提升心理健康水平,同时保护教职工的个人隐私,从2019年9月开始,中心邀请南京脑科医院主任医师郭苏皖,每月上门坐诊2次,目前已开展咨询50余人次。

(四)组织各类主题健康活动,改善教职工健康状态。校工会举办"博雅讲堂"文化润校系列活动、摄影展、书画展、唱经典红歌比赛、女高职联谊活动、女职工"三八"节系列活动、开办拉丁舞、模特表演、声乐、太极拳、舞蹈(中国舞)、瑜伽等6个培训班,使教职工拓宽视野,博大胸襟,陶冶情操,提升品位,愉悦身心;"乐动南邮"系列健身走活动、教职工运动会、"迎新年"教职工健身活动、乒乓球比赛等减轻教职工的工作压力和精神负担,同时改善身体素质。26个分工会也经常组织形式多样的文体活动,丰富教职工业余生活,促进相互了解与交流,共同营造健康、祥和、温馨的校园文化氛围。

(五)发挥工会服务效能,推动"暖心工程"。完善教职工维权体系和困难教职工帮扶体系,每年在经费预算中设置5万元的困难职工帮扶经费,不定期慰问患病全国劳模、受伤患病困难教职工,同时加大宣传"重大疾病爱心互助"帮扶政策,优化"爱心互助"方案。完善以青年教工和女教工为代表的重点群体服务体系,重点从思想教育、生活、交友等方面给予关爱,每年组织青年教师参观爱国主义教育基地、开展单身青年教师联谊活动等,为他们的成长成才保驾护航。妥善解决好教职工子女入园、入学问题。深化拓展女教职工关爱行动,将

“两癌筛查”纳入女教职工体检必查项目，花费4.4万元在仙林校区和三牌楼校区建成了三个特色爱心母婴室。此外，校工会为坚守岗位的教职员工春节送“健康包”和春联、暑期送“清凉”、平时送生日慰问短信等，提升获得感、幸福感和安全感。

五、保障措施

学校党政高度重视工会关于教职工身心健康服务体系的建设工作，从人、财、物三个方面予以保障，每年投入120余万元用于组织各类文体健康活动，每年投入250万元用于教职工健康体检，学校体育部、传媒与艺术学院、团委、学工处、信息办、宣传部、后勤处等部门为保障项目的顺利开展提供了人力、物力和技术支持。

六、困难障碍及解决办法

受新冠肺炎疫情影响，有些线下的健康讲座和文体活动难以开展，在学校信息办的帮助下，改为线上直播或通过微信小程序来完成。比如，今年春季健身走活动改为通过“乐动南邮”小程序进行，教职工只要在规定的三天时间内的某一天完成6 000步，即可算为有效参加此活动，校工会为其发放纪念品作为奖励。这种方式既减少了人员聚集，符合防疫要求，又打破了健身走活动在时间和空间上的局限性，教职工参与热情高涨，1 700余人报名，最终1 378人获奖。

七、取得成效

本项目实施以来，有效地改善了部分教职工疲惫焦虑的身心状态，使他们以旺盛的精力、饱满的热情和认真负责的态度投入学校的教育教学、科学研究、校园管理等各项工作，激发工作的积极性和创造性，进而使他们以健康和谐的状态去感染影响学生，完成好“教书育人、管理育人、服务育人”的光荣使命。近一年来，我校教职工1人获“全国五一劳动奖章”，1人获“江苏省五一劳动奖章”，1人获“江苏省三八红旗手”，1人获“江苏省青年岗位能手”，2人分获全省教职工“唱党歌颂党恩”歌手大赛一等奖和二等奖；1人获省教科系统“一封家书别样春节”征集活动一等奖。工会会员代表对工会建家工作综合评议满意率为100%。

八、推广价值

鉴于我校身心健康服务体系的构建已见成效，教职工的幸福感明显增强，神清气爽，干劲十足，正努力为我校的“双一流”建设和“强富美高”新江苏建设添砖加瓦，因此我校认为此项目具有一定的推广价值，供省内兄弟工会参阅。

南京邮电大学工会
2021年11月25日

五、总结的写作要求

（一）坚持实事求是的原则

总结的目的是通过对过去的回顾汲取经验教训，以指导今后的工作，所以正确估量是写好总结的首要条件。正确估量就得实事求是，全面、客观、辩证地分析事物。既要总结成功的经验，也要分析失败的教训；不可对成绩夸大其词，也不能对缺点避而不谈。

(二) 占有充分的材料

占有充分的材料是写好总结的前提。总结必须建立在事实的基础上，对构成事实的要素如时间、进度、空间变迁、人员构成、不可变因素与各种偶发因素等，均需作详尽的调查研究，掌握真实的数据信息。没有丰富的实际材料作为叙述、归纳与评判的基础，总结的内容就很难做到准确、全面、客观和公正。

(三) 揭示本质，找出规律

总结不能停留在表面现象的认识和客观材料的罗列上，必须从实践中归纳出规律性的认识。因而，总结的写作必须进行深入思考和分析，把握事物的本质，从而总结出经验教训，以指导今后的实践。

(四) 表述叙议得当

总结的写作以议为主，叙议结合。一般在交代工作的过程、列举典型事例时，以叙述为主；在分析经验教训，指明努力方向时用议论。叙述的事实为议论提供依据，说理是对所叙事实的升华、提高。以叙带议，叙中有议，叙议结合，叙议得当。

第五节　简报的写作

一、简报的概念

简报是传递某方面信息的简短的内部小报，是国家机关、企事业单位、社会团体为汇报工作、交流经验、反映情况、沟通信息、报道动态而编发的内部常用事务文书。简短、灵活、快捷的简报又称“动态”“简讯”“要情”“摘报”“工作通讯”“情况反映”“情况交流”“内部参考”等。也可以说，简报就是简要的调查报告、简要的情况报告、简要的工作报告、简要的消息报道等。

二、简报的特点

一般简报具有简、快、新、实的特点。简，即简明扼要。快，即报道迅速快捷，讲究时效性。新，即内容新鲜。实，即真实准确。

简报具有一般报纸新闻性的特点，但它又有自身的特点：

(一) 内容专业性强

公开的报纸，一般是综合性的，内容广泛，各方面的新闻都有，政治经济文化、工农商各行各业、城市乡村、国内国外的新闻等，这样才能满足各阶层读者的需要。简报就有所不同，它一般由有关单位、部门主办，专业性十分明显。如人口普查简报、计划生育简报、水利工程简报、招生简报等，分别由主办单位组织专人撰写，传递该项工作的各种信息，包括情况、经验、问题和对策等，一般性的东西少说，无关的东西不说，专业性的东西多说。这样，对一般读者来说，能使他们了解工作的进展情况，增强责任感；对领导机关来说，接到这样的简报，掌握了情况，出现问题就有办法处置了。

（二）篇幅特别简短

虽然所有报纸篇幅都有限，文章都较简短，但比较起来，公开的大报，一般最少有4版，有好几万字，如现在有的报纸动辄都是十几版甚至几十版，内容繁杂。简报却不同，简报姓“简”，这是它区别于其他报刊的最显著的特点。一期简报甚至只登一篇文章，几段信息，或一期几篇文章，总共一两千字，长的也不过三五千字，读者可以花很短的时间把它读完，适应现代快节奏工作的需要。简报的语言要求简明精练。

（三）限于内部交流

一般报纸面向全社会，内容是公开的，没有保密价值，读者越多越好，正因为如此，它除了新闻性外，还要求有知识性和趣味性。简报则不同，它一般在编报机关管辖范围内各单位之间交流，不宜甚至不能公开传播，特别是涉外机关和专政机关主办的简报更是如此。有的简报，往往是专给某一级领导人看的，有一定的保密要求，不能任意扩大阅读范围。

三、简报的作用

（一）上下沟通的渠道作用

简报是上级主管部门了解下情的重要渠道，它具有总结工作，推广典型以及反映群众愿望和要求的作用。简报也是上级主管部门向下级和基层传达意图和指导性意见的渠道。概括地说，简报具有“下情上达”和“上情下达”的重要渠道作用。

（二）内部交流的途径作用

简报的内容传递着本单位的各种信息、情况、经验、问题和对策，有利于各单位相互间情报的沟通和情况的了解，是内部信息交流的良好途径。

（三）单位情况的媒介作用

简报也是各单位内部的消息报道，具有新闻性。简报的新闻性体现了媒介作用。

四、简报的分类

简报的种类很多。按时间分，有定期的简报、不定期的简报；按性质分，有工作简报、生产简报、学习简报、会议简报；按内容分，有综合反映情况的简报和反映特定情况的专题简报。

常见的简报有：

（一）日常工作简报

又称业务简报。这是一种反映本地区、本系统、本部门日常工作或问题的经常性简报。它包含的内容较广，工作情况、成绩问题、经验教训、表扬批评，对上级某些政策或指示执行的步骤、措施都可以反映。它常以定期或不定期的形式出现，在一定范围内发行。

(二) 中心工作简报

又称专题简报，它是一种阶段性的简报。它往往是针对机关工作中某一时期的中心工作、某项中心任务办的简报，中心工作完成，简报也就停办了。

(三) 会议简报

这是会议期间反映会议情况的简报。它是一种临时性的简报，内容包括会议中的情况、发言及会议决定等。规模较大、时间较长的会议常要编发多期简报，以起到及时交流情况，推动会议的作用。小型会议一般是一会一期简报，常常在会议结束后，写一期较全面的总结性的情况反映。

(四) 动态简报

包括情况动态和思想动态。这类简报的时效性、机密性较强，要求迅速编发，发送范围有一定限制，在某一个时期、某一阶段要保密。

五、简报的写作

(一) 简报的结构

简报的结构可以分为报头、报核、报尾三部分。

1. 报头

报头部分主要包括简报名称、期号、编印单位、编发日期、密级等项目。

简报名称一般用套红印刷的大号字体。如有特殊内容而又不必另出一期简报时，就在名称或期数下面注明“增刊”或“××专刊”字样。秘密等级写在左上角，也有的写“内部文件”或“内部资料，注意保存”等字样。

期号可写在名称下一行，用括号括上；编印单位写在“期号”下一行的左侧；编发日期写在与编印单位平行的右侧。再下面，用一道横线将报头与报核隔开。

2. 报核

报核，即简报所刊的一篇或几篇文章。简报的写法是多种多样的，因此它的形式也较灵活。报核主要包括按语、标题、导语、主体、结尾和穿插在叙述中的背景材料。但简报写作比较灵活，不是每篇简报都有这几项内容。

按语是编者在部分简报的标题上端加注的，以说明编发这份简报的目的，或对文中所列事项进行评价。

简报的标题类似新闻的标题，要揭示主题，简短醒目。

导语通常用简明的一句话或一段话概括全文的主旨或主要内容，给读者一个总的印象。导语的写法多种多样，有提问式、结论式、描写式、叙述式等。导语一般要交代清楚谁（某人或某单位）、什么时间、干什么（事件）、结果怎样等内容。

主体用足够的、典型的、有说服力的材料，把导语的内容加以具体化。

结尾或指明事情发展趋势，或提出希望及今后打算。如果主体部分已经把事情说清楚，那就不必再加尾巴了。

背景即对人物、事件起作用的环境条件和历史情况。背景可以穿插在各个部分。

3. 报尾

在简报最后一页下部，用一横线与报核隔开，横线下左边写明发送范围，在平行的右侧写明印刷份数。

（二）简报的格式

秘密等级

简报名称

（期号）

编发单位　　　　　　　　　　　　　　编发日期

正文标题

正文×××××××××

报：

送：

发：

（印发份数）

六、简报写作的注意事项

文字简练，篇幅简短。简报一般应控制在 1 000 字以内，最长不要超过 2 000 字。内容真实、准确、典型。

【例文 1】

工作资料　注意保存

江苏精神文明建设简报

第 6 期

（新时代文明实践中心建设专刊 29）

江苏省文明办　　　　　　　　　　　　2021 年 7 月 6 日

编者按：2018 年 7 月 6 日，习近平总书记主持召开中央深改委第三次会议，作出了建设新时代文明实践中心的重大决策部署。3 年来，江苏强化政治责任，坚持系统思维，梯次推进、全域开展新时代文明实践中心（所、站）建设，在推动新思想宣传普及、加强思想政治工

作、整合基层阵地资源、丰富群众文化生活等方面取得积极进展，特别是在今年党史学习教育中涌现出一批特色做法和典型经验。为整体提升全省各地新时代文明实践中心运行质效，我们遴选了一批新时代文明实践中心(所、站)的工作经验，分批刊出，供各地相互学习借鉴。

苏州市实施“四个百千”工程
高质量推进城区新时代文明实践中心建设

苏州市通过开展百所千站功能提升工程、百岗千亭站点覆盖工程、百团千项服务优化工程、百行千业资源整合工程等“四个百千”工程，建设阵地规范、机构健全、队伍壮大、运行顺畅、内容丰富、活动多样的城区新时代文明实践网络，努力打造城区新时代文明实践中心建设样板。目前，全市已建成10个新时代文明实践中心、105个新时代文明实践所、2 100个新时代文明实践站，实现了新时代文明实践中心、所、站的城乡全覆盖。

一是盘活各类资源，做优志愿服务

优化志愿服务网络，推出“苏州市新时代文明实践志愿服务云平台”，2 205个新时代文明实践所、站全部实现线上服务登记、预约、展示，志愿者通过云平台实现实时注册登记、服务时长记录等功能，全市志愿者注册人数和活跃度大大增加。目前，全市注册志愿者人数达到273万，活跃志愿者(每年服务时长在24小时以上)占比达到61%。调动各方力量，各级文明行业、文明单位全面参与新时代文明实践工作，市公安、城市管理、交通运输、卫生健康、文化、教育、共青团、妇联、应急救援、退役军人、银行保险等行业都建立了本行业的枢纽型志愿服务组织，市级以上文明单位都建立了本单位志愿服务团队，人数占比均不少于员工总数的30%，并与全市各新时代文明实践所、站开展结对共建。盘活公共文化资源，推出首批30个新时代文明实践站点夜间开放服务，为市民群众提供夜间图书室、文化活动、未成年人活动、数字电影等各类文化体育及休闲服务，深受社区群众欢迎。

二是建设特色站点，弘扬文明新风

坚持文明实践与文明创建互融共促的工作思路，下沉公共服务资源，大力建设城区新时代文明实践特色站点。市新时代文明实践中心领导小组各成员单位、市文明委各成员单位、各级文明行业、文明单位、文明校园根据自身实际和特点，建设了千余个城市公共场所便民利民文明实践点(岗亭)，在城区车站、景区、窗口、重要交通路口开展交通指引、导医导览、信息咨询、语言翻译、应急救护、文明劝导等服务，优化社会公共秩序，提升公共服务水平；在图书馆、博物馆、文化馆等各类公共文化场馆，组织开展“百园百馆”志愿服务活动，通过讲解导览、文化活动、健身指导、信息咨询等服务，凸显江南文化特色；在城市公共广场、商业街区、集贸市场等公共空间，广泛开展各类便捷、应急服务，增进人际互信，传递社会文明。

三是发挥功能优势，着力惠民利民

结合党史学习教育“我为群众办实事”实践活动，充分发挥新时代文明实践阵地紧贴群众的独特优势，扎实做好惠民利民服务。深入实施“理论飞燕进万家”宣讲项目，组织基层理论宣讲名嘴，依托新时代文明实践阵地开展宣讲活动5 000余场。开展百所千场“新时代文明实践·电影党史课”活动，遴选20部党史主题影片，在新时代文明实践中心(所、站)开展电影公益放映，目前共开展1 186场次，受众人群达6.4万人次。针对暑假期间双职工家庭无人照看儿童的难题，今年7月起依托遍布全市的新时代文明实践中心(所、站)开设1 183

个"家门口的暑托班",通过招募志愿者,进行专业化培训,在暑期为社区未成年人(以小学生为主)提供公益看护、课业辅导、兴趣培养、红色文化教育等服务,增强未成年人思想道德教育与文化素质教育,促进未成年人健康成长。以"我为群众办实事——苏城里弄 志愿巷前"为主题,组织发动机关单位带头、党员干部志愿者参与"我为群众办实事"实践活动,打造理论宣讲、教育文化、健康科普、洁净美居等 14 个"进里弄"重点文明实践志愿服务项目,不断增强基层群众获得感、幸福感、安全感。

四是完善制度保障,构建长效机制

制定出台《高质量推进城区新时代文明实践中心建设工作的实施意见》,进一步明确新时代文明实践各级领导责任,确保各项工作规范化、常态化开展。城区新时代文明实践中心在现有基础上进行扩容提升,融合区级志愿服务中心(协会)服务功能,更好发挥其"指挥部""孵化器""发动机"功能。城区各新时代文明实践所、站在发挥好新时代文明实践"五大平台"功能的基础上,立足本地实际,确定发展目标和定位方向,努力打造一所一品、一站一特色。进一步优化志愿服务"制单、点单、派单、接单"精准对接模式,建立中心、所、站联动机制,依托融媒体信息共享服务平台,整合各条线惠民服务项目,推出新时代文明实践中心、所、站服务菜单,引导群众按照实际需求"点单",志愿服务团队做好对接,精准提供志愿服务。常态化开展市级最美志愿者、最佳志愿服务团队、最佳志愿服务项目、最佳志愿服务社区评选活动,弘扬社会正能量,营造全社会参与新时代文明实践的浓厚氛围。

泰兴市"五字"工作法
推动新时代文明实践中心建设走深走实

近年来,泰兴市坚持高点定位、高标推进,按照"试点先行、由点到面、分布推进"的思路,秉持"群众在哪里、文明实践就延伸到哪里"的理念,边探索、边实践,创新"五字"工作法,推动新时代文明实践工作深入群众、深入人心。

一是以上率下"领"

落实党委主体责任,发挥市、镇、村党组织班子的引领作用,从整体上统筹谋划推动文明实践工作。"一把手"工程,提高政治站位。市委书记任新时代文明实践中心主任和志愿服务总队队长,各级党组织书记注重将新时代文明实践工作与中心工作同部署、同推进、同落实,因地制宜抓好新时代文明实践中心(所、站)建设,形成市、镇、村"三级书记"抓落实的工作格局。"两张清单",压实工作责任。制定实施县乡村三级党组织书记重点项目清单,明确新时代文明实践"所长项目""站长项目",清单化落实中心主任、所长、站长主体责任。市委书记、市新时代文明实践中心主任带头深入实践所(站)宣讲新思想、担任阅读推广人,示范推动文明实践工作。"一竿子"到底,推进文明实践。各级领导班子成员下沉一级挂钩文明实践所(站、点),认领文明实践项目,带头参与文明实践。市四套班子负责同志结合分管业务工作和文明城市督查,深入实践所(站)开展走访调研、现场督办,切实提升文明实践工作成效。

二是志愿服务"帮"

建强"泰有爱"志愿服务总队,以常态化活动、品牌化打造、机制化保障为载体,推动形成文明实践志愿服务新格局。活动常态化。"帮忙及时雨"志愿服务大集市集中服务活动以每月 3 场频次常态化开展,为市民提供"一条龙"暖心服务;38 支特色志愿服务支队结合各自职能，策划开展“理上心来”理论宣讲、“农情农暖”科技惠民、“绿色行”生态环保等志愿服务活动526场次。项目品牌化。建强示范体系，深化拓展“一所一品牌”“一站一特色”“一部门一亮点”品牌培育，针对留守儿童、空巢老人、残疾人等服务对象，精准打造“心蕊妈妈”“梦想改造+”“最近还好吗”等文明实践项目82个，以点带面推动文明实践深入开展。保障机制化。成立志愿服务促进中心，负责全市志愿服务活动组织、指导、培训等工作。坚持精神激励和物质激励相结合，宣传部、文明办、民政等部门联合制定《泰兴市新时代文明实践志愿者礼遇办法》，完善志愿服务关爱、志愿者礼遇等激励奖励机制，促进群众自我服务、自我管理、自我提高。

三是百姓需求“引”

以服务群众精准到位为目标，着力在增强黏性和吸引力上做好文章，让文明实践更有生命力、实效性。制定文明实践项目清单“四季歌”。结合党史学习教育，发挥党员志愿者模范先锋作用，开展“千名干部下村居、万名党员进农户”等活动，征集梳理出六大类群众需求，按需定制《春暖花开》《夏日缤纷》《秋意盎然》《冬日暖阳》四季文明实践项目清单367个，实现“我们做的”与“群众需要的”有效对接。实施文明实践“六心”工程。注重用理论宣讲凝心，开展“理上心来——百年党史大讲堂”“学习打卡我来了”等系列活动，创建“红色故事会”“板凳学习会”等特色理论宣讲品牌。注重用文化惠民悦心，突出“永远跟党走”主题，策划开展“我们的节日”主题文化活动，拓展节日里的文明实践内涵，打造文化惠民直通车，发放文化惠民券，开展齐康之歌大型文明实践专场演出。注重用教育服务舒心，以社会主义核心价值观为引领，组织开展“星级文明家庭”“身边好人”“好媳妇、好公婆”等评选活动；高质量用好道德讲堂、议事亭、美德善行园等阵地，开展“村规民约大家议”“红白喜事大讨论”等活动，以移风易俗成效体现文明实践成果。注重用科技科普贴心，组织农技专家、科技能人走进田间地头“手把手”传授创业致富技术，广陵镇“葡萄园里践文明”、新街镇“梨园飘香”等科技兴农实践项目成效显著；开展科技大篷车“四进”活动，进村居、进校园、进集市、进工厂普及科学技术，提升市民科学素养。注重用健康促进安心，组织志愿者开展疫情防控知识宣传、小区值守等志愿服务；开展“十万公筷健康行”主题活动，依托仁和楼餐饮店，全城发放公筷，倡导文明健康生活方式；开展“医网情深”志愿服务活动，组织医生专家走进实践所（站）健康问诊，组织医护人员为老年患病群体提供上门服务。注重用惠民服务暖心，立足群众“微需求”，整合水务、供电、燃气、城管等专业志愿者力量，增设便民服务点，免费上门检修管道、维修家电、开锁修锁等，在解决困扰群众的身边事的同时传递社会温暖。

四是平台资源“融”

推动“两中心一平台”深度融合，形成有形阵地和无形阵地相贯通、线上线下相叠加的倍增效应。下沉所（站），激发文明实践活力。新闻记者、播音主持、活动策划员等“六大员”进驻中心（所、站），设置相应融合工作室，发挥特长优势，提升策划组织水平。“慧直播”工作室，开展特色农副产品、地方美食、文明城市创建等主题直播87场，吸粉21万。技术赋能，放大传播效应。打造新时代文明实践指挥平台，分众化开发手机端、电视端、PC端，实现服务项目、实践活动多元发布、立体呈现。新时代文明实践智慧云平台采用“线上云播+线下互动”交流机制，对示范活动进行在线直播，将更优质资源送达群众指尖。2021年已开展直播互动活动27场，参与群众达52万，网络流量变成实践能量。延伸“触角”，拓展实践空间。

建成 1.5 万 m^2 的新时代文明实践中心，实践所(站)建设提质增效，按照“有场地设施、有服务团队、有服务项目、有活动记录、有文化氛围”五有标准，将实践点延伸到自然村组、企业、服务窗口等，让群众享受、参与“家门口”的文明实践。

五是创新机制“推”

建优建强工作机制，让文明实践活动支撑有力、保障有序。健全工作机制，推动工作有序开展。建立牵头部门工作例会、成员单位联席会议、宣传部门分片指导、部门(单位)结对共建等工作机制，每月审议工作、每季督查考评、年终绩效考核等制度，形成中心主导、部门联动、整体推进的格局。构建“五单”运行机制，畅通运行渠道。依托“新时代文明实践在泰兴”平台，整合需求清单、服务清单，形成群众点单、中心制单、平台派单、志愿团队接单、群众评单的“五单”运行机制，推动供需有效对接。完善督查考核机制，校准文明实践工作标尺。把新时代文明实践工作纳入市高质量考核体系，与落实意识形态责任制、乡村振兴、文明城市创建等工作挂钩，制定新时代文明实践工作督查考核机制，定期开展专项督查，及时掌握情况、发现问题，提出对策、推动解决，确保新时代文明实践各项工作稳步高效推进。

报：中央文明办

　　省文明委主任、副主任、委员

发：各设区市、县(市、区)文明委、文明办，省文明委成员单位

(苏简字 1004 号　共印 400 份)

第六节　调查报告的写作

一、调查报告的性质及特点

调查报告是根据调查研究成果写成的反映事物客观规律的书面报告。调查报告是经历了调查、研究、整理成文三个环节才最终形成的书面材料。调查报告具有以下特点：

(一) 严格的真实性

调查报告的内容是真实、客观的。尤其人、事、时、地必须符合客观实际，经得起复核、验证，才能研究出客观规律，提出建议或意见，供决策或工作参考。其中，尤其数据、关键情节要准确。如果不能做到这一点，调查报告也就失去了它的意义。

(二) 明确的针对性

调查报告是针对工作需要或解决实际问题而写作的，目的性、实用性很强。

(三) 以叙述为主，兼有分析和议论

调查报告以叙述为主，概括叙述调查事实，可适当选用群众语言或人物原型语言以增强其真实性、生动性和形象性。语言要质朴、凝练、明了，不要拖泥带水。在叙述的同时，要注意分析和论证。不能就事论事，堆砌大量材料，淹没了观点；也不能就理说理，写成议论文。

二、调查报告的作用

调查报告是调查研究和决策实施的中间桥梁。它的作用有以下四个方面：

(一) 为领导机关的正确决策提供依据

只有经过认真研究，真正了解和掌握了实际情况，才能制定出正确的方针政策。调查报告反映了现实生活或工作中存在的问题和客观事物的本来面目，有的还提出了解决问题的意见和方法，供领导决策参考。

(二) 扶持新生事物，推广先进经验

随着社会的进步，新生事物不断涌现出来，而面对新生事物也有一个认识和扶持的过程，这就需要进行深入调查，通过调查报告来宣传新生事物，介绍和推广先进思想、先进经验，促进我们的工作向前发展。

(三) 揭露社会弊病，引起社会公众关注

调查报告可以深刻地揭露阴暗面、丑恶现象，引起有关部门和社会公众的关注，起到舆论监督的作用，使问题早日得到解决。

(四) 澄清事实真相，回答社会问题

社会上某些重大事件、重要问题，在难以辨明事实真相的情况下，需要经过调查研究，写出调查结果，从而分清是非，澄清事实真相，以消除社会公众的疑惑误解。

三、调查报告的类型

按调查目的和最终形成的书面报告的内容综合评价，调查报告大体可分为以下类型：

(一) 总结典型经验的调查报告

这类调查报告是为了概括出先进人物或先进地区、先进单位的正面经验，使其便于在面上发挥影响。调研对象是一个或一类特定的先进典型。调查报告写成之后，其中所概括的经验，可以为有关人员或单位所借鉴，或可以使之从中受到启发；也可作为有关主管部门学习先进活动的素材。

（二）反映情况的调查报告

这类调查报告因调查目的、范围和用途的差异又分两种：一种是反映具体情况的个案性调查报告。其调研目的是把某一个具体问题界定清楚，调研范围单一、具体，报告的内容一般用来作为处理某一具体问题的依据或重要参考。另一种是反映基本情况的综合性调查报告，调研的目的是掌握某一领域或某一方面的概貌，调研范围相对宽广，涉及的对象较多，报告的内容主要用作宏观决策参考，或者用于说明某种客观现象、某一学术观点。

（三）揭露问题的调查报告

调查对象一般是暴露出问题和问题涉及的有关单位和人员。揭露问题的调查须在已有线索的基础上展开。调查的目的是查清事实，获得足以说明问题性质、程度的材料。揭露问题的调查报告不仅可以用来澄清是非，辨明真伪，教育群众，还可直接用作对有关责任单位和责任人进行处理的重要依据。

四、调查报告的写作

（一）调查报告的写作过程

1. 调查前的准备

调查前的准备工作主要从四个方面着手：一是思想准备。明确调查研究的目的，端正态度。二是选题准备。要从实际需要出发，选择那些对社会实践有指导意义的、群众关注的事情，以及对领导了解情况和决策有参考价值的问题作选题，初步确定调查的方向。三是理论政策的学习。四是提纲的准备。要列出一个较为详细的调查提纲，将调查的对象、内容、项目、要求、方法、时间等事先做好安排，科学地设计好调查方案。

2. 坚持科学的调查方法，充分占有材料

准备工作做完后，就开始调查，占有材料，这是调查报告写作的物质基础。在调查中有三个方面要注意：一是要深入，要能深入社会、深入底层、深入群众。二是要细致，留心看，虚心问，仔细听，详细记，认真想，材料收集得越多越好。三是要采用各种科学的调查方式方法。常用的调查方法有：

普遍调查法。即普查，是指在一定范围内，对所有对象进行全面的调查，以获得完整、系统的资料。普查的优点是资料全面、准确、误差小。如 2000 年全国进行的第五次全国人口普查意义重大，为今后国家有关方针、政策的制定提供了依据。

典型调查法。在一定的总体范围内，选择能够代表总体状况的典型深入地调查。准确地选择典型，是此调查法的关键。若典型不具普遍性、代表性，将特殊规律误认为是适用于普遍的一般规律，用来指导全局则会造成失误。

抽样调查法。即在需要调查的客观事物的总体中抽取一部分进行调查，以此来推断总体情况。此法的长处是省时、经济，排除人们的主观选择结论，较客观可靠。

实地观察法。即直接亲身深入调查第一线中去，通过观察、访谈等方式，获取真实、可靠的情况。

问卷调查法。将调查内容设计为问卷，发给一定范围或社会人员回答，然后进行统计、分析，写出调查报告。

（二）调查报告的结构

调查报告惯用的结构由标题、序言、主体、结尾组成。

1. 标题

调查报告的标题形式多样，总的来说可分为两种类型：一种是单行标题，一种是双行标题。单行标题又可分为公文标题写法和一般文章标题写法两种。采用公文标题写法的优点是能使人直接明确文种，并了解调查的对象和调查报告的目的，如“关于当前微电脑在企业财务会计工作中的运用情况和存在问题的调查报告”。但是，采用公文标题写法容易写得过于冗长，而且比较平淡，不利于诱发读者的阅读欲望。采用文章标题写法，虽也有不利的一面，如不能让人由标题一眼看出文种，但处理得好，能使人看了标题便对调查对象和调查报告的目的有所了解，而且标题还有可长可短、可严肃可谐趣、可描述可设问的优点，因而，容易写得生动有趣，引人注目。例如：《愤怒的烧鸡》《新闻纸紧张的症结何在》等。

2. 序言

序言是调查报告的开头部分，可用来交代调查的时间、地点、目的、对象、范围；也可以用来概述调查的主要内容，取得的主要收获；还可以交代调查工作的背景以及通过调查所获得的结论。开头的写法较灵活，常用的形式有：

概括介绍式，即概括介绍调查对象的基本情况。

结论式，即在前言中先写调查报告的结论，再阐述主要事实。

议论式，即针对调查的问题说明意义，作简要的评述，再叙写事情的经过。

提问式，即开门见山，抓住中心提出问题，引起读者的思考和兴趣。

不管运用何种方式开头，都应该重点突出，简明精要，切入内容要旨。

3. 主体

主体是一篇调查报告的主干。主体通常以叙述为主，叙议结合，围绕导语所提出的问题依次展开。主体为了突出段旨，常给各段加上小标题。主体部分的结构形式安排通常有两种方式：

纵式结构，按照事物发生发展的先后顺序组织材料安排层次。横式结构，按问题的性质或事物的特点来组织材料，加上序号或小标题，分别进行阐述。

4. 结尾

调查报告的结尾写法不一，或一段，补充说明有关事项；或一句，顺便交代某一问题。或总结全篇，深化主题；或指出调查存在的不足之处。值得一提的是，随着中国市场经济的成熟，调查报告这种以往更多用于机关的文种也日渐深入经济活动中，如市场调查报告、可行性分析报告等。

【例文 1】

中国婚姻报告

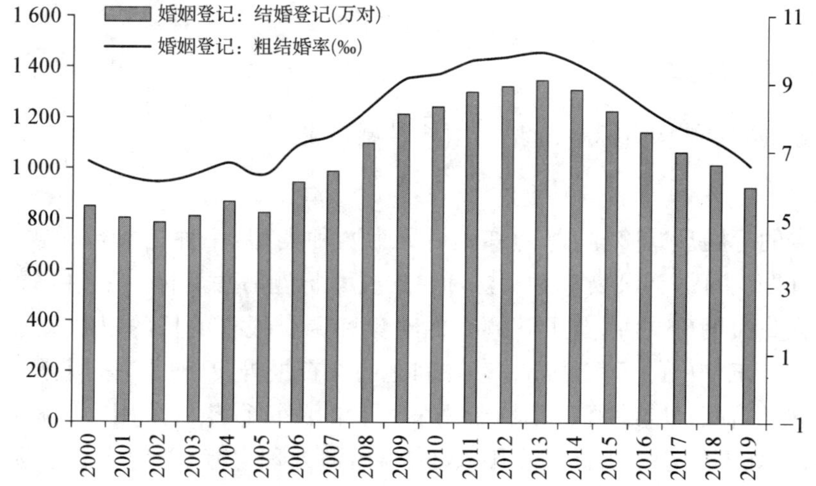

图表　结婚率在 2013 年见顶后持续回落

资料来源：Wind，泽平宏观

文：任泽平　李晓桐　华炎雪　实习生张晋对本文有贡献

婚姻是家庭的基本组成部分。对于个人来说，婚姻是情感的升华，家庭是切实的归属感。对于社会来说，长期和谐的婚姻家庭关系有助于社会稳定。

但近年来，多种选择和无奈之下，中国人结婚少了、结婚晚了、离婚多了。随着社会发展，一方面新一代年轻人追求独立自由，认为婚姻是束缚。另一方面，高婚育成本使年轻人实现家庭变得更加困难。从人口角度看，人口少子老龄化问题正在削减适婚年龄人数，结婚"主力军"减少。"婚都不想结，还生什么孩子"，正成为一批年轻人的选择，结婚率下降、生育率下降和老龄化加重是互为因果的。

本文重点分析了中国婚姻现状、原因及影响，并提出建议。

一、中国婚姻现状

（一）结婚少了、离婚多了、结婚晚了

随着经济发展，中国婚姻状况发生很大转变，主要体现在结婚率下滑、离婚率持续攀升、初婚年龄推迟。具体来看，

一是结婚对数和结婚率自 2013 年开始下滑。2013—2020 年，我国结婚登记对数从 1 347万对的历史高点持续下滑至 813 万对，2020 年同比下降 12.2%。2013—2019 年，粗结婚率从 9.9‰降至 6.6‰。其中，初结婚人数从 2 386 万降至 1 398.7 万人，再婚人数从 307.9 万升至 455.9 万人、复婚对数从 29.9 万对攀升至 61.9 万对。

二是"晚婚"现象突出；25—29 岁接替 20—24 岁人群成为新的结婚"主力军"，高年龄层段(40 岁以上)结婚登记占比大幅上升。2005—2019 年，20—24 岁结婚登记人数（含再婚）占比从 47.0%降至 19.7%，25—29 岁从 34.3%升至 34.6%，30—34 岁、35—39 岁、40 岁以上结婚登记人数占比分别从 9.9%、4.9%、3.9%增至 17.7%、8.1%和 19.9%。

三是离婚对数和离婚率长期持续攀升。1987—2020 年，我国离婚登记对数从 58 万对攀

升至 373 万对。1987—2019 年粗离婚率从 0.5‰攀升至 3.4‰。

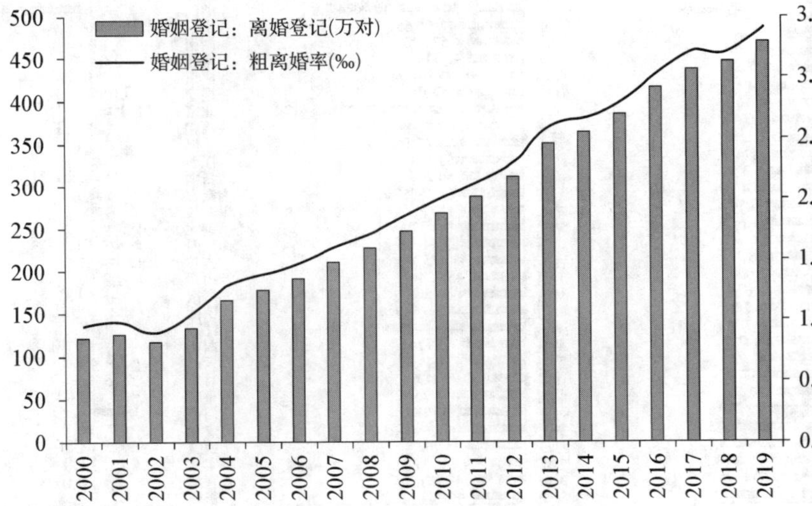

图表 离婚率长期持续攀升

资料来源：Wind，泽平宏观

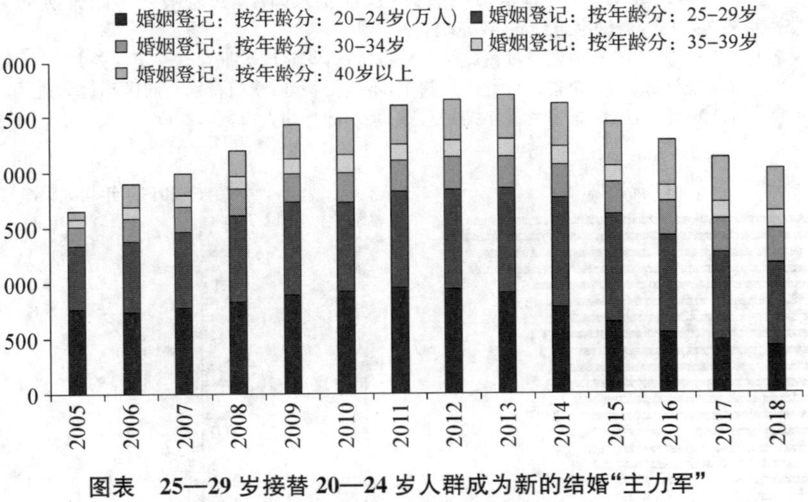

图表 25—29 岁接替 20—24 岁人群成为新的结婚“主力军”

资料来源：Wind，泽平宏观

（二）经济越发达的地区，结婚率下滑越明显

2013 年以来，中国多数地区结婚率出现下滑。但地区之间存在差异，与 GDP 大体呈负相关关系，也受人口流动、老龄化等因素扰动。具体来看：

一是东部沿海等经济发达地区结婚率普遍偏低。2019 年上海、浙江、山东、广东、福建、天津结婚率全国倒数；其中，上海、浙江、山东排名倒数前三，分别为 4.1‰、5.0‰和 5.3‰。此外，北京结婚率 6.0‰，在全国排名倒数第八，低于全国平均 6.6‰水平。

二是西部欠发达地区结婚率普遍偏高。2019 年贵州、青海、宁夏回族自治区、西藏自治区、甘肃、云南、四川结婚率全国排名靠前，超全国平均水平；其中，贵州省、青海省、宁夏回族自治区排名前三，分别为 9.9‰、9.6‰和 8.8‰。

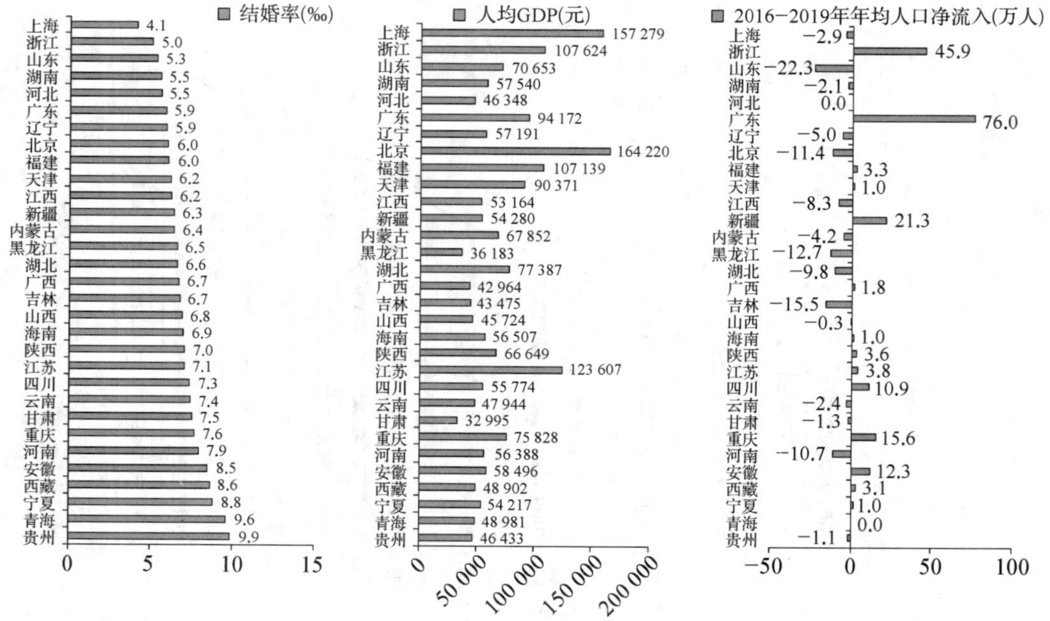

图表　结婚率 GDP 大体呈负相关关系，也受人口流动、老龄化等因素扰动

资料来源：民政部、国家统计局、Wind，泽平宏观

备注：1）选取 2019 年第四季度民政统计分省数据，与年度数据存在一定误差。

2）统计数据 31 个省、自治区、直辖市，不包括香港、澳门特别行政区和台湾地区。

3）统计方法：结婚率＝某年结婚对数/某年的平均人口数×1 000‰。

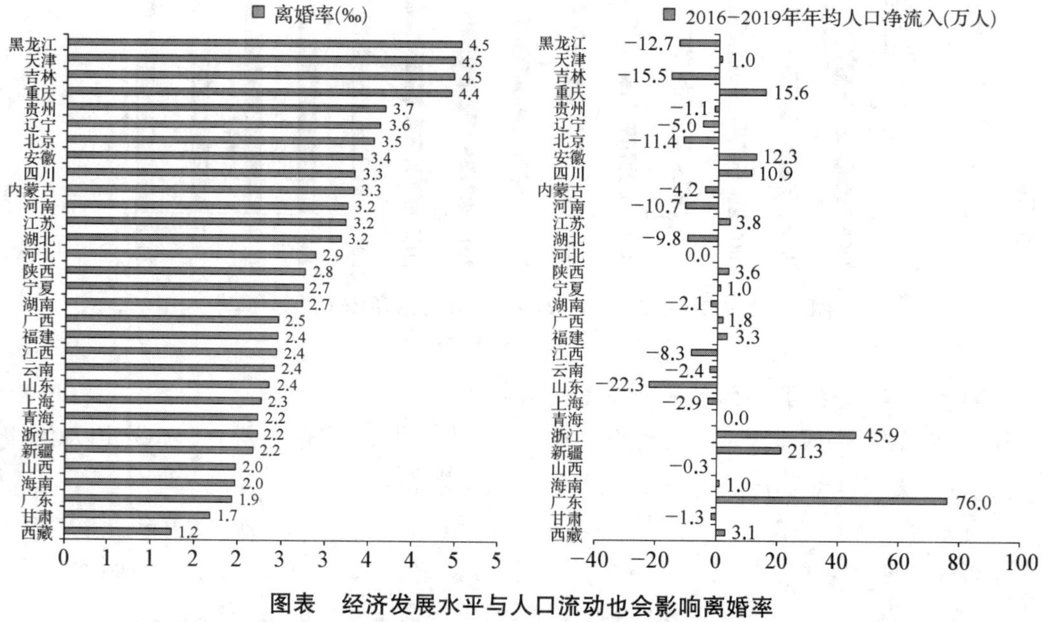

图表　经济发展水平与人口流动也会影响离婚率

资料来源：民政部、国家统计局、Wind，泽平宏观

备注：1）选取 2019 年第四季度民政统计分省数据，与年度数据存在一定误差。

2）统计数据 31 个省、自治区、直辖市，不包括香港、澳门特别行政区和台湾地区。

3）统计方法：离婚率＝某年离婚对数/某年的平均人口数×1 000‰。

三是受人口流动和老龄化影响。中国“深度老龄化”省份分别为辽宁、上海、山东、四川、江苏、重庆、浙江、安徽。老龄化严重的省份，适婚年龄人口相对较低，如果长期存在人口流出，则导致结婚率下滑更加明显。山东、辽宁结婚率分别为5.3‰和5.9‰，全国排在倒数第三、七位；2013—2019年山东结婚对数下滑近40%。而人口流入的老龄化省份，结婚“主力军”相对较高；四川、重庆、安徽结婚率分别为7.3‰、7.6‰和8.5‰。

四是经济发展水平与人口流动也会影响离婚率，往往经济发展较弱、人口流出严重的地区，离婚率相对较高。夫妻长期两地分居动摇感情基础，是导致离婚的重要原因。黑龙江、吉林、辽宁离婚率分别为4.5‰、4.5‰、3.6‰。

二、选择还是无奈？

（一）自我选择：高学历、独立、社会包容

本科及以上高等学历在校学生人数攀高，受教育年限增加引发“初婚推迟效应”。国家统计局数据显示，2015—2019年博士在校学生数从32.67万人增至42.42万人，硕士在校学生数从158.47万人增至243.95万人，硕士及博士学历占比从10.81%增至14.06%。受教育时间增加、教育年限延长推迟就业平均年龄，进而推迟结婚平均年龄。15岁及以上人口平均受教育年限由1982年的5.3年提高到2017年的9.6年，女性的平均初婚年龄从1990年的22.0岁上升到2016年的25.4岁；男性同期从24.1岁上升到27.2岁。

新一代年轻人追求独立自由与高品质生活，对婚姻持开放态度；尤其是女性自我独立的实现与自我意识的觉醒。经济发展和受教育水平提高给女性提供了更多就业机会，社会地位上升。女性不再只作为“家庭主妇”，而是进入职场实现自己的人生价值。1998—2017年，在读女生占比从38.3%增至52.2%，女性在高等教育群体中开始占主导地位。高学历女性往往偏好不低于自身条件的男性，加大婚姻市场匹配难度，单身女性规模快速上升。2000—2015年中国30岁及以上未婚女性从154万攀升至590万；其中，2015年30岁及以上研究生学历女性未婚占比高达11%，远高于本科学历及以下女性未婚率的5%。

思想开放与社会包容性增强，离婚不再是一个“谈虎色变”的话题。经济独立使女性逐渐摆脱婚姻的束缚，更有底气承担离婚的不利后果。2015—2018年审结一审离婚纠纷案件近600万件。根据司法大数据报告，2017年全国法院共审结140余万件。离婚纠纷案件数增加，感情不和（77.5%）、家庭暴力（14.9%）为主要原因。其中73.40%的案件原告为女性，婚后2—7年为婚姻破裂的高发期。夫妻双方仅一方意愿离婚的案件占比为91.09%。

（二）无奈：社会压力、婚育成本

在中国传统观念下，结婚意味着，婚前彩礼、房产，婚后还房贷、生育等一系列问题。而当前高房价、高教育支出导致年轻人在婚姻面前望而却步，大城市尤为明显。

房价快速攀升，年轻人面临“买婚房”“还房贷”双重压力。1998年房改以来，房价总体保持大幅上涨，给家庭抚养孩子和为子女结婚购房带来了很大压力，1998—2018年全国新建商品住宅均价从1 854元/平方米上涨至8 544元。2004—2018年中国个人购房贷款余额从1.6万亿元增至25.8万亿元，增长16.1倍，占居民贷款余额的比例大致在50%以上，2018年为54%。房贷收入比（个人购房贷款余额/可支配收入）从16.2%增至47.6%，带动住户部门债务收入比（居民债务余额/可支配收入）从28.6%增至88.4%。现实中还有不少居民通过消费贷、信用贷等形式凑集购房资金，实际的房贷收入比可能更高。

教育成本明显攀升，“教师减负、家长增负”，接送、育儿压力增大，导致家长承受时间、精力、财力三重负担。教育成本主要包括幼儿园学杂费、幼儿园及小学初高中阶段辅导班费用、大学学费及生活费等。根据新浪教育《2017 中国家庭教育消费白皮书》抽样统计，学前教育阶段教育支出占家庭年收入的 26%，义务教育和高中教育阶段占 21%，大学阶段占 29%。公立幼儿园供给大幅下降，许多家庭被迫选择价格昂贵的私立幼儿园。2001—2019 年全国公立幼儿园占比从 60.1%降至 38.4%，公立幼儿园在园人数占比从 83.1%降至 43.8%。此外，当前双职工父母面临中小学子女的接送难题；不少地方甚至还要求由父母批改学生家庭作业，并讲解错题，“家庭作业演变成为家长作业”。

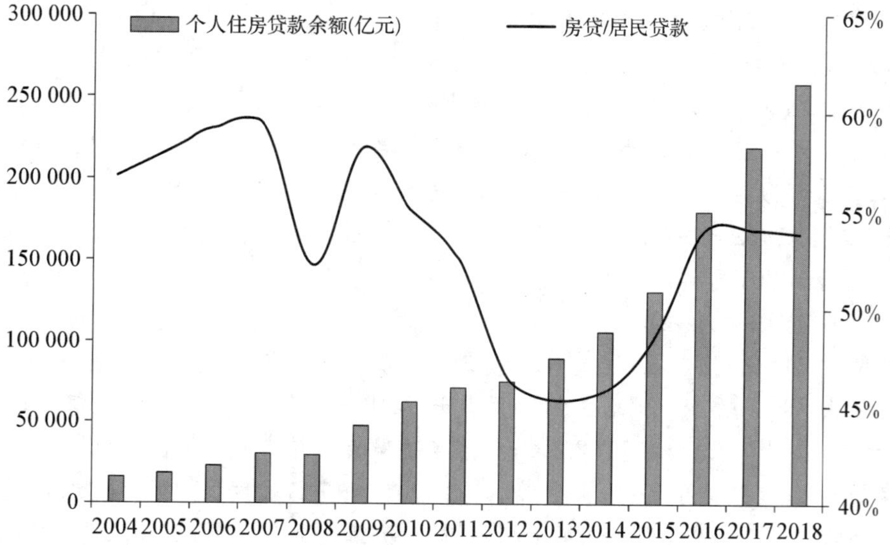

图表　个人住房贷款余额快速攀升

资料来源：人民银行，泽平宏观

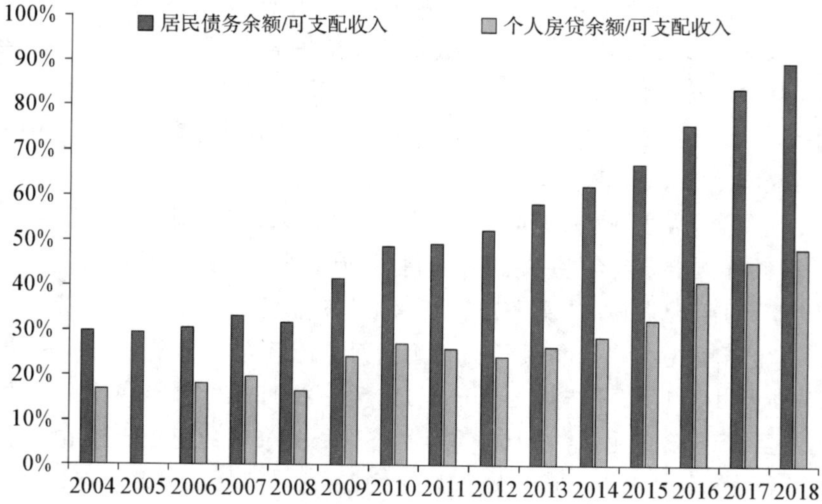

图表　2004—2018 年房贷收入比从 16.2%增至 47.6%

资料来源：人民银行，泽平宏观

（三）婚姻背后是人口问题：出生率降低、性别比失衡

二十世纪七八十年代计划生育政策带来了两个问题，一是出生率下滑，二是出生人口性别比失衡。

出生率下滑长期影响适婚年龄人数，进而导致结婚对数下滑。根据2010年中国人口普查资料，80后、90后、00后人口分别为2.19亿、1.88亿、1.47亿，90后比80后少约3 100万，00后比90后少4 100万。当前结婚年龄主力25—29岁（90后）人口大幅下滑，对结婚对数产生负面影响。根据结婚率的计算公式，结婚率＝某年结婚对数/某年的平均总人口数×1 000‰，分子下滑影响结婚率下滑。

未来十年的结婚主力持续减少，或影响结婚率持续下降。2015年末中央决定全面放开二孩，2016年出生人口升至1 786万，但2017年下滑至1 725万，持续下滑，2019年为1 465万。1979—2019年人口出生率从17.8‰降至10.5‰。在长期低生育率背景下，中国15—64岁劳动年龄人口比例及规模分别在2010、2013年见顶，结婚主力人口见顶。

男女比例自计划生育后严重失衡，造成婚姻市场匹配困难，进而影响结婚对数。1982年出生人口性别比（男性：女性，女性＝100）为107.6，1990年超过110，2000年接近118，之后长期超过120。根据2010年人口普查资料，00后男女性别比达119，男性比女性多近1 300万；90后男女性别比达110，男性比女性多近900万。

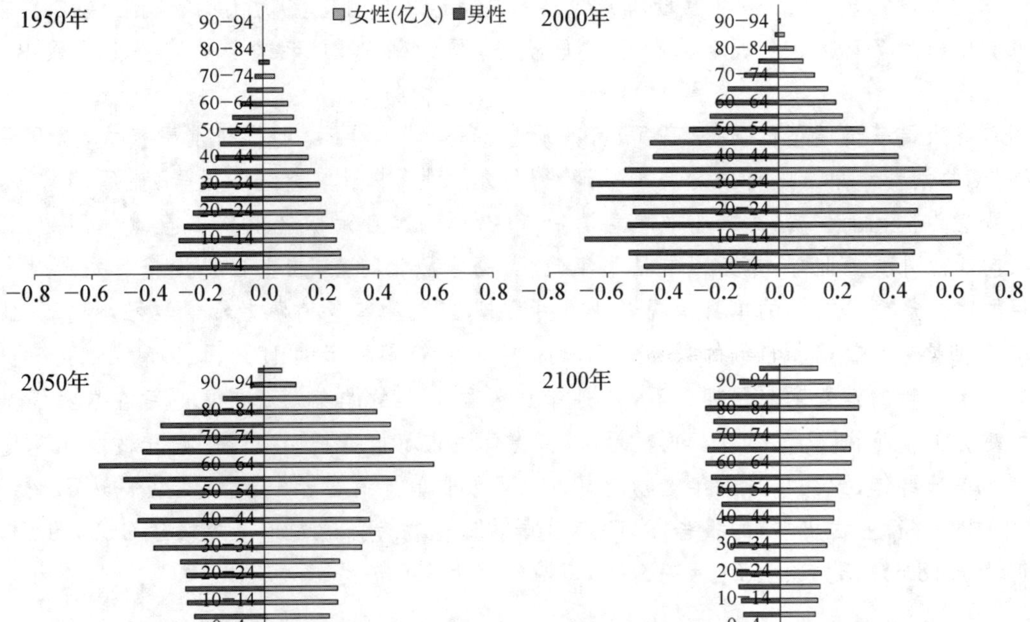

图表　1950—2100年中国人口年龄结构金字塔

资料来源：国家统计局、联合国，泽平宏观

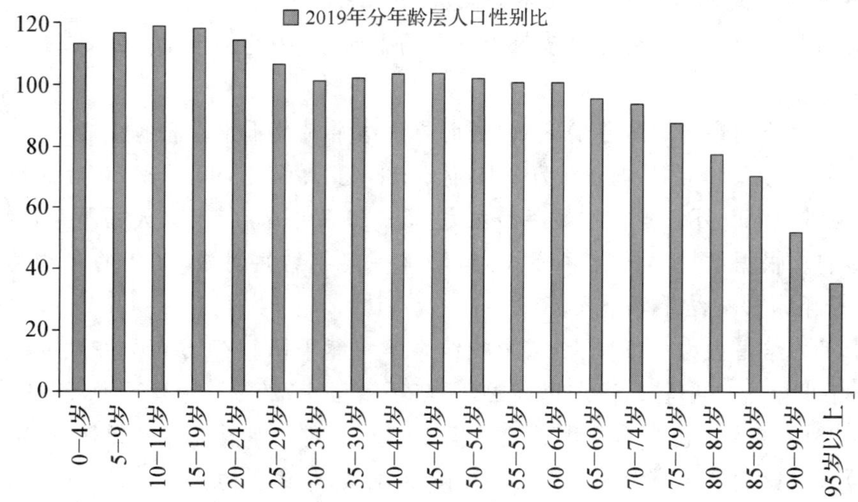

图表　中国人口性别比失衡愈发严重

资料来源：Wind，泽平宏观

三、客观看待中国婚姻现状

（一）正面效应：促进单身经济兴起

民政部数据显示，2018年我国单身成年人口高达2.4亿人，约为英国、法国、德国人口总和。其中超过7 700万名成年人处于独居状态，预计到2021年这个数字将上升到9 200万人。

单身人群普遍储蓄低，追求高品质、高质量、高消费的生活，助推新消费模式，以及促进文娱、宠物消费。单身人群偏好便利性消费；尼尔森的《中国单身经济报告》显示，42%的单身消费者为悦己而消费，远高于非单身消费者（27%）；单身消费者中97%会选择网购，62%更倾向于点外卖。此外，单身人群呈现年轻化、高学历化特点，注重自我投资。关于对未来一年的时间规划，“22%的单身消费者期望去读书，18%的单身消费者希望学习新技能，17%的单身消费者希望培养自己的兴趣爱好，均高于非单身消费者的13%、11%和14%。同时，在对未来一年的消费意愿预期方面，分别有16%和14%的单身消费者更愿意在自我提升和运动健身上多花钱”。尼尔森数据显示，单身群体注重感情寄托，在就餐、娱乐的支出意愿上高于非单身群体；此外单身青年宠物消费占比高于非单身消费者，未婚人群占比达57%。根据《中国宠物行业白皮书》的报告，2019年我国城镇宠物犬猫消费市场规模达2 024亿元，较去年增长18.5%，北京、上海、西安、成都消费规模达486亿元。

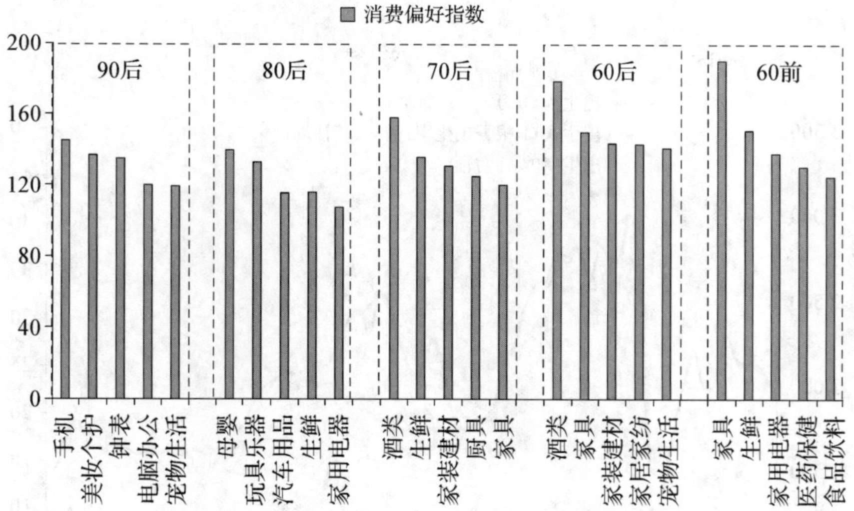

图表　90后更注重自我投资，偏好文娱、宠物消费

资料来源：京东数科研究院（2018），泽平宏观

（二）负面效应：降低出生率、加重养老负担

在晚婚的同时，晚育现象也日益突出，初育年龄每推迟一个月，大概会影响总和生育率下降8%左右。1990—2015年女性平均初育年龄从24.1岁推迟至26.3岁，平均生育年龄（所有孩次）从24.8岁推迟至28.0岁。1990年主要初育年龄、主要生育年龄均为20—27岁，生育一孩数、生育子女数占比分别为86.6%、74.9%。而到2015年，主要初育年龄推迟至22—29岁，且生育一孩数占比降至66.7%；主要生育年龄推迟至23—30岁，且生育子女数占比降至59.1%。并且，1990—2015年30岁以上高龄产妇的生育一孩数占比从4.2%增至近19.2%，生育子女数占比14.0%增至32.3%。

晚婚晚育、不婚问题加重中国养老负担，严重拖累国家财政、制约经济活力。中国将逐渐成为世界上养老负担最重的国家之一；从城镇职工基本养老保险基金看，2015—2019年中国基金收入算术平均增速约为14.5%，支出算术平均增速约为17.2%，养老金抚养比（在职人数/退休人数）降至2.53。累计结余可支付时间自2012年见顶后逐年下滑，从18.5个月逐渐下降至2019年的13.4个月，城镇职工基本养老保险基金的区域差异较大，2019年有16省养老金入不敷出；黑龙江、青海、辽宁、吉林和内蒙古仍低于中央调剂制度规定的可支付月数警戒线。其中，黑龙江养老保险基金从2013年开始持续“入不敷出”，2016年累计结余转负，2019年缺口达433.7亿元。

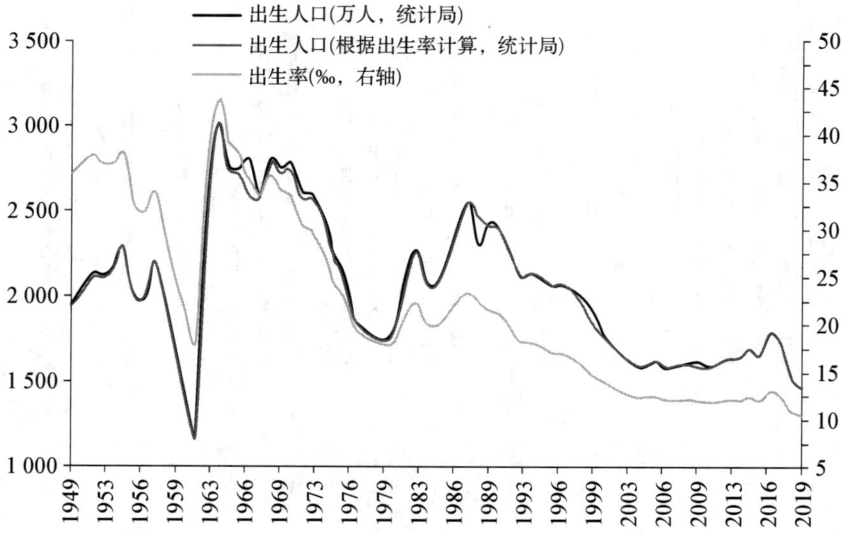

图表　出生率在第三轮婴儿潮后呈大幅下降趋势

资料来源:国家统计局,泽平宏观

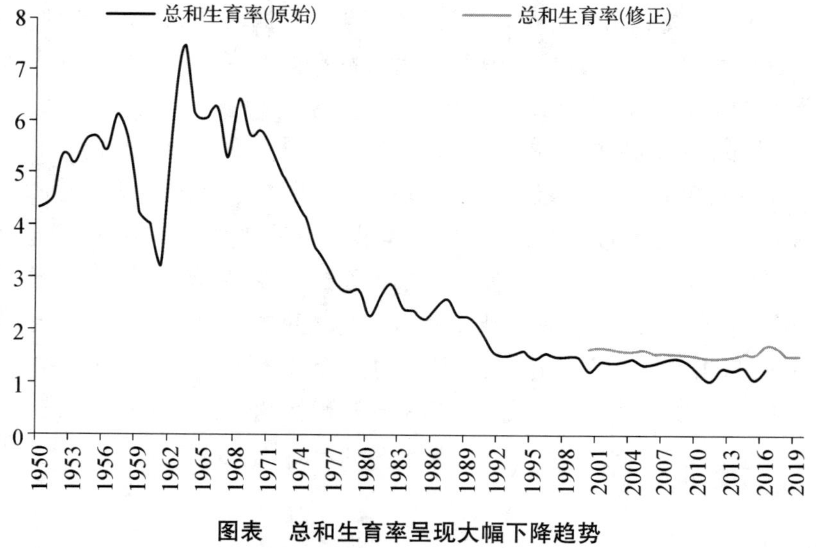

图表　总和生育率呈现大幅下降趋势

资料来源:国家统计局,泽平宏观

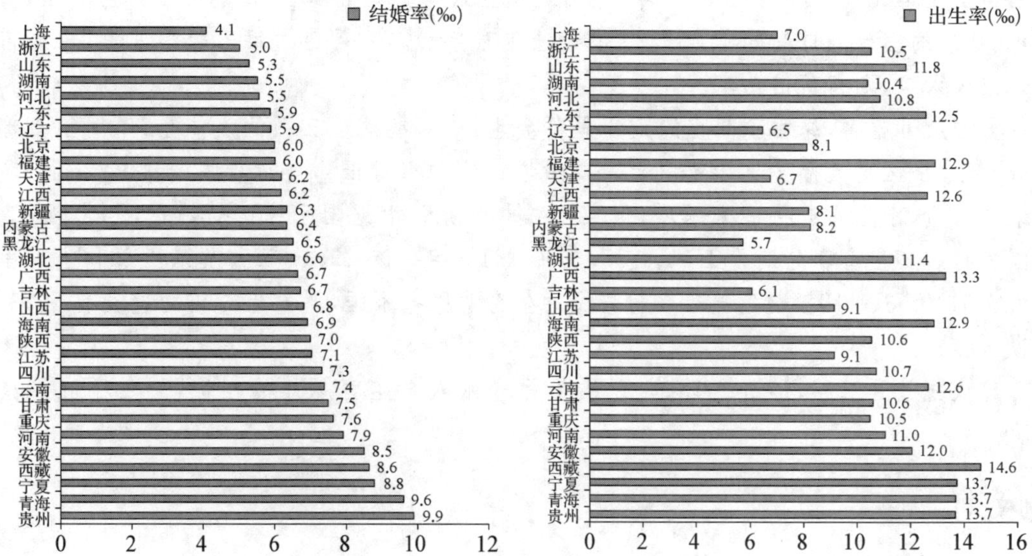

图表　分省份的中国结婚率与出生率

资料来源：民政部、国家统计局、Wind，泽平宏观

备注：1) 选取 2019 年第四季度民政统计分省数据，与年度数据存在一定误差。

2) 统计数据 31 个省、自治区、直辖市，不包括香港、澳门特别行政区和台湾地区。

3) 统计方法：结婚率＝某年结婚对数/某年的平均人口数×1 000‰。

四、政策建议

给予年轻人自由选择权的同时，减少娶不起和生不起导致的不婚和晚婚现象，为适婚人群提供保障和社会福利，解决住房、教育、医疗问题；婚姻背后是人口问题，应全面放开生育，长期有助于扩大适婚年龄人口。

（一）从居住、就业、教育上缓解年轻人生活压力

一是坚持“房住不炒”定位，完善以常住人口增量为核心的新人地挂钩，构建房地产市场健康发展长效机制，完善住房市场体系和住房保障体系，让全体人民住有所居。

二是进一步完善女性就业权益保障。一方面，进一步推动落实产假哺乳假等制度，妥善解决延长生育假、男性陪产假等的待遇保障，对损害女性就业权益的单位进行经济或行政处罚。另一方面，根据单位女员工规模及年度生育情况，实行一定程度的税收优惠以降低企业承担的生育成本。加快构建生育成本在国家、企业、家庭之间合理有效的分担机制。

三是加大财政教育保障性支出。探索建立从怀孕保健到孕期分娩再到 18 岁或学历教育结束的全面鼓励生育体系，包括孕期保健补助、住院分娩补助、托育津贴、教育津贴、家庭个税抵扣，以及对不符合交个税标准的低收入人群实行直接经济补贴等。并且，各地根据实际情况可在全国政策基础上进一步差异化。

四是托育服务供给和津贴保障。将九年义务教育延伸至十二年，同时推进教育改革，切实根除“家庭作业变成家长作业”现象。大力鼓励和支持用人单位和社会力量，兴办婴幼儿托育服务机构；同时，提高祖辈隔代照料的积极性，减轻父母的照料压力。

（二）应立即全面放开生育，让生育权重新回归家庭

“立即”是因为人口形势紧迫，当前正处于第三波婴儿潮中后期出生人口的生育窗口期。

中国第三轮婴儿潮的峰值在1987年，中后期出生人口尚处于35岁之前的主力生育年龄，特别1990后的出生人口尚处于25—29岁最佳生育年龄。一旦错过第三轮婴儿潮，未来再想提升出生人口，则将事倍功半。

全面放开生育，原本不想生的人还是不会生，但一些想生三孩的人能生，不用担心部分人群、部分地区会大幅多生导致出生人口激增。这种担心正如当初某些人预测“全面二孩”政策实行后，出生人口将迎来暴增，但实际并非如此。根据国家统计局统计，2010、2015年中国乡村总和生育率分别为1.44、1.27，其中2015年一孩、二孩、三孩及以上总和生育率分别为0.61、0.53、0.13。这意味着乡村居民的生育意愿也不强，愿意生二孩的也没有60%，更别说三孩。

建议先放开三胎，渐进式改革，以缓解保守派人口生育爆炸的担忧，总之不宜再久拖不决。

【例文2】

2020年北京市外来新生代农民工监测报告

北京市统计局　山川网　2021-08-17

为了进一步做好农民工服务工作，了解外来农民工在京工作、生活需要，国家统计局北京调查总队在全市范围开展了农民工市民化进程动态监测调查，2020年监测数据显示，新生代农民工占比达到50.1%，已经成为农民工的主体。

一、新生代农民工总体特征

男性占比高于女性，差距进一步加大。新生代农民工中男性占比为66.3%，比上年提高4.6个百分点；男性占比高于女性32.5个百分点，比上年提高9.1个百分点。

31—40岁农民工占比提高。新生代农民工平均年龄31.4岁，比上年增加0.4岁。其中，31—40岁的占比为57.9%，比上年提高3.2个百分点；21—30岁的占比为39.9%，16—20岁的占比为2.2%，分别比上年下降2.6个和0.6个百分点。

大学本科以上学历新生代农民工占比增加。新生代农民工中大学本科以上学历占比为21.2%，比上年提高7.9个百分点。其中，大学本科学历的占比为20.0%，研究生学历的占比为1.2%。

外来新生代农民工主要来自北京周边地区。其中，河北、河南两省占比最大，河北省占比为37.3%，比上年同期提高3.5个百分点，河南省占比为12.3%，比上年同期下降3.3个百分点。

二、新生代农民工就业情况

（一）就业集中于劳动密集型行业，从事信息传输、软件和信息技术服务业的新生代农民工占比大幅提高

调查样本中，2020年就业人数前五位的行业与上年一致，依次为居民服务、修理和其他服务业，制造业，建筑业，批发和零售业，住宿和餐饮业，共吸纳67.2%的新生代农民工就业。

除上述五大行业外，从事信息传输、软件和信息技术服务业的新生代农民工比例为

7.9%,比上年提高3.7个百分点,在所有行业中增幅最大。

表1 2019—2020年新生代农民工主要从事行业占比情况

单位:%

行业类别	2019年	2020年
居民服务、修理和其他服务业	16.3	18.1
制造业	12.9	15.6
建筑业	14.0	13.1
批发和零售业	15.8	12.1
住宿和餐饮业	11.0	8.3
信息传输、软件和信息技术服务业	4.2	7.9
交通运输、仓储和邮政业	8.5	5.6

(二)收入水平整体提高,内部差距拉大

调查样本中,新生代农民工月均收入6 214元,比上年增加364元,增长6.2%。其中,66.5%月均收入在5 000元及以上,比上年高8.6个百分点。

1. 不同行业差距较大

新生代农民工从业人数最多的七个行业按照收入水平排序依次为:信息传输、软件和信息技术服务业,建筑业,交通运输、仓储和邮政业,制造业,批发零售业,住宿和餐饮业,居民服务、修理和其他服务业。月均收入分别为10 571元、6 587元、6 489元、6 017元、5 888元、5 668元和5 195元。其中,收入最高的信息传输、软件和信息技术服务业从业人员月均收入比上年同期增长15.5%;从业人数最多、收入最低的居民服务、修理和其他服务业从业人员月均收入比上年同期降低2.6%。

表2 2019—2020年新生代农民工主要从事行业收入水平

单位:元

行业类别	2019年	2020年
居民服务、修理和其他服务业	5 331	5 195
制造业	4 755	6 017
建筑业	5 868	6 587
批发和零售业	6 263	5 888
住宿和餐饮业	5 147	5 668
信息传输、软件和信息技术服务业	9 150	10 571
交通运输、仓储和邮政业	6 280	6 489

2. 不同收入段间收入差距加大

高收入段人员收入增速高于中低收入段。月均收入5 000元及以上人员平均月收入为7 507元,比上年同期提高2.8个百分点;月均收入4 000—5 000元人员平均月收入为4 175

元，比上年同期降低 3.4 个百分点；月均收入 4 000 元以下人员平均月收入为 3 064 元，比上年同期提高 1.1 个百分点。

（三）自营人员收入高，工作强度大

自营就业的新生代农民工月均收入 6 716 元，比务工就业人员高 568 元；自营就业的新生代农民工平均每周工作 6.5 天，每天工作 9.5 小时，分别比务工就业人员多 0.9 天和 0.7 小时。

三、新生代农民工生活情况

（一）消费支出下降，吃穿住消费占新生代农民工总消费支出的 7 成以上

受疫情影响，未来收入的不确定性增加，新生代农民工户均消费支出降低。2020 年，新生代农民工家庭户均生活消费支出 42 395 元，比上年减少 1 833 元，下降 4.1%。

按照金额排序，新生代农民工消费支出排在前三位的依次为：食品烟酒、居住、衣着及其他日用品和服务，分别为 14 032 元、10 861 元和 5 141 元，前三位消费支出占总消费支出的70.8%。

（二）居住性质略有改变，居住满意度小幅提升

租赁私房人员占比减少，单位提供住房比例提升。从住房性质来看，新生代农民工主要以租赁私房为主，租赁私房的占 60.5%，比上年同期降低 3.2 个百分点；单位提供住房的占 33.1%，比上年同期提高 4.7 个百分点。

单位提供住房，居住消费支出减少，新生代农民工对现在居住条件表示满意的占 66.5%，比上年提高 3.0 个百分点，其中，表示非常满意的占 18.6%，比较满意的占 47.9%。

（三）网络依赖增加，自我提升类活动减少

上网已经成为新生代农民工业余时间的主要休闲活动。新生代农民工业余时间的主要活动排在前三位的依次是：上网、休息和朋友聚会，其中上网占 60.1%，比上年同期提高 4.7 个百分点。

自我提升类活动减少。业余时间参加学习培训、读书看报的新生代农民工占比分别为 3.8%和 7.6%，比上年同期分别下降 2.5 个和 1.3 个百分点。

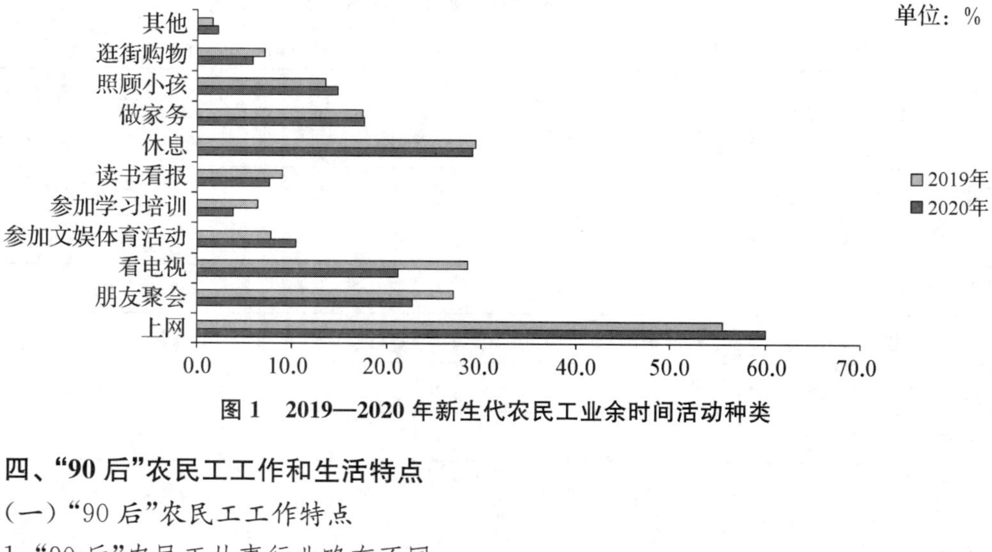

图 1　2019—2020 年新生代农民工业余时间活动种类

四、“90 后”农民工工作和生活特点

（一）“90 后”农民工工作特点

1.“90 后”农民工从事行业略有不同

“90 后”农民工喜好略有不同，就业人数最多的七个行业依次为：制造业，建筑业，居民

服务、修理和其他服务业，信息传输、软件和信息技术服务业，住宿和餐饮业，文化和娱乐服务业，批发和零售业。与新生代农民工群体差距最大的两个行业是信息传输、软件和信息技术服务业，批发和零售业，其中，从事信息传输、软件和信息技术服务业的占11.6%，比新生代农民工群体高3.7个百分点；从事批发和零售业的占5.8%，比新生代农民工群体低6.3个百分点。

2. “90后”农民工收入略高

调查样本中，“90后”农民工月均收入6 424元，比新生代农民工群体平均水平高210元。其中，月均收入在5 000元及以上的占68.4%，比新生代农民工群体高1.9个百分点。

3. 自营人员占比较低

由于年纪尚轻，积累不够，“90后”农民工中的96.3%以受雇就业为主，自营就业人员仅占3.7%，低于新生代农民工群体7.9个百分点。

（二）“90后”农民工生活特点

1. 消费支出略低，更偏重于衣着及教育文化娱乐方面

“90后”农民工家庭户均生活消费支出42 009元，比新生代农民工群体低386元。其中，衣着及其他日常用品和服务、教育文化娱乐支出占总消费支出的比重分别为14.0%和5.9%，分别比新生代农民工群体高1.9个和1.0个百分点；居住和交通通信费支出占总消费支出的比重分别为23.9%和9.2%，分别比新生代农民工群体低1.8个和1.0个百分点。

2. 业余生活更注重休息和自我提升

“90后”农民工业余时间的主要活动排在前三位的依旧是上网、休息和朋友聚会，但与整个新生代农民工群体不同的是，“90后”农民工更注重休息和自我提升，其中，业余时间休息的占34.5%，比新生代农民工群体高5.6个百分点；业余时间参加文娱体育活动、学习培训和读书看报的占27.5%，分别比新生代农民工群体、全部外来农民工整体高5.7个和11.8个百分点。

（资料来源：北京市统计局）

第七节 策划书的写作

策划就是设计、计划。古人曰，“行成于思毁于随”，就是强调计划的重要性。策划的关键在创新，是一种思维过程，并不是一拍脑袋计上心来的事。因此，必须要有调查，有研究，有分析，有步骤，有预算等。策划有活动策划、营销策划、管理策划、公关活动策划、广告策划等。

一、策划书的性质和意义

所谓策划，是指在人类社会活动中，人们为了谋取达成某种目标或某项事业的成功而先发的设想及其创造性思维过程，是确保实现决策、计划而进行的有科学程序的谋划、构思和设计过程。策划也是策略、谋划，为了达到一定目标，在调查、分析有关材料的基础上，遵循

一定的程序，对未来某项工作或事件事先进行系统的、全面的构思、谋划，制订和选择合理可行的执行方案，这是一种创造性的社会活动。

中国策划思想发展的走向是由“谋”“断”一体化向“谋”与“断”科学分离、先“谋”后“断”式发展。进入决策科学化的现代社会，“谋”成为专门的策划职能，“断”成为专门的决策职能。策划为决策提供创意和设计，决策对策划进行选择和决断。二者共向未来，目标相同，相互制约、贯彻于社会管理的全过程。

二、策划的特征

策划具有以下几个特征：

（一）策划应是创新的

概念创新和理念创新是策划的本质特征，资源整合在一起，能不能产生新的绩效、有没有创新，这是策划的关键。没有创新的资源整合过程，就说不上是策划，策划追求创新，是策划与计划的根本区别，通过资源整合进行创新就是策划的精髓。

（二）策划应是有资源的

这种资源可能是物质资源，也可能是关系资源或是政府资源，这就决定了策划过程是要使用资源的，没有资源就完全是想象、空想。资源是策划的物质基础。

（三）策划应具有整合性

这是策划的条件。策划的资源必须是能够使用的，能够整合在一块的，如果没有整合性，也就没有使用性，不能使用的资源整合在一起，本身就是不可能的，也是一种空想、想象。

（四）策划必须达到一定的目标

做任何事情都有一定目的性，策划就应该有目的性。俗话说：“无事不谋。”要做事，就应该有方向、有目标，策划不仅是人的行为过程，也是资源配置的行为过程，因此，达到一定预期目标，是策划的目的。一个人、一个企业、一个国家在做一件事情时，都是有目的性的，目的性在一定程度上的量化过程，就成为目标。因此，达到预期目标是策划的目的。

三、策划书的写作

策划书是由策划者根据策划的结果撰写，是为策划活动提供策略指导和具体实施计划的一种应用性文书。对于整个策划活动，策划书是运作策略和计划的唯一依据。策划书的撰写标志着策划运作的结束。

（一）策划书编制的原则

为了提高策划书撰写的准确性与科学性，应首先把握其编制的几个主要原则：

1. 逻辑思维原则

策划的目的在于解决工作中的问题，要按照逻辑性思维的构思来编制策划书。首先是设定情况,交代策划背景,分析当前工作情况或产品市场现状,再把策划中心目的全盘托出;其次进行具体策划内容详细阐述;再次是明确提出解决问题的对策。

2. 简洁朴实原则

要注意突出重点,抓住所要解决的核心问题,深入分析,提出可行的相应对策,针对性要强,具有实际操作指导意义。

3. 可操作原则

编制的策划书是要用于指导营销活动,其指导性涉及活动中每个人的工作及各环节关系的处理,因此其可操作性非常重要。不能操作的方案创意再好也无任何价值。如果不易于操作必然是耗资大、管理复杂、效率低。

4. 创意新颖原则

要求策划的"点子"(创意)新、内容新,表现手法也要新,给人以全新的感受。新颖的创意是策划书的核心内容。

(二) 策划书的基本内容

策划书依据活动内容或商品的不同要求,在策划的内容与编制格式上也有变化。但是,从策划活动一般规律来看,其中有些要素是共同的。

策划书的基本内容及编制格式一般包括封面、目录、正文、大型附件、封底等。

1. 封面

策划书的封面可提供以下信息:策划书的名称、被策划的客户、策划机构或策划人的名称、策划完成日期及本策划适用时间段。

2. 正文

策划目的。要对本策划所要达到的目标、宗旨树立明确的观点,作为执行本策划的动力或强调其执行的意义所在,以要求全员统一思想、协调行动、共同努力,保证策划高质量地完成。

分析当前的环境状况。对于策划所涉及的活动内容或产品市场状况、竞争状况以及宏观环境要有一个清醒的认识。它是为相应的活动或营销策略采取正确的手段提供依据的。"知彼知己,百战不殆",因此这一部分需要策划者对环境和市场比较了解。如做一个市场营销策划,这部分主要分析当前市场状况及市场前景及影响产品市场的因素。

分析市场机会与问题。营销策划是对市场机会的把握和策略的运用,因此分析市场机会,就成了营销策划的关键。只要找准了市场机会,策划就成功了一半。

策划具体行动方案。包括活动宗旨、策略方法、营销渠道、宣传手段。

策划方案各项费用预算。这一部分记载的是整个策划方案推进过程中的费用投入,包括总费用、阶段费用、项目费用等,其原则是以较少投入获得最优效果。

【例文】

养老服务中心项目策划书

山西省老龄产业协会　2022-05-23

一、项目设立背景

预计到2040年,我国65岁及以上老年人口占总人口的比例将超过20%。同时,老年人口高龄化趋势日益明显:80岁及以上高龄老人正以每年5%的速度增加,到2040年将增加到7400多万人。

迅速发展的人口老龄化趋势,与人口生育率和出生率下降,以及死亡率下降、预期寿命提高密切相关。目前中国的生育率已经降到更替水平以下,人口预期寿命和死亡率也接近发达国家水平。随着20世纪中期出生高峰的人口陆续进入老年,可以预见,21世纪前期将是中国人口老龄化发展最快的时期。我国养老产业发展存在缓慢和不足,同时也存在着巨大的发展空间。

二、市场细分与定位和发展战略

1. 养老服务市场细分与定位

(1) 围绕老年人养老方式的服务市场

① 养老公寓:目标群体是空巢家庭中的老年人和孤寡老人,为身边无子女,或子女工作特别忙的老年人,提供日常照料服务。

② 居家养老:目标群体是订不到养老公寓床位的老人,使老人通过一个电话或网络的一个指令就可以在家享受到便捷的上门服务,实际上可以说是一个虚拟养老院。

(2) 老年人日常生活困难方面的家政服务市场

① 日常生活照料服务:目标群体是所有困难的老年人,包括家庭饭桌、做家务、代购物品、帮助出行、协助联系老年人的亲属等。

② 有偿家务劳动服务:由老年人或老年人的家庭成员为老年人购买所需的服务,如钟点工、家庭保姆等。

(3) 围绕老年人需求、社会交往和社会参与方面的服务市场

① 养老服务:医疗护理、活动保健、紧急救助、维修检查、健康咨询、心理慰藉。

② 养老产品:老年用品超市、候鸟旅游、智能家居、智能医疗、适老化改造。

③ 养老文化:文艺空间、阅读空间、生活助手。

④ 老年再就业服务中心:为低龄老年人发挥自己的经验和知识提供就业咨询。

(4) 维护老年人合法权益

老年人群体理应受到社会更多的关心。但是,社会上老年人的合法权益受到侵害的现象时有发生。因此,利用平台实现:医养融合、志愿慈善、金融法律。

(5) 增加特色服务

最具代表性的是“临终关怀”服务。为生命垂危的老年人提供病危前后的护理服务,让老年人能够在生命的最后阶段,体验人间的关爱。养老服务内容众多,市场开发潜力巨大,必须正确定位市场,提供有效服务,才能促进养老服务产业的顺利发展。

2. 发展战略

(1) 依托科技、优化流程,实现管理信息化,搭建智能化居家养老平台

(2) 分类施养、个性选择，实现服务标准化

养老服务机构带给社区老人的服务内容涉及医疗护理、活动保健、文艺空间、阅读空间、生活助手、紧急救助、维修检查、健康咨询、心理慰藉、候鸟旅游、智能家居、智能医疗、适老化改造。这种分类服务方式，丰富了养老服务产品，满足了不同层次老年人的服务需求。

(3) 建立和完善社区居家养老服务网络

整合资源，建立和完善社区居家养老服务网络。要按照当地社区建设规划和老年人实际需要，协同各个部门，整合资源，在城市社区建设综合性居家养老服务中心，大力推动专业化的老年医疗卫生、康复护理、文体娱乐、信息咨询、老年产品等服务项目的开展，构建社区为老服务网络，为老年人提供就近就便的多种服务。吸引生活自理的老人走出家门到社区为老服务设施接受服务和参加活动；对生活不能自理的老人则采取派专人上门照护，满足老年人生活照料、医疗护理、文化娱乐、心理慰藉等多种需求。依托社区信息平台，在社区普遍建立为老服务热线、紧急救援系统、数字网络系统等多种求助和服务形式，建设便捷有效的为老服务信息系统。

(4) 建立规范的居家养老服务管理体制

接受政府对居家养老服务工作的管理和监督，建立相应工作机制。在区、街道和社区建立居家养老服务中心，受政府委托负责本辖区居家养老服务的实施和管理，通过建立老年人信息库，发布老年人服务需求信息和社会服务供给信息，对享受政府补贴的居家老人进行资格评估；对居家养老服务人员相关资格进行审查，接受服务对象的服务信息反馈，检查监督服务质量。承担政府委托的其他养老服务事项。

三、管理模式和发展目标

1. 管理模式

理事会是公司最高决策机构，将负责处理公司的重大事件，次之管理层为总经理，再下为各部门经理，由各部门经理整体管理员工。设立人员考核组织，该组织将负责对公司所有人员的业绩及素质考核，并以此作为人员年底的奖惩依据。

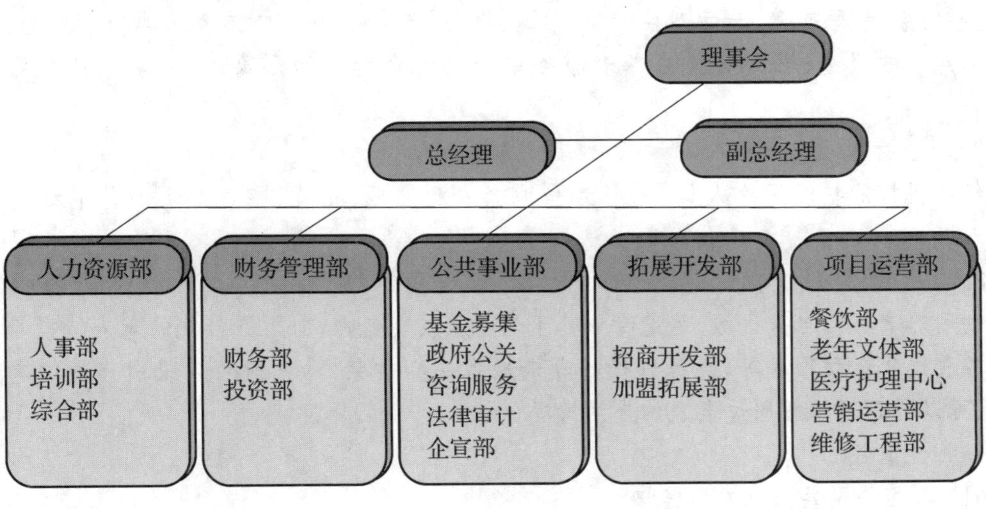

系统管理：接待咨询管理、人力资源管理、设备管理、老人档案管理、财务管理、物资供应管理、统计分析全面集成、资源共享的信息化管理系统等。

2. 发展目标

(1) 初期(1—2 年)

主要目标：养老服务中心起步阶段。建立自己的品牌，积累无形资产；以中档次消费群体为主，收回初期投资，完善各项制度、流程、经营模式。准备扩大养老服务中心规模，并为连锁发展积累经验、资金等。

① 第一年

进入市场，提高公司知名度，树立品牌形象；完善各项制度、流程、经营模式。逐步建立健全服务网络，打开并初步占领本地的生活小区和居民社区。

② 第二年

提升品牌形象；健全固定客户网络；开拓周边市场。

(2) 中期(3—4 年)

主要目标：养老服务中心进入稳定发展阶段。提升形象，增加公司影响力；逐步将客户群转向中、高档，成为中、高档生活小区养老的首选品牌。开拓各地市场。

(3) 长期(5—10 年)

主要目标：养老服务中心发展壮大阶段，注重完善医疗养老，提高员工素质；完善养老服务中心管理制度，宣传养老服务中心的企业文化；在稳定现有市场的前提下，开拓全国各地市场，在其城市建立相应规模的社区尊老俱乐部。

四、市场拓展策略和促销

1. 活动营销

根据地区特色可以与当地的老龄协会或老年大学合作举办麻将赛、书法赛、个人选秀赛、老年时装展、歌咏赛、老年戏曲卡拉 OK 大赛、厨艺大赛，一则对老年人具有吸引力；二则会引起媒体的报道；三则会提高养老服务中心在大众心中的形象，树立一个良好的品牌形象。

2. 公益营销

组织机构的护理医疗人员，免费为当地老人测血压、拍背、翻身或者教他们如何做晨练等。

3. 会所营销

利用养老机构自身区域，聘请专业养生老师及技能老师，向周围居住的老人传授养生常识和各种娱乐活动项目等，既可以提高养老服务中心的荣誉，同时可以吸引当地的老人注意，还可以近距离了解周边老人的生活情况。

4. 线上营销

(1) 与相关网站添加友情链接

(2) 到当地及周边地区的人气网站和论坛发帖子推广、做广告

(3) 登陆各大搜索引擎

登陆搜索引擎，可以说是网站对外发布的标志，目前在国内运营的各大搜索引擎，包括Google、百度、搜狗等等。

(4) 建立网站用户QQ、微信群

留住网站用户，发展网站用户，人气很重要，建立相关的QQ、微信群有利于口碑推广与宣传。

(5) 电子邮件推广

电子邮件推广是利用邮件地址列表，将信息通过Email发送到对方邮箱，以期达到宣传推广的目的。

(6) 博客推广

建议养老服务中心的网站增加博客的功能，建立会员制，客户能够在网站建设自己的博客空间。

(7) 新媒体平台推广

5. 线下营销

要树立养老服务中心良好的形象，一是刊登经常性广告，以反复传递重要广告词语；二是偶尔刊登广告介绍最新信息、新的服务项目等等。

(1) 电台广播　(2) 地方电视台　(3) 宣传单、海报　(4) 交通广告　(5) 户外广告

6. 项目营销

(1) 创办老年人培训中心聘请技术比较高的培训教师，创办各种培训班

(2) 开老年人用品店，销售老年人流行服饰，老年人保健器材等

7. 形象营销

橱窗、宣传单页、社区宣传海报、店员服饰、店铺色彩等都是我们可视的形象代表。利用多变的思维模式，公司的形象设计应季应景而变，给予消费者客户以感官刺激。

8. 事件营销

针对有些老年人对养老服务的传统认识误区，还可以进行征文或者联合媒体进行大讨论。

9. 电话营销

电话营销已经成为一种主流，因为与其他销售方式相比，它更为企业节省资源；至少不会浪费时间、精力、金钱在路上。

五、项目预算

社区养老服务中心项目前期投入总费用一般含以下几个部分：

(一) 基础建设

(二) 医疗保健器械

(三) 体育健身设施

(四) 文化娱乐设施

(五) 人员人力工费

第八节　述职报告的写作

一、述职报告的含义和作用

（一）述职报告的含义

述职是指党政机关、社会团体、企事业单位的机关和部门负责人，向所在单位的权力机关、上级机关或者代表大会、董事会等部门陈述自己在一定时间内履行岗位工作的成绩、问题、情况等。这是推动社会组织工作的重要环节，对于促进和监督其各项工作有着重要的意义。

述职报告可看作工作报告中的总结性报告。它除了向上级管理机关陈述自己某一阶段工作情况之外，还要进行总结、回顾、分析、评价，找出内在规律性的东西，用以指导未来实践工作，是一种具有较强综合性的公文。

（二）述职报告的作用

述职报告在各级机关、企事业单位人事管理中有着很大的作用。

1. 有利于上级考核和使用干部

通过述职报告，组织人事部门可以全面了解所使用干部和工作人员履行职责的情况，从而发现他们的长处和不足。这不仅为合理选拔、调配干部提供了依据，而且有利于干部考察、选拔工作制度化、合理化和规范化。

2. 有利于群众监督

领导者定期向本单位的群众报告履行职责的情况，有利于增加干部工作的透明度，有利于群众进行监督和评议。

3. 有利于干部自身素质的提高

写作或宣读述职报告的过程，是述职者进行自我提高、自我检查的过程。对照自己的岗位职责进行回顾、反思、总结经验和教训，可以不断改进工作，提高自身的素质。

二、述职报告的特点和分类

（一）述职报告的特点

述职报告不同于总结或思想汇报，它的特点归纳起来有以下几点：

1. 注重实绩

述职报告是述职者在全面总结任期内履行职责的基础上，重点写真切的实绩，即在任期内做了哪些工作，有哪些突出的成绩，实事求是地作出自我评价。因此，述职报告必须把工作实绩、经验教训、建议及实质性内容表述清楚，切忌空谈。实绩是述职报告必写、重点写的，考核是根据实绩决定晋升与否或划分等级。

2. 限定内容

述职报告的内容必须紧紧围绕岗位职责和目标来写，工作成绩、存在问题、今后打算等必须限定在述职人特定时期的职责范围内。

3. 行文严肃

述职报告是为考核而写的，考核是一项庄重、严肃的工作。这就决定了述职报告的写作态度要严肃认真，内容要真实无误，陈述要具体简明，语言要平实质朴，评价要准确恰当，不允许以偏概全、“合理想象”，报喜不报忧，也不允许贪他人之功为己有。

4. 自我鉴定

述职人在述职报告中讲述履行职责的情况时，要对自己工作中的表现，对成绩和问题进行总结评价，实际上是对自身工作能力、水平和效果作自我鉴定。

5. 限定时间

述职报告的时间也有严格的规定：述职的内容必须是任期内的；述职者必须在考核期内写出书面报告。

（二）述职报告的分类

根据不同的划分标准，述职报告有不同的种类：

按时间可分为任期述职报告、年度述职报告、临时述职报告。

按范围可分为个人述职报告、部门述职报告。

按表达形式可分为口头述职报告和书面述职报告。

按内容可分为专题（单项）述职报告和综合述职报告。专题（单项）述职报告是指对某一方面工作或某项具体工作进行的专门汇报，如《开发项目建设，必须增加投资力度——××公司项目部经理述职》。

综合述职报告是指对一个时期内所做工作的总体情况进行汇报，如《2020年度各部门经理述职报告》。

三、述职报告的格式和写法

述职报告一般由标题、称谓、正文、署名和日期四部分组成。

（一）标题

常用的述职报告的标题有四种：

一是年度＋文种，如《2020年度述职报告》；二是只写文种，如《述职报告》；三是任职期限＋担任职务＋文种，如《××××年××月到××××年××月担任××职务的述职报告》；四是概括全文主旨，并用副标题加以补充说明，如《思想政治工作要结合经济工作一起抓——××公司党委书记×××的述职报告》。

(二) 称谓

称谓是报告者对听取述职报告的对象的称呼。称谓要根据会议性质及听众对象而定，如“各位领导、同志们”，或“组织部”“人事处”等。

(三) 正文

一般包括开头、主体和结尾。

1. 开头

开头又叫引言，用平直、精练的文字概述述职者的身份、岗位职责、工作目标、总体评价等。常以“现将任职期间的情况报告如下”等过渡到下文。

2. 主体

对开头内容的展开，是述职报告的核心部分。详细、明确、具体地介绍自己在任职期间岗位职责的履行情况及工作目标的实现情况、主要政绩，决策能力发挥的作用和效果，做了哪些开拓性的工作，基本的经验体会以及存在的主要问题、教训，今后工作的设想、建议等。

3. 结尾

表明自己的意愿和态度，请求审议、批评和帮助，常见的结束语有“以上述职，请予审查”“述职完毕，请批评指正”等。由于述职报告要面向本单位全体人员口头表达，结尾还有“谢谢大家”之类的话。

(四) 署名和日期

在正文右下方署上述职者的姓名、单位名称和述职日期。

四、述职报告写作注意事项

(一) 内容要具体真实，述职要全面

述职报告作为自述性的文体，是本人对自己水平能力的综合评价，内容必须真实，否则会影响述职人的公众形象。在述职报告中，述职者应将自己负责的工作全面系统地进行叙述，不能顾此失彼，也不能只叙成绩，不叙问题。只有全面地叙述，才能使组织和群众了解述职者的工作情况，对述职者作出全面公正的评价。

(二) 针对岗位职责，突出重点

撰写述职报告，必须按照一定的标准对自己的工作进行评价，这个标准就是所在岗位的职责。因此，在写述职报告时，要突出重点，突出岗位职责所要求的能力和业绩，不应面面俱到。

(三) 注重群体的作用

述职者在叙述成绩时，不能单方面强调主观因素，过分强调自己的能力；讲到存在的问题时，不能一味地归为客观原因。要处理好集体与个人的关系，客观地对待自己，报告一定

要正确、客观，绝不能文过饰非，甚至贪他人之功为己有，忽视集体的作用。

【例文 1】

2021 年度个人述职报告

原创　许××　须××　2022-02-03

各位领导、各位同事：

2021 年 9 月，本人通过南京市事业单位公开招聘统一考试，入职南京市规划建设展览馆。进入展览馆后，先后在办公室（党办）、委信息办工作。现就 2021 年度工作情况进行总结，并提出 2022 年的工作计划。

一、2021 年工作总结

（一）坚定信念，做思想进步的新青年

进入展览馆以来，本人充分认识到自己还存在较大的思想短板。为进一步缩小思想差距，我积极参与展馆党建活动，牢固树立榜样意识、看齐意识，利用多种手段和方式，学习党的理论知识，特别是党的十八大以来的新思想和新观点，把握党史学习教育的契机，将理论知识在工作中落到实处。2021 年 12 月，本人向党组织递交了入党申请书。

（二）迅速融入，做即插即用的螺丝钉

2021 年 9 月，因办理入职手续需要，我和另外两位同事被暂时安排留在展览馆办公室的岗位上，承担一些基础性的工作。2021 年 10 月，我进入市建委信息办任职，承担信息系统管理工作。无论是在办公室的岗位，还是在信息办的岗位，我都能够快速融入，充分发挥自身特点和优势，并将其转化为工作成果。在展览馆办公室期间，协助处理日常事务。参与各类台账的汇编和整理，完善展览馆各项制度，协助修改房屋租赁合同，协助接待退休职工来访，并很荣幸作为新进职工代表在全馆职工大会上发言。在市建委信息办期间，踏实做好信息系统管理本职工作。抓紧熟悉工程建设领域从发改委立项，到施工图审、施工许可、安全监督，再到消防审验、竣工验收的全流程业务逻辑。参与给邢正军副市长关于信息化工作专题调研汇报材料的编写；参与《南京市智慧城建综合服务管理平台 2022 年度升级改造项目可行性研究报告》的编写；参与南京市建委智慧城建信息平台建设专题调研报告的编写。推动个人负责的智慧城建平台中的从业人员培训系统等 10 个子系统的需求调研工作，组织协调各处室、事业单位召开多次需求调研会议，组织监理单位和各家软件开发公司召开多次监理例会，有序推进各系统的设计和开发工作。

（三）勤勤恳恳，做服务企业的解忧者

2021 年 12 月 27 日，根据省住建厅要求，我市正式切换使用省合同归集系统，原有南京市建委合同归集入口关闭。我作为南京市建委信息办联系人之一，联系方式被放在了市建委官网、市政务办官网以及市建设工程综合服务平台网站上。由于时间紧、测试不充分，系统切换初期暴露出一系列问题，不少企业打电话咨询。我作为信息办联系人，日均接听数十个电话，仔细倾听企业诉求，记录企业问题并寻求解决方案。理解企业办事难处，换位思考，将心比心。对于委信息办可以解决的问题，全力解决；对于需要和其他单位对接的问题，主动协调联系，并配合修改系统。先后联络省住建厅市场处、市政务办、市服管中心、市市场监督站等多家单位和各区建设局，商讨技术解决方案，落实系统整改要求。重点解决项目编码不统一、项目代码缺失等阻碍企业办理施工许可证的问题。努力“让数据多跑路”“让企业少跑腿”，做企业的解忧人。各家企业经办人的一声声“感谢”正是对我工作最大的肯定。

（四）牢记嘱托，做不忘初心的展馆人

管主任在给我们送岗位的途中，叮嘱我们不要忘记自己是展览馆人，让我们在信息办的日常工作之余，也要考虑如何用信息化手段把展览馆建设得更好。吴主任和办公室的各位领导也多次关心我们在委里的工作和生活。进入委信息办以来，我一直牢记各位领导的关心和嘱托，不忘自己展览馆人的身份。及时了解展览馆动态，配合馆里同事的各项工作，在信息办工作之余积极参与展览馆的各类活动，能出把力就出把力，树立主人翁意识，把回展览馆当成“回娘家”一样亲切。

二、存在的不足

2021 年，我在工作中收获颇丰，但也存在着不少不足。主要体现在：思想认识还不够深刻，距离成为一名共产党员还有差距；业务知识还不够精通，还不能完全了解整个南京市智慧城建平台的业务细节；全局意识欠缺，还不能通盘周到地考虑到系统调整对各业务的影响；暂时还未能思考出信息化手段对展览馆建设帮助的具体方案。

三、2022 年工作计划

立足 2021 年的工作进展，积极推动南京市智慧城建平台中个人负责的 10 个子系统的需求调研、设计、开发和验收工作；进一步推进 2022 年政务信息化项目的立项申报工作；逐步解决省厅合同归集系统与南京市建委平台的对接问题，优化施工许可证申报流程，打通省、市平台之间的数据共享渠道；提升写作水平，积极参与各类书面材料的编写。牢记展览馆领导叮嘱，踏实工作，树立终身学习的理念，争取在工作中获得更大的收获。

【例文 2】

××××年度述职报告

××警校副校长　××

我现任××市人民警察训练学校副校长一职。我的工作岗位职责是：在校党委的正确领导下，做好后勤服务保障管理工作和警务技能与战术教学工作。所分管的处室是总务处。

本年度，我能够以学校全年工作计划为奋斗目标，坚持以人为本，立足本职、求真务实、不断进取创新。在分管处室全体同志齐心协力的配合下，在校各处室的大力支持与协助下，克服了各种困难，使学校后勤服务与管理工作有了新的进步，所担负的教学工作也有了新的理念与创新。现将本人完成岗位工作目标情况报告如下：

一、努力学习，提高自身政治素质

今年我校的各项工作，可以说是务实创新、成绩突出。我本人在校党委的正确领导下，积极参加上级机关和学校组织的各项政治理论学习与各项政治活动，认真学习“三个代表”重要思想、科学发展观和党的十八大精神，积极参加大练兵活动。在政治大练兵活动中，自觉地去学习新理论，接受新理念，掌握新本领，以适应新时期、新任务的要求。为了提高学习的成效，我能坚持利用业余时间读书看报，并结合本职工作写出读书笔记和体会，能够把学习的理论知识转化为实际工作能力。一年里，自己思想稳定，在政治上、思想上、行动上自觉地与以习近平同志为核心的党中央保持高度一致。牢固树立了正确的世界观、人生观、价值观，保持了奋发向上的政治激情，提高了自身的政治素质，在政治上没有发生违纪行为。

二、一心一意做好本岗位工作

1. 后勤服务保障工作

我分管的总务处，是一个事务较多的部门，各项工作繁杂，关系到学校内外方方面面。针对人员少、年龄偏大和临时性任务重、经费少等困难，自己能够带领全处同志恪尽职守；积极主动地去完成好每一项工作。今年，我与总务处的全体同志齐心协力，加班加点，保障了市局15期大练兵培训班2 000余人和全省公安机关二期200余人警务技能与战术教官培训班、全省四地市278名军转干部培训班学员的服务工作；同时还保障了不同警种的业务培训班的生活服务工作；完成了部分教学器材、办公设施的采购，保障了教学、办公按时使用。全年粉刷房屋2 100多平方米，车库、健身房的改造150多平方米，屋顶防水工程60多平方米，二层大教室装修100多平方米，制作各种训练教具49件套，解决了多年地沟水管跑、冒、漏问题。同时加大了对财务、医务、食堂、车辆、水电、话费等的管理力度，为学校节约资金上万元。做到了财务无较大违纪问题，食堂没有发生一起食物中毒事件，车辆安全行驶无事故，校园内无卫生死角，绿化、门前“三包”达标。

2. 教学工作

今年2月1日至3月13日，受省公安厅政治部领导指派，我参加了公安部首期选派10名教官赴香港警察训练学校的学习训练。在历时一个半月的时间里，自己克服了年龄偏大等困难，认真学习，刻苦训练，圆满完成了包括枪械、徒手控制、战术运用课程的全部训练内容，顺利结业。香港警务处为我颁发了“武力使用”教官资格证书。回校后，我能将所学到的新理念、新技术传授给培训班学员，并与警体教研室全体教官成功举办了全市公安机关首期警务技能与战术教官培训班，为全市公安机关开展的大练兵活动奠定了基础，同时还为冀中公安局大练兵培训了骨干，为市局组织的15期大练兵活动培训班学员讲授了全新的战术课程，使参训学员受益匪浅。省厅政治部领导特地邀请我到省厅机关警衔晋升培训班进行授课，深受学员欢迎。因提高了自身教学能力与水平，在省厅今年11月28日至12月10日举办的两期全省公安机关警务技能与战术教官培训班训练期间，我受省厅政治部领导指派，担任了授课教官小组组长的重任。在两期培训班40余天的训练时间里，我充分发挥了组织、指挥、协调的能力，在时间紧、任务重、课程新的情况下，带领来自全省各地市的11名教官，以团结务实的作风，以严谨的教学态度，发扬拼搏与创新的精神，克服困难，在短时间内，完成了学员吃、住和各种训练器材的保障工作。学员经过严格的训练，取得了训练成果，第一期培训班综合战术汇报演练，受到省厅政治部领导的高度称赞。

两期培训班在我校举办，我既负责教学训练工作，又负责教官学员的生活保障工作，我做到了不怕疲劳，不怕吃苦，甘于奉献。在40余天的训练时间里，在校吃住30余天，坚持在工作第一线，可以说发挥了一名老同志的模范带头作用。在省厅领导、学校领导、警体教研室、干训处全体同志的大力支持与配合下，我圆满完成了省厅领导赋予我的教学任务，为全省公安机关培养了203名一线警务技能与战术教官，为实现2005年河北省公安机关警务技能大练兵进入实战训练规划阶段，做出了自己应有的贡献。

三、严于律己，从自身做起

不论是在我分管的工作中，还是在教学工作中，我都能够做到从自身做起，严格要求自己。因为我深知，面对领导的高度信任，全体同志对我工作的支持，我没有别的选择，只有严于律己，这样才能履行好自己的职责。自己分管后勤工作，有些工作常常需要加班加点，不能正常休节假日，但我毫无怨言。后勤工作接触钱和物，与校外人员经常打交道，我能够做到不交接复杂的人和事，不该吃喝的坚决不去吃喝、不该要的坚决不要，不该当家的决不越权，不该报销的决不报销，不该用的车坚决不用。认真遵守了“五条禁令”，遵守了学校的各项规章制度。

四、存在的主要问题

一是对后勤管理人员的管理有时不到位，要求不严，标准低，出现了个别同志有章不循，有令不行，到位率低的现象。

二是服务保障工作有时还不能及时到位，达不到规范化的管理标准。此外，财务审批、签字在执行中还存在把关不严的问题。

三是不注意工作方式方法，没有把全体同志的积极性充分发挥和调动起来。有时布置工作单刀直入，使处室领导和同志难以正常发挥自己的优势开展工作，所以我分管处室的工作出现失误，首先我应负主要责任。

在新的一年里，我校的培训工作将更加任重道远。我要继续解放思想，转变观念，与时俱进。在校党委的正确领导下，振奋精神，再接再厉，尽职尽责地完成好校党委交给我的各项任务，不辜负领导和全体同志对我工作的支持和信任。

××××年×月×日

练习

写作训练题

1. 开学初写一份学习计划或者读书计划。
2. 请以学校“迎新”活动为主题写一份活动策划书和一则简报。
3. 设计一份调查问卷，并做一次校内调查。
4. 写一份个人总结。

第五章　社交文书写作

第一节　社交文书的概念及特点

一、社交文书的概念

社交文书是个人或社会组织在社会交往场合所使用的各种文书的总称。它是个人与个人、个人与社会组织、社会组织与社会组织之间交际关系的体现。相较于社会组织的公务文书的权威严肃，社交文书是社会关系的柔性处理。

二、社交文书的特点

（一）交际性

我们的生活和工作都离不开社会交往。存在于社会的个人和组织都有主观和客观上交际的需求，而且随着社会的发展，地球村的形成、互联网的出现，人们的交际越来越频繁，越来越便利，社交文书的使用也越来越频繁，制作和使用也越来越便捷。

（二）礼仪性

没有礼仪，构不成人际交往。礼仪是态度，态度决定着是否能达成交际目的。社交类文书大多数具有强烈的礼仪性质，书面的社交礼仪通过尊称、敬语、问候、祝愿和赞美、同情等表达出来。礼仪礼节是表达感情和友好之意的手法。

（三）情感性

不仅感谢信、欢迎词、欢送词、贺词、悼词等礼仪性文书具有浓厚的情感，邀约类的邀请函、请柬等，告启类的讲话稿、演讲稿、表扬稿，请求类的求职信、申请书等也都带有一定的情感。根据对象、事情的不同，表达的情感有强有弱，可以是喜悦、哀伤、歉疚、感谢、恭敬、亲切、幽默、激昂、热切、向往等等。

三、社交文书的分类

社交文书的使用非常普遍广泛，种类繁多，按性质和功能不同，大致可分为：

礼仪类，包括感谢信、慰问信、道歉信、欢迎词、欢送词、答谢词、贺词、祝词、唁电、讣告、悼词等；

告启类，包括讲话稿、演讲稿、表扬稿、公示、启事、海报、声明等；

邀约类，包括邀请函、请柬、聘书、倡议书等；

请求类，包括求职信、应聘书、申请书、建议书、请假条等；

证明类，包括介绍信、证明信、推荐信、简历等。

四、社交文书的写作要求

社交文书的功能首先是传递信息，处理事务；其次是沟通认识，达到了解、理解，产生共识；再次是表达情感、增进友谊，树立良好的个人和社会组织形象。最终目的是达到或短期或长远的互惠互利的交际目的。

社交文书的写作要求包括以下几方面：

（一）倾注真诚、真情

社会交往要达到目的，首先要真诚。社交文书要达到社交目的，一样要真诚，字里行间要让对方感受到发文者的真心诚意。多数社交文书还要体现真情：别人有高兴的事，文字中真心为别人高兴，祝贺别人；别人有悲伤的事，写作者确实为别人难过，安慰别人；真心感谢、道歉，别人才能接受。真诚、真情就是要不夸张、不虚假、不敷衍。

（二）区分场合、对象

社交类文书，每一种都有其不同的使用场合和对应的受众。因此，要了解受文对象的身份、年龄、心理和当时的情况，依据不同目的和性质，针对不同场合，选择不同的文体，也就是行文、格式、例子、用词、语气等都有所不同，“到什么山上唱什么歌”，有的放矢才能达到交际目的。

（三）熟悉礼仪、礼节

社会交往中，有语言、行为举止、容貌服饰的礼仪礼节，也有生活、工作上的礼仪礼节，这些我们要掌握，同样，文书中的礼仪礼节对于写作文书来说，也必须掌握。礼仪周到，首先应节令、应风俗、应事件、应业务，该使用社交文书时就要及时写就、制作、发出。例如重阳节给老干部的慰问信，别国首脑去世，要发出唁电唁函。其次，写作中要使用规范化的格式和礼仪性的用语，例如求职信开头的敬语加称呼，结尾的敬辞祝语。礼仪性的用语多有古雅之风，例如，祝贺别人生了个儿子，就可以用“喜得麟儿”“弄璋之喜”，祝寿称对方父母为“令尊”“令堂”。文书中要体现礼貌礼节，但不能谄媚，高傲无法达到沟通和交际的目的，但过于谄媚和自卑，也会使人看轻，从而对交往者的人品和动机产生怀疑。

（四）掌握格式、用语

社交文书多有约定俗成的惯用格式和用语，它们都是在长期的社会实践中演化而来的。规范化的格式和用语既有古代文化的传承，又是表情达意的需要，还是礼仪的体现。

第二节　求职信的写作

一、求职信的概念和作用

（一）求职信的概念

求职信，又称自我推荐书、自荐信，它是职场中个人向用人单位介绍个人情况、表达求职意愿的个人信笺。

（二）求职信的作用

求职信是求职者谋求职位的主要手段。

1. 介绍个人情况

通过求职信，求职者可以介绍个人的成长经历、求学经历、个人所长和性格爱好等信息，它有助于用人单位了解求职者是否为所聘职位的恰当人选。

2. 表达求职的主观愿望

求职信写作的主要方面就是表达求职者个人的求职意愿。通过个体性的语言，传达求职者的真挚情感、诚恳态度，以及对所应聘公司和职位的强烈向往。

二、求职信的特点

（一）真实性

求职信的首要原则是所叙述资料的真实性。它包括的个人的成长经历、求学经历、职业经历和个性性格等内容都应与生活真实相符合。这反映了求职者的个人素养和职业道德等内涵，是现代职场中人力资源考核的最为重要的因素。

（二）针对性

求职信的内容应该针对所应聘的职位来写作，尽量表述适合该职位的技能和专业知识等相关内容，而无须面面俱到。

（三）短小精悍

求职信的篇幅要短小，语言表达要亲切自然，内容则要恰到好处地表达出求职者适合所聘职位的所长，而不能写成长篇大论。

三、求职信的格式和写法

求职信和一般书信的格式基本一致，一般由标题、称呼、正文三个部分组成。

(一) 标题

求职信的标题通常为“求职信”“自荐信”“自荐书”等。

(二) 称呼

称呼通常写于标题下方换一行左面顶格的位置。一般写尊称和领导的职务名称,如“尊敬的人事部经理”等。

(三) 正文

正文是求职信的主体。一般由个人基本情况、个人的求职条件、致谢、落款四部分构成。

个人基本情况包括姓名、就读学校、专业名称、毕业时间等;个人的求职条件主要简述个人的学业基本情况、个人的综合素质、个人所长、求职动机和求职意愿等;致谢部分写感谢对方阅读求职信,希望对方能给予面试机会或答复;落款包括署名和日期。署名写于结尾祝词下一行的右下方,日期写于署名的正下方。若有附件,可在信笺左下角注明。如:

附件:1. 简历

　　　2. 成绩表

【例文 1】

求职信

尊敬的××银行领导:

您好!

感谢在百忙之中垂阅我的简历。我是××大学金融工程专业 2020 届毕业生。通过我对贵银行事业、业务的了解,并结合所学的专业知识,我认为贵银行是我理想的选择。因此冒昧地向您递上了这封求职信,并真诚地希望能成为贵银行的一员。

大学四年是我不断锤炼,不断升华的过程。父母从小就培养我独立自主的能力,四年的大学生活更是使我独立,坚强。我积极乐观,敢于挑战生活的挫折,对新兴事物也有很快的接受能力。我学习努力认真,以优异的成绩完成了专业基础知识的学习;积极参加学校组织的各类活动。取得英语六级证书,有较好的听、说、读、写能力。获得计算机二级证书,能熟练操作 Microsoft Office 办公软件。

我深知在大学不仅应学习到扎实的理论知识,也应该培养和锻炼实践动手的能力。担任班级团支书,参加各种社团活动;在国企单位财务部实习。在实习工作中刻苦耐劳,具备较强的组织协调能力和强烈的团队合作精神。这些实践活动增强了我的服务意识,促使我做事更加细心、谨慎、有条理。我相信这些都是在银行工作所必需的品质。我深知以上对我即将开始的职业生涯是远远不够的,在今后的工作中我会不断学习,奋勇向前。

××银行作为国内第一家全国性股份制商业银行,凭借悠久的历史和良好的信誉赢得了国内外客户的肯定。×行的整体形象,管理方式,工作氛围十分吸引我,是我心目中所追求的理想目标。我非常希望能进入贵银行,使自己所学的理论知识与实践相结合。我在此恳求您能够给我一次机会,让我展示我的能力。我会用行动向您交出一分满意的答卷!

随信附上个人简历。最后谢谢您在百忙之中给予我的关注。

此致

敬礼

××

××××年×月×日

【例文 2】

求职信

尊敬的校领导:

您好!

我是××大学中文系汉语言文学专业 2017 级的一名毕业生,怀着对贵校的尊重与向往,我真挚地写了这封自荐信,向您展示一个完全真实的我。

大学期间,我谨记“崇德尚学,厚积薄发”这一校训。我深知知识就是力量,不断充实和完善自己,圆满地完成了学校开设的心理学、教育学等课程的学习任务,取得了良好的成绩,为从事教育工作打下了坚实的基础。在教师基本技能方面,经过努力,我顺利通过了全国普通话等级考试,获得了一级乙等证书。课余时间,我掌握了 Word 等办公软件及多媒体课件制作技术。除专业课外,我注意优化自己的知识结构,适应时代要求,通过了国家计算机二级考试和大学英语四级考试。

充实的大学生活,极大地丰富了我的知识,也增长了我在组织领导方面的才能,这也是当好一名教师的必备条件。大学伊始,经同学选举,我担任了班级团支部组织委员。大学一年级,开始担任班级团支书,任职以来,我积极配合校、系分团委的各项工作,因时制宜地开展各种校内外活动,拓宽了大家的视野,丰富了大学的学习生活,我班团支部也因此被评为“系优秀团支部”,我本人则获得“系优秀团干部”“校优秀团员”等称号,并参加了校第十六期党校学习班。对于校、系学生会组织的各项活动,我也积极参与,我与同学编排的英语短剧,在系英语短剧大赛中获第一名,受到全校师生的好评。

在课余时间里,我喜欢阅读各类书籍,从书中汲取养料来充实自己、更新观念、开阔胸怀。除了读书,适当的体育运动对我来说也是必不可少的,强健的身体是进行工作的前提,因此,每天我都会进行适量的体育活动。

21 世纪的中国,竞争会越来越激烈,对大批优秀人才的需求,使教师面临严峻的考验,作为一名有志的年轻人,我希望自己能成为教师战线上的新生力量,更愿意在教育领域奉献一切。“海阔凭鱼跃,天高任鸟飞。”我相信,在老一辈教师的鼓励和帮助下,在自己的勤奋和努力下,我一定会成为一名优秀的人民教师!

希望贵校能给我一次展现自我的机会。

祝贵校事业蒸蒸日上！

此致

敬礼

××

××××年×月×日

【例文3】

求职信

尊敬的人力资源部经理：

您好！

我是一名刚刚从××大学会计系毕业的大学生。我很荣幸有机会向您呈上我的个人资料。为了找到符合自己专业和兴趣的工作，更好地发挥自己的才能，实现自己的人生价值，谨向各位领导作一自我推荐。现将自己的情况简要介绍如下：

四年的大学生活，培养了我熟练的专业技能。在能熟练掌握会计学原理、财务会计、成本会计、预算会计、管理会计、会计电算化、用友、Excel在公司财务管理中的运用等重要的会计理论知识的同时，通过学校组织的会计模拟实验，进一步丰富了自己的会计业务经验。此外，为充实自己的专业技能，学习操作金碟、速达等财务软件和Office系列办公软件。

市场需要的是一专多能的复合型人才。为了更好适应社会和迎接挑战，我尽力完善各方面能力，英语已达大学英语六级水平，具备良好的听说读写能力；计算机达到国家二级水平。课余时间，通过发传单，推销产品，做青年志愿者，锻炼自己的胆识和处事能力，增强自信和丰富社会阅历。

我正处于人生中精力充沛的时期，我渴望在更广阔的天地里展露自己的才能，我不满足于现有的知识水平，期望在实践中得到锻炼和提高，因此我希望能够加入贵单位。我会踏踏实实地做好属于自己的一份工作，竭尽全力地在工作中取得好的成绩。

感谢您在百忙之中给予我的关注，愿贵单位事业蒸蒸日上，祝您的事业百尺竿头，更进一步！希望各位领导能够对我予以考虑，我热切期盼你们的回音。谢谢！

此致

敬礼

××

××××年×月×日

【例文 4】

求职信

尊敬的人力资源部经理：

您好！

首先感谢您在百忙之中查看我的个人简历。我叫×××，来自××××，毕业于××××大学××学院电气工程及自动化专业。

大学四年里，我努力学习专业知识，多次获得学业奖学金、国家励志奖学金。在学好专业知识的同时，我也注重培养和锻炼自己的能力，一直担任班长，连续两年担任××学院《××报》主编。策划及组织多项集体活动，工作得到了老师和同学的肯定，并多次被评为院“三好学生”“优秀学生干部”。在课余时间我又与本专业多名同学组成“电气实验小组”，投入单片机的开发与创新中，充分发挥专业知识、创新意识，广泛查阅资料，达到活学活用，完成多项作品，并于××××年×月代表××××大学××学院参加××省第八届大学生机电创新设计大赛，荣获三等奖。××××年×月，“便携式充气折叠拖鞋”获“国家实用新型专利”。我在××××公司做销售工作，也在××××摄影店做过宣传工作。通过这些社会实践锻炼，我具有了较强的组织能力、社交能力和良好的合作精神。

因为喜欢，所以选择！既然我选择了就要全力以赴把它做好，我愿从事贵公司安排的工作，我愿意在贵公司成长，真诚地服务公司、服务社会。

最后，衷心祝愿贵公司事业发达、蒸蒸日上！

此致

敬礼

××

××××年×月×日

第三节 简历的写作

一、简历的概念和作用

(一) 简历的概念

简历也叫履历，它是求职者向用人单位介绍其资格、职位、教育和工作经历等情况的文书，它是求职和人才流动的重要文书，是求职者争取进一步获得面试机会的文书。

(二) 简历的作用

简历的主要作用是介绍个人情况；应聘岗位；搭建应聘者和用人单位之间的沟通桥梁。

二、写简历的原则

（一）要有重点

简历的篇幅不能长，内容不能面面俱到。因此，要有重点地介绍个人情况和所长，重点展示适应所聘岗位的特长和专业技能，这样能引起用人单位的关注，增大应聘成功的概率。

（二）富有感召力

简历不能写得枯燥乏味，应该表达出发自内心的真实情感和愿望。用人单位不是招聘一个机器人，而是有真情实感的活生生的人。在简历中，也需要建立一种双方互相信赖的情感，而这往往是求职者易于忽视的地方。

（三）尽量陈述有利信息

简历的首要原则是不能有虚假信息。但是，个人信息中有些信息有利于应聘职位，有些信息则不利于所应聘的职位。这种情况下，求职者可以自主选择有利的信息传达，而省略掉不利于求职的信息。比如，求职者有色盲情况，但是所应聘的岗位对此没有特殊要求，则可以在简历中省略。

三、简历的格式和写法

简历可以打成表格的形式，也可用其他形式呈现。简历一般由个人资料、教育背景、工作经历、所获得的荣誉、兴趣与特长、自我评价、附件七个部分组成。

（一）个人资料

包括求职者的年龄、性别、身高、民族、出生地、婚姻状况、住址等。

（二）教育背景

一般只写大专（中专）以上的教育情况。中学的教育状况一般不要写上，主要包含了学校、专业知识、专业技能等。如专业知识可以写主修课、专业课、选修课、实习等内容。

（三）工作经历

一般按照时间顺序写上工作经历，如大学期间的学生工作、社会实践工作或兼职经历等。

（四）所获荣誉

所获荣誉包括“三好学生”“优秀团员”“优秀学生干部”、专项奖学金获奖情况。它指毕业生在院（校）、系、班各种层次各种活动中的获奖情况，也包括院（校）外的各种组织举办的活动中的获奖情况。

（五）兴趣与特长

它包括了文学、体育、艺术等各个方面的兴趣爱好和特长，这些有助于用人单位深入了解应聘者的综合素质。如某学生喜爱足球运动，曾担任中学校队，大学系队、校队队长，并率队多次参加比赛；曾获××市足球联赛（中学组）“最佳射手”称号，并参加过“2020××市大学生足球联赛”，这无疑是该求职者履历中加分的内容。

（六）自我评价

包括性格、为人、交友、学习、工作能力等方面。如某人的自我评价“活泼开朗、乐观向上、兴趣广泛、适应力强、勤奋好学、脚踏实地、认真负责、坚忍不拔、吃苦耐劳、勇于迎接新挑战”。

（七）附件

简历后面可以附上个人的获奖证明，如“三好学生”“优秀学生干部”证书的复印件，大学英语四、六级证书的复印件，计算机等级证书的复印件等。

四、写简历应注意的问题

充分调查研究了解所求职位的具体情况，做到有的放矢；让用人单位能较为全面地了解自己，简历真实；突出工作经历和特长；设计与众不同的封面；多次修改，确保不要出现任何拼写、语法、标点或者打印错误；切忌千篇一律。

【例文 1】

个人简历			
姓名	××	出生年月	1997.05
民族	汉	身体状况	健康
电话	×××××××××××	政治面貌	中共党员
邮箱	××××××××@×××.com	毕业院校	北京××大学
住址	××省××市××区××路	学历	本科
求职意向	市场专员		

教育背景		
2015.07—2019.06	北京××大学	市场营销（本科）
主修课程： 管理学、微观经济学、宏观经济学、管理信息系统、统计学、会计学、财务管理、市场营销、经济法、消费者行为学、国际市场营销等。		

实习经历		
2019.04 至今	北京××科技有限公司	市场营销（实习生）
实时了解行业的变化，跟踪客户的详细数据，为客户制定更完善的投放计划（合作过××网、××等客户）。		

续表

校内实践		
2017.03—2017.06	北京××科技有限公司	校园大使主席
整体运营前期开展了相关的线上线下宣传活动，中期为进行咨询的人员提供讲解。后期进行了项目的维护阶段，保证了整个项目的完整性。		
所获荣誉		
2017 年一等奖学金； 2018 年校企面对面营销策划比赛创意奖； 2018 年××杯校园营销大赛团体第一名。		
技能证书		
普通话一级乙等； 大学英语四/六级(CET-4/6)，良好的听说读写能力； 通过全国计算机二级考试，熟练运用 office 相关软件。		
自我评价		
有市营实习及活动策划、运营经历，熟悉新媒体渠道和用户； 能根据客户要求制定营销方案，并有高度执行力确保营销活动的良好执行； 同时，具备良好的沟通能力和团队协作能力，能快速融入团队。		

【例文 2】

Resume

Job objective：Graphic Designer

INFORMATION&CONTACT		
Birthday：28 February 1998	Mobile：(+86)×××××××××××	
Living Place：Beijing，China	Email：×××@×××.com	
Address：Tsinghua Technology Park	Skype：×××	
EDUCATION		
ABC University	Bachelor of Art Design	2016.09 - 2020.06
● Second Prize of Academic Scholarship(top 10% students of Art Institute in 2017，2018 and 2019) ● Majors：Art Design，Graphic Composition and Design		
SKILLS		
● Image Manipulation Software：Photoshop，Illustrator ● Website Production Software：DreamWeaver，Fireworks ● English Ability：CET 6		

续表

JOB ACHIEVEMENTS		
● Poster Design：Zhongcui 25th Anniversary poster（2017.06） ● Logo Design：Jingyuan Hall Jinling Restaurant Logo（2018.10） ● Logo Design：Happy Drink Tea Shop Logo（2019.05） ● VI Design：Jasmine Fairy VI（2019.11） ● Hand-drawn Comics：Story of Adai，the description of Adai's life（2016—2020）		
INTERNSHIP		
● Beijing Microsoft Media Co.，Ltd.	Graphic designer	2018.02—2018.05
● Alibaba Group Holding Ltd.	Art designer	2019.07—2019.10
HOBBIES		
● Comic drawing ● Photography		

第四节　慰问信的写作

一、慰问信的含义和种类

慰问信是在对方（它是有关机关或者个人，以组织或个人的名义）处于特殊的情况下（如战争、自然灾害、事故），或在节假日，向其表示问候、关心的应用文。慰问信可分为表示同情安慰和在节日表示问候。

二、慰问信的结构与写作

慰问信一般由标题、称谓、正文、结语、署名与日期五部分构成。

（一）标题

可写成《慰问信》《写给×××的慰问信》或者《×××致×××的慰问信》。第一行正中写“慰问信”三个字；如果写成“×××致×××慰问信”，那么“慰问信”三个字可移至第二行写在中间。接着换一行顶格写受慰问的单位或者个人的称呼。

（二）称谓

称谓在下一行顶格写，以表示尊敬。写单位要写全称；写个人，要在姓名之后加上称呼如“同志”“先生”“师傅”之类，后边用冒号。在个人姓名前边，往往还要加上“敬爱的”“尊敬的”“亲爱的”等字样，以表示尊重。

（三）正文

正文的内容，应该先说明写慰问信的原因，或是因为对方在工作中取得的成绩，或是因为对方遭到了暂时的困难和挫折。其次叙述对方的模范事迹或遇到困难时表现出来的高尚品质，并向对方表示慰问。

（四）结语

写一些鼓励和祝愿的话，表示慰问、祝福、希望。

（五）署名与日期

在正文后面或是另起一行空两格写“祝”“此致”，然后在下一行顶格写“节日愉快”或“敬礼”等。署名要写在另起一行的右半行。如果写慰问信的单位、个人不止一个，也都要一一写上。日期写在署名的下方，年、月、日写全。

三、注意事项

要根据所慰问的不同对象，确定信的内容。对在工作中有贡献的集体和个人，应侧重于赞颂他们的巨大成绩；对遭到暂时困难的集体和个人，则应侧重于向他们表示关怀和支持。

字里行间要洋溢深厚的感情。要充分体现组织的关心和温暖，使受慰问者在精神上得到安慰和鼓励，增强克服困难的勇气和继续前进的信心。

慰问信的抒情性较强，语言亲切、生动。

【例文 1】

致全校教职工教师节慰问信

尊敬的全校教职工：

九月的校园，秋风送爽，兰蕙争妍。在秋季学期复学之时，我们迎来第 36 个教师节。值此节日来临之际，我们满怀敬意，向学校全体教职工致以诚挚的节日问候和崇高的敬意！祝大家节日快乐！

2020 年是不同寻常的一年。面对前所未见、突如其来的新冠肺炎疫情，我校教职工在学校党委的领导下，坚定信心，科学防治，守望相助，共克时艰，取得了疫情防控阻击战的胜利。在这场波澜壮阔的抗疫斗争中，“延期开学不停学、计划不变模式变”，全校教职工凝心聚力，坚守岗位，在教学、科研、管理和保障服务的各个领域，奋勇争先，不辱使命，保证了教育教学的顺利进行，为推动学校教育事业发展做出了重要贡献，彰显了联大人勇于担当、不负使命、自强不息、艰苦奋斗、改革创新、与时俱进的优良品质。在此，我们对全体教职工的辛勤付出和无私奉献表示衷心的感谢！

善之本在教，教之本在师。长期以来，学校广大教职工始终忠诚党的教育事业，深入学习宣传贯彻习近平新时代中国特色社会主义思想，紧紧抓住落实全国高校思想政治会议精神不放松，坚持以课程思政建设为抓手，在形成高水平人才培养体系和“三全育人”体制机制上持续发力，有力推动了“三全育人”格局的形成。一年来，学校党政带领教职工坚持一手抓疫情防控，一手抓事业发展，以打赢疫情防控阻击战为首要任务，将立德树人根本任务贯穿学校各方面工作，有效保障了师生的生命安全和身体健康，大力推进了全校“三全育人”格局的完善，形成了联大话语体系和立德树人落实机制的“联大土壤”，展现了学校多年来坚持立德树人，大力开展思想政治教育的成效。

薪火相传育桃李，春风化雨谱新篇。今年是学校“十三五”规划收官之年，也是“十四五”规划编制之年，希望广大教职工以我校开展“‘三全育人’大学习、大讨论、大落实”活动为契机，继续弘扬高尚师德，潜心立德树人，全心全意做学生锤炼品格、学习知识、创新思维、奉献祖国的引路人，努力培养德智体美劳全面发展的社会主义建设者和接班人。

三尺讲台系国运，一生秉烛铸民魂。祝愿每一位联大人在教育战线的最前沿，争做党和人民满意的“四有”好老师，争做打造中华民族“梦之队”的筑梦人，为我校推进高水平、有特色、北京人民满意的城市型、应用型大学建设做出更大的贡献！

衷心祝愿全体教职工身体健康、工作顺利、阖家幸福！

中国教育工会北京联合大学委员会

2020 年 9 月 10 日

【例文 2】

给北京大学河南校友会的慰问信

北京大学河南校友会并广大校友：

黄泛千载，盛世始终通浚；骤雨滂霈，又使中原遇灾。近日，河南大部地区遭遇千年一遇的特大暴雨侵袭，郑州等城市的汛情尤为严重，给灾区广大人民群众的生命财产造成重大损失。灾区的北大校友和家人的安全令母校格外牵挂，在此，谨代表母校全体师生和校友向你们表示亲切的慰问！

在重大灾情面前，英雄的河南人民正在以坚强的意志和不屈不挠的奋斗精神开展抢险救灾。全国各地的救援力量正从四面八方向河南汇聚。一场艰苦卓绝的抗洪抢险正在中原大地如火如荼地进行着。我们将与各校友组织、全球北大校友尽最大的努力为减灾救灾做出贡献，给灾区的校友们提供帮助和支持。无论遇到任何困难险阻，北大人将始终和你们在一起守望相助、共克时艰。

我们相信，在党中央、国务院的亲切关怀下，在全国人民的共同努力下，河南人民一定能尽快取得抗洪抢险和灾后重建的全面胜利，广大校友一定会在这场抢险救灾的伟大斗争中积极作为，彰显家国情怀，传递北大精神。祝愿你们平安、健康！

北京大学校友会

2021 年 7 月 23 日

第五节　演讲稿的写作

一、演讲稿的含义和特点

(一) 演讲稿的含义

演讲稿又叫演说词，它是在大会上或其他公开场合发表个人观点、见解和主张的文稿。演讲稿的好坏直接决定了演讲的成功与失败。

演讲稿像议论文一样论点鲜明、逻辑性强，但它又不是一般的议论文。它是一种带有宣传性和鼓动性的应用文体，经常使用各种修辞手法和艺术手法，具有较强的感染力。

演讲未必都使用演讲稿，不少著名的演讲都是即兴之作，由别人经过记录流传开来的。但重要的演讲最好还是事先准备好演讲稿，因为演讲稿至少有两个方面的作用：其一，通过对思路的精心梳理，对材料的精心组织，使演讲内容更加深刻和富有条理。其二，可帮助演讲者消除临场紧张、恐惧的心理，增强演讲者的自信心。

(二) 演讲稿的特点

1. 有声性

演讲稿是口头传播的文稿，是讲给听众听的，要求运用口语化的表达，明白如话，说者顺畅上口，听者清楚明白易懂，短时间内能弄明白演讲者的意图。

2. 鼓动性

演讲稿是宣传发动群众的一种有效形式，所以具有鼓动性。理、事、情的交融统一，冷静严肃的层层剖析，高度概括的哲理，生动形象的叙事，辅之以热情的鼓动、感人的情怀，营造一种感染力极强的氛围。

3. 临场性

演讲稿是供演讲用的，内容要根据听者的反应而随之微调，以适应听众的需要。所以既要有简单的提纲，又要有详细的提纲。在说明主要问题或疑难问题时，要准备几个能说明问题的例子，以便必要时使用。

二、演讲稿的种类

演讲按不同的分类标准，可以分成很多种类型，譬如领导人演讲、竞赛性演讲、论辩性演讲、竞选演讲、就职演说等。我们根据内容性质的不同，把演讲稿分为以下几种类型：

(一) 政治鼓动类

这是指政治家或代表某一权力机构的要员阐述政治主张和见解的演讲稿。各级领导的施政演说，新当选的领导人的就职演说，政治家的竞选演说等等，都属于这一类型。著名的范例有《林肯在葛底斯堡的演讲》《丘吉尔在美国圣诞节的即兴演讲》以及马丁·路德·金的《我有一个梦想》等。

(二) 学术交流类

学术演讲稿是传播、交流科学知识、学术见解及研究成果的演讲文稿。随着科学事业的发展,国内外学术交流活动日益增多,学术演讲或学术报告的活动也越来越多。不仅专业科学技术工作者要参加各种各样的学术活动,进行学术演讲,一些机关、企事业单位的领导也要经常参加学术类的活动,也要成为科学技术方面的内行。因此,学术演讲稿具有广阔的应用范围。

(三) 思想教育类

思想教育类的演讲稿是针对现实生活中人们的思想动态、思想倾向和思想问题,以真切的事实、有力的论证、充盈的感情来讴歌真善美、鞭挞假恶丑,引导听众树立正确的人生观、世界观,激励听众为崇高的理想、事业而奋斗。这类演讲稿适用于演讲比赛、主题演讲会、巡回报告等。

三、演讲稿的基本写法

演讲稿的结构包括标题、称呼语、开头、主体、结尾五个部分。

(一) 标题

演讲稿的标题是演讲内容和主旨的概括。一个新颖、生动、恰当而富有吸引力的题目,不仅能在演讲前给人急欲一听的强烈愿望,而且在演讲结束之后,同其内容一样,给人留下永久的记忆。演讲稿的标题有很多种。有的巧设比喻,如“扬起生命的风帆”;有的直接点明观点,如“生活中不能缺少诚信”;有的以反问形式成题,如“这不是21世纪的精神吗”。

(二) 称呼语

称呼语是演讲开始时对听众问候的方式,如“尊敬的各位评委、老师,亲爱的同学们:大家晚上好!”

(三) 开头

演讲的开头,也叫开场白。它在演讲稿的结构中处于显要的地位,具有特殊的作用。演讲稿的开头,通常有以下几种:

1. 开门见山,亮出主旨

这种开头不绕弯子,直奔主题,开宗明义地提出自己的观点。如1941年李卜克内西《在德国国会上反对军事拨款的声明》开头就说:“我投票反对这项提案,理由如下。”

2. 叙述事实,交代背景

开头向听众报告一些新发生的事实,引起人们的注意,吸引听众倾听。如1941年7月3

日斯大林《广播演说》的开头:“希特勒德国从 6 月 22 日向我们祖国发动的背信弃义的军事进攻,正在继续着。虽然红军进行了英勇的抵抗,虽然敌人的精锐师团和他们的精锐空军部队已被击溃,被埋葬在战场上,但是敌人又从前线调来了生力军,继续向前闯进。……我们的祖国面临着严重的危险。”

3. 提出问题,发人深省

通过提问,引导听众思考一个问题,并由此造成一个悬念,引起听众欲知答案的期待。如曲啸的《人生·理想·追求》就是这样开头的:“一个人应该怎样对待自己青春的时光呢?我想在这里同大家谈谈我的情况。”

4. 引用警句,引出下文

引用内涵深刻、发人深省的警句,引出下面的内容来。如某大学生的演讲稿,标题叫“我的思考与奋起”,开头就很精彩:“一个人如果一辈子都不曾混乱过,那么他从来就没有思考过。”

开头的方法还有一些,不再一一列举。总之无论采用什么形式的开头,都要做到先声夺人,富于吸引力。

(四) 主体

演讲稿的主体部分是演讲的核心部分,也是演讲稿的高潮所在。主体部分要层层展开,步步推向高潮。所谓高潮,即演讲中最精彩、最激动人心的段落。主体部分展开的方式有以下三种:

1. 并列式

并列式就是围绕演讲稿的中心论点,从不同角度、不同侧面进行表现,其结构形态呈放射状四面展开,宛若车轮之轴与其辐条。而每一侧面都直接面向中心论点,证明中心论点。

2. 递进式

即从表面、浅层入手,采取步步深入、层层推进的方法,最终揭示深刻的主题,犹如层层剥笋。用这种方法来安排演讲稿的结构层次,能使事物得到由表及里的深入阐述和证明。

3. 并列递进结合式

这种结构,或是在并列中包含递进,或是在递进中包含并列。一些纵横捭阖、气势雄伟的演讲稿常采用这种方式。

(五) 结尾

演讲稿的结尾,是主体内容发展的必然结果。结尾或归纳,或升华,或希望,或号召,方式很多。好的结尾应收拢全篇,卒章显志,干脆利落,简洁有力,切忌画蛇添足,节外生枝。

演讲的结束语常见的有如下几种:

1. 总结要点

总结性地将讲过的内容再重复一遍,将同样的内容,用不同的话再讲一遍,这样可以达到突出中心、强化主题的作用。

2. 展望未来,鼓舞斗志

在演讲结束时,提出任务,指明前途,提出希望,发出号召,鼓舞听众振奋精神,坚定信念,从而收到预期的效果。

3. 用充满激情的话语作结

充满激情的话语能激起听众情绪的激动,激越的感情会使听众受到感染,并受到鼓舞。

4. 用名言、诗句作结

用名言、诗句作结可以使演讲的主题得到有力的升华,加强演讲的力度,使听众在联想和印证中得到深刻启示。例如周恩来《在上海鲁迅逝世十周年纪念会上的演说》的结尾,用鲁迅的著名诗句给演讲的论点一个强有力的证明,进一步深化了主题,把演讲推向一个新的高潮。

5. 用幽默作结

幽默的结尾会使听众余兴不尽,达到加深印象的效果。

6. 步步加深的结尾法

这种方法也叫"阶升法",好像阶梯一样步步升高,一句比一句有力量。不过这种方法是不容易运用的,它要求在理论上、语气上层层加深,在较短的时间内,把演讲的语势迅速推向高峰。

7. 用议论作结

在演讲的结尾处,适当地运用恰当、精辟的议论,会使演讲富有诗意和哲理性,从而感染听众,说服听众。如高尔基《科学万岁》的结尾:

自由展翅的科学上升得越高,它的视野就越宽广,科学知识应用于生活实际的可能就越充分。正如我们大家知道的那样,在自然界,没有什么东西比人脑更奇妙,没有什么东西比思维更美好,没有什么东西比科学研究的成果更可贵。科学万岁!

五、演讲稿的写作要求

(一) 要摆事实,讲道理,层次清晰地展开论述

演讲者可在演讲中反复设问,并根据设问来阐述自己的观点,在结构上环环相扣,层层深入。此外,演讲稿用过渡句,或用"首先""其次""再次"等语词来区别层次,也是使层次清晰的有效方法。论述中运用事例要典型,才能有说服力。

(二) 感情真挚,结构安排张弛有致,跌宕起伏

演讲具有鼓动性,所以演讲稿要有充沛的激情,而且感情要真挚。因此演讲稿结构的节奏既要鲜明,又要适度。平铺直叙,使听众注意力涣散,而内容频繁变换,也会造成听众紧张疲劳。所以,插入的内容应该为实现演讲意图服务,注意节奏的频率才能抓住听众的心。

（三）边叙事边议论，行文变化，富有波澜

把说理和抒情结合起来，既有冷静的分析，又有热情的鼓动。有起有伏、有张有弛，有强调、有反复、有比较、有照应，才能构成演讲稿的起伏节奏。

【例文 1】

葛底斯堡演讲

［美］林肯

87 年以前，我们的先辈们在这个大陆上创立了一个新国家，它孕育于自由之中，奉行一切人生来平等的原则。

现在我们正从事一场伟大的内战，以考验这个国家，或者说以考验任何一个孕育于自由和奉行上述原则的国家是否能够长久存在下去。

我们在这个战争中的一个伟大战场上集会。烈士们为使这个国家能够生存下去而献出了自己的生命，我们在此集会是为了把这个战场的一部分奉献给他们作为最后的安息之所。我们这样做是完全应该而且非常恰当的。

但是，从更广泛的意义上来说，这块土地我们不能够奉献，我们不能够圣化，我们不能够神化。曾在这里战斗过的勇士们，活着的和去世的，已经把这块土地神圣化了，这远不是我们微薄的力量所能增减的。

全世界将很少注意到，也不会长期记起我们今天在这里所说的话，但全世界永远不会忘记勇士们在这里做过的事。

毋宁说，倒是我们这些还活着的人，应该在这里把自己奉献于勇士们已经如此崇高地向前推进但尚未完成的事业。倒是我们应该在这里把自己奉献于仍然留在我们面前的伟大任务，以便使我们在这些光荣的死者身上汲取更多的献身精神，来完成那种他们已经完全彻底为之献身的事业；以便使我们在这里下定最大的决心，不让这些死者白白牺牲；以便国家在上帝福佑下得到自由的新生，并且使这个民有、民治、民享的政府永世长存。

【例文 2】

在美国度圣诞节的即兴演讲

［英］丘吉尔

（一九四四年十二月二十四日）

各位为自由而奋斗的劳动者和将士：

我的朋友，伟大而卓越的罗斯福总统，刚才已经发表过圣诞前夕的演说，已经向全美国的家庭致友爱的献词。我现在能追随骥尾讲几句话，内心感到无限的荣幸。

我今天虽然远离家庭和祖国，在这里过节，但我一点也没有异乡的感觉。我不知道，这

是由于本人母亲的血统和你们相同，抑或是由于本人多年来在此地所得的友谊，抑或是由于这两个文字相同、信仰相同、理想相同的国家，在共同奋斗中所产生出来的同志感情，抑或是由于上述三种关系的综合。总之，我在美国的政治中心地——华盛顿过节，完全不感到自己是一个异乡之客。我和各位之间，本来就有手足之情，再加上各位欢迎的盛意，我觉得很应该和各位共坐炉边，同享这圣诞之乐。

但今年的圣诞前夕，却是一个奇异的圣诞前夕。因为整个世界都卷入了一种生死搏斗之中，使用着科学所能设计的恐怖武器来互相屠杀。假若我们不是深信自己对别国领土和财富没有贪图的恶意，没有攫取物资的野心，没有卑鄙的念头，那么我们今年的圣诞节，一定很难过。

战争的狂潮虽然在各地奔腾，使我们心惊肉跳，但在今天，每一个家庭都在宁静的、肃穆的气氛里过节。今天晚上，我们可以暂且把恐惧和忧虑抛开、忘记，而为那些可怜的孩子们布置一个快乐的晚会。全世界说英语的家庭，今晚都应该变成光明的和平的小天地，使孩子们尽量享受这个良宵，使他们因为得到父母的恩物而高兴，同时使我们自己也能享受这种无牵无挂的乐趣，然后我们担起明年艰苦的任务，以各种的代价，使我们孩子所应继承的产业，不致被人剥夺；使他们在文明世界中所应有的自由生活，不致被人破坏。因此，在上帝庇佑之下，我谨祝各位圣诞快乐。

【例文 3】

你的幸福观决定孩子的幸福感

俞敏洪

首先，幸福跟你的出身、家庭环境有关系。

在任何一种父母有负面情绪的家庭环境中成长起来的孩子，幸福指数一般非常低，因为他从小到大都没有在一种积极的、阳光的心态下长大，所以我们可以先回顾一下，检点我们自己。

当我们遇到一件事情的时候，不管是有钱状态还是没钱状态，不管是工作顺利状态还是不顺利状态，你首先产生的情绪是对内的还是对外的？是否认外部的还是否认内部的？

把原因归到外部，或者是把原因归为自己无能，都是不幸福的来源。

毫无疑问，我比较幸福，虽然生长在一个农村家庭，我的父母都是积极应对身边一切事情。我很少听到父母去抱怨，他们总是勤劳地把自己的生活变得更好。

而实际上，在我们整个村子里，我家的生活一直是非常不错的。我给大家举一个例子，一般人家养 3 头猪，我们家一年养 6 头猪。虽然当时猪也卖不了几个钱，但是这还是意味着我们家的收入比一般的人家要高出一倍，因为农村当中，唯一能拿去换现金的东西就是猪。粮食是换不了现金的，粮食是国家定额征收。

这种生活状态，让我从小意识到：如果你要变得更好，你就要加倍努力，和外界的环境没有任何关系。我们经常抱怨社会，抱怨中国这儿不好、那儿不好。我有一些朋友到了美国，也天天抱怨美国。

我可以断定，他们跑到丹麦——全球幸福指数最高的国家，照样会抱怨这个不行、那个不行。所以说，不管你在哪里、受到怎样的熏陶，最重要的是保持积极心理，提醒自己要阳光起来。

其次，假如人能活100岁的话，有70年的幸福是和另外一个人相关的，那就是你的配偶，除非你不结婚。我一直认为，一个人一生最主要的幸福来源是找对一个人，找对你想要的那个男人或者那个女人。

这和谈恋爱还没有关系，一起生活的特质和谈恋爱的特质是不一样的。比如，你谈恋爱的时候可以找一个漂亮的女性，你结婚以后，“漂亮”在婚后生活中是不起作用的。

谁都有这样一种感受，当你看一个漂亮女孩一个礼拜以上的时候，谁都不觉得她漂亮了。美丽来自距离感，而不是来自面对面的生活。这就需要我们非常认真地去思考，我们找的那个人到底能不能给我们带来幸福。

另外，幸福是需要经营的。

我是搞教育的，我发现中国有很多父母因为孩子的问题不幸福。从小到大，孩子没有教育好。其实教育一个孩子的过程是经营一个家庭幸福的过程。

当一个父母发现自己孩子有出息，或者说自己的孩子是好孩子的时候，父母的幸福指数立刻就增加了。

但是，大量的父母用了百分之百的力气把自己孩子的前途毁掉，因为他都不知道孩子从小到大应该培养。

很少有父母会引导孩子读书的好奇心，因为他们自己都不读书。读书是能给孩子带来幸福的很重要的一环。3岁开始到10岁，孩子就应该养成读书的习惯。

而现实中很多父母把孩子带到一个世俗的空间，去比较很多不该比较的事情，让孩子养成一些世俗的比较习惯，成绩不如别人自卑，衣服不如别人自卑，长相不如别人自卑。

除了社会因素以外，父母也起了很大作用。如果你结婚生孩子了，你又不会带孩子，那孩子就会变成你的噩梦，想要的幸福也是比较渺茫的。

……

对于大多数人来说，当你没法生存下去的时候，财富和幸福是密切相关的。当你到一定程度之后，幸福已经不和财富正相关了。

我个人感知的幸福是这样：如果给我一个四十平方米的房子，只要满足我下面两个条件，我就能幸福地生活。第一个条件是在房间里有一堵墙的书；第二个条件是必须让我每个月能赚两三千块钱，可以去看一场自己喜欢的电影，吃一吃喜欢的饭，这个饭绝对不是鲍鱼鱼翅，而是兰州拉面。

我个人有资格告诉大家：你个人的幸福和财富的叠加是没有关系的。到一定程度，你的幸福一定是来自和财富无关的东西。

否则我的幸福指数应该是很高的，而我的幸福指数不一定比在座的各位高，甚至还要低一些。我有钱了，但是我没时间；我有钱了，但是我受制于很多外在因素。

但是回想一下，我还算是比较幸福的。这倒不是因为娶到个好老婆，生了个好孩子，而是我从小到大养成了一个习惯，这个习惯是不去跟别人，尤其是和周围的人进行比较。

我们很多人的不幸都来自什么呢？看见邻居生活得好就不幸福；看到你的同事变成局

长，自己还是个处长，你就不幸福；看到同事成绩比你好，你就恨得不得了。这种比较会给我们带来很多心理上的伤害。

一个人要不要比较呢？要比较，但是最可怕的就是永远和身边的人比，而且比的永远是自己的不足。如果人比出自信来，比出快乐来，那就可以比较。

而中国人永远是比到最后，比出自己的万般不是，比到最后崩溃的状态。所以我下决心，在生活当中不和别人攀比。

我再给大家举个例子，我有一个好朋友是企业家。一次一起去游泳，他把一块十几万的手表放在游泳池边上，游泳很高兴，最后穿衣服的时候也就忘了这块表了，再回来的时候发现表没有了。本来后面有几个特别愉快的活动，他就再也没心思参加了。

这个表对他来说好像是挺珍贵的。我的感觉是，那不就是十几万块钱么，丢了就丢了。他说那也是十几万块钱呢。到了第二天的下午，游泳池的那个宾馆给他打电话，说表找回来了，他又高兴得不得了。

我看了以后，觉得好悲伤。我觉得一个人因为丢掉某个东西，而把一天半的美好时光都给浪费掉，非常不值得。

所以，在我的生活中任何东西丢掉了都不可惜，当然老婆不能丢。现在要是到我家去看的话，超过一万块钱的东西没几个，加起来就三四万的书在家里。小偷来了，偷书也是很痛苦的事情，扛起来又重，又卖不了几个钱。

你看我手上戴的这块手表，800 元人民币，平均每天快走一分钟，我觉得这样挺好，提醒我时间快到了，赶快出发。所以，人尽可能不要被物质的东西困住。

我好朋友也很多，好多人有私人飞机，那我怎么处理呢？很简单，他们坐自己的私人飞机，我搭他们的飞机就好了，有时候借了他们的游艇说，要不要付你钱？

人什么时候会幸福呢？是跟你自己比较的时候，不管你在什么状态下都要肯定自己。定了目标去努力，往往能为了目标而自我肯定。自我肯定，你就会开始感受到幸福。

……

所以，我们要肯定自己，关注自己个人的成长，关注自己兴趣的提高，关注自己经验的积累，关注自己未来的生命目标，一点一点去努力。

还有一点，也是非常重要的最后一点：不管你多忙，一定要留一点悠闲的时光给自己的生活。

第六节　感谢信的写作

感谢信是一种礼仪类文书，属于应用文体的一种，用于商务活动中的许多场合。它是集体单位或个人对获得的关心、帮助、支持表示衷心感谢的函件。在日常生活和工作中，得到他人的帮助和支持，可用这种文体“感谢”一下。

一、感谢信的特点

公开感谢和表扬；感情真挚；表达方式多样。

二、感谢信的种类

(一) 按感谢对象的特点来分

1. 写给集体的感谢信

这类感谢信，一般是个人处于困境时，得到了集体的帮助，并在集体的关心和支持下，自己最终克服了困难，渡过了难关，摆脱了困境，所以要用感谢信的方式表达自己的感激之情。

2. 写给个人的感谢信

这类感谢信，可以是个人、可以是单位，也可以是集体为了感谢某个人曾经给予的帮助或照顾而写的。

(二) 按感谢信的存在形式来分

1. 公开张贴的感谢信

这种感谢信包括可在报社登报、电台广播或电视台播报的感谢信，是一种可以公开张贴的感谢信。

2. 寄给单位、集体或个人的感谢信

这种感谢信直接寄给单位、集体或个人。

三、感谢信的结构与写作

感谢信一般由标题、称谓、正文、结语、署名与日期五部分构成。

(一) 标题

可只写“感谢信”三字；也可加上感谢对象，如《致××同学的感谢信》《致××物业公司的感谢信》；还可再加上感谢者，如《×××致××社区居委会的感谢信》。

(二) 称谓

写感谢对象的单位名称或个人姓名。如“××交通大队”“×××同志”。

(三) 正文

主要写两层意思，一是写感谢对方的理由，即“为什么感谢”，二是直接表达感谢之意。

1. 感谢理由

首先准确、具体、生动地叙述对方的帮助，交代清楚人物、时间、地点、事迹、过程、结果等基本情况；然后在叙事基础上对对方的帮助作恰当、诚恳的评价，以揭示其精神实质，肯定对方的行为。在叙述和评价的字里行间要自然渗透感激之情。

2. 表达谢意

在叙事和评论的基础上直接对对方表达感谢之意，根据情况也可在表达谢意之后表示以实际行动向对方学习的态度。

（四）结语

一般用“此致敬礼”或“再次表示诚挚的感谢”之类的话，亦可自然结束正文，不写结语。

（五）署名与日期

写感谢者的单位名称或个人姓名和写信的时间。

四、注意事项

1. 事情经过叙述清楚

叙述对方对自己或本单位的帮助，要将人物、时间、地点、原因、结果以及事情经过叙述清楚，便于组织了解和群众学习。

2. 信中要洋溢着感激之情

在叙述事实的过程中，除了要突出对方的好思想和表示谢意外，行文要始终饱含感情。感情要真挚、热烈，使所有看到信的人均受到感染。

3. 表示谢意要得体

既要符合被感谢者的身份，也要符合感谢者的身份。

4. 感谢信以说明事实为主

切忌不着边际大发议论。

【例文1】

中共凉山州委 凉山州人民政府致各帮扶单位的感谢信

支援凉山脱贫攻坚的各兄弟帮扶单位和各界人士：

值此新春佳节来临之际，凉山州委、州政府及530万凉山各族人民，谨向派员支援凉山脱贫攻坚的各兄弟帮扶单位及其干部职工致以新春的问候和美好的祝愿！向长期以来对凉山发展特别是脱贫攻坚工作的大力支持表示衷心感谢，并致以崇高的敬意！

春华秋实，岁物丰成。刚刚过去的一年，在中央、省委的坚强领导下，在各兄弟单位和社会各界人士的倾情援助下，凉山脱贫攻坚在前进路上奋力奔跑，跨过许多沟沟坎坎，越过不少激流险滩，很辛苦、也很充实，有付出、更有收获，全年成功实现14.2万贫困人口脱贫、318个贫困村退出，雷波、甘洛、盐源、木里4县即将实现摘帽，贫困发生率降至4%。我们欣喜地看到，贫困群众的日子越来越红火了，“两不愁三保障”持续加强，又有14.02万贫困群众住进了温暖的新家，义务教育、基本医疗保障达标率分别达99%、100%，移风易俗成为新时尚，彝区现代文明的生活方式正在形成，群众有了更多获得感、幸福感、安全感，我们朝着实现全面建成小康社会目标又迈进了一大步。

每一分成绩的取得都不轻松，每一个脱贫故事背后，都倾注着党中央和省委省政府的深切关怀，都饱含着各兄弟单位和社会各界人士的倾力支持、深情厚谊，都凝结着广大帮扶干部的团结拼搏、艰苦奋斗。各帮扶单位与凉山贫困群众心手相连、同舟共济，全力以赴补贫困地区之所短，千方百计解贫困群众之所难，千年大凉山正发生着日新月异的沧桑巨变，广大贫困群众迎来了与全国人民一道同步迈入小康社会的胜利曙光。

接力奔跑，仍需加劲冲刺；千年追寻，圆梦就在今朝。2020 年，我们将迎来凉山打赢脱贫攻坚歼灭战，与全国全省同步实现全面小康的里程碑之年。新的一年，我们将以习近平新时代中国特色社会主义思想为指导，在省委省政府的坚强领导下，在各级各类援助力量的帮助支持下，承关怀而奋起，变压力为动力，以不获全胜绝不收兵的意志啃下脱贫硬骨头，以一鼓作气、乘势而上的姿态夺取凉山脱贫攻坚的全面胜利，创建全国同步全面小康示范州，向党和人民交出一份满意的答卷！

中共凉山州委

凉山州人民政府

2020 年 1 月 10 日

【例文 2】

感谢信

尊敬的韩监狱长：

您好！

我叫×××，家在吉林省，今年 19 岁，现在八监区服刑。请原谅我唐突地给您写信，因为我不知道怎样表达我对本溪监狱的感激之情。

因为家庭的不和睦、父母离异，我的求学之路一路坎坷；为了 300 元的高考报名费，我走上犯罪的道路；因为高考梦的破灭，精神支柱被摧毁，我曾试图结束自己的生命。2019 年 5 月 28 日，我从沈阳新入监监狱来到本溪市监狱，在短短的四个多月里，本溪监狱的干警们让我找到了亲情般的温暖，重塑了精神支柱，重新点燃了生活的希望。

我生长在一个不健全的家庭，父母在我几个月大的时候就选择分手。八岁前随母亲生活，八岁后随父亲生活。父亲没有稳定的工作，没有可靠的生活来源，对我更是漠不关心。我似乎成了多余的人，没有人关心我的生活、学习。

2017 年 9 月，我升入了高三。我心中怀有一个梦想，那就是参加高考，考上理想的大学，靠自己的努力改变现状，闯出自己的一片天地。为了高考，我可以顶着狂风暴雨步行上学，只为省下几元车费购买辅导书；为了高考，我可以每天只吃一顿饭，只为了省下些钱买复习资料；为了高考，我可以每天学习到半夜，困了就往舌头上滴风油精以保持清醒，只为能取得更好的成绩。

然而，我本来已不平静的生活又被一个“讨债人”打破了。原来，父亲欠了别人 1 500 元钱，债主因为找不到他，便跑到我的学校，找到我的班级，当着全班同学的面向我讨债，并说了很多难听的话。当时，我真恨不得找个地缝钻进去。那个事件以后，我总感觉同学们在背后指指点点、议论我，而老师也不像以前那样热心了。我的心情糟透了，学习成绩也一落千丈。在学校实在待不下去了，我决定转学。几经周折，我联系上了在沈阳打工的母亲。可是，到了沈阳我又一次亲历了现实的残酷——母亲没有能力帮我转学，我苦苦等了几个月。带着无奈与愤怒，我与母亲不辞而别，回到了老家。

当2018年3月我重新回到学校，已经耽误了几个月的课程。就在我回到老家一个月后，我的母亲删除了与我所有的联系方式！屋漏偏逢连夜雨，接着我又查出了肺结核病。就这样，我不得不离开学校，不得不放弃2018年6月的高考。

无奈之下，我只好回到家里，回到父亲身边。一边吃些抗结核的药，一边复习，期待早一天回到校园里。2018年10月，马上就要高考报名了。可是，我却连300元的报名费都凑不齐。别无选择的我只能再一次“自力更生”——走上打工之路。可是，没想到这次却遇到了坏人，把我引上了犯罪道路。2018年11月，我被戴上了冰冷的手铐，接着被判刑——一个直接让我错过2019年、2020年高考的刑期。这个罪名不仅让我清白的人生背上了污点，而且直接让我的高考梦破灭了，我的精神支柱垮了。在沈阳新入监监狱，我几近崩溃。痛苦到了极点的我曾试图偷偷地结束自己的生命。

这一切，因为到了本溪市监狱而改变。刚来到八监区，我的分监区长××警官从我的日常表现中看出了问题，他主动找我了解情况，耐心地开导我，叫我放下包袱。××警官教育我要做一个对自己、对他人、对社会负责任的人。要勇敢地面对人生，努力让自己未来的人生变得精彩，做一个对社会有益的人，以回报社会。××警官鼓励我把监狱当作学校，好好改造，重塑人生。知道我有一个“高考梦”，他一方面尽可能地为我争取时间，一方面还想方设法为我准备高考复习资料。当我看到那些熟悉的符号时，仿佛看到了新生活在向我招手。

八监区管教副监区长××警官找我谈话，他对我一时失足走上犯罪道路表示理解，并耐心地告诫我，人非圣贤，谁都会有过错，只要改正了，就会被社会认可，就有希望。

真的感谢你们。你们的帮助我将永远铭记在心，绝不辜负你们的教育与帮助，这里就是我新生的故里。

再一次感谢你们！

×××
××××年×月×日

【例文3】

感谢信

尊敬的×××先生：

您好！

我叫×××，就读于××大学建筑工程与环境学院建筑系，现已是大四学生。这次能获得您设立的"××奖学金",我感到非常荣幸和高兴。因此,特写这封信向您表示由衷的谢意和崇高的敬意！谢谢您！

我从大一入学时就知道"××奖学金",也听说了您的许多事迹。您一直热心支持家乡的教育事业,"××奖学金"的设立,表达了海外宁波帮朴实的爱乡情,代表了您对我们青少年的深情和期望。金钱有价,情义无价,它不仅是物质奖励,同时还是对我们勤奋学习、勇于进取的精神的肯定,更是对我们当代大学生价值观念取向的正确引导。您的高贵品质、泽乡情怀以及艰苦创业、热心公益事业的精神,也将永远值得我们学习。在大学的最后一年,我有幸获得这项奖学金,这将成为我人生道路上一个闪亮的路标。

在过去的三年里,我一直很刻苦地学习,学习成绩一直保持班级第一;在担任院学生会干部和班干部期间,认真负责地完成每一项工作;对自己要求非常严格,争取精益求精,牢记"实事求是,经世致用"的校训,努力充实和完善自我。但是,这都是不够且不足道的,从您的事迹和精神中我深深体会到,人生除了要尽力做好自己的事,更多的还应该为社会做些贡献,做些事情。如今,再过半年我将踏上工作岗位,我会以您为榜样,尽我所能,达我所成。我也相信一定会有更多的×大学子在您所设的这些奖学金的资助与感召下学业有成,今后在建设祖国的事业上作出巨大的贡献,将您的这份深情厚谊回报社会。

最后,值此新年来临之际,我忠心地祝福您,在新的一年里,有新的喜悦,新的收获！并祝您和您的家人身体健康,万事如意！再次谢谢您！

此致

敬礼

×××

××××年×月×日

第七节　邀请函的写作

一、邀请函的概念

邀请函,也叫邀请信、邀请书,是广义的邀约类文书的一种。特指社会组织或个人邀请社会组织或个人参加学术、商务、联谊活动等使用的信函这种书面形式。

邀请函使用广泛,可以用于研讨会、交流会、首映式、开幕式、招商会、博览会、展览会、答谢会、年会、酒会、家长会、毕业典礼、颁奖典礼、发布会、音乐会、电影节、访谈等的邀约。

邀请函有一种类似请柬,除了标题、受邀对象,正文只有主题、时间、地点,文字很简短;有一种类似会议通知,除了主题、地点、时间外,还有较多的文字说明会议或活动的性质、目的、具体内容、要求、日程安排等。

邀请函和请柬的不同在于邀请函可发给个人,也可发给社会组织,容量丰富详尽,往往具有实务性。而请柬是发给个人的,格式更规范,语言更文雅,礼仪性更强。

邀请函和会议通知的不同在于邀请函用于横向的关系，被邀请者可以是社会组织，也可以是个人，没有一定参加的义务。文中要有“敬请光临”“诚挚邀请”的礼仪之意，而且根据性质可以灵活穿插一些描述性、抒情性的语句。邀请函还可以是横向的正式会议通知的预审和人数统计。而正式的通知属于党政公文里的一种，要有正式的行文，受文对象必须是社会组织，多是纵向的上下级的关系，受文者有法定的参加义务。

邀请函和聘书、倡议书的不同在于邀请函邀约的是一个短时间的活动或会议，而聘书、倡议书针对的是长期的共同工作、活动或行为。

二、邀请函的结构与写作

邀请函的结构由标题、称呼、正文和落款四部分组成。

（一）标题

标题有公文式和文章式两大类。

1. 公文式标题

（1）单项式。

例：邀请函、邀请信、邀请书。

（2）双项式：事由＋文种或单位名称＋文种。

例：关于举办第15届中国CAE工程分析技术年会暨首届中国数字仿真联盟论坛的邀请函

“最美的遇见在这里”家长会邀请函

南京邮电大学邀请函

（3）三项式：单位名称＋事由＋文种或时间＋事由＋文种。

例：上海戏剧学院“纪念熊佛西诞辰120周年学术研讨会”邀请函

2020年IDAJ中国CAE/MBD技术大会邀请函

2014第八届全国食品博览会邀请函

（4）四项式：时间＋单位名称＋事由＋文种。

例：2018年厦门大学现代统计学研讨会邀请函

如果篇幅较长，有丰富的内容信息，一般用(2)(3)(4)种。

2. 文章式标题

双标题法：眉题＋主标题或主标题＋副题

例：大变局下的政治学与国际关系学科：

第十四届政治学与国际关系学术共同体会议邀请函

“聆婷古韵”

——榆林学院杨婷教授中国古诗词艺术歌曲独唱音乐会邀请函

（二）称呼

标题下左起顶格写称呼。受文对象可以是个人，也可以是社会组织。如果是个人，要用尊称，如果有职务职称之类的，也要附上。如果没有，直接用“女士”“先生”。例如：“尊敬的李部长”“尊敬的王教授”“尊敬的陈女士”等，也可以是泛称，如“各位专家、领导”“尊敬的先生/女士”，后面可跟问候语“您好”，也可没有。

（三）正文

邀请函根据需要，内容不一，字数也长短不一。内容信息量丰富的，分为开头、主体、结语三部分。

1. 开头

往往说明会议或活动的原因、背景、目的、意义、指导思想等，开头的结束语是承启句，以“有关事项通知如下”等引出主体。“敬请莅临”“欢迎指导”“期待光临”“诚挚邀约”“恭请到来”等真诚的邀请之语经常放在开头的承启语前，也可以作为主体的最后一句出现，还可以作为结语。

2. 主体

主体和会议通知基本是一样的，分点列项告知会议或活动的性质、主题、内容、时间、地点、要求、注意事项、联系人及联系方式等。会议日程、会议要求也可作为附件出现。

3. 结语

如果开头没有写诚挚邀请之意，这里要表示。如果开头写了，结语可以用“此致敬礼”，亦可省略。

（四）落款（署名与日期）

正文结束后另起一行，在页面的右侧，右空两格，写上邀请人的名字或社会组织的名称，下一行右侧写年月日。

三、注意事项

1. 邀请函和函是两种不同的文体

函是狭义公文的一种，而邀请函是社交文书的一种，不能混淆。

2. 类似请柬的邀请函不宜用“邀请信”标题

一般用“邀请函”三字，可以用帖子的形式。

3. 邀请函附件中一定要有参加与否的回执表

【例文 1】

上海戏剧学院“纪念熊佛西诞辰 120 周年学术研讨会”邀请函

尊敬的________先生/女士：

您好！

2020 年 12 月 4 日，适逢中国话剧的拓荒者和奠基人之一熊佛西先生诞辰 120 周年。熊佛西先生是一位蜚声中外的戏剧活动家、戏剧教育家和剧作家，曾任上海戏剧学院院长，今年亦是上海戏剧学院建校75周年，为迎接校庆、纪念这位杰出的戏剧家，由上海戏剧学院主办，中国话剧研究中心(团队)、上海戏剧学院戏剧文学系承办(《戏剧艺术》编辑部协办)的“纪念熊佛西诞辰120周年学术研讨会”拟于2020年12月5日至6日在上海戏剧学院华山路校区举行。素闻您在话剧领域兴趣广泛，屡有学术成果，故诚邀您拨冗参会，就相关议题共同研讨与交流。

会议参考议题如下：

(一) 熊佛西戏剧理论与创作研究

(二) 熊佛西戏剧教育研究

(三) 熊佛西定县大众戏剧实验研究

(四) 熊佛西生平、地位及艺术成就研究

(五) 熊佛西与现代中国话剧

有意参加本次会议的专家请于2020年8月31日前提交会议回执至邮箱：***@hotmail.com，论文提交的截止日期为2020年10月31日，会务组将根据论文提交情况编排会议日程，并拟在会后正式出版论文集。

本次会议免收会议费，参会者交通费、住宿费自理，会议期间的饮食由主办方提供。

会务组联系地址：上海市华山路630上海戏剧学院戏剧文学系，邮编：200040

联系人：翟**：***676；李*：***280；李*：***017

上海戏剧学院主办
中国话剧研究中心(团队)
上海戏剧学院戏剧文学系承办
《戏剧艺术》编辑部协办
2020年6月6日

【例文2】

第二十一届电力电子与运动控制学术年会(CMEAPS'2020)邀请函

尊敬的各位专家学者：

您好！

自2000年开始，南京航空航天大学航空电源航空科技重点实验室每年召开一次电力电子与运动控制学术年会，该学术年会目前已成为重点实验室与兄弟院校、航空厂所与工业界开展学术交流和合作的重要平台。2015年，在航空电源航空科技重点实验室的基础上，多电飞机电气系统工信部重点实验室(Center for More-Electric-Aircraft Power System，CMEAPS)成为国家工业与信息化部认定的首批重点实验室之一。为进一步促进多电飞机电气系统工信部重点实验室的学术交流与人才培养，今年11月将召开第二十一届电力电子与运动控制学术年会(CMEAPS'2020)。在此我们真诚地邀请您参加本次学术年会，并对多电飞机电气系统工信部重点实验室的建设工作给予指导。

会议时间：

2020 年 11 月 20 日—11 月 22 日，其中 11 月 20 日（周五）为会议报到注册，11 月 21 日—11 月 22 日安排大会报告和分会报告。

会议地点：

南京航空航天大学将军路校区自动化学院 1 号楼 5 楼学术报告厅。

会议注册：

会议注册费：600 元/人，会议食宿费用自理。

会议报名方式：

可通过以下两种途径返回参会回执，完成会议报名。

(1) 在线填写参会回执：https://jinshuju.net/f/bb57oW

(2) 填写参会回执（附件 1），EMAIL 至 PE@NUAA.EDU.CN

会务组联系方式：

单位：南京航空航天大学多电飞机电气系统工信部重点实验室

地址：江苏南京市江宁区将军大道 29 号　邮编：211106

电话：025－84896457

联系人：陈 *，手机：*** 956，邮箱：*** @nuaa.edu.cn

胡 **，手机：*** 918，邮箱：*** @nuaa.edu.cn

附件：1. 参会回执

2. 正文通知及格式

3. 论文模板

4. 邀请函

多电飞机电气系统工信部重点实验室

南京航空航天大学自动化学院

2020 年 10 月 25 日

【例文 3】

“乡村振兴与西北乡村社会发展”国际学术会议邀请函

尊敬的____先生/女士：

您好！

为了推动乡村振兴战略的理论研究，探讨乡村振兴与我国西北乡村社会发展的逻辑契合，促进西北乡村振兴战略的有序推进，优化基层治理绩效，西北师范大学社会发展与公共管理学院与甘肃省社会学会定于 2019 年 8 月 1 日至 5 日在甘肃省兰州市召开“乡村振兴与西北乡村社会发展”国际学术会议，诚邀从事乡村社会治理研究和实务领域的专家同仁参会，共同交流与分享乡村振兴的理论与实践成果，为西北乡村社会发展或乡村振兴实践提供有价值的理论借鉴。现将相关事项通知如下：

一、会议议题

1. 乡村振兴的理论与实践

2. 迈向理论目标的乡村振兴规划

3. 西北乡村社会发展的历史实践与经验借鉴

二、会议时间

2019年8月1日至5日(8月1日下午报到,2—3日开会,4—5日实地考察乡村振兴项目)

三、会议地址

甘肃省兰州市西北师范大学

四、会议组织

主办单位:西北师范大学社会发展与公共管理学院

五、论文征集

会议采用以文参会原则,敬请您结合会议主题自拟题目撰写论文,论文提交截止时间为2019年7月15日。

六、其他事项

1. 参会报名:会议回执(见附件)提交时间为2019年7月10日。

2. 会议费用:会议不收会务费;住宿费、往返交通费自理(特邀专家除外)。

3. 联系人:王**　手机:***234　李*　手机:***978

4. 会务邮箱:***@126.com

5. 住宿、报到地点:西北师范大学专家楼(甘肃省兰州市安宁区安宁东路967号)。

附件:会议回执.docx

西北师范大学社会发展与公共管理学院

2019年6月10日

练　习

一、名词解释

1. 简历

2. 求职信

3. 演讲稿

4. 慰问信

二、简答题

1. 你掌握了哪些礼仪礼节性的词语？请你列举出20个在社交文书中使用的礼仪性词语。

2. 求职信有哪些特点？

3. 举例说明演讲稿写作上的特点。举例说明演讲的特点。

4. 感谢信有哪几种?

5. 慰问信的写作要注意什么?

6. 邀请函和请柬有什么异同?

7. 会议邀请函和会议通知有什么不同?

三、写作练习

1. 写一封求职信,字数要求600左右。

2. 针对现实生活中的某种思想倾向或某一现象,自拟题目,写一篇演讲稿。

3. 自命题写一封慰问信。

4. 给你的老师或父母写一封感谢信。

5. 写一篇迎新晚会的邀请函。邀请对象为学院的各位教师。

6. 写一篇演讲比赛的邀请函。自己设计演讲比赛的主题、比赛规则、获奖奖励,确定比赛时间地点、评委名单等,指出活动的目的和意义。

附录一　党政机关公文处理工作条例

中办发〔2012〕14号

第一章　总则

第一条　为了适应中国共产党机关和国家行政机关（以下简称党政机关）工作需要，推进党政机关公文处理工作科学化、制度化、规范化，制定本条例。

第二条　本条例适用于各级党政机关公文处理工作。

第三条　党政机关公文是党政机关实施领导、履行职能、处理公务的具有特定效力和规范体式的文书，是传达贯彻党和国家的方针政策，公布法规和规章，指导、布置和商洽工作，请示和答复问题，报告、通报和交流情况等的重要工具。

第四条　公文处理工作是指公文拟制、办理、管理等一系列相互关联、衔接有序的工作。

第五条　公文处理工作应当坚持实事求是、准确规范、精简高效、安全保密的原则。

第六条　各级党政机关应当高度重视公文处理工作，加强组织领导，强化队伍建设，设立文秘部门或者由专人负责公文处理工作。

第七条　各级党政机关办公厅（室）主管本机关的公文处理工作，并对下级机关的公文处理工作进行业务指导和督促检查。

第二章　公文种类

第八条　公文种类主要有：

（一）决议。适用于会议讨论通过的重大决策事项。

（二）决定。适用于对重要事项作出决策和部署、奖惩有关单位和人员、变更或者撤销下级机关不适当的决定事项。

（三）命令(令)。适用于公布行政法规和规章、宣布施行重大强制性措施、批准授予和晋升衔级、嘉奖有关单位和人员。

（四）公报。适用于公布重要决定或者重大事项。

（五）公告。适用于向国内外宣布重要事项或者法定事项。

（六）通告。适用于在一定范围内公布应当遵守或者周知的事项。

（七）意见。适用于对重要问题提出见解和处理办法。

（八）通知。适用于发布、传达要求下级机关执行和有关单位周知或者执行的事项，批转、转发公文。

（九）通报。适用于表彰先进、批评错误、传达重要精神和告知重要情况。

（十）报告。适用于向上级机关汇报工作、反映情况，回复上级机关的询问。

（十一）请示。适用于向上级机关请求指示、批准。

（十二）批复。适用于答复下级机关请示事项。

（十三）议案。适用于各级人民政府按照法律程序向同级人民代表大会或者人民代表大会常务委员会提请审议事项。

（十四）函。适用于不相隶属机关之间商洽工作、询问和答复问题、请求批准和答复审批事项。

（十五）纪要。适用于记载会议主要情况和议定事项。

第三章 公文格式

第九条　公文一般由份号、密级和保密期限、紧急程度、发文机关标志、发文字号、签发人、标题、主送机关、正文、附件说明、发文机关署名、成文日期、印章、附注、附件、抄送机关、印发机关和印发日期、页码等组成。

（一）份号。公文印制份数的顺序号。涉密公文应当标注份号。

（二）密级和保密期限。公文的秘密等级和保密的期限。涉密公文应当根据涉密程度分别标注“绝密”“机密”“秘密”和保密期限。

（三）紧急程度。公文送达和办理的时限要求。根据紧急程度，紧急公文应当分别标注“特急”“加急”，电报应当分别标注“特提”“特急”“加急”“平急”。

（四）发文机关标志。由发文机关全称或者规范化简称加“文件”二字组成，也可以使用发文机关全称或者规范化简称。联合行文时，发文机关标志可以并用联合发文机关名称，也可以单独用主办机关名称。

（五）发文字号。由发文机关代字、年份、发文顺序号组成。联合行文时，使用主办机关的发文字号。

（六）签发人。上行文应当标注签发人姓名。

（七）标题。由发文机关名称、事由和文种组成。

（八）主送机关。公文的主要受理机关，应当使用机关全称、规范化简称或者同类型机关统称。

（九）正文。公文的主体，用来表述公文的内容。

（十）附件说明。公文附件的顺序号和名称。

（十一）发文机关署名。署发文机关全称或者规范化简称。

（十二）成文日期。署会议通过或者发文机关负责人签发的日期。联合行文时，署最后签发机关负责人签发的日期。

（十三）印章。公文中有发文机关署名的，应当加盖发文机关印章，并与署名机关相符。有特定发文机关标志的普发性公文和电报可以不加盖印章。

（十四）附注。公文印发传达范围等需要说明的事项。

（十五）附件。公文正文的说明、补充或者参考资料。

（十六）抄送机关。除主送机关外需要执行或者知晓公文内容的其他机关，应当使用机关全称、规范化简称或者同类型机关统称。

（十七）印发机关和印发日期。公文的送印机关和送印日期。

(十八)页码。公文页数顺序号。

第十条 公文的版式按照《党政机关公文格式》国家标准执行。

第十一条 公文使用的汉字、数字、外文字符、计量单位和标点符号等,按照有关国家标准和规定执行。民族自治地方的公文,可以并用汉字和当地通用的少数民族文字。

第十二条 公文用纸幅面采用国际标准A4型。特殊形式的公文用纸幅面,根据实际需要确定。

第四章 行文规则

第十三条 行文应当确有必要,讲求实效,注重针对性和可操作性。

第十四条 行文关系根据隶属关系和职权范围确定。一般不得越级行文,特殊情况需要越级行文的,应当同时抄送被越过的机关。

第十五条 向上级机关行文,应当遵循以下规则:

(一)原则上主送一个上级机关,根据需要同时抄送相关上级机关和同级机关,不抄送下级机关。

(二)党委、政府的部门向上级主管部门请示、报告重大事项,应当经本级党委、政府同意或者授权;属于部门职权范围内的事项应当直接报送上级主管部门。

(三)下级机关的请示事项,如需以本机关名义向上级机关请示,应当提出倾向性意见后上报,不得原文转报上级机关。

(四)请示应当一文一事。不得在报告等非请示性公文中夹带请示事项。

(五)除上级机关负责人直接交办事项外,不得以本机关名义向上级机关负责人报送公文,不得以本机关负责人名义向上级机关报送公文。

(六)受双重领导的机关向一个上级机关行文,必要时抄送另一个上级机关。

第十六条 向下级机关行文,应当遵循以下规则:

(一)主送受理机关,根据需要抄送相关机关。重要行文应当同时抄送发文机关的直接上级机关。

(二)党委、政府的办公厅(室)根据本级党委、政府授权,可以向下级党委、政府行文,其他部门和单位不得向下级党委、政府发布指令性公文或者在公文中向下级党委、政府提出指令性要求。需经政府审批的具体事项,经政府同意后可以由政府职能部门行文,文中须注明已经政府同意。

(三)党委、政府的部门在各自职权范围内可以向下级党委、政府的相关部门行文。

(四)涉及多个部门职权范围内的事务,部门之间未协商一致的,不得向下行文;擅自行文的,上级机关应当责令其纠正或者撤销。

(五)上级机关向受双重领导的下级机关行文,必要时抄送该下级机关的另一个上级机关。

第十七条 同级党政机关、党政机关与其他同级机关必要时可以联合行文。属于党委、政府各自职权范围内的工作,不得联合行文。党委、政府的部门依据职权可以相互行文。部门内设机构除办公厅(室)外不得对外正式行文。

第五章　公文拟制

第十八条　公文拟制包括公文的起草、审核、签发等程序。

第十九条　公文起草应当做到：

（一）符合国家法律法规和党的路线方针政策，完整准确体现发文机关意图，并同现行有关公文相衔接。

（二）一切从实际出发，分析问题实事求是，所提政策措施和办法切实可行。

（三）内容简洁，主题突出，观点鲜明，结构严谨，表述准确，文字精练。

（四）文种正确，格式规范。

（五）深入调查研究，充分进行论证，广泛听取意见。

（六）公文涉及其他地区或者部门职权范围内的事项，起草单位必须征求相关地区或者部门意见，力求达成一致。

（七）机关负责人应当主持、指导重要公文起草工作。

第二十条　公文文稿签发前，应当由发文机关办公厅（室）进行审核。审核的重点是：

（一）行文理由是否充分，行文依据是否准确。

（二）内容是否符合国家法律法规和党的路线方针政策；是否完整准确体现发文机关意图；是否同现行有关公文相衔接；所提政策措施和办法是否切实可行。

（三）涉及有关地区或者部门职权范围内的事项是否经过充分协商并达成一致意见。

（四）文种是否正确，格式是否规范；人名、地名、时间、数字、段落顺序、引文等是否准确；文字、数字、计量单位和标点符号等用法是否规范。

（五）其他内容是否符合公文起草的有关要求。需要发文机关审议的重要公文文稿，审议前由发文机关办公厅（室）进行初核。

第二十一条　经审核不宜发文的公文文稿，应当退回起草单位并说明理由；符合发文条件但内容需作进一步研究和修改的，由起草单位修改后重新报送。

第二十二条　公文应当经本机关负责人审批签发。重要公文和上行文由机关主要负责人签发。党委、政府的办公厅（室）根据党委、政府授权制发的公文，由受权机关主要负责人签发或者按照有关规定签发。签发人签发公文，应当签署意见、姓名和完整日期；圈阅或者签名的，视为同意。联合发文由所有联署机关的负责人会签。

第六章　公文办理

第二十三条　公文办理包括收文办理、发文办理和整理归档。

第二十四条　收文办理主要程序是：

（一）签收。对收到的公文应当逐件清点，核对无误后签字或者盖章，并注明签收时间。

（二）登记。对公文的主要信息和办理情况应当详细记载。

（三）初审。对收到的公文应当进行初审。初审的重点是：是否应当由本机关办理，是否符合行文规则，文种、格式是否符合要求，涉及其他地区或者部门职权范围内的事项是否已经协商、会签，是否符合公文起草的其他要求。经初审不符合规定的公文，应当及时退回来文单位并说明理由。

（四）承办。阅知性公文应当根据公文内容、要求和工作需要确定范围后分送。批办性公文应当提出拟办意见报本机关负责人批示或者转有关部门办理；需要两个以上部门办理的，应当明确主办部门。紧急公文应当明确办理时限。承办部门对交办的公文应当及时办理，有明确办理时限要求的应当在规定时限内办理完毕。

（五）传阅。根据领导批示和工作需要将公文及时送传阅对象阅知或者批示。办理公文传阅应当随时掌握公文去向，不得漏传、误传、延误。

（六）催办。及时了解掌握公文的办理进展情况，督促承办部门按期办结。紧急公文或者重要公文应当由专人负责催办。

（七）答复。公文的办理结果应当及时答复来文单位，并根据需要告知相关单位。

第二十五条　发文办理主要程序是：

（一）复核。已经发文机关负责人签批的公文，印发前应当对公文的审批手续、内容、文种、格式等进行复核；需作实质性修改的，应当报原签批人复审。

（二）登记。对复核后的公文，应当确定发文字号、分送范围和印制份数并详细记载。

（三）印制。公文印制必须确保质量和时效。涉密公文应当在符合保密要求的场所印制。

（四）核发。公文印制完毕，应当对公文的文字、格式和印刷质量进行检查后分发。

第二十六条　涉密公文应当通过机要交通、邮政机要通信、城市机要文件交换站或者收发件机关机要收发人员进行传递，通过密码电报或者符合国家保密规定的计算机信息系统进行传输。

第二十七条　需要归档的公文及有关材料，应当根据有关档案法律法规以及机关档案管理规定，及时收集齐全、整理归档。两个以上机关联合办理的公文，原件由主办机关归档，相关机关保存复制件。机关负责人兼任其他机关职务的，在履行所兼职务过程中形成的公文，由其兼职机关归档。

第七章　公文管理

第二十八条　各级党政机关应当建立健全本机关公文管理制度，确保管理严格规范，充分发挥公文效用。

第二十九条　党政机关公文由文秘部门或者专人统一管理。设立党委（党组）的县级以上单位应当建立机要保密室和机要阅文室，并按照有关保密规定配备工作人员和必要的安全保密设施设备。

第三十条　公文确定密级前，应当按照拟定的密级先行采取保密措施。确定密级后，应当按照所定密级严格管理。绝密级公文应当由专人管理。公文的密级需要变更或者解除的，由原确定密级的机关或者其上级机关决定。

第三十一条　公文的印发传达范围应当按照发文机关的要求执行；需要变更的，应当经发文机关批准。涉密公文公开发布前应当履行解密程序。公开发布的时间、形式和渠道，由发文机关确定。经批准公开发布的公文，同发文机关正式印发的公文具有同等效力。

第三十二条　复制、汇编机密级、秘密级公文，应当符合有关规定并经本机关负责人批准。绝密级公文一般不得复制、汇编，确有工作需要的，应当经发文机关或者其上级机关批准。复制、汇编的公文视同原件管理。复制件应当加盖复制机关戳记。翻印件应当注明翻印的机关名称、日期。汇编本的密级按照编入公文的最高密级标注。

第三十三条　公文的撤销和废止，由发文机关、上级机关或者权力机关根据职权范围和有关法律法规决定。公文被撤销的，视为自始无效；公文被废止的，视为自废止之日起失效。

第三十四条　涉密公文应当按照发文机关的要求和有关规定进行清退或者销毁。

第三十五条　不具备归档和保存价值的公文，经批准后可以销毁。销毁涉密公文必须严格按照有关规定履行审批登记手续，确保不丢失、不漏销。个人不得私自销毁、留存涉密公文。

第三十六条　机关合并时，全部公文应当随之合并管理；机关撤销时，需要归档的公文经整理后按照有关规定移交档案管理部门。工作人员离岗离职时，所在机关应当督促其将暂存、借用的公文按照有关规定移交、清退。

第三十七条　新设立的机关应当向本级党委、政府的办公厅（室）提出发文立户申请。经审查符合条件的，列为发文单位，机关合并或者撤销时，相应进行调整。

第八章　附则

第三十八条　党政机关公文含电子公文。电子公文处理工作的具体办法另行制定。

第三十九条　法规、规章方面的公文，依照有关规定处理。外事方面的公文，依照外事主管部门的有关规定处理。

第四十条　其他机关和单位的公文处理工作，可以参照本条例执行。

第四十一条　本条例由中共中央办公厅、国务院办公厅负责解释。

第四十二条　本条例自 2012 年 7 月 1 日起施行。1996 年 5 月 3 日中共中央办公厅发布的《中国共产党机关公文处理条例》和 2000 年 8 月 24 日国务院发布的《国家行政机关公文处理办法》停止执行。

2012 年 4 月

附录二　党政机关公文格式

目　次

前 言

本标准按照 GB/T 1.1—2009 给出的规则起草。

本标准根据中共中央办公厅、国务院办公厅印发的《党政机关公文处理工作条例》的有关规定对 GB/T 9704—1999《国家行政机关公文格式》进行修订。本标准相对 GB/T 9704—1999 主要作如下修订：

a) 标准名称改为《党政机关公文格式》，标准英文名称也作相应修改；

b) 适用范围扩展到各级党政机关制发的公文；

c) 对标准结构进行适当调整；

d) 对公文装订要求进行适当调整；

e) 增加发文机关署名和页码两个公文格式要素，删除主题词格式要素，并对公文格式各要素的编排进行较大调整；

f) 进一步细化特定格式公文的编排要求；

g) 新增联合行文公文首页版式、信函格式首页、命令(令)格式首页版式等式样。

本标准中公文用语与《党政机关公文处理工作条例》中的用语一致。

本标准为第二次修订。

本标准由中共中央办公厅和国务院办公厅提出。

本标准由中国标准化研究院归口。

本标准起草单位：中国标准化研究院、中共中央办公厅秘书局、国务院办公厅秘书局、中国标准出版社。

本标准主要起草人：房庆、杨雯、郭道锋、孙维、马慧、张书杰、徐成华、范一乔、李玲。

本标准代替了 GB/T 9704—1999。

GB/T 9704—1999 的历次版本发布情况为：

——GB/T 9704—1988。

党政机关公文格式

1　范围

本标准规定了党政机关公文通用的纸张要求、排版和印制装订要求、公文格式各要素的编排规则，并给出了公文的式样。

本标准适用于各级党政机关制发的公文。其他机关和单位的公文可以参照执行。

使用少数民族文字印制的公文，其用纸、幅面尺寸及版面、印制等要求按照本标准执行，其余可以参照本标准并按照有关规定执行。

2　规范性引用文件

下列文件对于本标准的应用是必不可少的。凡是注日期的引用文件，仅所注日期的版本适用于本标准。凡是不注日期的引用文件，其最新版本（包括所有的修改单）适用于本标准。

GB/T 148　印刷、书写和绘图纸幅面尺寸

GB 3100　国际单位制及其应用

GB 3101　有关量、单位和符号的一般原则

GB 3102（所有部分）　量和单位

GB/T 15834　标点符号用法

GB/T 15835　出版物上数字用法

3　术语和定义

下列术语和定义适用于本标准。

3.1

字　word

标示公文中横向距离的长度单位。在本标准中，一字指一个汉字宽度的距离。

3.2

行　line

标示公文中纵向距离的长度单位。在本标准中，一行指一个汉字的高度加 3 号汉字高度的 7/8 的距离。

4　公文用纸主要技术指标

公文用纸一般使用纸张定量为 60 g/m^2～80 g/m^2 的胶版印刷纸或复印纸。纸张白度

80%～90%，横向耐折度≥15次，不透明度≥85%，pH值为7.5～9.5。

5 公文用纸幅面尺寸及版面要求

5.1 幅面尺寸

公文用纸采用GB/T 148中规定的A4型纸，其成品幅面尺寸为：210 mm×297 mm。

5.2 版面

5.2.1 页边与版心尺寸

公文用纸天头（上白边）为37 mm±1 mm，公文用纸订口（左白边）为28 mm±1 mm，版心尺寸为156 mm×225 mm。

5.2.2 字体和字号

如无特殊说明，公文格式各要素一般用3号仿宋体字。特定情况可以作适当调整。

5.2.3 行数和字数

一般每面排22行，每行排28个字，并撑满版心。特定情况可以作适当调整。

5.2.4 文字的颜色

如无特殊说明，公文中文字的颜色均为黑色。

6 印制装订要求

6.1 制版要求

版面干净无底灰，字迹清楚无断划，尺寸标准，版心不斜，误差不超过1 mm。

6.2 印刷要求

双面印刷；页码套正，两面误差不超过2 mm。黑色油墨应当达到色谱所标BL100%，红色油墨应当达到色谱所标Y80%、M80%。印品着墨实、均匀；字面不花、不白、无断划。

6.3 装订要求

公文应当左侧装订，不掉页，两页页码之间误差不超过4 mm，裁切后的成品尺寸允许误差±2 mm，四角成90°，无毛茬或缺损。

骑马订或平订的公文应当：

a) 订位为两钉外订眼距版面上下边缘各70 mm处，允许误差±4 mm；

b) 无坏钉、漏钉、重钉，钉脚平伏牢固；

c) 骑马订钉锯均订在折缝线上，平订钉锯与书脊间的距离为3mm～5mm。

包本装订公文的封皮（封面、书脊、封底）与书芯应吻合、包紧、包平、不脱落。

7 公文格式各要素编排规则

7.1 公文格式各要素的划分

本标准将版心内的公文格式各要素划分为版头、主体、版记三部分。公文首页红色分隔线以上的部分称为版头；公文首页红色分隔线（不含）以下、公文末页首条分隔线（不含）以上的部分称为主体；公文末页首条分隔线以下、末条分隔线以上的部分称为版记。

页码位于版心外。

7.2 版头

7.2.1 份号

如需标注份号，一般用6位3号阿拉伯数字，顶格编排在版心左上角第一行。

7.2.2 密级和保密期限

如需标注密级和保密期限，一般用 3 号黑体字，顶格编排在版心左上角第二行；保密期限中的数字用阿拉伯数字标注。

7.2.3 紧急程度

如需标注紧急程度，一般用 3 号黑体字，顶格编排在版心左上角；如需同时标注份号、密级和保密期限、紧急程度，按照份号、密级和保密期限、紧急程度的顺序自上而下分行排列。

7.2.4 发文机关标志

由发文机关全称或者规范化简称加“文件”二字组成，也可以使用发文机关全称或者规范化简称。

发文机关标志居中排布，上边缘至版心上边缘为 35 mm，推荐使用小标宋体字，颜色为红色，以醒目、美观、庄重为原则。

联合行文时，如需同时标注联署发文机关名称，一般应当将主办机关名称排列在前；如有“文件”二字，应当置于发文机关名称右侧，以联署发文机关名称为准上下居中排布。

7.2.5 发文字号

编排在发文机关标志下空二行位置，居中排布。年份、发文顺序号用阿拉伯数字标注；年份应标全称，用六角括号“〔〕”括入；发文顺序号不加“第”字，不编虚位(即 1 不编为 01)，在阿拉伯数字后加“号”字。

上行文的发文字号居左空一字编排，与最后一个签发人姓名处在同一行。

7.2.6 签发人

由“签发人”三字加全角冒号和签发人姓名组成，居右空一字，编排在发文机关标志下空二行位置。“签发人”三字用 3 号仿宋体字，签发人姓名用 3 号楷体字。

如有多个签发人，签发人姓名按照发文机关的排列顺序从左到右、自上而下依次均匀编排，一般每行排两个姓名，回行时与上一行第一个签发人姓名对齐。

7.2.7 版头中的分隔线

发文字号之下 4 mm 处居中印一条与版心等宽的红色分隔线。

7.3 主体

7.3.1 标题

一般用 2 号小标宋体字，编排于红色分隔线下空二行位置，分一行或多行居中排布；回行时，要做到词意完整，排列对称，长短适宜，间距恰当，标题排列应当使用梯形或菱形。

7.3.2 主送机关

编排于标题下空一行位置，居左顶格，回行时仍顶格，最后一个机关名称后标全角冒号。如主送机关名称过多导致公文首页不能显示正文时，应当将主送机关名称移至版记，标注方法见 7.4.2。

7.3.3 正文

公文首页必须显示正文。一般用 3 号仿宋体字，编排于主送机关名称下一行，每个自然段左空二字，回行顶格。文中结构层次序数依次可以用“一、”“(一)”“1.”“(1)”标注；一般第一层用黑体字、第二层用楷体字、第三层和第四层用仿宋体字标注。

7.3.4　附件说明

如有附件，在正文下空一行左空二字编排“附件”二字，后标全角冒号和附件名称。如有多个附件，使用阿拉伯数字标注附件顺序号（如“附件：1. ×××××”）；附件名称后不加标点符号。附件名称较长需回行时，应当与上一行附件名称的首字对齐。

7.3.5　发文机关署名、成文日期和印章

7.3.5.1　加盖印章的公文

成文日期一般右空四字编排，印章用红色，不得出现空白印章。

单一机关行文时，一般在成文日期之上、以成文日期为准居中编排发文机关署名，印章端正、居中下压发文机关署名和成文日期，使发文机关署名和成文日期居印章中心偏下位置，印章顶端应当上距正文（或附件说明）一行之内。

联合行文时，一般将各发文机关署名按照发文机关顺序整齐排列在相应位置，并将印章一一对应、端正、居中下压发文机关署名，最后一个印章端正、居中下压发文机关署名和成文日期，印章之间排列整齐、互不相交或相切，每排印章两端不得超出版心，首排印章顶端应当上距正文（或附件说明）一行之内。

7.3.5.2　不加盖印章的公文

单一机关行文时，在正文（或附件说明）下空一行右空二字编排发文机关署名，在发文机关署名下一行编排成文日期，首字比发文机关署名首字右移二字，如成文日期长于发文机关署名，应当使成文日期右空二字编排，并相应增加发文机关署名右空字数。

联合行文时，应当先编排主办机关署名，其余发文机关署名依次向下编排。

7.3.5.3　加盖签发人签名章的公文

单一机关制发的公文加盖签发人签名章时，在正文（或附件说明）下空二行右空四字加盖签发人签名章，签名章左空二字标注签发人职务，以签名章为准上下居中排布。在签发人签名章下空一行右空四字编排成文日期。

联合行文时，应当先编排主办机关签发人职务、签名章，其余机关签发人职务、签名章依次向下编排，与主办机关签发人职务、签名章上下对齐；每行只编排一个机关的签发人职务、签名章；签发人职务应当标注全称。

签名章一般用红色。

7.3.5.4　成文日期中的数字

用阿拉伯数字将年、月、日标全，年份应标全称，月、日不编虚位（即 1 不编为 01）。

7.3.5.5　特殊情况说明

当公文排版后所剩空白处不能容下印章或签发人签名章、成文日期时，可以采取调整行距、字距的措施解决。

7.3.6　附注

如有附注，居左空二字加圆括号编排在成文日期下一行。

7.3.7　附件

附件应当另面编排，并在版记之前，与公文正文一起装订。“附件”二字及附件顺序号用 3 号黑体字顶格编排在版心左上角第一行。附件标题居中编排在版心第三行。附件顺序号和附件标题应当与附件说明的表述一致。附件格式要求同正文。

如附件与正文不能一起装订，应当在附件左上角第一行顶格编排公文的发文字号并在其后标注“附件”二字及附件顺序号。

7.4　版记

7.4.1　版记中的分隔线

版记中的分隔线与版心等宽，首条分隔线和末条分隔线用粗线（推荐高度为 0.35 mm），中间的分隔线用细线（推荐高度为 0.25 mm）。首条分隔线位于版记中第一个要素之上，末条分隔线与公文最后一面的版心下边缘重合。

7.4.2　抄送机关

如有抄送机关，一般用 4 号仿宋体字，在印发机关和印发日期之上一行、左右各空一字编排。“抄送”二字后加全角冒号和抄送机关名称，回行时与冒号后的首字对齐，最后一个抄送机关名称后标句号。

如需把主送机关移至版记，除将“抄送”二字改为“主送”外，编排方法同抄送机关。既有主送机关又有抄送机关时，应当将主送机关置于抄送机关之上一行，之间不加分隔线。

7.4.3　印发机关和印发日期

印发机关和印发日期一般用 4 号仿宋体字，编排在末条分隔线之上，印发机关左空一字，印发日期右空一字，用阿拉伯数字将年、月、日标全，年份应标全称，月、日不编虚位（即 1 不编为 01），后加“印发”二字。

版记中如有其他要素，应当将其与印发机关和印发日期用一条细分隔线隔开。

7.5　页码

一般用 4 号半角宋体阿拉伯数字，编排在公文版心下边缘之下，数字左右各放一条一字线；一字线上距版心下边缘 7 mm。单页码居右空一字，双页码居左空一字。公文的版记页前有空白页的，空白页和版记页均不编排页码。公文的附件与正文一起装订时，页码应当连续编排。

8　公文中的横排表格

A4 纸型的表格横排时，页码位置与公文其他页码保持一致，单页码表头在订口一边，双页码表头在切口一边。

9　公文中计量单位、标点符号和数字的用法

公文中计量单位的用法应当符合 GB 3100、GB 3101 和 GB 3102（所有部分），标点符号的用法应当符合 GB/T 15834，数字用法应当符合 GB/T 15835。

10　公文的特定格式

10.1　信函格式

发文机关标志使用发文机关全称或者规范化简称，居中排布，上边缘至上页边为 30 mm，推荐使用红色小标宋体字。联合行文时，使用主办机关标志。

发文机关标志下 4 mm 处印一条红色双线（上粗下细），距下页边 20 mm 处印一条红色双线（上细下粗），线长均为 170 mm，居中排布。

如需标注份号、密级和保密期限、紧急程度，应当顶格居版心左边缘编排在第一条红色双线下，按照份号、密级和保密期限、紧急程度的顺序自上而下分行排列，第一个要素与该线的距离为 3 号汉字高度的 7/8。

发文字号顶格居版心右边缘编排在第一条红色双线下，与该线的距离为3号汉字高度的7/8。

标题居中编排，与其上最后一个要素相距二行。

第二条红色双线上一行如有文字，与该线的距离为3号汉字高度的7/8。

首页不显示页码。

版记不加印发机关和印发日期、分隔线，位于公文最后一面版心内最下方。

10.2　命令(令)格式

发文机关标志由发文机关全称加"命令"或"令"字组成，居中排布，上边缘至版心上边缘为20 mm，推荐使用红色小标宋体字。

发文机关标志下空二行居中编排令号，令号下空二行编排正文。

签发人职务、签名章和成文日期的编排见7.3. 5.3。

10.3　纪要格式

纪要标志由"×××××纪要"组成，居中排布，上边缘至版心上边缘为35 mm，推荐使用红色小标宋体字。

标注出席人员名单，一般用3号黑体字，在正文或附件说明下空一行左空二字编排"出席"二字，后标全角冒号，冒号后用3号仿宋体字标注出席人单位、姓名，回行时与冒号后的首字对齐。

标注请假和列席人员名单，除依次另起一行并将"出席"二字改为"请假"或"列席"外，编排方法同出席人员名单。

纪要格式可以根据实际制定。

11　式样

A4型公文用纸页边及版心尺寸见图1；公文首页版式见图2；联合行文公文首页版式1见图3；联合行文公文首页版式2见图4；公文末页版式1见图5；公文末页版式2见图6；联合行文公文末页版式1见图7；联合行文公文末页版式2见图8；附件说明页版式见图9；带附件公文末页版式见图10；信函格式首页版式见图11；命令(令)格式首页版式见图12。

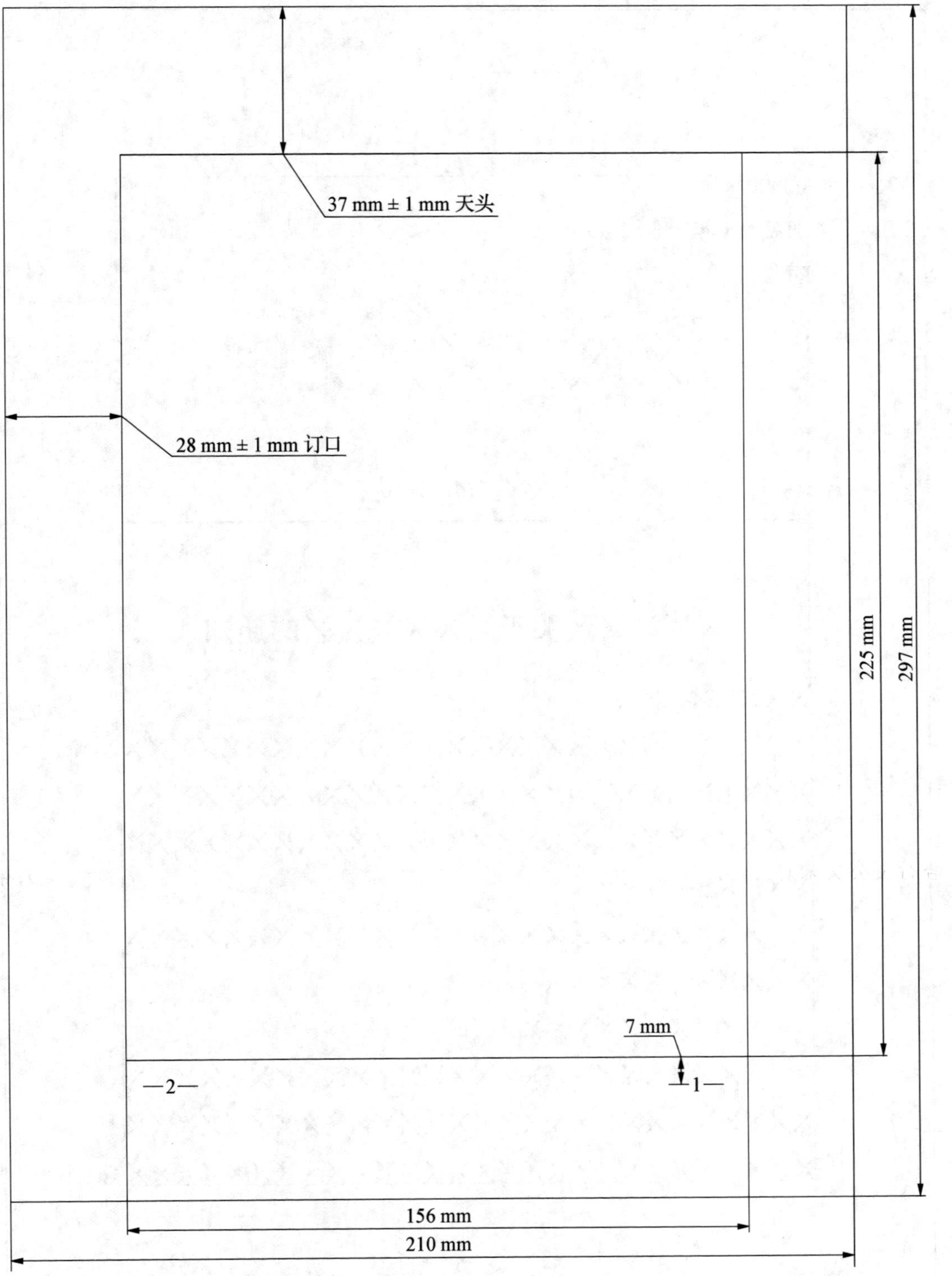

图 1　A4 型公文用纸页边及版心尺寸

000001

机密★1年

特急

×××××文件

×××〔2012〕10号

×××××关于××××××的通知

××××××××：

××××××××××××××××××××××××××
××××××××××××××××××××××××××××
××××××××××××××××××××××××××××
××××。

××××××××××××××××××××××××××
×××××××××××。

××××××××××××。

×××××××。×××××××××××××××××
××××××××××××××××××××××××××××
××××××××××××××××××××××××××××

— 1 —

图2　公文首页版式

注：版心实线框仅为示意，在印制公文时并不印出。

000001

机密★1年

特急

××××××
×　×　×　　**文件**
××××××

×××〔2012〕10号

××××××关于×××××××的通知

××××××××：

　　×××××××××××××××××××××××××。

　　××××××××××××××××××××××××××
××××××××××××××××××××××××××××
××××××××××××××××××××××××××××
××××。

　　××××××××××××××××××××××××××

— 1 —

图3　联合行文公文首页版式1

注：版心实线框仅为示意，在印制公文时并不印出。

000001

机　密

特　急

XXXXXX

X　X　X

XXXXXX

签发人：XXX　XXX

XXX〔2012〕10 号　　　　XXX

XXXXXX关于XXXXXXX的请示

XXXXXXXX：

XXXXXXXXXXXXXXXXXXXXXXXXXXXXXXXXXXXXXXXXXXXXXXXXXXXXXXXXXXXXXXXXXXXXXXXXXXXXXXXXX。

XXXXXXXXXXXXXXXXXXXXXXXXXX

— 1 —

图 4　联合行文公文首页版式 2

注：版心实线框仅为示意，在印制公文时并不印出。

XXXXXXXXXXXXXXXX。

XXXXXXXXXXXXXXXXXXXXXXXXXXXXXXXXXXXXXXXXXXXXXXXXXXXXXXXXXX。

2012年7月1日

（XXXXX）

抄送：XXXXXXXX，XXXXXX，XXXXX，XXXXX，XXXXX。

XXXXXXXXX　　2012年7月1日印发

— 2 —

图5　公文末页版式1

注：版心实线框仅为示意，在印制公文时并不印出。

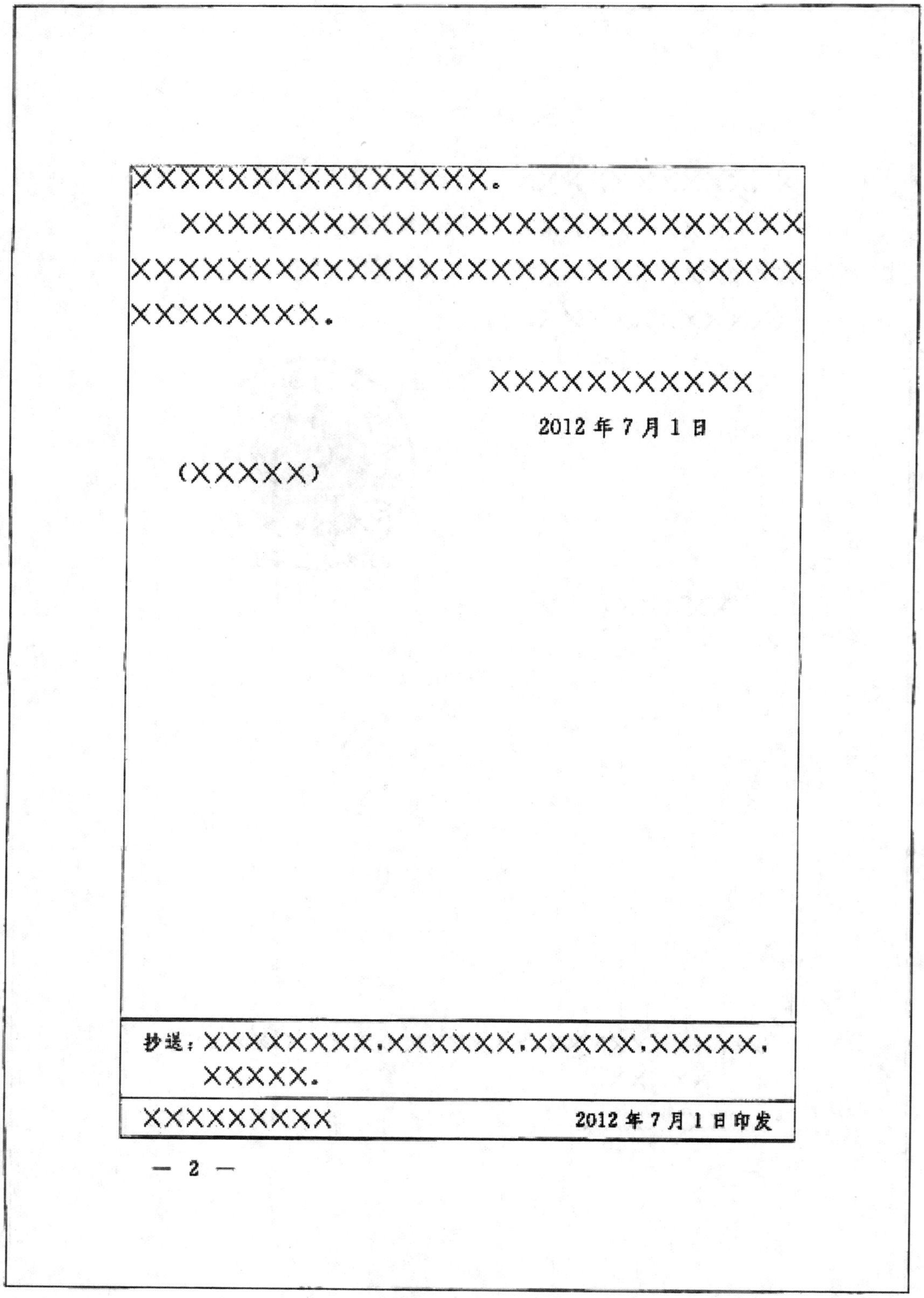

XXXXXXXXXXXXXXX。

XXXXXXXXXXXXXXXXXXXXXXXXXX
XXXXXXXXXXXXXXXXXXXXXXXXXXXX
XXXXXXXX。

XXXXXXXXXXX

2012 年 7 月 1 日

(XXXXX)

抄送：XXXXXXXX，XXXXXX，XXXXX，XXXXX，
XXXXX。

XXXXXXXXX　　2012 年 7 月 1 日印发

— 2 —

图 6　公文末页版式 2

注：版心实线框仅为示意，在印制公文时并不印出。

XXXXXXXXXXXXXXX。

XXXXXXXXXXXXXXXXXXXXXXXXXXXXXXXXXXXXXXXXXXXXXXXXXXXXXXXXXXXXXXX。

2012年7月1日

（XXXXX）

抄送：XXXXXXXX，XXXXXX，XXXXX，XXXXX，XXXXX。

XXXXXXXXX　　　　2012年7月1日印发

— 2 —

图7　联合行文公文末页版式1

注：版心实线框仅为示意，在印制公文时并不印出。

XXXXXXXXXXXXXXXX。

XXXXXXXXXXXXXXXXXXXXXXXXXXXXXXXXXXXXXXXXXXXXXXXXXXXXXXXXXXXXXXXXXXXXXXXXXXXXXXXXXXXXXXXXXX。

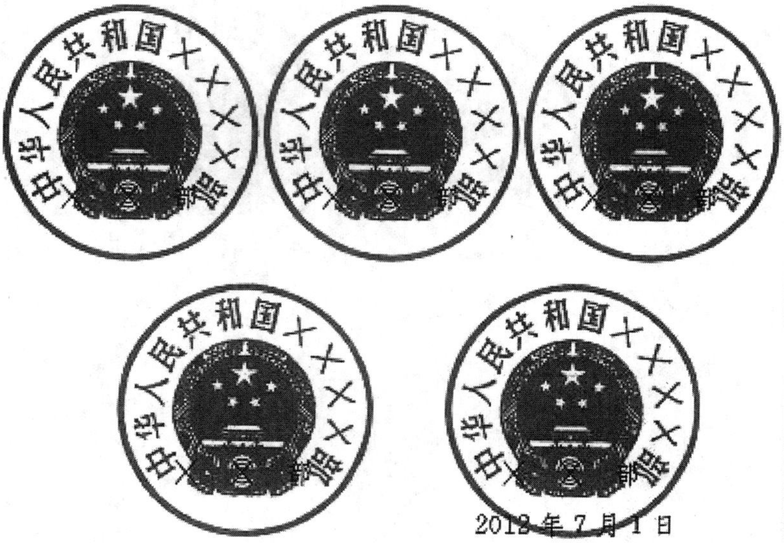

2012年7月1日

（XXXXX）

抄送：XXXXXXXX，XXXXXX，XXXXX，XXXXX，XXXXX。

XXXXXXXXXX　　2012年7月1日印发

— 2 —

图8　联合行文公文末页版式2

注：版心实线框仅为示意，在印制公文时并不印出。

XXXXXXXXXXXXXXX。

　　XXXXXXXXXXXXXXXXXXXXXXXXXX
XXXXXXXXXXXXXXXXXXXXXXXXXXXX
XXXXXXXXXXXX。

　　附件：1. XXXXXXXXXXXXXXXXXXXXXX
　　　　　　XXXXX
　　　　　2. XXXXXXXXXXXXX

XXXXXXX

X X X X

2012 年 7 月 1 日

（XXXXX）

— 2 —

图 9　附件说明页版式

注：版心实线框仅为示意，在印制公文时并不印出。

附件 2

XXXXXXXXXXXXX

XXXXXXXXXXXXXXXXXXXXXXXXXX
XXXXXXXXXXXXXXXXXXXXXXXXXXXX
XXX。

XXXXXXXXXXXXXXXXXXXXXXXXXX
XXXXXXXXXXXXXXXXXXXXXXXXXXXX
XXXXXXXXXXXXXXXXXXXXXXXXXXXX
XXXXXXXXXXXXXXXXXXXXXXXXXXXX
XXXXXXXXXXXXXXXXXXXXXXXXXXXX
XXXXXXXXXXXXXXX。

抄送：XXXXXXXX，XXXXXX，XXXXX，XXXXX，XXXXX。

XXXXXXXXX　　2012年7月1日印发

— 4 —

图 10　带附件公文末页版式

注：版心实线框仅为示意，在印制公文时并不印出。

中华人民共和国×××××部

000001　　　　　　　　　　　　×××〔2012〕10号

机　密

特　急

×××××关于×××××××的通知

××××××××：

　　××××××××××××××××××××××××××
××××××××××××××××××××××××××××
××××××××××××××××××××××××××××
×××××××××××××××××××××××××。

　　××××××××××××××××××××××××××
××××××××××××××××××××××××××××
××××××××××××××××××××××××××××
××××××××××××××××××××××××。

　　××××××××××××××××××××××××××
××××××××××××××××××××××××××××
××××××××××××××××××××××××××××
××××××××××××××××××××××××××××
××××××××××××××××××××××××××××
××××××××××××××××××××××××××××
×××××××××××××××××××××××××。

图11　信函格式首页版式

注：版心实线框仅为示意，在印制公文时并不印出。

××××××令

第×××号

××××××××××××××××××××××××××
×××××××××××××××××××××××××××。
××××××××××××××××××××××××××××
×××××××××××××××××××××××××。

部　长　×××

2012年7月1日

— 1 —

图12　命令(令)格式首页版式

注：版心实线框仅为示意，在印制公文时并不印出。

参考文献

1. 杨文丰.现代应用文写作:修订本[M].北京:中国人民大学出版社,2003.
2. 赵玉柱.现代通用应用文写作教程[M].北京:首都经济贸易大学出版社,2009.
3. 石秋仙.大学应用文写作教程[M].杭州:浙江大学出版社,2009.
4. 陆琳,陶德胜.现代应用文写作精编[M].南京:南京大学出版社,2010.
5. 杨安翔,赵锁龙.现代应用文写作教程:第2版[M].南京:东南大学出版社,2011.
6. 刘金同.应用文写作教程:第2版[M].北京:清华大学出版社,2010.